代表制論の現代的展開

政党内民主主義の観点から

石原佳代子 著

成 文 堂

はしがき

　本書は、国会両院の議員が「選挙された」「全国民の代表」であるとの要請（憲法43条１項）について、現代的文脈の下でもその意義を発揮させ、それによって代表制を機能させる方途は何か、政党、とりわけその内部民主主義を軸に考察するものである。本書の核となる問題意識は、代表がいかにして民意をくみ上げるか、という点にある。「全国民の代表」たる議員には、一方では法的な独立性、他方では事実上の民意の反映が求められるが、筆者はこの両要請がともに満たされることが「民意のくみ上げ」を実現するために不可欠であると捉えており、その実現を政党内民主主義を梃に図ることを考えた。

　本書の序章、第１章の一部については、稲谷龍彦編『情報法講座　第１巻』（法律文化社、2025年刊行予定）所収予定の拙稿と、拙稿「オンライン国会」法学館憲法問題研究所 Law Journal 30・31号（2024年）145頁以下と検討が重複するが、本書の核心部分はここで初めて世に問うものである。本書の責任は筆者のみにあるが、執筆にあたっては多くの方のお力添えを賜った。一部であるがお名前を挙げさせて頂く。

　まず何よりも、指導教授の毛利透先生に感謝申し上げる。毛利先生はいつも門下生を人格を持った一個人として尊重して下さり、論文執筆に集中できる環境を整えて下さった。論文指導の際には筆者の意図を瞬時に読み取った上でそれに沿う提案を多数投げかけて下さり、その他の面も含め自分からは絶対に手を離さないという姿勢で向き合って下さった。毛利先生は筆者にとって、研究者としても一人の人間としても永遠の憧れである。

　土井真一先生には、大学院生時代から本書執筆に至るまで常に温かくご指導頂いている。先生から頂いた数々の根源的な問いかけは、本書を何とか形にするにあたって不可欠なものであった。筆者のまとまりのない思考を形にする方法を根気強くご教示下さったことにも感謝申し上げる。

　曽我部真裕先生からは、本書のテーマ設定の意義や構想・構成の適切性といった根本的な点について他では得難いご指摘を頂戴した。ご指摘に応答し

きれなかったのはひとえに筆者の力不足である。また、曽我部先生からは日頃のあるべき振舞いについても細やかにご指導頂いている。

　山田哲史先生には、本書の構想や書籍化にあたって常に的確なご指導、ご助言を頂いたことに感謝申し上げたい。いつもこれ以上ない適切なタイミングで、さりげなく完璧な形で手を差し伸べてくださる先生のきめ細やかなお心遣いには、常に深く感銘を受けている。

　大学院生時代の先輩方にも多くのお力添えを頂いた。伊藤健先生には、本書の構成のあり方等、目の覚めるような鮮やかなご指摘を頂いた。松村啓志さんからは、筆者自身よりも深い洞察に基づくコメントを多数頂戴した。音無知展先生には、本書の骨格部分について鋭いご指摘を賜った。沼本祐太先生には、本書について緻密な分析を頂戴したことは勿論、大学院生時代からあらゆる側面においてお世話になることばかりである。加えて、本書の構想に関しては、関西憲法判例研究会、東北公法研究会、科研基盤A「政治過程の中の憲法：体系的マルチメソッド研究による分析」研究会にて貴重なコメントを頂いた。とりわけ、奥村公輔先生には研究会外でもご指導頂いたことに深謝申し上げる。さらに、大学院生時代にゼロからドイツ語講読をご指導下さった服部高宏先生、鈴木崇弘先生、学部生時代から憲法の碩学として尊敬申し上げている佐藤幸治先生、研究という世界に憧れを抱くきっかけを下さった大石眞先生、篠原永明先生、故・潮見佳男先生のお名前もここに挙げさせて頂く。

　そして、本書は出版をお引き受けくださった成文堂の阿部成一社長、そして何よりも編集の篠崎雄彦さんのお力に負うものである。篠崎さんが無理ばかり言う筆者に対し、根気強く向き合って下さったことには感謝してもしきれない。加えて、京都大学の事務や図書館の皆様にも様々な面でお力添えを頂戴した。

　また、本書は、2023年度京都大学研究費獲得支援事業［いしずえ］「現代的文脈における『全国民の代表』論の再定位――政党内民主主義の観点から」、科学研究費補助金（基盤A）「政治過程の中の憲法：体系的マルチメソッド研究による分析」（代表：待鳥聡史先生、課題番号23H00038）、同（若手研究）「現代代表制の文脈における『議員の独立性』と政党内民主主義の関係

に関する考察」（課題番号24K16241）のご支援を受けた。刊行に当たり、出版助成として京都大学より多大なるご支援（令和6年度京都大学法学研究科若手研究者出版助成）を頂戴したことにも御礼申し上げたい。

　最後に、本書の基礎にあるのは、真摯に声をあげようとする人がいるのであれば、たとえそれが小さな声であっても、どこかで耳を傾けられ、対話を重ねられる可能性があってほしいという筆者の素朴な思いである。本書はそのための考察の一歩としてはあまりに小さすぎるものであるし、そのような思い自体ただの夢物語なのかもしれないが、筆者にとっての大きすぎる課題として今後も問い続けていくこととしたい。

2025年2月　　　　　　　　　蠟梅の香る季節に

石 原 佳 代 子

目　次

はしがき（i）

序　章　問題設定と前提
　　　　　──現代的文脈における代表制の意義──……………1
第1節　本書の問題意識：代表制の危機の時代？……………1
第2節　本書における議論とその流れ………………………5
第3節　なぜ代表制なのか……………………………………18
　第1款　代表制の意義をめぐる古典的な議論（18）
　第2款　現代的文脈における代表制の変化と直接民主制による代替可能性（19）
　第3款　デジタル技術による代表制と直接民主主義の組み合わせ
　　　　　──液状民主主義の提示した可能性と課題（33）
　第4款　現代においても代表制に残る意義──理論的観点から（39）
　第5款　小括──代表制に残る意義とその核心としての代表＝議員像（49）

第1章　日本における「全国民の代表」をめぐる議論状況
　　　　　──課題と本書における方向性──……………55
第1節　日本国憲法の下での「全国民の代表」論………………55
　第1款　「全国民の代表」の意味するところに関する伝統的学説（56）
　第2款　現実の民意に対する意識──「半代表」あるいは「社会学的意味における代表」（60）
第2節　「全国民の代表」の要請が直面する課題………………63
　第1款　「命令的委任の禁止の要請」のなだらかな後退とその克服可能性（64）
　第2款　事実上の「民意の反映」の不十分さとその克服可能性（76）
第3節　問題提起
　　　　　──「全国民の代表」の意義を再度発揮させるために…………101

第 2 章　政党を用いた「全国民の代表」の要請の実質化
　　　　　──ドイツの先行研究から── …………………………107
第 1 節　ドイツにおける「全国民の代表」と政党……………………107
　　第 1 款　議員は「全国民の代表」である──その解釈（108）
　　第 2 款　「全国民の代表」の要請と政党との関係（119）
第 2 節　政党内民主主義という示唆………………………………131
　　第 1 款　政党内民主主義という可能性（131）
　　第 2 款　政党内民主主義と全国民の代表論の関係（133）
　　第 3 款　政党内民主主義と多様な民意の反映──民意をどう政党内に取り
　　　　　　込み、練り上げるか（136）
第 3 節　中間総括
　　　　　──全国民の代表論と政党内民主主義の架橋の可能性？…………141

第 3 章　政党内民主主義を梃とした「全国民の代表」の
　　　　　実現の可能性──理論的考察と日独の架橋──…………145
第 1 節　政党内民主主義が「全国民の代表」の要請の確保に
　　　　　資するか──ハーバーマスの議論による理論的補強……………146
　　第 1 款　ハーバーマスの 2 トラック民主政と政党（146）
　　第 2 款　2 トラックをどう接続するのか──政党が必要ではないのか（155）
　　第 3 款　ハーバーマスのモデルと政党内民主主義の接続可能性（159）
第 2 節　政党内に異論を包摂することの重要性……………………166
　　第 1 款　集団極化と異論の重要性（166）
　　第 2 款　政党に異論を取り込む必要性（173）
第 3 節　なぜ政党でなければならないのか、なぜ政党の内部
　　　　　構造なのか──日独における現実の政党のあり方から…………175
　　第 1 款　なぜ「政党」内民主主義なのか──政党の特別な位置づけ（176）
　　第 2 款　なぜ政党「内民主主義」なのか──政党内民主主義は政党間競争
　　　　　　によって代替され得るか（206）
第 4 節　小括と展望──政党にどこまで求められるのか……………210

第4章　政党内民主主義とは何か……………………………217
第1節　政党内民主主義とは何か——日本の先行研究……………217
- 第1款　政党内民主主義に関する判例と学説の姿勢（217）
- 第2款　議論の到達点とその背景（224）
- 第3款　小　括（227）

第2節　ドイツでの政党内民主主義をめぐる議論………………228
- 第1款　古典的議論（228）
- 第2款　政党内民主主義の内実とは何か（232）
- 第3款　政党内民主主義に対抗する要素（240）

第5章　政党内民主主義——個別の場面ごとの検討——………245
第1節　事実上の民意の反映の側面の実質化
　　　　　——多様な意見の受け入れ……………………………246
- 第1款　誰が構成員になるのか（246）
- 第2款　政党内の意思形成機関の仕組み（274）
- 第3款　規約と綱領——政党の方針の対内的、対外的な態度表明（294）

第2節　議員によるかかわり
　　　　　——職務による（Ex-officio な）構成員……………299

第3節　総　括………………………………………………303

終　章　日本法への応用可能性………………………………311
第1節　日本法の下での「全国民の代表」と政党内民主主義……311
- 第1款　本書における考察のまとめ（311）
- 第2款　日本において政党内民主主義の何をどこまで求められるのか
　　　　——理論的可能性（323）

第2節　日本の現状との接合可能性と残る課題……………330
- 第1款　日本の現状との接合可能性（330）
- 第2款　残る課題（338）

事項索引……………………………………………………341

序　章　問題設定と前提
――現代的文脈における代表制の意義――

第 1 節　本書の問題意識：代表制の危機の時代？

　歴史を振り返れば、「代表制の危機」が繰り返し語られる[1]。代表制にとって危機はむしろ常態である。代表制はその成立の時点から曖昧さを抱えており、代表制はそれぞれの時代に合わせて変化を遂げることで生き残ってきたとも評される[2]。

　今日、ポピュリズムの勃興や政治不信、カリスマ的指導者の出現や政治劇場の下で、代表制が果たして機能しているのか、代表者が国民意思を反映していると言えるのか、といった声があがっている[3]。その意味において、代表制は今日また、ある種の危機に直面しているといえる。このような現代における代表制の危機の深刻さは、その背景に、個々の議員やその総体としての議会に対する個別的な批判のみならず[4]、現状の代表制自体への疑義、言い換えれば伝統的なあり方で選出される代表者に権限を委ねること自体への懐疑心が潜む点にある[5]。

　現在の代表制の仕組み自体に疑義が呈される以上、そのあり方を根本から変えようという議論が出現することも自然である。くじ引き民主主義の提案はその議論の典型例であろう[6]。また、デジタル化の推進によって、代表制に取って代わり、直接民主制を実施できる可能性も現実的に高まっている。

1　宇野重規「代表制の政治思想史－三つの危機を中心に」社会科学研究52巻 3 号（2001年） 7 頁。
2　同上。
3　例えば、吉田徹『くじ引き民主主義　政治にイノヴェーションを起こす』（光文社、2021年）20頁、早川誠「代表に抗する代表制－ポピュリズムの中の代表制デモクラシー」政治思想研究22号『新時代のデモクラシー』（2022年） 8 頁。
4　個々の議員や議会への批判自体は、代表制をむしろ適切に機能させるための建設的なものとしても捉えられる。これは、代表制自体への懐疑心とは次元を異にするものである。

確かに、直接民主制といったとしても、それでもなお問題設定や意見集約を行う一定の個人や団体の存在は必要となると考えられてきており、その意味においては代表制と直接民主制は完全に二項対立関係にあるものではないかもしれない[7]。しかし、デジタル化の進展を背景に今日、こういった個人や団体の存在を前提とせず、文字通り直接民意をすくい上げることすら可能になっていることを考えれば、代表制がもはや不要となるのではないかとの危機意識は強くなりつつあると言えよう。現在、電子技術を用いて国民が直接政策に対して意見表明をするといった可能性のみならず、人々が現に考えていることや感じていることを、無意識下にあるものも含めて集積・分析し、政策形成に反映させるという可能性も提唱されるところである。例えば、人々がつぶやく内容をリアルタイムで解析したうえで議会審議の場に映し出すという東浩紀による「一般意志2.0」の提案や[8]、人々のあらゆる言動、表情や身体的な反応等のデータを集積、解析することを通して民意をすくい上げるという成田悠輔による「無意識民主主義」の提案においては、人々が無意識のうちに持つ主張や洗練されていない生身の感情を大量に解析・集積することでゆがみの少ない「民意」を炙り出し、これを政策形成へと役立てる

---

5 確かに、ポピュリズムについても、現在の統治者とは別に人民の意思を「真に」代表してくれる主体を探し求めるという限りにおいて、いまだ代表制の範疇にとどまる可能性を持つともいえる（山崎望・山本圭「ポスト代表制の政治学に向けて」同編『ポスト代表制の政治学　デモクラシーの危機に抗して』（ナカニシヤ出版、2015年）4‐5頁。）。しかしながら、後述の通り、ポピュリズムにおいて単一の国民意思が想定されit、それを直接リーダーが体現するという論理が採られることは、国民意思の多元性と、代表する者とされる者の間の距離をも重視する従来の代表制のあり方とは真っ向から対立するものである。

6 吉田・前掲注（3）62頁によれば、くじ引き民主主義もまた、一部の国民を代表するものが存在するという点において代表制の一種であるが、そこでは選挙ではなく、くじ引きという要素が決定的である点が異なる。

7 山崎・山本・前掲注（5）14頁。MICHAEL SAWARD, THE REPRESENTATIVE CLAIM 161-162 (2010).

8 東浩紀『一般意志2.0　ルソー、フロイト、グーグル』（講談社、2015年）174-175頁。東はルソーの一般意志を下敷きにしながら、現在ではグーグル上でユーザーが各人、他者と意見交換をすることなく活動しており、その一人一人の個別の活動が蓄積され、解析されることで集合的な「意志」が現れ得るとする。このデータの蓄積を東は現代における「一般意志」と捉える（同、91-93頁。）。但し、東はここで人々のつぶやきが議会における意思決定を拘束するわけではないことに注意を促す。東はインターネットを介するとしても直接民主主義的な手続きは人々にとって負担が大きいことを踏まえ、あくまで代表制を前提としつつも、その代表者の集う議会に視聴者の意見や反応が映し出されることを提唱する。視聴者の意見は議決に介入することはできないが、しかし、議員は自身を取り囲む公衆の反応を前に私利私欲や党利党略をむき出しにした行動をとることができないということが期待される（同、203-204頁。）。

という可能性が探られている[9]。

確かに、「一般意志2.0」においても、個人の無意識的選択の積み重ねのみによって政策決定がされると考えられているわけではない。そこでは、熟議民主主義をデータベースによる「一般意志」の探求と相互補完関係に立たせようとする方向性が採られているのであり[10]、その限りで代表制という仕組み自体を完全に放棄することまでが迫られているわけではない。もっとも、「一般意志2.0」においては、やはり選挙を介して選ばれた議会における代表（のみに依拠する）という伝統的な意味における代表制は想定されていない[11]。その背後には、やはり代表制そのものへの不信感が存在するといえよう[12]。

以上のような代表制に対する諦念を踏まえれば、国民から選挙を通して選ばれた議員から構成されるという現行の代表制のあり方自体に今日、疑義が呈されているように思われるところである。現行の形での代表制はもはや不要であって、何らか他の制度によって代替されるべきなのであろうか。結論を先取りすることにはなるが、筆者はそのようには考えていない。しかし、代表制に意義が残るとの前提を採るとしても、現在の代表制の危機の足元に何があるのかを探ることもまた必要となる。言い換えれば、代表制になおも意義が残るとした場合、そこでの代表としての議員は代表制を維持する意義との関係において、どのような役割を求められているのか、その役割は適切に果たされているのだろうか、そしてその役割を実質化させるための制度設計のあり方はどのようなものか、といったことが問題になるはずである。

このような課題との関係で本書全体を貫く筆者の問題意識は、代表者がいかにして「民意」を「くみ上げる」か、ということである。選挙を通じて議

9　成田悠輔『22世紀の民主主義　選挙はアルゴリズムになり、政治家はネコになる』（SBクリエイティブ株式会社、2022年）17-18頁。なお、東は一般意志がデータの数学的処理によって浮かび上がるとの構想について、成田の無意識データ民主主義とほぼ等しいものであるとする（東浩紀『訂正可能性の哲学』（ゲンロン、2023年）216頁。）。

10　東は、熟議とデータベースが補い合うという自身の構想との関係で、個人の政策に関する感想を大規模に収集し、政策審議の場に可視化させる構想を提示する（東・前掲注（8）195-197頁。）。

11　待鳥聡史『代議制民主主義　「民意」と「政治家」を問い直す』（中央公論新社、2015年）12頁。東自身も、「代議制だけでは民主主義は完結しない」と述べている（東・前掲注（8）195頁。）。

12　待鳥・前掲注（11）12頁。

会に代表者を送り込み、その代表者たる議員同士のやり取りを通して決定がなされるという従来の代表制のあり方によっては十分に民意が代表されていない、いわば「代表の穴」があるという主張において、現代の代表制の危機が現れるならば、いかにして民意を代表するか、ということが代表制を考えるうえでの課題となるはずである。しかしながら、そこでの「民意を代表する」について、筆者は決してもともと自明のものとして確定的に存在する民意を単に写し取るという意味においては理解していない。本書においてこれから繰り返し述べるように、民意とはきわめて多様で複雑なものであり、そもそもはじめから一定の形を成していない場合も多い。多様で曖昧模糊とした民意について、代表者が自らの責任の下でどのように見出し、集約し、決定に向けてその多様性を縮減していくか、という意味において、代表者がいかに「民意をくみ上げるか」を考えるのが本書の目的である。

　もちろん、代表者が「民意をくみ上げる」としてもその実現の方法、アプローチは様々ありうる。本書においては、それらの多くのアプローチのうち、議会より前の段階、つまり、国民―議員の間に介在する政党に着目し、国民―政党―議員という3項関係において議論を展開することとする。具体的には、政党の内部構造を民主化するという政党内民主主義の構想を基にすることで代表者たる議員が国民の間にある曖昧模糊とした民意をくみ上げられるようになる方途を検討する。確かに、伝統的な代表制においては、国民―議員関係を主軸として議論が展開されてきており、その間に介在する存在についてはむしろ異質なものとして捉えられてきた。本書もまた、そのような伝統的な代表制の考え方の基盤自体を否定するものではないが、しかし、現実として国民―議員の間において、多様で曖昧模糊とした民意から反映されるべき民意を発見し、集約し、縮減するための不可欠な存在として政党が介在する以上、その存在を前提にした代表制論を考えることもまた必要と考えている。

　しかし、ここで初めに断っておくが、本書の構想は「政党が全て」という視座に立つものではない。政党以外のルートを通じて代表者たる議員が民意をくみ上げることも当然想定しており、そのルートを塞ぐことを目的としているわけではない。本書の構想はむしろ、そうした様々な民意をくみ上げる

ルートを整除する一歩目として政党に着目するというものである。また、同じく、政党によってくみ上げられた民意が全てであり、議会はそれを登録するだけであると考えているわけでもない。議会において代表者たる議員同士が独立して議論を重ね、説得と譲歩のプロセスを経ることで何が最も全国民の利益に資するかを考えるという代表制本来のあり方には依然意義があると筆者は考えており、議会の事前段階である政党において全てが決せられると考えているわけではない。

第2節　本書における議論とその流れ

　以上のような問題意識に基づき、本書は以下のような議論を展開する。
　序章第3節においては、序章第1節において提起したところの、現代において代表制を維持することに残る意義について検討する。ここでは、第1款において代表制の意義をめぐる古典的な議論を紹介する。その後、この古典的な議論が現在においても妥当し得るかとの問題意識をもとに、第2款・第3款においては、デジタル技術の発展により、代表制が代替される可能性がないか、裏返せば、デジタル技術の発展をもってしても代表制に残り得る意義は何か、について考察する。第2款においては、デジタル技術を用いた国民の直接投票や議論の可能性について、第3款においては、同じくデジタル技術を用いた代表制と直接民主制を組み合わせる可能性について取り上げる。これらの議論を通して明らかになったのは、現代においても代表制の下に残る意義とは、社会が多元的であるということを前提としたうえで、その多元性の中から統一性を作り出すためには、代表者による主導、問いかけが不可欠であること、そして、代表者を外から有権者が監視するという責任のメカニズムが必要であるということである。すなわち、現状民意なるものが多元的で曖昧模糊として捉えがたいということを前提にするならば、この民意をただ写し取るということはそもそも不可能であり、この民意を単に集積しようとしても、そこでは個人の無関心や無責任が積みあげられるだけである。そして、仮に無関心や無責任が前面に出ない形での民意の集積を試みたとしても、そこでは外部からその民意の集積の過程と結果を監視し、これに

対して説明を求め、責任を問う主体は存在しない。したがって、曖昧模糊とした民意に問いかけ、コミュニケーションを通じて自ら何が民意であるかを提案し、これに対して監視を受け、場合によっては責任を問われる代表者という存在が、多元的な国家における統一的意思形成のためには不可欠なのである。このような代表制の意義は第4款において取り上げる、代表制の意義をめぐるドイツの理論的先行研究からも確認されることである。

　それでは、序章第3節において依然として代表制には意義が残るということが確認できたとすれば、代表者はその意義との関係でいかなる役割を果たすべきであろうか。日本国憲法の下では、この役割は、「選挙された全国民の代表」（43条1項）とされる衆参両院の議員が担うことになる[13]。この「全国民の代表」の要請の意味するところについて、伝統的には「命令的委任の禁止の要請」、つまり、議員は特定の選出母体等の利益に拘束されることなく、自ら独立して、全国民の利益のために活動することとされていた。他方で、日本国憲法においても「選挙された」とあるように、議員の地位が選挙という手続的要素と不可避的に結びつくようになって以降、議員が現実の民意の存在をおよそ想定しないということも不可能となった。そこでは、議員には、事実上、現実に存在する民意を意識し、これを反映する役割が求められるのである。したがって、現在、議員に対しては、一方では独立して全国民の利益を探求すること、他方では現実の民意を意識することが求められている。本書が考える代表制の問題としての民意のくみ上げとの関係においては、この両要請が均衡のとれた形で発揮されることが必要となる。民意のくみ上げを考えるにあたり、現実の民意を無視してはならない、その反映が要請されるということは当然である。他方で代表者たる議員が独立し、自らの責任において全国民の利益を探し求めるということもまた、議員が多元的で曖昧模糊とした、未だ形を成していない民意のようなものから何が民意か、探し出して統合し、これについて国民に問いかけ、説明し、応答を得るというプロセスを実現するものとして、民意のくみ上げにとって不可欠である。

　しかしながら、この両要請は必ずしもその意義をバランスよく発揮できて

13　地方議会議員の扱いについては議論があるところであるが、ここでは取り上げない。

いるとは言えない。そもそも、「命令的委任の禁止」の要請と「事実上の民意の反映」の要請は、一方では議員と選出母体を切り離す要素、他方ではこれを事実上とはいえ、再び接続しようとする要素をそれぞれ孕むものである。その限りにおいて「事実上の民意の反映」の要素は「命令的委任の禁止」の要素からの一定の揺り戻しを孕む要請であり、両者の意義を共に発揮させるにあたっては絶妙なバランス感覚を求められる。そして、実際のところ、「命令的委任の禁止」の要請については、「事実上の民意の反映」の要請に対して後退を迫られている。それがとりわけ顕著であるのが、議員の政党との関係においてである。議員は現在、ますます政党との関係においてその独立性を失いつつある。

　反面、「事実上の民意の反映」の要請との関係においても、現在議員が果たして現実的に国民の多様な民意を反映できているか、常に疑義が呈されている。もちろん、民意が曖昧模糊としてそれ自体捉えられるものではないという本書の前提からすれば、現在反映されている民意が適切なものではないとの批判が恒常的になされることは、むしろ代表制が健全に機能していることの表れといえる。しかし、現在各国で勃興しつつあるポピュリムの流れは、代表制の健全な機能促進ということを超え、本書の意味における代表制自体を否定する恐れを孕んでいる。具体的に問題となるのは、もはや国民意思内部の多様性を前提とせず、単一の国民意思を想定し、これによって代表者と有権者が直接的に繋がると考えるポピュリズムのあり方である。ここでは、現状の代表が「我々」を代表していないという主張において、もはや国民意思内部の多元性という、本書が前提とする代表制のあり方自体が否定されている。この危機意識は日本においても変わらない。確かに、日本においてはポピュリズムの勃興の程度は低いとも評される。しかし、日本において既存の大政党に所属する議員が国民内部の多様な意見を幅広く吸い上げられているかというと疑問が残る。とりわけ、選挙制度改革以降、与野党ともに自身のコアな支持層に訴えかけるような政策を提示する傾向に流れる可能性があり、国民全体を広く包摂するという契機は失われつつある。このように「事実上の民意の反映」についても必ずしも適切に機能しきれていないことを踏まえるに、これまで議員が意識する民意、議員の下に流れ込む様々な影

響力行使について、いずれも「事実上」のものとされてきたことを再考する必要があると思われる。「事実上」という枕詞は、議員が「法的には」独立しているという「命令的委任の禁止」の要請との関係性の説明にあたって用いられてきたものであるが、しかし、その結果として、議員のもとに流れ込む様々な影響力や、議員が意識する多様な民意といったものが全て「事実上」と十把一からげに処理され、その内実が見えなくなっていると思われる。

　したがって、本書では、代表制の意義を支える要請としての「全国民の代表」の要請、具体的には命令的委任の禁止の要請と事実上の民意の反映の要請について、いずれもその意義を再び実質化する制度的な裏付けを作り出すことができないかを検討することとする。ここで筆者が着目するのが「政党」の存在である。まず、命令的委任の禁止の要請については、確かに現在、議員は政党に強く拘束され、その独立性を発揮する場面は少なくとも政党に対しては少なくなりつつある。しかし、この状況に対しては、政党について「全国民の利益」に資する存在とすることで、これに拘束されている議員もまた「全国民の利益」に資する存在になると考えることはできないか、との手島孝からの指摘があるところである。本書では、この手島の見解を足掛かりに、政党がいかにしてそのような「全国民の利益」に資する存在となるのか、仮に政党が「全国民の利益」に資する存在となったとしても、議員がその政党に盲目的に従属するならば、依然として議員の独立性は害され得るのであるから、それを避けるためには議員と政党の間にどのような関係が構築されるべきなのか、といったことを検討することとする。

　他方、「事実上の民意の反映」の要請の実質化との観点でも政党を基軸に据えることが考えられる。ここで参照するのが、高橋和之による議論である。高橋は、現在の大規模で多元的な社会を前提にした場合、一般意思を導出するにあたっては、市民の側においても議会の側においても、「討論・対話」がなされることが重要であると指摘する。高橋は、議会の場における「討論・対話」においてとりわけ政党が重要な役割を果たすことを指摘する。高橋の議論においては、議会において内閣・与党側が政策案を提示するのに対し、野党側がこれを批判したり、代替案を提示したりすることによっ

て「討論・対話」がなされるのである。高橋の構想を実現するためには、多様な国民の意見や利害の中から１つの実現可能な政策体系への絞り込みが行われることが重要であり、そのためには政党に、２つのブロックへと収斂していくこと、つまり、その限りで常に政権獲得を目指すことが求められるのである。

　筆者は高橋の構想のうち、内閣を中心に据えるという構想や、２ブロック化を求める構想については現時点では態度を留保する。しかし、高橋の言う、国民の側でも議会の側でも「討論・対話」がなされることによって多元的な社会においても一般意思なるものが見いだされ得るという議論は本書と問題意識を一にするところであり、その構想の中で政党が重要な位置づけを与えられていることは参照に値する。もっとも、現状の日本の政党のあり方が、高橋の構想したようなものとなっているか、には疑問がある。高橋は政党に対して変化を促すためには、選挙制度の改革、あるいは、マスメディアの政党に対する態度といった要因が必要となるとする。その背景には、政党自体に何らかの行動を求めたとしても、それを後押しする環境がなければそのような行動は実現され得ないとの発想があるようである。しかし、政党に国民意思を幅広くカバーさせるという高橋の構想の方向性において、政党自身に何らかの行動原理を求めることはおよそ不可能かつ不必要なのだろうか。もちろん、そこでは私的結社としてスタートした政党に何をどこまで求められるのか、求められないのかという問題は不可避的に付きまとうが、そうであるからこそ、「全国民の利益」を見出すにあたっての政党の位置づけと役割、そしてその役割を果たすための手段として何が許され、何が許されないのか、考察する必要があると考えられる。

　以上のような問題意識を踏まえ、続く第２章では、比較法対象国であるドイツにおける「全国民の代表」と政党をめぐる議論に検討の軸足を移す。ドイツにおいては、基本法38条１項２文において議員が「全国民の代表」であるという要請と、基本法21条における政党に関する条項が併存してきており、「全国民の代表」と「政党」の関係についてどのように説明するか、議論が展開されてきた。第１節第１款においては、「全国民の代表」の要請の意味するところについてのドイツにおける議論状況を取り上げる。ドイツに

おいては「全国民の代表」の要請をめぐって、これが議会全体に求められていることなのか、あるいは議員個人に求められているかという点において争いが存在する。この争いにおいては、議員は個人としては特殊利益を代表できるにすぎず、政党単位で拘束が働くことによってはじめて議会全体が全国民の代表となる（故に議会全体が「全国民の代表」となる）という見解と、政党はあくまで自由に目標追及をできる結社に過ぎず、共通の福祉を促進するという保証はないのであるから、むしろ議員個人が様々な特殊利益に接触していったうえで、議会という場においては、議員個人としても全国民の代表であるとの責務を背負い続けるべきである（議員個人が「全国民の代表」である）という見解の対比がみられる。この両者の間で、本書においては、「全国民の代表」の要請があくまで議員個人にもかかるとの見解が適切と考える。というのも、そのように理解することで、国民意思が多様であり、この多様な国民意思から議員が様々な影響力を受けているということを前提としたうえで、最終的にそれでも議員が特定の支持母体に拘束されることなく、全国民の代表として法的に独立性を有することにより、議会内で自由に妥協や譲歩を行い、国民意思なるものを形成することができるという、本書の考える代表制論理を提示することができるからである。議員個人に対して、「全国民の代表」の要請があるからこそ、議員はこのような役割を自らの責任において果たすことができるのである。

　つづいて、第2款においては、「全国民の代表」の要請と政党との関係について考察する。ここでは、Leibholzの政党国家論がまず参照される。Leibholzの議論によれば、国民全てが政党を介することで初めて国政に対する発言権を得ると考えられ、それゆえ、多数派政党の意思が国民の一般意思であると考えられた。Leibholzの議論においては、「全国民の代表」という要請は、政党を前にして著しく後退している。しかし、Leibholzの議論においては、議員の手元に独立した関与の余地が残され、彼らが議会内に新たな思考を持ち込み、また翻って、これが政党内の方針に対しても発展させられるという可能性があることが考慮されていない。したがって、Leibholzの言うように「全国民の代表」の持つ意義について完全に後退させることはやはり適切ではなく、その意義をぎりぎりどこかで発揮させる必要があると

言える。

　したがって、筆者は、Leibholz とは異なり、政党の存在を前提としたうえで、それでも「全国民の代表」の要請に意義を見出そうとするドイツの先行研究を参照することとする。そこにおいてとりわけ注目に値するのが第2節で扱う「政党内民主主義」という問題設定である。ドイツにおいては、「政党内民主主義」を確保することが「全国民の代表」の要請の実現とかかわるとの議論展開がなされている。議論の主戦場となっているのは「命令的委任の禁止」の側面である。そこでは、議員が最終的に独立性を有するからこそ、議会の場において議員を束ねることに利益を持つ政党は、議員の意見を事前に聴取するようになる、つまり、命令的委任の禁止の要請が政党内民主主義の確保に資するということが語られる。さらに、そのような党内意思形成の結果、議員が政党の意思に見かけ上拘束されることになったとしても、その政党の意思は議員が自ら構築に関わったものであり、その限りにおいて議員は政党に盲目的に従属しているわけではなく、その政党に対する「独立性」はぎりぎり保たれている。しかし、問題となるのは、「事実上の民意の反映」の側面、つまり多様かつそれ自体としては曖昧模糊として捉えがたい民意をいかに議員が集積し、反映するか、という点である。この側面についても政党内民主主義の確保が有益であるとの示唆はドイツの先行研究にわずかながら見られるが、その指摘は散発的にとどまる。その背景には、おそらくドイツにおいては基本法上明文において、「全国民の代表」に関する条文と、政党内民主主義に関する条文が並立しており、この両者の関係性を説明する必要があるという点から議論が出発したことがあると考えられる。

　しかし、漠然とした民意がいかにして政党を介して議員の手元に届き、すくい上げられるのかという本書の問題意識からすれば、事実上の民意の反映の側面と政党内民主主義の関係に関する考察には踏み込む価値があると考えられる。そこでは、両者の関係性について論証を補充するとともに、そのような観点から、つまり、「全国民の代表」の要請を実質化するために政党内民主主義の確保が必要であるというテーゼを論じるにあたって、念頭に置かれている「政党内民主主義」とはどのようなものなのか、何を政党にどこまで求められ、反対に何を求めることはできないのか、ということが論じられ

る必要がある。

　そこで、第3章においてはまず、ユルゲン・ハーバーマスの2トラック民主政の議論を梃として、「事実上の民意の反映」の要請を実現するために政党内民主主義が必要であるとの論証を補強することとする。ハーバーマスは、議会のようなフォーマルで、時間制限と責任を伴う意思決定の場と、そのような制限や責任がなく、個人のあらゆる見解が発せられ、討論を経て、公論へとフィルタリング、加工される可能性のあるインフォーマルな公共圏を対比した。ハーバーマスによれば、この公共圏において持ち上がってきた公論が、「水門」を突破すればフォーマルな意思決定の場に到達することになるのである。ハーバーマスの2トラック民主政モデルにおいては、おのずから反映されるべき民意があるわけではなく、その民意が討論のプロセスを経た上で形成され、議会の意思形成へと流れ込むという前提が置かれており、これは本書の思考と類似したものである。しかし、ハーバーマスの議論においては政党は積極的な位置づけを得ていない。その背景には、政党はすでに国家の側に立つ、自立化、硬直化した存在となったとの意識がある。

　しかしながら、筆者は、ハーバーマスの2トラック民主政的思考において、政党は依然として位置づけを得るべき存在だと考える。確かに、ハーバーマスの構想においては、いかなる小さな個人的な声であっても討論の過程に入り、他者とのやり取りを重ねることで、公論となり、フォーマルな意思決定の場に流れ込む可能性があると考えられているようであり、その限りにおいては、政党という存在は不要であるようにも思える。しかし、現実的にそのような小さな個人的な声が大きな同意を巻き込んで水門を突破できるほどの公論を形成できるのだろうか。実際にはもともと組織力の強い大きな団体の声だけが届くことになるのではないだろうか。そもそも議会の側がルーティーン的に意思決定を行い、そこに例外的な場合にのみ水門を突破した公論が届くというので足りるのだろうか。より日常的かつ継続的に、依然として大きな同意を巻き込めていないような声であってもフォーマルな意思決定の場に届く、あるいはフォーマルな意思決定の場に「届く可能性のある場」において他の声とやり取りをする可能性を制度的に担保されることが求められるのではないだろうか。

第 2 節　本書における議論とその流れ　13

　そのように考えた場合、ハーバーマスが念頭に置く「水門」を突破する公論のうねりという可能性に加えて、政党もまた位置付けを得ることが考えられる。そして、そこで政党に求められるのは、政党が様々な声に対して開かれており、政党内部において様々な声同士のやり取りがなされ、それがフォーマルな意思決定の場を担う議員の下にも届くということである。ハーバーマスも、自身の『公共性の構造転換』の初版においては、政党の内部構造の民主化を構想上重要なものと捉えているところであり、政党の位置づけについて積極的に捉え直すのであれば、彼の2トラック民主政論を梃として政党内民主主義を論じることは可能なはずである。

　そこでの政党内民主主義とは何であるかについては、集団内部の意思決定メカニズムに関する研究から基礎づけられる。そこでは、集団、とりわけ同じような傾向の人々から成る集団では特定の同じ方向にその構成員が傾きやすく、分極化、集団浅慮に陥りやすいということが示される。政党が集団浅慮、分極化に陥った場合、その内部の議員は極めて限られた特定の国民意思しか知ることがなくなるだろう。したがって、政党はそのようなリスクを避けるという観点からも、常に外部からの新たな意見、異論に触れ続けようとしなければならない。

　以上のような政党に対する期待は、他の結社や会派といった組織との比較の上での現実的な政党の位置づけという観点からも裏付けされる。政党は公的存在か、私的存在かという議論が長らく展開されてきた日本とは異なり、ドイツにおいては基本法上政党条項があることから、日独の政党の置かれた状況は異なるとも考えられる。しかしながら、少なくとも政党内民主主義という観点においては、ドイツにおいても政党を他の通常の結社から分かつのは、主として政党が選挙において公職者の選出にかかわること、そして副次的に、（政党が選挙にかかわる存在であるというまさにその理由により）政党が比較的多様な論点をカバーし、その中で統一的な意思形成を果たすという点である。このような政党の役割は、現行の選挙制度設計などを前提とすれば、日本の政党に対しても認められるものである。それゆえ、政党に対して、インフォーマルな意見の発露とフォーマルな意思決定の場を繋ぐ役割を与えるということは、それが持つ現実の役割からも裏付けられる。

以上の考察をもとに、政党を梃にして（政党所属の）議員について「事実上の民意の反映」の要請を実質化させるためには、政党ができる限り外部からの異論に触れ、これを内部に取り込む必要がある、という意味における「政党内民主主義」の要請が必要であることが明らかになった。すなわち、国民内部の様々で多様な、時には小さな声が政党に取り込まれることで、政党内部でこれらの声同士の対話が行われ、そこに議員もかかわることによって、インフォーマルな場で表明された意見がフォーマルな議会という場に流れ込む可能性が生じ、その限りにおいて、多様で曖昧模糊とした民意が形を成しながら議会という場にくみ上げられる可能性が生じるのである。

　しかし、問題は、政党にどこまで異論に触れ、受け入れ、議員も交えた意思決定に反映させることが求められるのか、反対にどの一線を超えた場合、政党はこのような異論に触れることを拒絶できるのかということである。日本の先行研究において、政党はあくまで私的結社としての性質からスタートしている。また、ドイツにおいても政党はあくまでそれぞれ自身の考える「共通の福祉」を追求するだけであり、それが真の意味における、あらゆる国民を包摂した「共通の利益」を担うことは必要ではないし、また政党間競争という側面から適切でもないとされている。そこで、筆者の述べるところの、政党が常に異論に触れ、これを取り込み続けるという意味での政党内民主主義の具体的な設計のあり方がどのようなものになり得るか、を考えるために、第4－5章では、ドイツにおける実際の政党内民主主義の内実を検証する。

　第4章においては、まず総論的に、政党内民主主義といったときに何が念頭に置かれているかを明らかにする。日本の先行研究において、政党内民主主義に関する議論は、政党が公的な存在か、私的な結社かという議論と連動し、政党内民主主義をそもそも政党に求めることが許されるかどうかという点を主戦場としてきた。そこでは、政党内民主主義の内実や、何をどこまで政党に対して求められるかという詳細な議論展開はされていない。この点、基本法上明文のあるドイツにおいても実際のところ議論状況は明快ではない。ドイツにおいても政党内民主主義と言った場合、その内実が何かについてはそれ自体争いがある。一般的には「下から上への意思形成」ということ

が政党内民主主義の核心部分として論じられるが、そのような考え方についてすら、批判のあるところである。

　しかし、ドイツにおいてもいささか錯綜しているかのように見える、政党内民主主義の内実をめぐる議論状況を踏まえる中で、政党内民主主義の設計にあたって問題となる要素についてもまた明らかになる。それは、政党は傾向を持った組織としてその統一性を維持する点に一義的な利益を持つということである。外部からの異論を巻き込むということは、政党にとって自身の傾向を希釈化するとともに、その統一性を害する恐れをもつものである。したがって、本書の定義するところの、常に異論を取り込み、その異論を内部でこれとは異なる見解とともに揉み上げていくという意味での政党内民主主義の設計に対しては、それが政党の傾向、統一性を害するのではないかという限りにおいて、限界が見えることになる。

　そこで、第5章においては、本書の意味における、つまり異論を取り込み、議員を交えてやり取りをするという意味における政党内民主主義が問題となる、より個別具体的な局面を取り上げることとする。ここにおいて、命令的委任の禁止の側面を実現するための政党内民主主義という観点においては、議員が政党内の意思形成に確実に参加する仕組みがとられていることが必要になる。それによって、議員は自ら意見を述べ、自ら決定にかかわった政党の意思に拘束されることになり、その限りで、議員の独立性の要素はぎりぎり保たれる。他方、政党を介して議員の下に多様な民意が幅広く流れ込み、その民意同士が議員も交えでやり取りを重ねることが、議員が「一般意思」なるものを見出す一助になる、という事実上の民意の反映の側面を実現する意味における政党内民主主義の観点においては、政党内に異論を包摂するということ、つまり、政党に誰を受け入れ、誰を政党から排除するか、という受け入れと除名の問題、そして、政党内部でどのように意思決定がされるか、その意思決定プロセスに党内のアクターがどのようにかかわり、どのように意思表明をし、それが議員の下にどのように届くのか、ということが問題になる。以上の考察においては、あくまでどこまで異論を政党内に受け入れ、取り込み、他の意見とともに議員も交えて精錬させていくかが問題となっているため、従来の政党内民主主義論の主戦場であったところの候補者

擁立や党内の公職者の選出の問題については扱わないこととする。

　このような第5章の考察から、各局面において政党内民主主義の設計にあたって考慮されるべき事項が明らかになる。

　まず、命令的委任の禁止の要請を実質化するために議員が政党内の意思決定にかかわる方途を確実に用意するという観点からは、ドイツにおいて政党内の意思決定機関に、議員が「職務により」参加する方法が確保されていることが示唆的である。ここでは、政党内の意思形成に議員も含め「職務による」参加者がかかわることが、党内の自由な意思表明や決定発見を阻害しないという観点から、どこまで許容されるかということが、制度設計上問題となる。

　そして、事実上の民意の反映の側面に関しては、まず、政党に誰を受け入れ、誰を政党から排除するかという点が問題となるが、ここで前面に出るのは、やはり政党が傾向を持った組織として統一性を保持しなければならないという点である。政党がいかなる人物でも受け入れなければならないとすれば、政党の傾向とはおよそ違う人物が党内に入り込み、その統一性を害する結果、党の外に対する党としてのラベルが毀損されるとともに、党内の安定性が害される可能性がある。この場合、政党自体が崩壊する可能性があるのであるから、その限りで政党が異論を取り込むと言っても限界があることになる。そもそも、個々の政党がそれ自体単独で全国民の利益をカバーする必要はなく、またそれは適切でもない。複数の政党が存在し、この政党同士がそれぞれ自身の考える「全国民の利益」の定義を行う以上、ある政党の傾向をおよそ害する可能性のある人物は、他の政党に受け入れられる可能性があるのであり、その限りで、個別政党ごとの受け入れの自由、除名の自由は尊重されるべきである。

　続いて、政党内の組織構造、意思形成の仕組みについては、上記の傾向を持った組織としての政党の統一性という要素に加え、政党内の意思決定の効率性の問題が政党内民主主義に対する対抗利益として存在する。ドイツにおいては、意思決定の効率性と、政党内の意見をくみ上げるという両方の要請を実現するために、政党内部について最も下のレベルでは領域ごとに区分けを行い、そこからより上位の機関へと意思がくみ上げられていくという仕組

みが採られている。このような、領域ごとの区分けを使うことで、政党の末端から効率的に意見を吸い上げ、またその過程に議員も関与するというドイツの仕組みは、政党内に異論を取り込み、その異論同士のやり取りに議員も関与させるという本書の見地からしてあり得る制度設計である。ただ、本書で問題としているのはあくまで、常に政党が異論を取り込み、それを党内で表明させ、他の意見とぶつけさせる過程に議員がかかわる可能性というだけである。したがって、例えばあらゆる党内少数派の意見が尊重され、最終的な決定にまで反映されるべきといった厳格な意味での政党内民主主義は求められない。

　最後に、政党内で作られる基本的な政党の方針を包含する、規約や綱領といった文書のあり方、つまり政党の方針の対内的、対外的な態度表明のあり方にも注意が払われる必要がある。規約や綱領は政党の党員、政党に加入したいと考える者、政党に投票するかどうかを考える有権者にとって当該政党の方針について示すという点で意義のあるものである。政党に異論を取り込みやすくするという本書の関心との関係においては、政党に対して様々な見解を持つ者がアクセスしやすいようにするために、あるいは少なくともアクセスを検討できるようにするために、そして政党内の意思形成の仕組みや、政党の「傾向」そのものが上層部の気まぐれや恣意的な判断によって野放図に変えられることを防ぐために、規約と綱領が一定程度文書の形で公開されていることが重要となる。もっとも、政党の傾向と統一性の保持という観点からすれば、規約や綱領の実体的な内容についてはできる限り各政党の自由に委ねられるべきである。

　最後に、終章では、日本における「全国民の代表」の要請の現実化という観点から、政党に異論を取り込み、党内で異論が他の見解とともにぶつかり、洗練されるプロセスに議員がかかわるという意味における政党内民主主義が求められるという結論を改めて提示する。ここで重要なのは、筆者があらゆる政党に対して、国民内部の多様で時に対立する漠然とした民意を全て単独で抱え込み、そこから自ら「全国民のため」の意見形成をするべきとは考えていないということである。各政党が行うことはあくまで、自身の傾向に沿った形で「全国民の利益」を定義することであり、これを真の意味にお

ける「全国民の利益」へと変換するのは依然として議会の任務である。政党は選挙を通じて公職者を議会というフォーマルな場における意思決定に送り出すという意味で他の結社とは異なるのであり、その限りで、政党には、自身の傾向から（完全にではなく）やや外れた異論についても門戸を開き、その異論を党内で扱うことが求められるというだけのことである。これは翻って、議会において政党を単位に議員同士が議論をするとしても、議員が自身の政党の極端な方針に完全に従属するのではなく、常に（やや）異なる意見に耳を傾ける可能性を持ち得るということにも繋がる。

したがって、本書の考察は、「全国民の代表」の要請の現実化のために政党内民主主義が必要であると論じるものであるが、それと同時に、政党に対して求められる内部民主政のあり方に一定の歯止めをもかけるものでもある。

第3節　なぜ代表制なのか[14]

冒頭の問いかけに戻ろう。なぜ我々は代表制を今日においても維持し続けるのか。根源的な危機に直面した代表制はもはや無用の長物と化しているのであろうか。ここでは、全ての議論の前提として、現代における代表制が持つ意味について概観する。もっとも、本書は代表制そのものの意義をゼロから論じるものではないため、ここでは簡単に代表制の意義をめぐる古典的議論を概観した後で（第1款）、現代という文脈において代表制に何が残り得るかという点に絞って考察を行うこととする（第2－4款）。

第1款　代表制の意義をめぐる古典的な議論

代表制を採ることの意義についての伝統的な論拠に関する議論は枚挙にいとまないが、簡明に整理をするならば、例えば、赤坂正浩による整理が明快

14　ここからの第3節や無意識民主主義等の議論について、詳細は、稲谷龍彦編『情報法講座第1巻』（法律文化社、2025年9月刊行予定）所収予定の拙稿も参照。

である。赤坂は、モンテスキュー、ケルゼン、シュムペーターといった思想家の作品を紐解き、なぜ代表制をとるのか、根拠として4点を抽出した。すなわち、①直接民主制は大規模国家においては技術的に不可能であること、②一般市民には、自ら立法を行う能力がないこと（しかし、適切な代表者を選択するためという点に限れば判断能力はあるということ）、③一般市民には個別に法案審議をする意欲も時間もないため、専業の政治家を選び、この仕事を委ねる必要があること、そして④代表者と政府がリーダーシップを発揮することによって、必ずしも明確で合理的な意思を持つわけではない有権者をリードする必要があることである[15]。このような一方では技術的困難性、他方では国民の能力や意欲という点に着目したうえで代表制の意義を基礎付ける見解は、日本国憲法の下でも伝統的に提示されてきたものである[16]。

第2款　現代的文脈における代表制の変化と直接民主制による代替可能性

　もっとも、現代においては、デジタル技術の発展により、より直接民主制的な運用をすることが容易になっている。このような変化によって、上記の代表制をとることの理由付けもまた揺らぐことはないのか。ここからは、デジタル技術を用いることによって代表制の意義がどのように変化することになるのか（あるいは変化しないのか）を検討する。

Ⅰ．代表制に対する問題提起―現代的文脈を考慮して―

　上記の代表制の意義のうち、①技術的な困難さという消極的な理由づけについては、今日デジタル技術の導入によって容易に払しょくされるだろう。というのも、デジタル技術を活用すれば、物理的には一か所に参集させられ

15　赤坂正浩「民の声は神の声――代表民主制と国民投票・住民投票――」法学教室281号（2004年）50-51頁。
16　例えば清宮四郎は、直接民主主義は団体の規模が大きく、社会的な分業が進展した近代の国家においては実効性に欠けるとしたほか、多くの国民には国政に関する問題を自ら判断し、処理するだけの政治的素養や時間的余裕がないとする（清宮四郎『憲法Ⅰ　初版』（有斐閣、1957年）48頁。）。

ない大人数の人々を容易に集めることができるからである。

　それでは、国民の無関心や意欲の低さといった、②から④の理由付けについてはどうか。かつての純粋代表制の下では、代表制は直接民主制よりも優れたものと考えられていたが、その背景には、民衆の能力への不信、つまり、代表制をとることでまさに無知で無関心な民衆を排除するという要素があった[17]。つまり、直接民主制が不可能であるから、次善の策としてやむなく代表制を採るのではなく、一般国民には統治にかかわるための時間も素質もないことから、市民と代表の間で役割を分け、市民が統治にかかわる機会を代表者の選挙の側面に限定したのである[18]。この代表制の論拠は、今日的にも修正した形であれば妥当し得るとしばしば指摘される[19]。人民の喝さいは独裁者を正当化する恐れがあり、「多数」は情熱によって軽率に動きがちである。このような危険性によって民主主義それ自体が危機に陥ることがないよう、「情熱」や「特殊利益」から距離を置いた「全国民の代表」としての議員の理性的な討議が求められるとも考えられる[20]。

　以上のような議論を踏まえれば、今日においても代表制を維持するにあたり、②から④の論拠、つまり国民の能力や意欲の問題という論拠は妥当するようにも思える。しかしながら、今日議会における議員が有権者と比較し、おのずから優れた存在であるという前提は崩れている。選挙権、被選挙権いずれにおいても財産や教養の有無による制限がなく、議員になるために特別な能力や資格が必要とされるわけではない以上、一般の有権者が無知であり、議員が有能であるといった一義的な関係性は存在しない。また、意欲の面においても、後述するように、今日有権者が議員に対して自身の希望に沿った政策が実現されるように、何らかの影響力を及ぼそうとしていること、議員も翻ってこれを考慮しなければ再選が危ぶまれるという状況があることを踏まえると、有権者が政治的な問題に関しておよそ何らの関心も意欲も有していないという前提は成り立たない。今日においては、有権者もま

17　只野雅人『憲法の基本原理から考える』（日本評論社、2006年）29頁。
18　糠塚康江『現代代表制と民主主義』（日本評論社、2010年）41-42頁。ここでは、市民の中でも一部の「能動的市民」にのみ選挙権が付与される制限選挙制がとられていた（同。）。
19　只野・前掲注(17) 29頁。
20　同上、30頁。

た、少なくとも一部の分野について、一定程度、自身の意見を持つだけの関心や意欲を有しているということが言えるはずである。そうであるならば、②から④で挙げられた、国民の意欲や関心、能力の不足といった代表制を基礎づける積極的な理由付けもまた、かつてとは同じ形では妥当し得ないのではないだろうか。

II. デジタル技術による代表制の変化の可能性

そこで、以下ではデジタル技術の発展により、代表制を支える論拠に変化が見られるのかを明らかにする。具体的には、前提としてデジタル技術の導入によって生じた、議員と国民をとりまく環境の変化について述べたうえで（1.）、デジタル技術を用いた国民投票型の直接民主制の導入の可能性（2.）、そして、デジタル技術を用いた国民による直接的な討議を経た上での意思決定の可能性（3.）について、検討することとする。

1. 前提―デジタル技術による議員をめぐる環境の変化

デジタル技術の発展は、国民、そしてひいては代表たる議員の活動に大きな影響を与えている。ここでは前提として、現在の形での代表制を維持するとしても、その代表制のあり方にデジタル技術によってどのような変化が生じ得るか、幾つかの可能性を挙げることとする。

一方では情報化は、民主主義の難点である効率性の低さを解消する可能性を秘めたものである[21]。具体的には一般の国民がインターネット空間において交流や意見表明をすることで、熟議の促進が図られるのではないかとの期待があり得る[22]。オンラインにおいて熟議を行うことは、人々が物理的に移動するコストを削減し、かつ、十分な考える時間を設けることに繋がる[23]。また、その際に提供される議題に関する情報や資料に際しても情報技術が活用される可能性がある[24]。まとめるならば、インターネットを介して、独自

---

21 谷口将紀・宍戸常寿『デジタル・デモクラシーがやってくる！AIが私たちの社会を変えるんだったら、政治もそのままってわけにはいかないんじゃない？』（中央公論新社、2020年）108-109頁〔宍戸発言〕。
22 同上、105頁〔田村発言〕。
23 同上、110頁〔田村発言〕。

の意見の表明、政治的情報へのアクセスのコストが削減されたほか、政治的活動を組織化することも容易になっている[25]。

反面、インターネットの発達によって、大量のデータを収集、解析し、それに基づいて個人の選好を先取りできるようになったことで、人々は自ら主体的に行動せずとも、自身が望むであろうと予測された情報に接することができるようになった[26]。この結果として、人々は過去の自身の閲覧情報に基づき、未来の自身も好むであろうと推測された情報だけに接するようになり、加えて自らと同じ意見のものとだけコミュニケーションをとることができるようになる。このようなデジタル技術の発展によって作り出された、個人にとって快適な情報や友人だけに囲まれる状況は、民主主義に対しては消極的ともいえる作用を持つ。というのも、民主主義の核心は、本来、人が自分では選ぶつもりのなかった情報にさらされ、計画していなかった予期せぬ出会いに会うという点にあるからである[27]。自身にとって不快な情報や好ましくない意見に触れることは時には腹立たしいことかもしれないが、自らの生活を根本から変えるかもしれない話題に触れる機会があることで、分極化や断片化が回避され得るはずなのである[28]。このようなデジタル化による個人化、分断のおそれという問題は、議員活動についても当てはまる。後で述べるように、現代の議会制において、議員はおのずから有権者よりも「卓越した」「優れた」人物であるという前提は後退しているのであり、議員一人一人が自らの持つ情報と判断能力のみにおいて、最善の結論なるものを導けると考えるのには無理がある。故に、議員には、複数人で議論を重ねる中で、より良い意見に至ることが期待されている[29]。この観点から見れば、議員個人に対しても、彼らがもとから有している考えや利害とは異なる見解に

24　同上、112頁〔田村発言〕。
25　*Julia Schwanholz, Andreas Busch*, „Like" Parlament? Die Nutzung von social media durch Unterhaus und Bundestag, in: *Marianne Kneuer, Samuel Salzborn*（Hrsg.）, Web 2.0-Demokratie 3.0 Digitale Medien und ihre Wirkung auf demokratische Prozesse, 2016, S. 18.
26　Cass Sunstein, #Republic : divided democracy in the age of social media 3 (2017). キャス・サンスティーン（伊達尚美訳）『#リパブリック　インターネットは民主主義になにをもたらすのか』（勁草書房、2018年）8頁。
27　*Id*. at 4-6. 同上、8-12頁。
28　*Id*. at 31-34, 37-40. 同上、46-48、53-56頁。

さらされる機会が設けられることがこれまでよりもより一層重要になるだろう[30]。

　加えて、有権者―議員間、また議員同士の意思疎通のあり方が、デジタル化によって多元化、個人化すること[31]が必ずしも好ましいとは言えない点にも注意が必要である。このような意思疎通のあり方の多元化によって、人々は自身で声を発する機会を得る[32]けれども、反面、意思疎通や議論の機会自体は結局縮小される恐れがある[33]。さらに、こうした多元化、個人化した情報のやり取りの中から、自身にとって好ましいものだけをターゲット化し、切り出すことも可能となっている。例えばドイツの極右政党 AfD は伝統的なマスメディアを迂回し、SNS を通して自身が目的とする集団と直接やり取りをすることで迅速な反応、魅力的な発信を可能としている[34]が、これもそのような一面的な切り出しのあらわれであろう。

　このように、仮に現在の形での代表制を維持するとしても、デジタル化は有権者や議員の活動に大きな影響を及ぼす可能性がある。有権者の間での分断がより大きくなり、議員もまたこれに巻き込まれる危険性が存在するほか、人々が自ら声をあげたとしてもそれが広がりを得ないままで消えていく、あるいはあげられた声の一部分だけが切り取られるという可能性もある。やや議論を先取りするが、筆者が本書において、議員が政党という装置を介して様々な意見に触れ、また議員が自身としてもその意見同士のやり取りに入り込むことができるように、政党内部に多様な意見を取り込むべきと主張する（第3章以下）のも、上記のような可能性を踏まえ、議員が無数の個人化した意見に生身でさらされたり、議員が自身と考えを同じくする特定の見解にのみ触れるようになったりすることを避けるべきとの問題意識から生

29　アリストテレスやロールズを引用しつつ熟議の必要性について説明するものとして、*Id.* at 46. 同上、64頁。
30　この観点からも、政党内民主主義の確保が議員にとって重要である可能性については後述。
31　*Gerhard Vowe*, Wandel der Kommunikation in der digitalen Welt: Pluralisierung, Individualiseirung und Dynamisierung als Herausforderung für Parlamente, Zparl, Heft 4, 2023, S. 925.
32　Ebd., S. 926.
33　*Utz Schliesky*, Parlamentarische Öffentlichkeit in der digitalen Welt: Ein neuer Strukturwandel?, ZParl, Heft 4, 2023, S. 918.
34　*Vowe*, a.a.O. (Anm. 31), S. 924.

じるものである。

　一般的考察からさらに進んで、ドイツにおいては、すでに実際にデジタル化の進展が既存の代表制の枠内において議員の活動や心理に変化をもたらしていることが観察されている。まず、デジタル化によって議員に対して行使される「影響力」が、量、質ともに増大したということが挙げられる。ネットを介して、議員に対する批判やあざけり、侮辱が直接本人に届きやすくなるほか、国民から議員に対する監視の可能性も高まる[35]。議員に対する監視は、例えば、ドイツにおいては、abgeordnetenwatch.de のようなポータルを通して、議員に質問をすることが可能であったり、議員の投票行動や副業についても公開がされていたりといった形で行使される[36]。ここでは、政治家はできる限り透明性を保たれるべきであるが、他方で、批判する者は匿名のままである場合が多いという非対称性がみられる[37]。政治的な問題に関し、議員が党内での意思形成に基づいて、あるいは新しい認識に基づいて意見を変えたことが、有権者に対する裏切りとして捉えられるおそれがある[38]。インターネットの時代の特徴としてはさらに、不特定の長い期間にわたって、データを貯蔵し、再発見できる、つまり、「構造的な忘却」が働かないということがある。これにより、議員のかつての発言が無制限に呼び起こされる可能性が生じる[39]。これは、自由で民主的な討議の本質的な基礎であるところの、自由で自発的な意見表明を「内的な検閲」によって浸食することに繋がり得る[40]。

　以上のように、デジタル化の発展によって、議員に対する監視、監督がより持続的に生じ、これによって議員の独立性が一定程度影響を受ける可能性が指摘されている。このような有権者からの監視や指令に議員がさらされ続けることは、議員が自身に対する視線を過剰に意識することに繋がり得る。

35　*Florian Kuhlmann*, Der Abgeordnete im digitalen Zeitalter, in: *Utz Schliesky* [et al]（Hrsg.）, Demokratie im digitalen Zeitalter, 2016, S. 77.
36　Ebd.
37　Ebd.
38　Ebd., S. 77 f.
39　Ebd., S. 80.
40　Ebd.

この恐れを避けるためには、例えば、議員が投票前24時間など一定の時間についてインターネットの使用ができないようにするであるとか、あるいは市民の側において、abgeordnetenwatch.de のような議員を統制するポータルについて、利用可能な容量やその保存データを減らすことで、議員に対する影響を弱めるということが主張される[41]。ドイツにおける議論を踏まえれば、デジタル化の進展は代表たる議員への恒常的な監視を強めるものであり、これによって議員がよりよくその説明責任を果たすよう求められる一方で、過剰な監視の下で自らの独立性を犠牲にする恐れも引き起こすと言えよう。このような現状からも、議員の独立性がいかに保たれるべきか、ということは考慮を必要とするだろう。

2．デジタル技術を用いた国民投票型の直接民主制の可能性

ここからは、上記のようなデジタル技術の特性を踏まえつつ、デジタル技術を用いることでもはや代表制が不要になるのではないかという議論を紹介することで、現代においても代表制に残り得る意義を炙り出すこととする。

確かに、民主主義の行使のあり方は、常にそのつど利用可能なコミュニケーション技術のあり方とかかわってきた[42]。例えば、かつては議論のための大きな集会の空間がなかったので、人々はアゴラや民会場へ集まった[43]。この利用可能なコミュニケーションツールにインターネットが加わった現在では、技術的にはインターネットを介して、全ての国民のあらゆる問題についての関心を拾い上げ、集積することが可能となりつつある。インターネットが代表制に対してもたらし得る変化としては、様々なものが挙げられ得る。ここからは、まず、国民が直接投票を行うことで政策決定に携わるといった運用がインターネットを介して可能になり得るという可能性について検討する。

インターネット上の投票を用いた直接民主制に関して指摘されるべきは、

---

41 Ebd., S. 83.
42 *Ulrich Karpen*, Elektronische Demokratie Staatsstreich im Weltreich des Internet, in: *Michael Brenner* [et al] (Hrsg.), Der Staat des Grundgesetzes- Kontinuität und Wandel, FS Peter Badura, 2004, S. 222.
43 Ebd.

そのようなプロセスにより導かれた結果は、単に個人が自発的に投じた票の積み重ねにすぎないということである[44]。そこでは市民は、マウスを一度クリックしたというだけで政治的な活動が展開されたという錯覚を感じる[45]。しかし、個々の有権者が実際に行っているのは、自らが立案に関与していない法案を一方的に提示されたうえで、自らが関心を持つ一部の法案については自身の感情的な動機に基づいて、それ以外の大部分については情報も関心も持たない状態でイエスかノーかという票を投じることでしかないのである[46]。言い換えれば、国民は結局、膨大な議題の中で自らが関心を持つものについては感情（のみ）に基づいたうえで票を投じる一方、自身が関心を持たない大部分の議題については、十分に考えたり、情報を得たりすることなく漫然と投票をする。これに対して議員は、仮に実際のところは知識不足であったり、私利私欲にまみれていたりするとしても、公開の場で自らの態度を示し、一般公衆に対して説明する責任を負う以上、露骨に無関心であることを示すことや特定集団に肩入れした発言をすることは比較的難しい[47]。言い換えれば、代表制において、代表者は公開の場で討論や調整を通して自らの立場を公にしなければならないため、その過程においては自らの意思を公にするに足る程度に抑制したうえで示す誘因が働くのである[48]。これとは対照的に、国民による直接投票が行われる場合、投票は秘密投票の形で行われるため、投票者が少数派を抑圧する感情を抱いていたとしても、これが自制される動機はない[49]。投票者は自ら票を投じた選択については責任を負わず、かつ異なる意見に対して公の場で耳を傾けることも求められないため、

---

44 *Utz Schliesky*, Von der E-Administration zum E- Government- Demokratisches Regieren in Zeiten der Digitalisierung, in: *Veith Mehde, Margrit Seckelmann*（Hrsg.）, Zum Zustand der repräsentativen Demokratie Beiträge des Symposiums anlässlich des 80. Geburtstags von Hans Peter Bull, 2017, S. 114. E-democracy の積極的な側面についても触れるものとして、*Oliver René Rüß*, E-democracy Demokratie und Wahlen im Internet, ZRP 34, Heft 11, 2001, S. 518 ff.
45 *Schliesky*, a.a.O.（Anm. 44）, S. 114. クリックをしただけで、同感を表明しただけではなく、自ら参加したかのように感じられてしまうということについて、*Samuel Salzborn*, Politische Teilhabe im Netz ist überschätzt－Das WWW ist nicht die Welt, in: *Peter Kemper, Alf Mentzer, Julika Tillmanns*（Hrsg.）, Wilklichkeit 2.0 Medienkultur im digitalen Zeitalter, 2012, S. 277.
46 毛利透『民主政の規範理論　憲法パトリオティズムは可能か』（勁草書房、2002年）278頁。
47 同上、266-267頁。

彼らの無関心や私益といったものが前面に出やすいのである[50]。

　以上のように、デジタル技術を用いた直接投票の可能性には依然として限界があると言える。確かに、現代においては、議員が有能で国民は無能であるという単純な二項対立は存在しない。議員もおのずから有能なわけではなく、他方国民も一部の問題に関しては一定程度の関心や知識を有している。しかし、問題は、議員の側には自らの判断や、場合によっては無関心を自省し、判断の理由付けを少なくとも表面上は理性的に示すように促す装置があるのに対し、国民の側にはそのようなものはないということである。国民の直接投票によって生じるのは、単なる個人の意思の集積であり、その意思がよく練られたものであるのか、思いつきや気まぐれに過ぎないのか、仮によく練られたものであるとしてもどのような過程を経て練られたのかといった質の問題は完全なブラックボックス状態である。これに対し、議会の場における議員は公開の場で自らの名前と顔をさらしたうえで、本来自身が関心を持たないことについても含め、あらゆる問題について討論し、結論を出すように強制されている。その限りで彼らはある程度練られた見解を示す（あるいは少なくとも練られたようなふりができる程度の見解を示す）ことが求められるとともに、自身の行動について常に有権者に説明責任を果たすよう求められるのである。

3．デジタル技術の発展による国民の討議可能性

　2．においてみたように、代表制には公開の場で代表者が互いに意見を示

48　直接民主制一般についてこの点を指摘するものとして、同上、258-259、266頁。
　　ここで毛利が引用するBellの論文においては以下のように指摘される。公職者は一度公職に就けば、少数派からの圧力に対して応答的になるか、少なくとも交渉に対して前向きな姿勢を示すようになる。彼らはスポットライトの中に置かれており、公に（例えば）人種差別的主張を唱道したいとは思わない。他方、直接民主主義においては、投票ブースの中で秘密裏に意思表明ができるので、少数派が民主主義のプロセスに参加する能力が低減され、そして差別的な見解を持つ人の意見が加工されないままの純粋な形態で記録されることになる（Derrick A. Bell, Jr., Washington Law Review Lecture Series, *The Referendum: Democracy's Barrier to Racial Equality*, 54 WASH. L. REV. 1, 13-15 (1978).）。オンライン国会との関係において、これらの代表制の意義について触れたものとして、拙稿「オンライン国会」法学館憲法問題研究所 Law Journal 30・31号（2024年）145頁以下。
49　毛利・前掲注(46) 258-259、266頁。
50　同上、266-267頁。

し、時に妥協や調整を見据えた討論を重ねるという特徴がある。しかし、現在では、この討議という側面を議員のみならず、一般の市民にも拡大することによって、代表制の質を向上させることも提唱される[51]。これらの議論は、あくまで一般市民が直接かかわる領域を拡張することによって代表制を補完するという性格を持つものである。しかし、デジタル技術を活用すれば、一般市民による直接的な討議の範囲や規模を拡大し、これを代表制に取って代わるものとすることもあり得るように思われる。

　まず念頭に浮かぶのは、ジェームズ・フィシュキンによる討論型世論調査の構想、またこれを基礎としたブルース・アッカーマンらの熟議の日の構想であろう。フィシュキンは、自身の構想を紹介するにあたり、現代社会における「世論」の問題について指摘する。現在、市民は政治、政策についての情報を十分に得たうえで吟味するということはしていない。そして、「意見」を選択するように求められるとしても適当に答えを選ぶという場合が多い[52]。加えて、人々が仮に政策や政治も問題について語り合うとしても、それは意見が近い人同士で行われることが多い[53]。最後に、世論というものは往々にして操作されやすい[54]。このような問題意識の下で、フィシュキンは討論型世論調査という、無作為に抽出された市民が熟議を行ったうえで世論を見出すという方法を提唱する[55]。ここでは、無作為に分けられたグループ内で訓練を受けたモデレータが付き、十分な情報を踏まえたうえで議論がなされるということが前提となる[56]。そこでは、人々が自らの意見が重要だということを分かったうえで、無関心や情報の欠如の問題を克服することが期待される[57]。

51　以下で紹介するフィシュキンらの議論について日本語で紹介するものとして、例えば、長谷部恭男「世代間の均衡と全国民の代表」奥平康弘・樋口陽一編『危機の憲法学』(弘文堂、2013年) 222頁。
52　JAMES FISHKIN, WHEN THE PEOPLE SPEAK DELIBERATIVE DEMOCRACY AND PUBLIC CONSULTATION 2 (2009). ジェイムズ・フィシュキン (曽根泰教監訳・岩木貴子訳)『人々の声が響き合うとき 熟議空間と民主主義』(早川書房、2011年) 13頁。
53　Id. at 3. 同上、14頁。
54　Id. 同上、15頁。
55　Id. at 25. 同上、48頁。
56　Id. at 26. 同上、49頁。その小グループ討論の後、大規模な全体会議で質問が提示され得ることとなる。

第 3 節　なぜ代表制なのか　29

　このフィシュキンによる討論型世論調査の提案を基礎として提示されるのが、「熟議の日」である。ここでは、選挙前に「熟議の日」を設け、選挙期間中に争点となった出来事について、選挙民の間で議論がなされるということが予定される[58]。「熟議の日」においては、討論型世論調査をベースに、議論の参加者が専門家や関係者から成る諮問委員会のチェックを受けた説明資料を踏まえ、会合を繰り返す。この議論の中で市民は、争点に関する情報をより多く得、より問題についての関心を掻き立てるようになる[59]。このような熟議のプロセスを経た場合、熟議に参加した者たちの意見に変化がみられるという特徴があるほか、参加者が争点に対して人前で討論をしなければならないというプレッシャー故に、自身と異なる意見の存在について意識をしつつ、資料を読み、情報を吸収し、結果として争点に関連する事項に関心を寄せる程度がより高くなるという効果もみられる[60]。これは、市民が大衆社会においては自ら積極的に情報を集めたり、異なる意見の間で吟味をしたりといったことをせず、同じような考えを持つものと凝固しやすいという課題に対抗するものである[61]。

　「熟議の日」や討論型世論調査において念頭に置かれたのは、有権者の意識の向上という点であり、これは代表制に完全に取って代わるものではない。しかし、これをインターネットの活用によってより大規模かつ継続的なものとすることで、代表制を補完、あるいは代表制に代替するものとすることはできないだろうか。

　確かに、一般市民が討論を重ねることによって、利益団体など特別な利害関係を持つ集団が影響力を持つ仕組みが改められ、代表制の硬直性が改善されることが期待され得る[62]。また、意見の異なる者を組み合わせた環境を人

57　Id. 同上、50頁。
58　Id. at 29. 同上、55頁。BRUCE ACKERMAN, JAMES S. FISHKIN, DELIBERATION DAY 3 (2004). ブルース・アッカーマン、ジェイムズ・フィシュキン（川岸令和ほか訳）『熟議の日――普通の市民が主権者になるために』（早稲田大学出版部、2014年）2頁。討論型世論調査と熟議の日の関係について、アッカーマンは、討論型世論調査は有権者の縮図を念頭に置いているのに対し、熟議の日は、全有権者を対象としているという違いがあるとする（Id. 44-45. 同上、59頁。）。
59　Id. at 4-5. 同上、3-4頁。
60　Id. at 52-53. 同上、68頁。
61　Fishkin, supra note 52, at 2-3. フィシュキン・前掲注(52) 13-15頁。

為的に作り出し、その中で情報を踏まえつつ、議論を重ねるというプロセスを経た場合には、上記の国民投票の場合において生じたような、無関心か、あるいは感情の赴くままか、といった問題が軽減される可能性がある。

　しかしながら、このような討論環境をインターネット上で整えることについては当然ながら批判もある。典型的に挙げられるのは、例えば、討論に対して何らかの誘導や操作がされる可能性[63]、デジタル・デバイドの問題[64]、また対面での直接的な討論との質的な違いといった点である。もっとも、筆者はこれらの問題よりもより本質的な問題として[65]、全ての政策課題について国民全員が同じ熱量をもって討論をすることが、仮にデジタル技術を用いたとしても難しいということが挙げられると考える。国民各人には日々の社会生活があり、またこの社会生活を基礎として初めて政治的な問題意識や課題発見に繋がることが多いのであるから、国民を市民生活から引き離し、政策的論争に全力を注力させることは困難であり、また適切でもない。したがって、討論型世論調査や熟議の日のシステムを応用するとしても、可能となるのは一部の人々が一部の政策課題について議論するという形式にとどまることとなる。その場合、不可避的に生じてくるのが、フィシュキンが言うところの「生の民意」と「洗練された民意」の対立という問題である。

　フィシュキンによれば、「公衆の意見」には、熟議による洗練のプロセスを経た声とそのようなプロセスを経ていない生の声とが存在する[66]。この二つの声、つまり、洗練された声と生の声の間の対立は、代表制に何を求めるかという局面においても反映される。すなわち、そこでは、代表は大衆の声を「鏡」としてそのまま反映すべきという観点と、世論の実際に反するとし

62　早川誠『代表制という思想』（風行社、2014年）78頁。ミニ・パブリックスの場に現れる個人は、利益団体の代表等ではないことから、自らの意見を柔軟に変えることができ、かつ彼らが無作為に抽出されることで、社会における利害が比例的に反映されると期待される（同。）。
63　松井茂記『インターネットの憲法学　新版』（岩波書店、2014年）454頁では、インターネットを用いた国民の投票や討論を考える場合、提示される問題の設定のあり方や表現方法などによって操作が行われる可能性があると指摘する。
64　同上、455-459頁。松井は、コンピューターリテラシーの差異についても問題となり得るとする。
65　典型的な批判に対する筆者の応答については、拙稿・前掲注(14)、(48)を参照。
66　Fishkin, *supra* note 52, at 13-14. フィシュキン・前掲注(52) 31頁。

ても世論を熟慮した、すなわち「濾過」した形で示すべきとの観点の対立が見られるのである[67]。坂野達郎は、この「生の意見」を代表性、「洗練された意見」を合理性と言い換え、この両者の二律背反問題が長らく解決されてこなかった課題であると指摘する。この課題は、市民が自ら討論を重ねる際においても完全には解消されない[68]。ある討論の場に現れる市民の構成は、無作為に抽出されたものであれば当初は「生の意見」を反映したものとなり得るけれども、これが討議を経て意見変容していく中で、この会議体の意見と当該討論に加わらない社会の大多数の「生の意見」との間のずれが生じてくるからである[69]。この両者のずれを解決するには、社会の全員があらゆる問題についての討議へくまなく参加するか、あるいは、討議に参加しない者の意見の方が変わるか、の二つに一つしかない[70]。しかし、それは現実には難しいだろう。両者の間の溝が埋まらない限り、討論型世論調査や熟議の日を応用した仕組みにおいても結局は、代表制における場合と同じく、提示された結論が「生の意見」を反映していないという批判がされ得るのである[71]。

そして、仮に全ての国民が全ての政策について討論を重ねることが技術的に可能になるとしても、この仕組みには監督の契機の不在という問題がある。すなわち、全国民が自ら政策論争に関わった場合、これを外部から監督するという存在が不在となる。既に述べたように、代表制においては議会という公開の場において議員が討論を重ねたうえで表決を行い、その結果につ

---

[67] Id. at 14-15. 同上、33頁。
[68] 坂野達郎「討論型世論調査（DP）―反実仮想の世論形成装置」遠藤薫編『ソーシャルメディアと〈世論〉形成　間メディアが世界を揺るがす』（東京電機大学出版局、2016年）242頁。
[69] 同上、242-243頁。
[70] 同上、243頁。熟議の日については、サンプリングされた一部の市民だけではなく、全ての市民がかかわるとされる。しかし、そこでも全ての問題に全員が同じくかかわることは物理的、時間的に難しい。
[71] ここで得られた「濾過された民意」は「生の民意」とは異なるものであることに加え、何ら専門家の意見でもない（田村哲樹『熟議民主主義の困難　その乗り越え方の政治理論的考察』（ナカニシヤ出版、2017年）186-187頁。Cristina Lafont, *Deliberation, Participation, and Democratic Legitimacy: Should Deliberative Mini-publics Shape Public Policy?* VOL. 23 ISSUE 1 JOURNAL OF POLITICAL PHILOSOPHY, 40, 50-51（2015）.）。討論に参加するものが無作為抽出により選ばれ、そこには正統性がないがために、国民に納得してもらうことができないとの指摘として、柳瀬昇『熟慮と討議の民主主義理論―直接民主制は代議制を乗り越えられるか』（ミネルヴァ書房、2015年）151頁。また、討論のプロセスに潜むもろもろの課題を指摘するものとして、CASS SUNSTEIN, INFOTOPIA HOW MANY MINDS PRODUCE KNOWLEDGE 45-（2006）も参照。

いて有権者に対し、説明責任を負うという連関が設けられていた。議会において議員は、公衆からの視線と言論活動に晒されつつ、多数決による決定に至るまで集団の意思をまとめ上げる責任を担い、そのプロセスにおいては、説明責任を問われ続けるのである[72]。しかしながら、国民全てがあらゆる議題についての討論にかかわった場合、確かに各討論内部では他者の目を意識するということはあり得るかもしれないが、この無数の討論の過程を国民各人がすべて網羅的に監督することは容易ではない。一般国民がインターネット上で議論を重ねる場合、技術的にはそれが公開されているとしても、その数の膨大さ、時間的長さに鑑みれば、その全てを人々が互いに監督することは実際的には難しい。さらに、事実上最終的に選挙による投票という審判が想定されていない以上、討議において話者にかかる公開性のプレッシャーや、責任の意識の程度は議員のそれには劣後するだろう。その結果、意思決定に対して誰のどのような意見がどのように影響したのかということを明らかにすることも、またそれについて説明責任を果たすよう求めることもできなくなる[73]。代表の原理がなければ、決定に対して誰が責任を負い、説明を果たすかを特定することができないのであって、決定に対する統制と政治責任の存在のためには、「論理必然的に、決定を下す代表者という団体と、それに対する統制と責任追及を担う人民」という二つの団体が必要であるとの指摘[74]もこの意味において理解されよう。まとめるならば、直接民主制の下では、人民が自らの下した決定について説明する相手方が論理的に存在しないのである[75]。

　以上のように、代表制を国民の直接投票、あるいは国民の直接の討論の仕組みによって取って代えることには難点があることが明らかになった。

　それでは、代表制の意義を残しつつも、できる限り国民の参加の機会を増やすということはあり得ないのだろうか。具体的には、国民が全ての問題に

72　毛利・前掲注(46) 280頁。
73　この点は、例えば無意識民主主義に対しても当てはまるだろう。
74　Dominique Rousseau, *Radicaliser la démocratie : propositions pour une refondation*, 2017, p. 37-38. ドミニク・ルソー（山元一訳）『憲法とラディカルな民主主義－「代表民主制」の限界を問う』（日本評論社、2021年）29頁。
75　*Id*. 同上。

ついて自ら関心を持ち、責任をもって議論を重ね、決定を導くことは難しいとしても、自身がその責任を果たせるだろう問題については自らかかわり、他方それ以外の（自身が判断したのであれば無責任な判断となってしまうような）問題については適格と思われる代表者に委ねるという制度設計は可能ではないだろうか。ここでは、まさにこのような問題意識に基づき、ドイツにおいて、代表制と直接民主制の融合形態として現れた、液状民主主義（Liquid Democracy）の議論を参照し、その可能性と問題点に目を向けることで、代表制の持つ意義についてより詳細に考察することとする。

第3款　デジタル技術による代表制と直接民主主義の組み合わせ—液状民主主義の提示した可能性と課題

　デジタル技術によって直接民主制的運用が可能となったとしても、これを全面的に取り入れることには難点があるとすれば、次に考察されるべきは代表制を直接民主制によって補う、いわば両者のいいとこどりをするような実践である。以下では、ドイツにおいて実際に提唱されたこのようないいとこどりの可能性であるところの液状民主主義について紹介したうえで（Ⅰ.）、その問題点を炙り出すことで代表制の意義を考察することとする（Ⅱ.）。

Ⅰ．液状民主主義の登場とその内容

　ここからは、ドイツにおいて提唱された、直接民主主義と代表制を組み合わせる形態としての液状民主主義について取り上げる。液状民主主義（Liquid democracy）とは、スウェーデンを端緒として拡大し、ドイツにおいても州議会議員選挙などで議席獲得の旋風を起こした、海賊党（Piratenpartei）が提唱した概念である[76]。

　液状民主主義とは、人々が自身で判断をしたい問題については自ら票を投じ、他方より良い他者に判断を委ねたい問題についてはその他者に票を委譲するとの仕組みである。市民はこれまで単に政党によって提示されたトータルパッケージの解決策としての選挙綱領についてしか選択できず、また固定された選挙のタイミングにしか投票をすることができなかったが、液状民主

主義の導入によって個別の法律や政策に対する参加の扉が開かれる[77]。このように従来の「固い」民主主義の構造に対し、直接的な参加の形態と代表制的な参加の形態の間に流動性をもたらし、液体状にすることを約束するのが、液状民主主義である[78]。

液状民主主義は、構成員に対し、自ら票を投じることで直接的に意思決定にかかわる可能性と、自らの票について他の構成員に委ね、この票を委ねられた構成員が決定する際の票の重みを高めるという可能性の両方を開くものである[79]。票を委譲する場合、これはテーマやテーマ領域ごとに個別に発生するものであり、構成員はどの問題について決定権力を誰に与えるか、個別に決することができる[80]。このような「人」に対しても「事項」に対しても「個別性」があることが、従来の人（のみ）の選択とは異なる液状民主主義の特徴である[81]。加えて、自らが委譲した票について、委譲された者の行動が適切ではないと考える場合には、いつでもこの票を取り上げ、自らの元に戻すか、また他の適切と思われる人に委譲することができる[82]。

このような液状民主主義を実現するにあたっては、オープンソースウェアを活用することで迅速な意思決定がなされることが想定されていた[83]。液状民主主義における迅速な意思決定を支えるのは、一つが Adhocracy、もう

---

76 浜本隆志『海賊党の思想——フリーダウンロードと液体民主主義』（白水社、2013年）4頁。導入の経緯について、*Oskar Niedermayer*, Organisationsstruktur, Finanzen und Personal der Piratenpartei, in: *der* (Hrsg.), Die Piratenpartei, 2013, S. 84.
　Liquid Democracy については「液体民主主義」という翻訳があてられることが多いが、直接民主制と代表制を流動的に組み合わせられるというその語の意味をより分かりやすく示すものとして、ここでは「液状」の訳語を用いる（同じく「液状」と訳すものとして、植松健一「憲法と政党―21世紀仕様の「理念像」？―」只野雅人編『講座　立憲主義と憲法学　第4巻　統治機構Ⅰ』（信山社、2023年）85頁以下。）。

77 *Kuhlmann*, a.a.O. (Anm. 35), S. 74; *Margrit Seckelmann*, Wohin schwimmt die Demokratie?-„Liquid Democracy" auf dem Prüfstand-, DÖV, Heft 1, 2014, S 4 f.

78 *Anna von Notz*, Liquid Democracy, 2020, S. 10 f.

79 Ebd., S. 100.

80 Ebd., S. 113.

81 Ebd.

82 Ebd.

83 提案、議論、票決の各段階について最低限の賛成の定足数と、所要期間が指定されている（詳細については、*Oskar Niedermayer*, Innerparteiliche Demokratie in der Piratenpartei: Alter Wein in neuen Schläuchen in: *Martin Morlok* [et al] (Hrsg.), Parteienstaat-Parteiendemokratie, 2018, S. 145; *Seckelmann* a.a.O. (Anm. 77), S. 5.）。

一つが LiquidFeedback と呼ばれるオープンソースウェアである[84]。前者が専ら、統治組織以外から使われるものであった一方で、後者はドイツ海賊党によって、連邦レベルと多くの州レベルにおいて導入されたものである[85]。これらの LiquidFeedback や Adhocracy については、そこにアクセスできる全ての者が議論をすることができる「デジタルなアゴラ」であると言われる[86]。

Ⅱ．液状民主主義の問題点

海賊党は液状民主主義について、政党内のメカニズムとしても、一般市民にも参加可能となる社会全体のものとしても実装しようとも考えていた[87]。しかしながら、液状民主主義については問題点も挙げられ得る。そして、こうした問題点について取り上げることは、なぜ現代においても代表制を採るのかを考える際の足掛かりとなると考えられる。

液状民主主義の抱える第一の問題点として、票を委譲された者の独立性の有無に関する問題がある。液状民主主義においては、票を委譲された者は単なるエージェントとしての活動をするにとどまるとも指摘されたが[88]、実際のところは、むしろこれとは反対に、票を委譲された者の独立性が強く働きやすかった。その背景には、ある者に票が委譲される意図は様々であり、委譲される票が増えれば増えるほど、個々の票を委譲した者の力は落ちることがあった[89]。そうである以上、委譲された者に対して個別に指示や依頼が発せられ、それに対して彼らが拘束されるということは本来想定されにくい[90]。これは海賊党における実際の運用においても現れた。液状民主主義に

---

84 *Seckelmann* a.a.O.（Anm. 77), S. 5.
85 Ebd.
86 Ebd., S. 7 f.
87 浜本・前掲注(76) 64頁。
88 *von Notz*, a.a.O.（Anm. 78), S. 114.
89 Ebd., S. 114 f. そもそも、専門家や利害関係人が意思決定に主体的にかかわることは民主主義の観点から問題がある。というのも、彼らによって生み出される規範が幅広く一般的に効力を持つ場合、これは「『第三者』にとっては『他律』以外の何ものでもない」。この点で、専門家らによる決定は全国民の代表としての地位を与えられた議員による決定が他律を免れていることと決定的に異なるのである（高田篤「法律事項」小山剛・駒村圭吾編『論点探求　憲法　第2版』（弘文堂、2013年）324-325頁。）。

おいては各個人が討論や投票に直接かかわることができるとはいえ、実際に議論に参加することにはかなりの時間と労力が必要となることから、直接意思決定にかかわる者の数は少なく、熱心に参加を希望するわずかな者に対して票の委譲が集中するということが生じた[91]。このような「スーパー代理人」とも呼ばれるような数少ない人々に大量に票が委譲された結果、彼らは自身単独において、発案をするための定足数をクリアできるほどの票数を手元に持てるようになった[92]。液状民主主義において、このようにわずかな専門家から議論がされ、決定がされたことについては、包摂性と外部からの目による監督という要素が欠けるという問題がある。これは、代表制においては政治的に関心がない者に対しても代表が割り当てられ、彼らの関心事についても考慮されることとは対称的であった[93]。

このように票の委譲を受けた者が強い独立性を有する以上、液状民主主義においては、票の委譲を受けた者が自らの行動について説明する責任を負うことがない。言い換えれば、液状民主主義においては、どのような提案がされるかを監督したり統制したりする主体が存在しないのである[94]。確かに票の委譲を受けた者がその票について私利私欲のみに基づくような不適切な形で投じた場合、委譲した側としては票を没収することが可能である[95]が、こ

---

90 とはいえ、委譲された票を没収されるかもしれないということを考慮するが故に、票を委譲された者は票を委譲した者の考えを考慮せざるを得ないという指摘として、*Sebastian Buck*, Liquid Democracy- eine Realisierung deliberativer Hoffnungen? Zum Selbstverständnis der Piratenpartei, ZParl, Heft 3, 2012, S. 628 f.

91 *Anja Adler*, Liquid Democracy in Deutschland Zur Zukunft digitaler politischer Entscheidungsfindung nach dem Niedergang der Piratenpartei, 2018, S. 181. データをもとに、液状フィードバック上での投票数や参加者の割合が極めて少なかったことについて、*Niedermayer*, a.a.O.（Anm. 83), S. 145 f.

92 *Niedermayer*, a.a.O.（Anm. 83), S. 146 f. 液状民主主義において、個人が自ら直接的により積極的に参加できるかどうかと、彼らの社会的地位との間に相関があったとの指摘として、Ebd., S. 148. 海賊党内部の活動状況に関する実証的な研究として、*Mario Datts*, -Innerparteiliche Mitbestimmung in der Piratenpartei- Eine empirische Analyse der Partizipation am Liquid-Feedback im Landesverband Berlin, ARBEITSHEFTE AUS DEM OTTO-STAMMER-ZENTRUM 23, 2014, S. 58 ff. 浜本・前掲注(76) 71頁においても、液状民主主義の仕組みが複雑であり、かつ参加を強制されていないことから、参加率が低いことが示された。

93 *Buck*, a.a.O.（Anm. 90), S. 634.

94 *Wolfgang Gründinger*, Meine Kleine Volkspartei, 2013, S. 65.

95 *Seckelmann*, a.a.O.（Anm. 77), S. 7.

れは将来的な効果しか持たず、かつそもそも委譲された者がどのような意図に基づいて票を投じたか自体が明らかになるとは限らない以上、委譲者が委譲された者の意図に気が付かないこともあり得る[96]。また、議員という一人の人物、あるいはそれが所属する政党に対してフルパッケージで一定の期間、信頼を委ねるしかない伝統的な代表制の場合とは異なり、液状民主主義では政策分野ごとに各人が専門家だと信頼する者に票が委譲される。その結果、代表制においては議員が全ての政策分野についての専門家ではないという前提の下で議員に対する国民の目が向けられており、そうであるにもかかわらず、次の選挙までその委任を取り去ることができないということからその目が厳しいものになりがちである一方、液状民主主義では各人が、票を委譲した相手がその分野についての専門家であると信頼しており[97]、そしてその票をいつでも取り上げることができると思うが故に、かえって票を委譲した相手への監督が弱まることがあり得ると思われる。個人は投票において一定の決定をしたからこそ、責任の感覚や後悔などといった感情を持つのであり、自身にとって無難な、リスクもリターンもない決定をした場合にはこの誘因が働くことがない[98]ということがここでは妥当しよう。

　液状民主主義におけるこの第一の問題は第二の、より重大な問題に繋がる。液状民主主義において票を委譲された者は仮に高い独立性を持って自らの専門性を発揮できるとしても、結局は、自身が票を委ねられた分野についてのみ判断をすることを求められるのであり、それ以外の分野について統合、調整をすることは求められていない。液状民主主義においては政策エリア横断的に政策同士を一貫したものとするというインセンティブが存在しない[99]ため、票を委譲された者たちが全体として統一的な意思形成をするように動くことは期待できない。端的に述べるならば、液状民主主義における票の委譲に特徴的な問題として、個人としての共通意思を集団としての意思に

96　Ebd.
97　参加のためには非常に多くの時間がかかり、結局多くの人が数少ないスーパー代理人といわれるような特定少数人に票を委譲するということが生じたため、職業政治家の必要性が再確認されたとも言われる（*Adler*, a.a.O. (Anm. 91), S. 181 f.）
98　東浩紀「訂正可能性の哲学2、あるいは新しい一般意志について」ゲンロン13号（2022年）101頁。

転換するとの意図が欠けているのである[100]。というのも、票の委譲は他者とかかわることなく、単独でなされることが可能だからである[101]。実際、海賊党自身も、数多くの個々人の意見から何らかの議決や審議なくしていかにして統一的な共通の意思が生まれるのかについては説明をしていなかった[102]。言い換えれば、海賊党は党として包括的な政策体系の提示に失敗したとも評される[103]。液状民主主義は、決定発見に関する責任の所在の問題、つまり参加者が十分な知識やデジタルスキルを持たない場合、匿名少数者の判断で決定がなされ、その責任もまた曖昧であるという課題に直面したのである[104]。

液状民主主義についてはこの他にも問題点が指摘されるところである[105]が、以上の議論をまとめると以下のようになろう。確かに、液状民主主義において、個人は自らが特に関心がある問題については自ら議論に加わり、意見を形成し、票を投じて決定にかかわることができる一方で、自らが関心のない問題、あるいは知識が不足していると考える問題については、より専門的な者に票を委譲するということによって、一種の分業体制をとることができるというメリットがある。これは、デジタル技術を用いた直接民主制に関して指摘された上記の問題点、つまり、国民が全ての問題について自ら関心を持っているわけではなく、結果として単に気の向くまま、あるいは感情の

---

99 Christian Blum, Christina Isabel Zuber, *Liquid Democracy: Potentials, Problems, and Perspectives*, Volume 24, Number 2 THE JOURNAL OF POLITICAL PHILOSOPHY, 162, 178 (2016). 政策体系の非一貫性に資する要因として、液状民主主義においては代表制の場合と異なり、選挙と選挙の間という期間設定がなく、新しい問題が断続的に議論の俎上に載るほか、委任者が入れ替わるため、議論をする主体も一定ではないという点がある（*Id.* at 178-179.）。
100 *von Notz*, a.a.O.（Anm. 78）, S. 119.
101 Ebd.
102 *Hans Peter Bull*, Die Krise der politischen Parteien, 2020, S. 15.
103 海賊党は政党政治的な立場を一貫した形では展開していないという指摘として、*Jens Kersten*, Schwarmdemokratie Der digitale Wandel des liberalen Verfassungsstaats, 2017, S. 164. また、植松・前掲注(76) 85頁も参照。
104 *Kersten*, a.a.O.（Anm. 103）, S. 164 f.
105 この他にも、操作がされる恐れ、また比較的長期的な積み重ねが重要な政策において、小刻みな政策変更が起こるといった批判もある（浜本・前掲注(76) 73頁。）。これに加えて、液状民主主義と類似した問題意識から出発する、分人民主主義との関係において指摘される、特定の誰かが決定したという感触がない以上、意思決定の結果としての政策実現の責任が宙に浮くという危険（鈴木健『なめらかな社会とその敵　PICSY・分人民主主義・構成的社会契約論』（筑摩書房、2022年）239頁。）もまた、液状民主主義にも妥当するだろう。

赴くままにイエスかノーかの投票をしてしまうということを乗り越えているように見える。しかしながら、液状民主主義における重大な問題点としては、あくまで個人が自らの選好に基づいて票を委譲するか、自ら投票するかを決定するにとどまっているということ、つまり、個人の選好にとどまらない全体の利益を考えた決定へと練り上げる動機が欠けており、またそのような統合の契機が働いているかを監督することもできない、ということが挙げられるのである。

第4款　現代においても代表制に残る意義―理論的観点から

　以上の議論では、デジタル技術の存在を前提とした現代においても、依然として代表制に残り得る要素は何か、考察してきた。そこで、第4款においてはこれらの議論を理論的にも裏付けるために、ドイツにおいて展開されてきた代表制の意義をめぐる考察を取り上げることとしたい。もっとも、ここではドイツにおける代表制に関する多様な学説の蓄積を網羅的に検討することは不可能であることから、ここでは第1－3款で示された問題意識と関連する限りに絞って概観することとする。

　そもそも、ドイツに限らず、現代国家においては、政治の詳細な問題については、国民自らが決定することは締め出されるという見解が支配的である[106]。というのも、平等原則を基礎として組織化された大きな団体において集合的な決定をしようとする場合、代表制なくして統合を進めることは難しいからである[107]。ドイツにおいては、代表制を中心に据えたような基本法の採用も相まって、直接民主制的側面の採用に関する学説の議論も長らく低調であった。ここからは、代表制対直接民主制をめぐる近年の学説状況について、Volker Neumann による整理の流れに準拠しつつ、整理することとする。

106　*Ulrich Karpen,* Repräsentative Demokratie in Deutschland Eine Krisengeschichte, in: *Mehde, Seckelmann*（Hrsg.）, a.a.O.（Anm. 44）, S. 23 f.
107　Ebd., S. 24.

Ⅰ. 連邦共和国初期の議論

　基本法制定以降、1950年代にかけて、国法学の中で主たる議論の対象となっていたのは、政党国家民主制をとるのか、代表制をとるのか、という議論であって、直接民主制は真剣な検討対象とはされなかった[108]。唯一の例外としては、Hans Nawiasky が挙げられる。彼は、スイスの直接民主制の歴史を参照しながら、スイスにおけるような長い民主主義の歴史が欠けているドイツにおいては、民主主義を直接的な国民投票という形によって、そしてそれに最も適したゲマインデのレベルにおいて一般的に導入すべきと議論した[109]。何らかの事柄について直接国民から投票がされるとなった場合、市民はその決定の帰結について責任を担うことになるが、そうではない通常の代表制の下での選挙においては、責任は国民自らにではなく、選ばれた代表者に対して押し付けられる[110]。市民が自ら決定を下すという場合、彼らは慎重な決定を下すようになり、そして、自身の行動について責任を負わなければならないことになる[111]。ここでは、経験を積むことによって教訓が得られるのであり、そのためには経験を集めるための機会が多く与えられなければならないと考えられる[112]。

　1950年代終わりに入ると、代表制を採用することを正統化する議論が展開され始めた。代表的な論者は、E・Fraenkel であった。Fraenkel は、理想典型的な代表制の統治制度について、所与の、そして客観的に確定可能な共通の利益の存在と、その共通の利益の促進に国民意思が向かっているという前提から出発する[113]。代表制的な憲法の特徴は、仮説的な国民意思と実証的な国民意思が常に相反するということを前提としたうえで、仮説的な国民

108　*Volker Neumann*, Volkswille, 2020, S. 290. ドイツ代表制論に関する邦語文献として、例えば松原光宏「法学理論としての国民代表について」戸波江二先生古稀記念『憲法学の創造的展開』（信山社、2017年）283頁以下など。
109　*Hans Nawiasky*, Die Grundgedanken des Grundgesetzes für die Bundesrepublik Deutschland Systematische Darstellung und Kritische Würdigung, 1950, S. 67 f.
110　Ebd., S. 66.
111　Ebd., S. 66 f.
112　Ebd., S. 67.
113　*Neumann*, a.a.O.（Anm. 108), S. 292. *Ernst Fraenkel*, Die Repräsentative und die Plebiszitäre Komponente im demokratischen Verfassungsstaat, Recht und Staat, Heft 219/220, 1958, S. 5.

意思の方を優先するということにより、国民意思の実現を最適に行おうとする点にある[114]。反面、Fraenkel によれば、プレビシット的な制度においては、アプリオリに受け止められる統一的な国民意思が全体の利益と同一であるという黙示の前提から出発がされている[115]。ここでは、少数派の利益や特別な利益は、統一的な国民意思の成立を妨げる妨害要素として見られる[116]。プレビシット的な制度においては、実証的な国民意思と仮説的な国民意思がずれた場合には、実証的な国民意思が優先されるという形で、実証的な国民意思と共通の福祉の最適な一致が守られるのである[117]。

Fraenkel の議論が注目を浴びたのは、「代表制か国民投票制か」という理論を社会的多元主義と結びつけた点においてであった[118]。代表制思想においては、少数派の集団や個人的利益に対して最大限の法的安定性と影響力可能性が保障されるよう努められるのである。したがって代表制システムの基礎は社会の多元主義的性格の承認にある[119]。

以上のような Fraenkel の議論においては、現に存在する国民意思（実証的国民意思）と、代表によって現前させられる国民意思（仮説的国民意思）が対置され、実証的国民意思を優先するプレビシット的な制度においては、その国民意思に対抗する少数派の意思が排除される可能性がある一方で、仮説的国民意思を優先する代表制においては、社会の多元性が承認され、取り込まれる可能性があるとされる。この多元性という前提から出発するという姿勢は、これから見る Böckenförde や Scheuner による代表制論において不可欠

---

114 *Fraenkel*, a.a.O. (Anm. 113), S. 5.
115 Ebd., S. 6 f.
116 Ebd., S. 7.
117 Ebd. この仮説的な国民意思については、議員がもはや実際の国民の意思を集める必要がなくなり、議会のみによって決定される仮説的な国民意思が独自のものとされる、つまり、国民に対して禁治産宣告がなされる危険性が存在する（*Hans Meyer*, Die Stellung der Parlamente in der Verfassungsordnung des Grundgesetz, in: *Hans-Peter Schneider, Wolfgang Zeh* (Hrsg.), Parlamentsrecht und Parlamentspraxis, 1989, S. 121, Rdnr 9.）。
118 *Neumann*, a.a.O. (Anm. 108), S. 292. Fraenkel については、代表による統一性の表示の機能と、西洋民主主義における意見の多様性の間で見られ得るような矛盾について、認識させたという功績が指摘される（*Johannes Kimme*, Das Repräsentativsystem unter besonderer Beachtung der historischen Entwicklung der Repräsentation und der Rechtsprechung des Bundesverfassungsgerichts, 1988, S. 116.）。
119 *Fraenkel*, a.a.O. (Anm. 113), S. 5 f.

II．Böckenförde による議論

　ここから以下では、ドイツにおいても次第に論じられるようになった「参加」の概念に対抗して、Böckenförde が提唱した、代表制の意義に関する議論を取り上げることとする。

　Böckenförde は、民主制とは核心において国民の自己統治を意味するのであって、その観点からすれば本来の民主制は治者と被治者の同一性としての直接民主制であると考えられる、というよく論じられる議論をまず引き合いに出す[120]。この議論の背景には、古代アテネの民主制において直接民主主義が経験されたこと、ルソーによる主権の不可譲性（故に主権は代表され得るものではない）の議論、そして、パリ・コミューンにおける人民の直接的自己統治樹立の挑戦といったものが挙げられる[121]。このようなよくある議論においては、本来は直接民主制が実現されることが理想であるところ、今日の政治的共同体があまりにも広大であるがために次善の策として代表制がとられるとの論拠が示される。この見解にのっとれば、代表制の要素とは本来は抑制されるべきものとされる[122]。

　しかし、Böckenförde はこの議論に対して、以下のように批判する。第一に、彼によれば、そもそも現実の国民意思というものがあるわけではなく、実際に存在しているのは個別の意思の総体というだけなのではないか、という疑義が呈される[123]。Böckenförde によれば、国民意思は現に存在するが、しかし、これは個人の個別意思から独立して存在するわけではなく、かつ、それ自体は不定形で曖昧なものであるのであって、まずこれを形成する必要がある[124]。したがって、もともと完成したものとして国民意思があるのでは

120　*Ernst-Wolfgang Böckenförde*, Staat, Verfassung, Demokratie : Studien zur Verfassungstheorie und zum Verfassungsrecht, 1991, S. 379. 日本語訳として、E・W・ベッケンフェルデ（樺島博志訳）「民主制と代表制――現代民主制論批判」同（初宿正典編訳）『現代国家と憲法・自由・民主制』（風行社、1999年）241頁。
121　Ebd., S. 380 f. 同上、241-242頁。
122　Ebd., S. 381. 同上、242-243頁。
123　Ebd., S. 382. 同上、244頁。

第 3 節　なぜ代表制なのか　43

なく、国民意思を形成しようとの問いかけがあって初めて、それへの回答として国民意思が現れるのである[125]。第二に、政治参加の仕組みが多元的利害によって利己的に用いられる場合、政治的意思形成が断片化するおそれがあるということがあげられる[126]。利益集団が形成された場合、これは政治的意思形成の中に「決定的に重要な構成要素として組み込まれ」るが、その場合には、政治的な根本的な対立が表現され、解決される場所が政治的過程から失われることに繋がる[127]。このような事態が起こる背景には、個人が政治的参加に重点を置いておらず、故に政治的意思形成過程に参加することができるのが常に特定のエリートだけであるという問題がある[128]。第三に、統一体を作り出すことは参加者の間に統一の意思があればおのずから生じるものではなく、指導機関による行為を必要とすることもまた挙げられる[129]。Böckenförde によれば、行為の統一体が作用する際には、「問いと答えという関係」、すなわち「少数者の活動と、それに対する多数者による容認ないし否認」という関係がある[130]。

　そのうえで、彼は代表制について、共同体を構成する個人全員の意思や経験的国民意思とは切り離され得るものであり、その点において代理とは区別されてきたことに触れ[131]、代表者には「責任ある対応」、つまり、「被代表者の願望と利益に対する代表者の感受性」が要求されるのであって、代表者は責任ある対応をとるに足るだけの認知能力を持つ必要があるとする[132]。故に代表者は、代表される人々からの願望に従属したり、それを淡々と執行したりするにとどまらず、自ら主導権を持つことが求められる[133]。それゆえ、代

124　Ebd. 同上、244-245頁。Böckenförde によれば、国民の側が投票の対象となる草案を作る場合でも問題は同じである。この場合であっても、草案作成にかかわることができるのはわずかな者だけであり、一般国民は蚊帳の外に置かれる（*Ernst-Wolfgang Böckenförde*, Demokratische Willensbildung und Repräsentation, *Isensee, Kirchhof* (Hrsg.), Handbuch des Staatsrechts, Band Ⅲ, 3. Auflage, 2005, S. 34, Rdnr. 5.）。
125　*Böckenförde*, a.a.O. (Anm. 120), S. 382. ベッケンフェルデ・前掲注(120) 245頁。
126　Ebd., S. 384. 同上、246-247頁。
127　Ebd., S. 384 f. 同上、247頁。
128　Ebd., S. 385. 同上、248頁。
129　Ebd., S. 385 f. 同上、249-250頁。
130　Ebd., S. 387. 同上、250頁。
131　Ebd., S. 395. 同上、259頁。
132　Ebd., S. 396. 同上、260頁。

表制は本来の民主主義とは異なるような次善の策などではなく、むしろ代表制を維持したまま、これをいかに民主的に正統化し、民主的な手続きや統制に服させるかが重要となる[134]。

Böckenförde に言わせれば、直接民主制こそ本来取られるべき民主制の姿であるという上記の歴史的説明も不適切である。例えば、古代アテネにおいて直接民主制が採られていたと言っても、政治に参加する権限がある者は住民全体の中では少数派であって、国民代表議会に参加している者は決して国民と同一ではなかった[135]。さらに、国民代表議会が活動できるよう、小さな委員会がある程度準備作業を行い、これを受けて国民代表議会が是認するか否認するかということを決する形がとられていたのであって、現実においてはこの委員会に作業の多くが依存されている状態であった[136]。また、ルソーの主権の不可譲性の問題についても、問題となっているのは全ての国家活動ではなく、単にルソーの理解するところにおける立法のみである[137]。さらに、パリ・コミューンについても、わずかな期間にとどまるものであり、これが直接民主主義的な経験に下支えされたものとは言い難い[138]。

以上のことから、Böckenförde は、民主制については直接民主制としては捉えられないということを結論付けた[139]。Böckenförde によれば、国家形態としての民主制においては一定程度の意思の統一性を保てるよう、システムを形成する必要があるのであり、そのためには、「自律的に行動する指導機

---

133 Ebd. 同上。もっとも、Böckenförde は、直接民主制的要素が、代表制に対する修正やバランシングの要素になることは認める（*Ernst-Wolfgang Böckenförde*, Mittelbare/repräsentative Demokratie als eigentliche Form der Demokratie Bemerkungen zu Begriff und Verwirklichungsproblemen der Demokratie als Staats- und Regierungsform, in: *Georg Müller* [et al] (Hrsg), Staatsorganisation und Staatsfunktionen im Wandel FS Kurt Eichenberger zum 60. Geburtstag, 1982, S. 316.)。

134 *Böckenförde*, a.a.O. (Anm. 120), S. 388. ベッケンフェルデ・前掲注(120) 252頁。

135 *Böckenförde*, a.a.O. (Anm. 133), S. 312.

136 Ebd., S. 312 f.

137 Ebd., S. 313.
　もっとも、ルソーの言うところの loi は、社会生活の基本法に当たるものであって憲法とも訳し得るが、これは国の統治形態を定める標準的な意味における憲法とは異なるものである。（長谷部恭男『神と自然と憲法と　憲法学の散歩道』（勁草書房、2021年）28-31頁。）。

138 *Böckenförde*, a.a.O. (Anm. 133), S. 313.

139 *Böckenförde*, a.a.O. (Anm. 120), S. 388. ベッケンフェルデ・前掲注(120) 251頁。

第3節　なぜ代表制なのか　　45

関」、つまり、「代表制的な機関」が不可欠となる[140]。

　そして、Böckenförde によれば、国家権力を民主的に保つというためには、三つの点が重要であるとされる。まず、代表者としての性格を持つ指導的権力を常に国民へと立ち返らせること、つまり「下から上へ」の正統性の連関が存在することが重要である[141]。第二に、自律的に行動する代表者の側が、自らの権限の範囲外へと膨張し、主権者の地位を奪うことがないよう、代表者の指導的権力に限定をかけることが必要である[142]。最後に、指導的権力や決定権力といった代表者としての性格を持つ者は、代表者の解職や国民自身の決定といったものによって常に修正をされる可能性を持つべきである[143]。しかし、指導的機関が国民に対して継続的に立ち返り、国民に対して責任を引き受けるという民主的な帰責連関のみによって、国民が国家の指導機関の行為の中で実質的に代表されていると言えるのだろうか、と Böckenförde は問いかける[144]。彼に言わせれば、この民主的な帰責連関のみを重視した場合、国民意思がありのままの形で代弁されるに過ぎない可能性がある[145]。しかし、国民意思を代表するということは単なる代弁をするということではなく、現実の国民意思をその多様な姿において、しかし同時に「共通の紐帯において」提示するということを意味するはずである[146]。

　したがって、Böckenförde は、「代表」概念の二つのあり方について区別する。まず、形式的意味での代表観念としては、自律的に活動する指導機関と国民の間に正統化と帰責の連関があるということが挙げられる。つまり、指導機関は国民の名において、国民として行動し、故に指導機関は自らの行為で国民を義務付けることができる[147]。他方で、実質的意味における代表制の概念は、これに加えて、「指導機関の行為のなかに国民意思が内容的に表現され実現されているか」までを考慮する[148]。国民は多様な見解や意見を

140　Ebd., 同上。
141　Ebd., S. 389. 同上、252頁。
142　Ebd. 同上、252-253頁。
143　Ebd. 同上、253頁。
144　Ebd., S. 391. 同上、254頁。
145　Ebd. 同上。
146　Ebd. 同上。
147　Ebd., S. 391. 同上、255頁。

持っているが、その中では共通の観念や意思もまた存在している。そして、国民の多様な存在形態が指導機関の行為の中に取り込まれることで、実質的意味での代表制が成立する[149]。人々は、自身が共同生活の中で持つ共通の問題について代表者によって討論され、解決されるとの理解をする必要がある。そして実際には人々が持つ見解が多岐にわたるにもかかわらず、代表者が行った問題の処理や決定が、個人自らが行った決定として受け止められるようにならなければならない[150]。

　このような実質的意味での代表を確保するためには、以下のようなことが必要である。代表として活動するためには、代表者が特殊利益との結びつきや、基盤部分から発せられる命令から自由であることが求められる。しかし、そこには支配権力が恣意的な行動をするという危険が存在する[151]。したがって、指導的機関の地位については「職務」としてとらえられること、つまり、自身ではなく他者のために利益をもたらすことが強調されるべきである[152]。また、指導機関の行為が民主的意思形成過程から引き離され、公共の利益が官憲のみから決定されるということもまた、避けられるべきである。そのためには、現に活動している国民との関連の下で、「利害の相違を超えた共通の準拠点」が確定されるべきである[153]。Wolfgang Demmler によれば、このような内容的意味の代表は、議会における決議において最終的に議員が有権者の考えからずれる決定をしたとしても、この議員が、自身がなぜそのような判断を下したかを公衆に対して理由づけし、批判と統制を受け、その行動について受け入れてくれるよう求めれば、その限りにおいて守られるものである[154]。内容的な代表は、代表する者とされる者の間に恒常的な議論がされる場合に保障されるのである[155]。代表制は何か既に存在するものを提示したり、完成させたりするものではなく、市民の中の様々な利害や欲求

148　Ebd., S. 392. 同上。
149　Ebd. 同上。
150　Ebd. 同上。
151　Ebd., S. 393. 同上、257頁。
152　Ebd., S. 393 f. 同上。
153　Ebd. 同上、258頁。
154　*Wolfgang Demmler*, Der Abgeordnete im Parlament der Fraktionen, 1994, S. 75.
155　Ebd.

が、代表者の行為や決定の中に取り込まれることを求めるものである。そこでは、代表者の行為は市民にとっての共通の紐帯を提示しなければならない[156]。

　Böckenförde は、以上の議論を踏まえ、実際に自身の構想する代表制のあり方を担保する方法について論じる。彼は、「分裂状態」の問題、つまり、個人の中では、homme（人）と citoyen（市民）、国民全体においては全体意思と一般意思の間に分裂があるという点を指摘する[157]。分裂状態の問題を解決する際、政治的決定行為は、民主的直接性から切り離されているべきである。故に、議会や政府は、自由委任という形で自ら自由に動ける可能性を持たなければならない[158]。

　もっとも、Böckenförde は現代の代表制にも課題があることも認めている。今日の社会は、個人主義的、利益多元主義的となっており、その中で各団体はみずからの利益を貫徹することを主眼とし、普遍的利益を考慮することは国家に委ねられている[159]。その結果、普遍的利益の媒介が社会の様々な階層において成就するということはなくなっており、国家の指導機関のみの負担が大きくなっている[160]。さらに、今日、指導機関の地位は選挙によって生じるが、そこで代表者に地位を得るためには短期的な利益に訴えかけられがちであるという傾向がある[161]。つまり、選挙においては、一般意思を目指すのではなく、全体意思を目指すような訴えかけがなされやすいのである[162]。

　以上の Böckenförde の議論においては、多元性の中から統一性を作り出すにあたっては、代表者の側からの問いかけ、主導、そしてこれに対する国民の側からのフィードバックが必要であるということが示される。そこでは、議員はすでに何らか存在する国民意思のようなものを写し出すのではな

156　*Böckenförde*, a.a.O. (Anm. 120), S. 397. ベッケンフェルデ・前掲注(120) 261頁。
157　Ebd., S. 398. 同上、262頁。
158　Ebd., S. 400. 同上、264頁。
159　Ebd., S. 403 f. 同上、267頁。
160　Ebd., S. 404. 同上、268頁。
161　Ebd. 同上。
162　Ebd. 同上。

く、自ら責任ある主体として独立して討論、決定にかかわり、これについて国民に説明をすることが求められるのである。

Ⅲ. Scheuner による議論

代表制の意義を論じるにあたり、先に見た Fraenkel が示したような多元主義という契機に関しては、Scheuner もまた、議論を展開するところである[163]。多元的国家においては、多様な集団がそれぞれ異なる利益や世界観、生活領域を具体化し、全体に対して作用するようになる[164]。しかしながら、様々な集団の存在があり、その存続と活動が認められるということよりもより決定的なのは、彼らに対して国家が公的な活動の余地を与え、その多様な方向性や意見について包摂することについて準備ができているということである[165]。多元的な国家の中においても、集団の多様性を前提としつつ、合意をすることが必要である点は認識されており、そのために統一への努力はなされる[166]。Scheuner は、この関係において議会と政党を位置づける。政党は確かに、今日の政治プロセスにおいて重要な役割を果たす。しかし、国家の意思はあくまで議論がなされる議会の場に残り、政党は政治の前のフィールドに残存する[167]。もっとも、この議会審議において全ての問題について本会議で網羅的に議論をすることができない以上、政党は統一の作用を果たし、事前に決定内容を確定する役割を果たすという意味において、重要な役割を果たすのである[168]。Scheuner によれば、政党に類似するものとして利益団体もまた存在するが、この利益団体もまた国家の全体の代表を生むわけ

---

163 Scheuner と Böckenförde の議論の関係性について、加藤一彦はこのように整理する。Scheuner は代表制原理について、支配者と被支配者が別物であるということに依拠すると考える。しかし、Scheuner における問題は、仮に代表するものとされるものの間の意思に乖離が生じた場合、これをどうするのかということであり、これに応答したのが Böckenförde である（加藤一彦「ライプホルツ政党国家論の一側面――同一制民主制への批判――」明治大学大学院紀要 法学篇25（1）（1987年）60頁以下。）。
164 *Ulrich Scheuner*, Konsens und Pluralismus als verfassungsrechtliches Problem, in: *Joseph Listl, Wolfgang Rüfner* (Hrsg.) Staatstheorie und Staatsrecht, 1978, S. 145.
165 Ebd.
166 Ebd., S. 152.
167 *Scheuner*, Das repräsentative Prinzip in der modernen Demokratie, in: *Listl, Rüfner* (Hrsg.) a.a.O. (Anm. 164), S. 262 f.
168 Ebd. S. 263.

ではなく、政党に取って代われるものでもない[169]。利益団体は国家の全体を示すことはできず、国民代表のように全ての拘束的な決定をし得るわけではない[170]。

　Scheunerによれば、国家意思の民主的な形成においては、開かれた形で政治的な意見とこれに対抗する意見がやり取りされることが前提となっており、そこでは反対派の意義と権利が認められているほか、指導者が時間的な限界の中で活動する、つまり、一定の任期を過ぎた場合、新たに国民から承認を受けることが必要となる[171]。そして、自らの決定について責任を持つ代表者に対しては、その責任の反面として自律的な決定権が与えられなければならない。言い換えれば、政治的に独自の決定をできる者のみが責任を負い得るのである[172]。反対に、民主主義において主権者とされる国民は責任を取ることがない[173]のであるから、直接民主主義だけを基準とした場合、責任という要素が抜け落ちるのである[174]。

　以上のScheunerの議論においては、多元性の中で統一性を作り出すという経緯、またそれにあたっての代表者の責任という要素が強調される。また、統合を形作るにあたり、議会の前段階としての役割を果たす政党の、他の利益団体とは異なる特別な機能もまた強調されるところであり、これは本書ののちの問題意識に対しても示唆的である。

第5款　小括―代表制に残る意義とその核心としての代表＝議員像

　以上の理論的な考察を踏まえ、代表制に今もなお残る意義を考察する。Fraenkelは、共通の国民意思を観念しつつも、「仮説的国民意思」「実証的国民意思」の対比をてことして、代表制システムの基礎は社会の多元主義的

169　Ebd., S. 266.
170　Ebd., S. 267.
171　Ebd.
172　*Scheuner*, Verantwortung und Kontrolle in der demokratischen Verfassungsordnung, in: *Listl, Rüfner* (Hrsg.) a.a.O.（Anm. 164）, S. 305.
173　Ebd., S. 302.
174　Ebd., S. 299.

性格の承認にあることを示す。このような、社会の中には多様な利害や意見を有するものが存在することを前提に、Scheunerはそれでも統一の契機が必要であり、その統一を果たすにあたっては、政党を前段階としつつ、議会が中心的な役割を果たすことが必要であると主張する。しかし、多様さからの統一はおのずから生じるものではなく、Böckenfördeが述べるように、代表者からの形成と問いかけをもって初めて生じ得る。彼によれば、代表者は国民の中にある考えや利害に対して気を配ることが必要であるが、しかし、このような考えや利害にただ従属するのではなく、自ら責任をもって、統一的な国民意思の形成を主導しなければならない。そして、Böckenfördeに加えてScheunerも指摘する責任の要素がこの見解を補強する。つまり、代表が独立して行動するからこそ、代表に対して責任を問うことが可能となるのである[175]。

　したがって、代表制において重要なのは、単に指導者と国民の間に正統化と帰責の連関があることだけではない。Böckenfördeが言うように、代表者には実際に国民の間にある様々な意見をそのまま写し取ることが求められるのではなく、それらを議会の意思形成プロセスに持ち込み、考慮をしたうえで、なされた決定について国民に対して説明責任を果たすように求められるのである。以上の議論に鑑みれば、代表制には、社会の多様性、多元性の中から、単にその中にある多様な意見をそのまま写し取るのではなく、それを代表者の側からの問いかけを介して合意という形に統一し、この結果について国民の側に説明を果たすという連関が想定されるという点において、直接民主制とは異なる意義があると言える。言い換えれば、現代の国家において追及されるべき共通の福祉というものは、多岐にわたる利益や確信が自ら主張することができ、そしてこれらの利益や確信が政党によって束ねられ、そ

---

[175] 責任とは、「公職と結びついた役割責任」であり、「広汎な権限の枠内で行う判断の是非が問われる政治責任」、さらに「公職保持者らが、その選任者から、当該職務の遂行について釈明を求められる説明責任」であって、そして、「説明過程で、ある施策が誤りであることが判明した場合には、それを是正する責任」である。このような政治責任は、自由な政治的判断・決定の権力がなければ生じ得ない。選挙によって「命令的委任」が議員に付与され、議員が完全な選挙民の「メッセンジャーボーイ」となった場合、政治責任が生じる余地はない（高見勝利「『国民内閣制』論の諸前提」同『現代日本の議会政と憲法』（岩波書店、2008年）71-72頁［初出1998年］。）。

して国民による承認を得ようとされるという、原理的に完結しない議論のプロセスの結果として生まれるものなのである[176]。

　これはデジタル技術の発展を受けてもなお、代表制に意義が残るという、第3款までの議論とも一致する。インターネットを介した国民の直接投票や国民の間の議論においては、外部からの監督者に対して説明責任を果たすというメカニズムが働かないため、自らの極端な立場に固執するような動きやおよそ説明責任を果たし得ないような行動がとられるリスクが存在する。ここには Böckenförde や Scheuner が言うところの責任の要素が欠けている。さらに利益の多元化が進んだ現在においては、これもまた Böckenförde が述べるように、国民意思なるものが初めからあるわけではなく、国民意思を形成しようという問いかけとこれに対する応答があってはじめて国民意思が生まれるのである。言い換えれば、人々が統合への意思を持っていたとしても、統合がおのずから確保されるということはないのであるから、指導機関の存在があって初めて統合が可能になるのである。あらゆる問題について全ての国民が討論に参加し、これによって決定発見へと至るという仕組みを採った場合、これは多元的な社会内部での統合の可能性を引き下げるとともに、誰も責任を負わず、誰も監督されていない状態で漫然と討論ごとに結論が導かれるということに繋がり得る。この点において、およそ体系的な統合がなされない危険性が存在するといえる。

　液状民主主義においても、Scheuner や Böckenförde が強調したような、多元性の中においても統一を作り出すという契機が存在しない。そこでは、個人が自ら特に関心がある事柄について（場合によっては他者から委譲された票をも手段として）かかわることが想定されている。統一的なパッケージとしての政策体系を探る誘因はそこには欠けていることから、全体としての共通性を探ることが事実上不可能となる恐れが存在すると言える。

　これに対し、代表者たる議員は、自らが関心を持たない問題についても、「全国民の代表」という肩書の圧力の下で討論に参加しなければならず、そこで体系的、統一的な政策パッケージを作り出したうえで国民に対し説明す

176　*Dieter Grimm*, Parlament und Parteien, in: *Schneider, Zeh*, a.a.O.（Anm. 117）, S. 202, Rdnr 8.

るよう責任を負わされることになる。そして、実際、議員にはこれが可能になるような環境が整備されている。例えば、議会において議員は、政治的な問題と恒常的にかかわっており、政府からの刺激も受けるのであるから、個人や住民のグループよりもより体系的かつ計画的に自身の任務を処理することができる[177]。議会における法案審議に対しては、議会手続や審議に政府もまた関与するということもまた、議員にとって有意義なものとなり得る[178]。政府は野党側の反論にも議会で対峙しなければならないのである[179]。他方、国民側はあくまで偶然発生した出来事に端を発するような、持続的ではない刺激を行うのみであり、政治的な計画性は欠けている。国民の側では、誰が何を発案し、宣伝するのかということについての透明性も持ち合わせられていない[180]。ここでの発案者は、議員のように有権者に対する責任を負うことはないのである[181]。国民発案においては、誰からその発案がなされ、宣伝され、資金提供をされ、実施されるのかが不明確であり、これが利益団体や個々の関係者から出されたものであるということも稀ではない[182]。こういった利益団体は確かに何らかの利益の代表ではあろうが、それは全国民の代表ではなく、一部の者の代表に過ぎないのであり、議員のように有権者の全体に対して責任を負うということもない[183]。このような事態を防ぐために、あらゆるテーマについての参加を強制することは、そのテーマに関して関心がない者にとっては無理な期待となる[184]。多くの市民は、一日中インターネット上で政治的議論を追いかけ、これについて投票する時間を持たない[185]。

　以上の点から代表制には、国民内部の意思の多元性、曖昧性を前提として、①代表者からの問いかけとそれに対する国民からの応答をもとに統一的な国民意思なるものが形成され、②これに対して国民が監視をし、代表者が

177　*Bull*, a.a.O.（Anm. 102), S. 26.
178　Ebd.
179　Ebd.
180　Ebd.
181　Ebd.
182　Ebd.
183　Ebd.
184　Ebd, S. 27.
185　*Schliesky*, a.a.O.（Anm. 44), S. 116.

責任を負うという連関が存在するのであり、これは現在でもなお意義を有するといえる。そして、その意義との関係においては、代表者が多様で曖昧模糊とした国民の中の意思とのコミュニケーションを通じて統一的な意思へとまとめ上げ、それについて責任を負うことが必要なのであり、そのためには代表者たる議員が現実の民意をコミュニケーションをとること、そして最終的には独立して判断を下すことが不可欠の要素となる。仮に彼らがおよそ現実の民意を無視し、これとのやり取りをしないとすれば、そこでは代表者はBöckenförde の言うところの実質的意味における代表の役割を果たさないことになる。他方、仮に彼らが独立性を保持しえないのであれば、彼らは現実の多様な民意それぞれに拘束され、議会においてこれらを考慮しつつも統一的な合意を形成し、この合意に対して責任を負うことができなくなる。代表者たる議員による民意のくみ上げという本書の問題関心が果たされるためには、議員が独立性を持ちつつ、現実の民意に目を向けることが必要となるのである。

　このような代表の意義を発揮させるための代表者に求められる要素は、日本国憲法上、憲法43条1項（「両議院は、全国民を代表する選挙された議員でこれを組織する。」）において代表者たる議員に既に求められているものである。そこで、以下では、憲法43条1項解釈について、日本の先行研究を振り返り、ここまで見てきた代表制の意義の確保という観点から議員にいかなる性質が求められているのかを概観することとする。

第1章　日本における「全国民の代表」をめぐる議論状況──課題と本書における方向性──

第1節　日本国憲法の下での「全国民の代表」論

　序章においては、現代においてもなお代表制を維持する意義として、多元性を前提として、①代表者からの問いかけをもとに統一的な国民意思なるものが形成され、②これに対して国民が監視をし、代表者が責任を負うという連関が存在することを確認した。そのうえで、その意義との関係においては、代表者が多様で曖昧模糊とした国民の中の意思とのコミュニケーションを通じて統一的な意思へと「国民意思」をまとめ上げること、そして、それについて責任を負うことが必要なのであり、そのためには代表者たる議員が現実の曖昧な民意に注意を払いつつ、最終的には独立していることは不可欠の要素となることを提示した。このような代表者＝議員に求められる性質について述べるのが、日本国憲法においては、43条1項「両議院は、全国民を代表する選挙された議員でこれを組織する」との条文である。

　第1章において問題となるのは、このような「全国民の代表」の要請という、代表制の基礎をなす要請について、現在必ずしも適切に機能していないのではないか、あるいは適切に機能するような制度的な後ろ盾がないのではないか、ということである。本章においては、まず、序章で見た代表制の意義という観点を軸としつつ、日本国憲法の下での憲法43条1項解釈について、どのように考えられてきたか、先行研究を整理する（本節）。そのうえで、「全国民の代表」の要請がどこで機能不全に陥っており（あるいは機能不全に陥る可能性があり）、そしてそれに対処するためにどのような議論がされてきたか、概観する（第2節）。最後に、「全国民の代表」の要請を実質化させるための問題提起を行う（第3節）。

第1款 「全国民の代表」の意味するところに関する伝統的学説

　日本国憲法の下で、議員は「（選挙された）全国民の代表」（憲法43条1項）であるということは、どのように理解されてきたか、まず、伝統的な学説の展開を概観する[1]。

Ⅰ．代表概念に法的意味があるのか

　戦前の「国民代表」概念をめぐる議論は、そこに「法的」な意味があるかどうかという問題を争いの中心としていた[2]。ここで避けては通れないのが、宮澤俊義による議論と、宮澤の批判対象となった美濃部達吉による議論である。美濃部は、国民が国民全体として統一的な意思を持たないことを指摘したうえで、法定代理の考え方を代表制論に持ち込んだ[3]。法定代理の場合は、代理人によってはじめて有効な意思表示がされることとなるが、代表制についてもこれとパラレルに、議会が国民を代表することによって（既にある国民の意思が議会において表出されるのではなく、）議会が発表する意思が国民の意思として認識される、と美濃部は述べる[4]。

　これに対して、宮澤俊義は代表制成立の歴史的な経緯[5]を見たうえで、フランス革命において生まれた国民代表は一般大衆によって政治的統制を受けないこと、つまり、命令的委任の否定をその核心に置いたとする[6]。このよ

---

[1] 周知のとおり、以下での議論はドイツやフランスにおける議論を下敷きとしたものであるが、ここではあくまで日本国憲法の下での議論を概観するとの目的の下、諸外国での議論を踏まえ、日本においてどのような先行研究があるか、に焦点を絞ることとする。なお、ここからの議論の一部について、稲谷龍彦編『情報法講座　第1巻』（法律文化社、2025年9月刊行予定）所収予定の拙稿、拙稿「オンライン国会」法学館憲法問題研究所 Law Journal 30・31号（2024年）145頁以下も参照。

[2] 江藤祥平「代表制―『再現』なき時代に」法律時報91巻3号（2019年）98頁。
　　高見勝利「『国民代表』概念の法的構成とその批判――『国民代表』の原理と構造（1）」同『芦部憲法学を読む―統治機構篇』（有斐閣、2004年）63頁以下。

[3] 美濃部達吉『憲法撮要〔改訂5版〕』（有斐閣、1932年）348-349頁。

[4] 同上、349頁。

[5] 身分制議会における命令的委任から、自由委任への移行という歴史的経緯について検証するものとして、高見勝利「国民と議会（2）――『国民代表』の理論と歴史に関する一考察」國家學會雑誌92巻11・12号（1979年）727-777頁参照。

うに議員が完全に独立しており、法的現実においては国民と議員の間に何らの関係もないにもかかわらず、これを国民全体の代表者だと考えることは国民代表概念のイデオロギー的機能であると宮澤は指摘する[7]。ゆえに、宮澤は、美濃部が述べるところの、議会とは国民の法定代表の機関であり、議会法律は国民意思の発表として認識されるけれども、代表関係は国民の授権に基づくものではなく、直接法の力によるものである（ゆえに、貴族院も法的に国民の代表である）という見解に対して批判を加え、その議論にのっとれば、議会の議員がもはや国民の一部によって選任される必要すらなくなる、と批判した[8]。

II．政治的意味における代表

日本国憲法制定後は、貴族院が廃止されたことで、国民から公選されてない貴族院もまた「代表」たりえるのかという戦前の議論の焦点自体は解消された。しかし、戦前の議論の終着点はいわば戦後の日本国憲法43条1項解釈の始点として意味を持った[9]。芦部信喜は、宮澤によるイデオロギー批判に対して、代表概念を法的意味におけるものとは異なるものとして構成するという試みで応答した[10]。そこで登場するのが、「国民代表という場合の代表は、政治的代表の意味に解さなければならない」ということである[11]。つまり、日本国憲法における代表とは、民法における代理とは異なるものであるが、同時に、国会を国民の法定代表者とみなしたうえで国会の議決を国民意思の発露だと解する法学的意味における代表とも異なっており、したがって、これは政治的な意味合いのものとして捉えられるべきである[12]。そこでは、代表機関の行為が国民の意思を反映するものとみなされるが、しかし、代表者の行為が法的に被代表者に帰属するという関係はない[13]。この政治的

6　宮澤俊義『憲法の原理』（岩波書店、1967年）201頁。
7　同上。
8　同上、212頁。
9　高見・前掲注（2）65頁。
10　同上、77頁参照。
11　芦部信喜「全国民の代表──憲法43条──」同『憲法叢説2　人権と統治』（信山社、1995年）242頁［初出1986年］。
12　同上。

意味における代表の本質をなすのが、議員は特定の選挙母体の代表ではなく、全国民の代表であるのであって、議員は選出母体からの指示や訓令に拘束されることなく、自らの信念に基づいて行動すること、すなわち、自由委任である[14]。

芦部は、近代代表制論の特徴として、国民が代表者を選出する行為によって国民の持つ主権の「行使」が委任されると考えられること、その委任にあたっては主権が分割不能である以上、個々の議員に個別的にではなく、全国民から議会全体に対して委任がなされると考えられることがあるとする[15]。ここでは、代表者は国民のために意思し、国民の一般意思を表明する[16]。この段階では、代表者の選任手続について国民が直接参加するかどうかは決定的ではなく、あくまで「国民のために意思する」かどうか、が代表制のメルクマールとなる[17]。国民の声は議会によってはじめて表出される[18]。代表者は「国民のために意思する」ものであった[19]。この芦部による議論は、宮澤説を基礎としつつも、宮澤説が国民代表の法的概念構成を「粉砕したに過ぎ」ないところに対して、「その廃墟の跡に、非法（学）的な概念として」政治的代表概念を示すという一歩を付け加えたものと評価される[20]。

Ⅲ. 小　括

以上のように、戦後憲法学における「全国民の代表」理解においては、宮澤による「イデオロギー」批判と、これを受けた芦部の政治的意味での代表論がその基礎を形成した。そして、「全国民の代表」である議員は、特定の身分の代表ではなく、国民全体の代表であり、かつ、特定選挙区の代表ではない以上、自身が選出された選挙区有権者からの命令的委任は排除されると

13　同上。清宮四郎『憲法Ⅰ　統治の機構　第3版』（有斐閣、1979年）69頁。
14　芦部信喜（高橋和之補訂）『憲法　第8版』（岩波書店、2023年）317頁。
15　芦部信喜『憲法と議会政』（東京大学出版会、1971年）268-269頁。この整理は、高見・前掲注（2）66頁を参照した。
16　芦部・前掲注(15) 269頁。
17　同上、271頁。
18　同上、269頁。
19　これに対し、代表者と被代表者の意思の一致が社会学的意味での代表の下では要求されることにつき、同上、272頁。

解される[21]。こうして、憲法43条1項における「全国民を代表する選挙された議員」の趣旨について、支配的見解は、「①議員が国民の一部の代表としてではなく、国民全体の利益の代表として選出されること、②議員が、選出母体から独立して行動し得る法的地位を有すること」の2点を意味すると解釈するようになった[22]。このような「命令委任」の禁止、つまり「自由委任」の要請を下敷きにしてきたこと、また、議員が選挙母体から距離を置き、一部の代表になることが禁じられるという消極的禁止規範としての意味合いを前面に出したことにおいて、伝統的学説は共通している[23]。

そもそも、以上の「国民代表」観は、代表者が国民の一般意思を表明するのであって、それによってはじめて国民は全体としての「意思」を持つとの考え方に基づくものである。その基礎には、フランス革命期直後の個人観である。そこでは、実際には国民の間に様々な違いがあることが捨象され、社会の中に多様性が包摂されることが想定されていなかった[24]。誰もが平等で

20　高見・前掲注(2)77頁。
　　しかし、「政治的代表」の理解に対しては、長谷部恭男から以下のような疑問も呈される。長谷部は、制限能力者と法定代理人や、法人とその機関の関係を参照しながら、「代表」「代理」を指定してはじめて意思決定ができる場合についても「代表」が存在すると想定されるはずであることを指摘したうえで、芦部説の基礎となった宮澤がなぜ、この点に触れなかったのかと述べる。長谷部によれば、その背景には、宮澤がその見解の基礎としたドイツのラーバントの学説の存在がある。ラーバントによれば、連邦国家であるドイツにおいては各邦が自らの有していた支配権を譲り合ったという関係性があり、議会の議員の権限は全国民からではなく、邦が制定した憲法によるものである。以上の議論はドイツ特有のものであり、日本へとそのまま持ち込むことはできなかったはずである。それにもかかわらず、この議論を直接持ち込んだことによって、法的意味における代表を語ることができないとの結論に宮澤は至ることになった、と長谷部は指摘する。長谷部によれば、国民が実在しないか、あるいは代表されなければ実在できない以上、国民と代表者との関係は、法的代表として構成するほかない。法定代理のように代表を構成した場合、確かに、代理人が本人の利益に反する行為を行う危険性があることは長谷部も認めており、この懸念においては、宮澤に共感が示される。しかし、だからと言って法的意味の代表ではないと主張することには意味がなく、代表が構成員の利益に沿うような形で活動するよう、制度設計をすべきなのである。代表が構成員の利益に反して行動するおそれに対して、これを統制する仕組みをいかに形成するかということは、議員が代表であるかどうかとは次元が異なる話にもかかわらず、宮澤は両者の議論を混同していると長谷部は言う（長谷部恭男「Interactive憲法　全国民の代表」法学教室287号（2004年）26頁以下、同『憲法の円環』（岩波書店、2013年）87-96頁［初出2012年］。）。

21　芦部・前掲注(14)317頁。
22　駒村圭吾「43条1項」長谷部恭男編『注釈日本国憲法(3)国民の権利及び義務(2)・国会』（有斐閣、2020年）520頁。
23　同上。

ある以上、個人の間に相違があり、個人がそのアイデンティティーごとのまとまりとして代表されるということは考えられない[25]。故に、代表を通じてはじめて不可分一体の国民が現れると考えることが可能だったのである[26]。すなわち、革命後、身分制的な中間団体が解体され、「一つの国民」が作られた以上、議員は特殊利益から独立して、全国民の代表として国民の意思を形成すべきであると考えられたのである。これが、古典的代表制、純粋代表制と呼ばれるものである[27]。ここでは代表する者とされる者の間が「切断」されるという論理が存在したことが指摘に値する[28]。そもそも、制限選挙の下では、選挙人と代表者の階層的同質性が一致していた[29]以上、「切断」があるとしても実際的な問題は起こらなかった。

しかしながら、普通選挙の拡大の中で、現実の国民の間にある相違や多様性を無視することは次第に難しくなっていく。次に見る「半代表」や「社会学的代表」の議論はこの文脈において登場する議論である。

第2款　現実の民意に対する意識──「半代表」あるいは「社会学的意味における代表」

上記のように、「命令的委任の禁止」は、私法上の委任や（任意）代理関係に含まれる、本人から代理人への指示という要素を、議員と選挙人との関係においては遮断するところに意味を持つ。その結果、議員は特定の選挙区や選挙民の指令に拘束されることなく、独立して職務を行うとされた[30]。

しかし、この代表観については、国民と議員の意思が実際に一致しているかどうかを問題としない以上、両者の間に意思の不一致が存在することを覆い隠す「イデオロギー」として機能する恐れがある[31]。既に述べたように、

24　只野雅人「代表の概念に関する覚書（1）──P. ロザンヴァロンによるフランス民主主義の歴史から──」一橋法学1巻1号（2002年）122頁参照。
25　糠塚康江『現代代表制と民主主義』（日本評論社、2010年）47頁。
26　只野・前掲注(24) 122頁。
27　糠塚・前掲注(25) 41頁。
28　同上、46-47頁。
29　同上、46頁。
30　大石眞『憲法概論Ⅰ─総論・統治機構』（有斐閣、2021年）211頁。

第1節　日本国憲法の下での「全国民の代表」論　　61

かつては制限選挙を背景に、有権者資格を持つものは限られており、その結果、財産などの側面において、有権者と議員の間に自ら同質性が保たれていたため、両者の利害の実際の不一致は問題となりにくかった[32]。また、そもそも、代表制が当時、直接民主制よりも優れた制度だと考えられた背景には、一般民衆の能力に対する不信感があった[33]。一般市民には、統治に継続的にかかわる能力も時間もないのであるから、市民が行うことは単に代表を選出することに限られており、選ばれた代表がその能力を生かして統治に携わるのである[34]。そして、そこで選挙にかかわることができる「市民」もまた、国家に貢献する者に限られていたのであって、女性や子供、外国人は排除されていた[35]。「優れた」代表者が国民意思を探知するとの前提の下で、現実の国民意思の存在は黙殺されていたのである。

しかしながら、命令的委任の禁止の要請の下でも、代表者と被代表者の間には依然として選挙という要素が存在し続けた[36]。選挙という制度は、代表する者とされる者の間の同質性を確保する制度である[37]。制限選挙の下で選挙権を持たなかった人々は、自らと同質性を持つ代表者を議会へ送り込むために普通選挙の採用を主張した[38]。このように、国民代表機関と国民の間に選挙があり、そしてそこにおいて普通選挙が徐々に実現されていく中で、命令的委任の禁止の要請のみで「全国民の代表」を語ることは、修正を余儀なくされる[39]。新たに選挙権を得た大衆の圧倒的多数は労働者階級であったが、議員が彼らの指示に拘束されない以上、労働者階級の利益は議会においてなかなか反映されづらい。それゆえ、彼らは議員が人々を代表していないとの批判を加えるようになった[40]。彼らにとって重要なのは、代表者が自ら

31　芦部・前掲注(14) 317頁。
32　只野雅人『憲法の基本原理から考える』（日本評論社、2006年）34頁。
33　糠塚・前掲注(25) 40頁。
34　同上、42頁。
35　同上。
36　高橋和之「『国民内閣制』の理念と運用」同『国民内閣制の理念と運用』（有斐閣、1994年）26頁。
37　同上、26-27頁。
38　同上、27頁。
39　加藤一彦「43条」芹沢斉ほか編『新基本法コンメンタール　憲法』（日本評論社、2011年）311頁参照。

よりも優れた人物である、つまり「卓越性」を有することよりも、代表者が自らと同じ集団に属していること、つまり、労働者の代表であれば、労働者と同じ集団に属していることであった[41]。代表に対して求められる要素が、「卓越性」「優秀さ」というところから、（これに加えて）選挙人との「類似性」「同質性」という方向へとシフトしたのである。

こうして、普通選挙権の拡大により、国民が具体的な人民として観念され、一般国民から選挙区を通じて代表者が選出されるという手続的要素が意味を持つようになった結果、代表としての議員には、依然として法的には独立性を求められるものの、事実上は、選挙民の利益に即して行動するよう求められ、また、議員は事実上選挙民の意思に拘束されるようになる。ここに、代表に関して「法的側面と事実的側面を区別する」説明（半代表）が成立する[42]。

この「半代表」は、議員の地位にかかわる問題であるが[43]、これを議会全体の勢力図への国民意思の反映との角度から論じたのが[44]、芦部の社会学的意味における代表の議論である。芦部によれば、民主主義的思想の発展によって、議員が全国民の代表者としての機能を果たすためには議員の地位について国民による正統化が必要となったのであり、その正統性は選挙に基づくものと考えられるようになった[45]。この結果、国民のために意思する者であれば選挙を介さない国王ですら代表としての資格を得たかつてとは異なり、選挙された者はあたかも「絵画が景色を」描くかのように選挙人を代表すべきである、つまり、代表とは、国民と国民が選んだ議員の政治的見解の類似性であると考えられるようになった（社会学的意味における代表）[46]。そこで、選挙によって、国民意思と代表者の意思が完全に一致するとまでは言わずとも、両者の間に類似性が確保されるよう求められるのである[47]。そこで

40　糠塚・前掲注(25) 46-47頁。
41　同上、47-48頁。
42　大石・前掲注(30) 212頁。
43　同上。
44　樋口陽一「現代の『代表民主制』における直接民主制的諸傾向（1）」法学28巻1号（1964年）50頁も参照。
45　芦部・前掲注(15) 271頁。
46　同上、271-272頁。

は、選挙は単なる代表者の指名としてではなく、多様な集団や階級を包摂する選挙人団にとって、自らの意思を代表者に伝える手段として機能する[48]。「半代表」論と芦部の社会学的代表論は、議員の地位の問題を扱うのか、議会全体への選挙民の政治的勢力の反映を意味するのかという点で議論の角度を異にするものであるが[49]、ともに実在する多様な民意の議会への反映を考慮する点で一定の重なり合いを見せる[50]。

第2節 「全国民の代表」の要請が直面する課題

　ここまで見てきたように、現在の「全国民の代表」論については、議員が特定の一部有権者の代表ではなく、全国民の代表であるという命令的委任の禁止の要請を基礎としつつも、実質的な議会と民意の類似性を求めるという点に、学説の到達点がある[51]。そして、これは序においてみた代表制の意義を裏打ちするものである。一方では、代表者が独立して、全国民の代表として行動するからこそ、代表者が最終的な責任をもって国民意思の統合という任務に当たることができる。他方で、代表者が現実の民意を意識するからこそ、代表者と国民の間の相互の関係が構築され得る。それゆえ、日本国憲法において、議員が「選挙された全国民の代表」から成るとされていることについては、筆者が序章第3節で述べたような代表観を下敷きにしていると考えることができよう。このように、従来の「全国民の代表」をめぐる議論は、それ自体として代表者たる議員に何が求められるかを適切に論じたものといえる。

　しかし、問題は、この両要請が現状の実際の条件、つまり社会を構成する

47　同上、272頁。
48　水林翔「代表観念」山本龍彦・横大道聡編『憲法学の現在地——判例・学説から探求する現代的論点』（日本評論社、2020年）290頁。
49　大石・前掲注(30) 212頁。さらに、大石は、社会学的代表論について、「比例代表制を前提とした場合の議会内の勢力地図を示す事実上の観念にすぎないのに、一定の選挙制度や代表法を要求する規範的な観念として用いている」との問題もあるとする。
50　水林・前掲注(48) 290頁。社会学的意味における代表を論じる芦部自身も、半代表と社会学的意味における代表が「大きく重なり合う」とする（芦部・前掲注(14) 318頁）。
51　水林・前掲注(48) 291頁。

個人の多様性の増大やそれを束ねようとする政党の存在を前提としたうえでなおも、適切な均衡を保ちつつ、両者それぞれ意義を発揮しているとはいいがたいことである。具体的には、命令的委任の禁止の要請の要素については、半代表／社会学的意味の代表の要請とのせめぎ合いにおいて、後退を迫られている（第1款）。また、半代表／社会学的意味の代表についても、社会の個人化、多元化が進む中で、政党単位で容易に民意を把握できたかつてとは異なり、まさに現実に存在するけれども、曖昧模糊としてそれ自体把握できない民意をいかに見出し、反映するかという点において困難に直面している（第2款）。このような観点から、本書は現代という条件の下でなおも「全国民の代表」の要請が理念として現実的な意義を発揮するために何が必要かを考察することを目的としている。

第1款　「命令的委任の禁止の要請」のなだらかな後退とその克服可能性

I．両要請の両立の難しさ

　現在において、「命令的委任の禁止の要請」と「事実上の民意の反映」の両方の意味を持つとされる「全国民の代表」の要請であるが、しかし、そもそも、この両要請を両立させることは容易ではない。確かに、「事実上の民意の反映」を語る半代表論も、あくまで「事実上」の問題を述べるものに過ぎず、法的には純粋代表制と内包する要素を一にしている[52]。しかしながら、実際のところ、議員が自身の選出母体を含めた有権者の具体的な意思や利益と、独立して探求すべき全国民の国家的な意思・利益の間でバランスをとることは、「綱渡りする曲芸団員（サーカス）」のようなものであり、そのバランスの中で、「選挙された議員」は常に自己の選挙民の意思や利益の方に傾斜する傾向がある[53]。いかに憲法が「全国民の代表」という規定によって、議員が全国民の利益や意思の方にも目を向けるよう求めているとしても、このバラ

---

[52] 大石眞「もう一つの憲法変遷？——半直接制から半代表制へ——」新正幸・鈴木法日児『憲法制定と変動の法理』（木鐸社、1991年）317頁。
[53] 髙見勝利「国家議員と選挙民」法学教室159号（1993年）51頁。

ンスは特定の支援団体からの圧力のもと、いとも容易に均衡を失いうるものである[54]。そして、バランスが一度崩れた場合、国会議員の言動において自らが代表されているという国民の感覚が失われ、国民代表のあり方は崩壊のおそれに直面することになる[55]。

この困難の背景には、命令的委任の禁止の要請と事実上の民意の反映の要請のそれぞれが、本来出自からして異なる意味合いを持つものであることがある。

日本国憲法においては、前文「正当に選挙された国会における代表者を通じて行動」や、43条1項「全国民を代表する選挙された議員」において、代表と選挙が結びついたものとされている。ここからは、あたかも「全国民の代表」である議員は必ず選挙という紐帯を介して国民と繋がらなければならない、つまり、議員が命令的委任の禁止の要請を「全国民の代表」の要請から受け取るとしても、選挙を介して国民を顧みることが必須であるように読み取ることができそうである。しかし、このような「全国民の代表」たる議員が選挙によって選ばれるということは必ずしも当然のものではない[56]。例えば、代表に必要な資質は何よりも能力であると捉えるならば、国民に十分な政治的意思能力があるか疑わしい場合には公選議員を持つことはむしろ好ましくないともいえるだろう[57]。繰り返しにはなるが、「命令的委任の禁止」の要請の基礎にあるのは、議会が法律を制定することで初めて国民意思が生じるのであって、議会と国民意思の乖離は考えられ得ないとの考えである[58]。「命令的委任の禁止」の背景には、このような代表者の能力への信頼があるのであり、代表者が選挙によって大衆から選ばれ、大衆の意思に事実上左右されるということは、本来は想定されていない。議会のみが国民の意思を表明し得るものだと考えられている以上、それを妨げる者は国民自身であっても排除しようとさえされる[59]。すなわち、「命令的委任の禁止」のみを基礎とする代表観においては、議会意思の外にもともと国民意思があると

---

54 同上。
55 同上。
56 水林・前掲注(48) 285頁参照。
57 同上、285-286頁。
58 同上、288頁。

は観念され得ず、ゆえに議会の外から国民意思が議会意思を拘束することはないとの考えがあった[60]。

　これは対照的に、「半代表」「社会学的意味の代表」といった形で「民意の反映」が論じられる際には、議会外に何らかの国民意思が初めから存在することが念頭に置かれている。代表機関が自らの地位を主張できるためには、代表機関の意思と国民の意思が事実上一致していることが求められるのであり、この一致においてはもはや直接民主制的な要素がみられる[61]。半代表／社会学的意味の代表において想定される議員像には有権者との類似性が内包されている点は上に述べたとおりであるが、これもまた、「有能さ」「卓越性」が求められる命令的委任の禁止の要請の下での議員像とは対照的である。したがって、「全国民の代表」の持つ、「命令的委任の禁止」の要請の側面と、「事実上の民意の反映」の側面は、そのそれぞれの背景からして互いに緊張関係に立つ、あるいはそれ以上に本来相互にトレードオフ関係となる性質を持つものである。

　高見勝利はこのトレードオフ関係について、「代表する者」と「される者」の間の力点の置き方の違いによって説明する[62]。つまり、代表する者の側に力点を置く場合には、代表の本質は代表者が被代表者のために行う活動にあるとみられ、他方、被代表者の方に力点を置けば、その意思・利益が代表者において忠実に表現されているかが問題となってくる[63]。つまり、代表する者の側から見れば、ある者に代わり、その者のために積極的に活動するという「自由」の側面が重要になるのに対し、代表される者の側から見れば、自

59　毛利透「代表観念」小山剛・駒村圭吾編『論点探求　憲法　第2版』（弘文堂、2013年）279頁。
60　樋口・前掲注(44) 43頁。
61　半代表に関する指摘として、樋口・前掲注(44) 50頁。社会学的意味の代表へと発展した場合、議員は政党を媒介とし、その決定に従うことで実質的に国民を代表するようになり、この点において究極的には直接民主制への接近が見られるとの指摘として、阿部照哉「参議院比例代表選出議員の離党と議員資格の喪失」法学教室32号（1983年）99頁。もっとも、半代表においてもあくまで命令的委任の禁止は維持されており、半代表は直接民主制を代替するものではない（糠塚・前掲注(25) 45頁。）。
62　高見勝利「代表」樋口陽一編『講座　憲法学5　権力の分立(1)』（日本評論社、1994年）57頁。
63　同上。

身の意思が忠実に表現（再現）されているという「拘束」の側面が重要となる[64]。片方の側面に依拠して代表制を理解した場合には、他方の理解は不当なものとなる[65]。高見は、この「自由」と「拘束」が両極であるとしたうえで[66]、いずれか一方にのみ依拠して他方を排除することは許されないと考えた[67]。そのうえで、高見は最終的に、議員に奴隷的服従を強いるような「拘束」の極端な形式を除けば、事実上の「拘束」から「自由」に至るまで、あらゆるバリエーションが43条によって許容されると考える[68]。

それでは、高見が言うような、「拘束」の極端な形式を除いたうえでの、事実上の「拘束」から「自由」までの間のバリエーションが可能であるとすれば、日本の現状はその中でどこに位置づけられるだろうか。

Ⅱ．命令的委任の禁止の要請のなだらかな後退が見られる場面

以上のように、命令的委任の禁止の要請と事実上の民意の要請の間には一種のトレードオフ関係があるといえる。それでは、このトレードオフ関係においては、どちらに重点を置く形で処理がされてきたであろうか。その重心の置き方についてのせめぎあいがとりわけ明らかになるのが、議員と政党との関係においてであり[69]、そこにおいては、命令的委任の禁止の要請の後退がみられる。

1．党議拘束

まず挙げられるのが党議拘束についての問題である。政党政治が発達する中で、特に政党紀律が強い場合においては、議員は事実上自身が所属する政党の方針や指示に拘束されることとなった[70]。このような党議拘束の存在

64　同上、67頁。
65　同上。
66　同上、65頁。
67　同上、68頁。
68　同上、76-77頁。
69　議員の民意に対する独立性の問題と、議員の所属政党に対する独立性の問題は別問題であり（今関源成「議会制民主主義における国民・国民代表・政党―比例代表選出議員の党籍変更による議席喪失の是非」法学教室212号（1998年）16頁。）、両者は区別して論じられるべきである。
70　芦部信喜『演習憲法　新版』（有斐閣、1988年）226頁。

は、議会の本来の姿とは緊張関係には立ち得るものである[71]。

確かに、党議拘束は、命令的委任の禁止の要請を一概に害するものとまでは言えない。例えば、党議拘束の存在によって、各議員が個別に指示を受けた利益集団からの解放が図られる側面もある[72]。議院内閣制をとる日本においては、政府の法案が与党からの安定的な賛成を得たうえで効率的に運用されることや、野党が与党に対して一丸となって対抗するということが想定されていること、また衆議院議員選挙への小選挙区制の導入により、有権者には政党を前提とした政権選択が求められる以上、政党の団結がむしろ求められることを考えれば[73]、党議拘束がおよそ現実との妥協の産物でしかないということもできない。

しかしながら、党議拘束の定着により、「議員の自由な討議による問題解決という構図は、…現実的な基盤を欠く」ものとなることは否めない[74]。実際、日本における党議拘束は比較法的にも強いものであり、このような強度の拘束を政党に対してのみ認めることの妥当性には疑義も呈されるところである[75]。議会においてはじめて国民意思が議員同士の討議の中から見いだされるというイメージに基づく命令的委任の禁止の要請は、党議拘束を面前にして、現実には後退を迫られる[76]。

2．党籍変更による議員の身分への影響

党議拘束の問題ともかかわるが、議員の党籍変更が議員としての地位に影響する可能性においても、命令的委任の禁止の要請と半代表／社会学的意味の代表の間のトレードオフ関係が見られる。なお、この問題については、衆参両院の比例代表選出議員について、国会法109条の2[77]及び公職選挙法99

71　佐藤幸治『日本国憲法論　第2版』（成文堂、2020年）470頁。
72　新井誠「立法過程における政党・会派と国会議員」山本龍彦ほか編『国会実務と憲法　日本政治の「岩盤」を診る』（日本評論社、2024年）43頁。
73　同上、43-44頁。
74　西原博史「政党国家と脱政党化」法律時報68巻6号（1996年）159頁。
75　新井・前掲注(72) 44頁。
76　このような背景から、議会内において、完全に独立した議員が自由に討論を重ねることが難しい以上、筆者は後に議会内審議の前段階であるところの、政党内の意思形成の仕組みに着目する。

条の2[78]によって、立法措置がなされている。しかし、当該改正に対する評価を見ることは、議員の独立性に関する議論状況を確認するにあたって有益であると考えられることから、法改正前後にどのような議論がなされていたかを取り上げる[79]。

　この法改正以前、比例代表選出議員が離党や除名によって党籍を失った場合、その者の議員の地位がどうなるかについては、議員としての地位は失わ

---

[77] 国会法109条の2　第1項「衆議院の比例代表選出議員が、議員となつた日以後において、当該議員が衆議院名簿登載者…であつた衆議院名簿届出政党等…以外の政党その他の政治団体で、当該議員が選出された選挙における衆議院名簿届出政党等であるもの（当該議員が衆議院名簿登載者であつた衆議院名簿届出政党等（当該衆議院名簿届出政党等に係る合併又は分割（二以上の政党その他の政治団体の設立を目的として一の政党その他の政治団体が解散し、当該二以上の政党その他の政治団体が設立されることをいう。次項において同じ。）が行われた場合における当該合併後に存続する政党その他の政治団体若しくは当該合併により設立された政党その他の政治団体又は当該分割により設立された政党その他の政治団体を含む。）を含む二以上の政党その他の政治団体の合併により当該合併後に存続するものを除く。）に所属する者となつたとき（議員となつた日において所属する者である場合を含む。）は、退職者となる。」
　　第2項「参議院の比例代表選出議員が、議員となつた日以後において、当該議員が参議院名簿登載者…であつた参議院名簿届出政党等…以外の政党その他の政治団体で、当該議員が選出された選挙における参議院名簿届出政党等であるもの（当該議員が参議院名簿登載者であつた参議院名簿届出政党等（当該参議院名簿届出政党等に係る合併又は分割が行われた場合における当該合併後に存続する政党その他の政治団体若しくは当該合併により設立された政党その他の政治団体又は当該分割により設立された政党その他の政治団体を含む。）を含む二以上の政党その他の政治団体の合併により当該合併後に存続するものを除く。）に所属する者となつたとき（議員となつた日において所属する者である場合を含む。）は、退職者となる。」
[78] 公職選挙法99条の2　1項「衆議院（比例代表選出）議員の選挙における当選人（第九十六条、第九十七条の二第一項又は第百十二条第二項の規定により当選人と定められた者を除く。以下この項から第四項までにおいて同じ。）は、その選挙の期日以後において、当該当選人が衆議院名簿登載者であつた衆議院名簿届出政党等以外の政党その他の政治団体で、当該選挙における衆議院名簿届出政党等であるもの（当該当選人が衆議院名簿登載者であつた衆議院名簿届出政党等（当該衆議院名簿届出政党等に係る合併又は分割（二以上の政党その他の政治団体の設立を目的として一の政党その他の政治団体が解散し、当該二以上の政党その他の政治団体が設立されることをいう。）が行われた場合における当該合併後に存続する政党その他の政治団体若しくは当該合併により設立された政党その他の政治団体又は当該分割により設立された政党その他の政治団体を含む。）を含む二以上の政党その他の政治団体の合併により当該合併後に存続するものを除く。第四項において「他の衆議院名簿届出政党等」という。）に所属する者となつたときは、当選を失う。」
　　5項「前各項の規定は、衆議院（比例代表選出）議員の選挙における当選人で第九十六条、第九十七条の二第一項又は第百十二条第二項の規定により当選人と定められたものについて準用する。…」
　　6項「前各項の規定は、参議院（比例代表選出）議員の選挙における当選人について準用する。…」
[79] 改正前の文献ではあるが、議席喪失の問題について、全国民の代表の持つ命令的委任の禁止の意味が今日でも一定の意味を持つことを反映するとの見解として、今関・前掲注(69) 15頁。

れないという議席保有説が多数であった。その背景には、党籍変更に伴う議席喪失を認めた場合、議員が政党の代表者と化してしまい、憲法43条1項、51条違反の問題が生じ得るという理由付けのほか、結社の自由への抵触の可能性もあるという理由付けが挙げられていた[80]。政党はあくまで事実上の存在として認められるものにすぎないのであって、これと自由委任の要請と衝突する場合には自由委任の要請の方が優先するとの考えは、憲法の出発点が自由委任にあることからしても適切と考えられた[81]。このような議席保有説においては、政党の結社としての性質という要素も踏まえつつ、基本的には命令的委任の禁止の要請の方を半代表／社会学的意味の代表の要請に対して優先させるスタンスが見られる。

しかしながら、とりわけ、拘束名簿式比例代表制のもとでは有権者は政党にしか投票ができないことを考えると、議員の党籍変更は選挙人の意思を踏みにじるものとも見えるものであることから[82]、議席保有説には一定の修正が必要なようにも考えられた。このような議席保有説への批判において、「選挙人の意思の尊重」という要素が現れることには、半代表／社会学的意味における代表の要請への傾斜が見られる。

議席保有説に対する修正説には、様々な形態が見られる。例えば、芦部は「政治の信義」の問題を軸として議論を展開する[83]。有権者の考えを無視した所属政党変更がなされた場合、有権者の審判を待とうとしたとしても、次の選挙においては当該議員が移動先の政党の一員として名簿に掲載される以上、彼に対して直接責任を問う機会がないことになる[84]。芦部は、ためらいがちではあるものの、自発的な党籍変更の事例については議員職の喪失を招く規定を設けたとしても自由委任の原則に反しない可能性が考えられるかが議論の分水嶺となるとした[85]。これとは別に、新党を結成する場合や選挙時

---

80 佐藤功『続憲法問題を考える　視点と論点』（日本評論社、1983年）61頁。
81 野中俊彦「政党と国民代表の性格」佐藤幸治ほか『ファンダメンタル憲法』（有斐閣、1994年）155-156頁。
82 同上。
83 芦部信喜「比例代表制と党籍変更の憲法問題」同『人権と議会政』（有斐閣、1996年）356頁〔初出1985年〕。
84 同上。
85 同上、357頁。

点では存在しなかった政党への移動、無所属になる場合について特に取り上げたうえで、これらの場合については議席の保有を認めるという形で議席保有説に限定をかけるという、上脇博之による見解も議席保有説への修正として存在した[86]。この背景にはまず、政党の側が公約を反故にする場合には、これに対して、脱退という結果に至る形であれ、除名という結果に至る形であれ、政党内の多数派に対抗した議員の議席を剥奪することは適切ではないことがある[87]。他方で、議員が完全に利己的に振舞うというような自由委任の濫用には歯止めをかける必要がある[88]。上脇によれば、議席喪失の有無にとっては、客観的に有権者の意思から議員が離れたかどうか、が決定的であり、ゆえに、議員が選挙時点において有権者の審判を受けた政党に移動した場合に関しては、議席喪失につながる一方、国民の審判を経ていない新党に移動した場合や立候補者をたてていなかった政党に移動した場合、無所属にとどまる場合には、議席が維持されることになる[89]。以上のような議席保有説を修正する見解においても、現実の国民意思を念頭に置くという意味において、事実上の民意の反映の要素を意識する傾向がより色濃く見えている。

もっとも、このような議席保有説を修正したこれらの見解については、翻って批判も存在する。例えば、高見勝利は、芦部の唱える自発的な党籍変更に限って議員としての身分喪失との制裁を課すことについて、「憲法43条が前提とする社会学的事実」と「憲法ないし法律の世界」の区別を破るものとして、原則として許されるべきではないとする[90]。これに加えて、選挙の後、政党も議員個人も各々考え方を改めることはあり得るのであり、かつ除名であっても自主的な脱退であっても、行動の面においては選挙人の意思を裏切るものとして同じく捉え得るのであって、両者を区別する意味はあるの

86 　上脇博之「『国民代表論と政党国家論』序説」『政党国家論と国民代表論の憲法問題』（日本評論社、2005年）168-169頁［初出1997年］。
87 　同上、161-162頁。
88 　同上、164-165頁。
89 　同上、170-172頁。
90 　高見勝利「『政治的代表』の構成要素とその憲法的意義」同・前掲注（2）87-88頁。高見によれば、議席の喪失との結果をもたらし得る場合は、与野党勢力が伯仲している際に、片方の政党が他方についての切り崩しを狙うといった「『議会人』としてとうてい許しがたい」行動が見られた場合のみである（同、89頁）。

か[91]といった批判もある。さらに、比例代表制についてのみ党籍変更が議席の喪失をもたらすという帰結に至ることに疑問を呈する見解もある。この見解の理由付けとしては、小選挙区制も事実上、政党中心の選挙制度になっていること、また、比例代表制についてのみ議席喪失の可能性を認めるならば、自由委任の程度において異なる議員が一つの議会の中に共存することになることが挙げられる[92]。

ここまで、議席保有説（あるいはそれを修正した見解）について取り上げてきたが、むろん、少数説として議席喪失説も存在する。そこでは、とりわけ拘束名簿式比例代表制によって当選した議員は、党籍を変更することによって「明白に」「国民から委託された意思から」離脱することになることが根拠とされる[93]。

以上のように、比例代表選出議員の党籍変更に伴う議席の喪失の有無に関しては、命令的委任の禁止の要請を重視する議席保有説、半代表／社会学的意味における代表を重視する議席喪失説、その中間で落としどころを探る、修正された議席保有説という対立があり、この背景にはまさに、命令的委任の禁止の要請と事実上の民意の反映の要請の間のトレードオフ関係においてどこに位置取りをするかという考えの相違がある。

平成12年の国会法及び公職選挙法の改正により、比例代表選出議員については、無所属になる場合、新党を設立する場合、選挙後に設立された政党に所属する場合を除き、除名の結果であれ、脱退の結果であれ、党籍を離脱し、異なる政党に所属することになった場合には議席を喪失するとの対処がとられた。この改正においては、したがって、議員と国民意思の関係性を重視する半代表／社会学的意味の代表の思考が比較的強く見られると言える。実際、この改正に対しては、政党が選挙に際して候補者を擁立し、議会でも

91　野中・前掲注(81) 158頁。
92　阿部・前掲注(61) 99頁、高見・前掲注(90) 87頁。
93　人民主権論からスタートする杉原泰雄も議席喪失を認めるという意味においてここに分類され得るが（野中・前掲注(81) 157頁。）、ここでは取り上げない。今日において「選挙人の意思と代表の一体性」からすれば、議席保有説は根拠が弱いと指摘するものとして、佐藤立夫「比例代表制と党籍変更の議席に及ぼす影響」ジュリスト985号（1991年）97頁、議席保有説をとった場合、民主主義への逆行が生じるとの指摘として、白鳥令「改正公選法の問題点―政治学の観点から」ジュリスト776号（1982年）29頁も参照。

議員を「将棋の駒のように駆使」することは、あくまで社会学的事実の問題であり、命令的委任の禁止の要請の内容である表決の自由とは区別されるべきであるとして、命令的委任の禁止の要請との抵触の恐れがあるとの指摘がなされる[94]。

以上の考察から、命令的委任の禁止の要請と事実上の民意の反映の要請の間には一種の緊張関係、トレードオフ関係が存在すること、そして、とりわけ政党との関係では、命令的委任の禁止の要請の方が後退を迫られていることが明らかになった。このような状況に対しては、全国民の代表という要請によって一般的には部分利益の表出が否定されているにもかかわらず、政党によって代表される部分利益についてはこれを事実上認容する制度設計が「必要以上に」採用されているのではないか、との批判がされるところである[95]。

Ⅲ．「全国民の代表」の実現のための政党というアクターの介在——手島孝の示唆

このような命令的委任の禁止の要請の政党を前にした後退を前提に、それでもなおその意義を発揮させる方法を考える際に、示唆的なのは手島孝による指摘である。手島は、「全国民の代表」論の文脈において、「無拘束委任」の要請自体については認めるものの、これを政党の存在を前提として解釈し

---

94 髙見・前掲注(90) 85-86頁。加えて、党内における除名手続きについては政党の私的結社としての性質故に公平性が十分に担保されていない部分があり、結果として、政党による恣意的判断によって国民の意思が歪曲される恐れもあるという点について、山本悦夫「政党と国会法・公職選挙法——比例代表選出議員の議席喪失規定を中心に——」法学新報108巻3号（2001年）474-475頁。また、さらに、この法改正と同様の見解をとった上脇が、議席保持の有無に関するメルクマールとして挙げた、議員の「民意からの乖離」という判断基準に対する批判もなされている。このメルクマールは、議員が政党に所属していることとは独立して、民意との距離を測ることができることを前提とする。しかし、その場合、党籍離脱に身分の喪失を連動させることはできないのではないか、また、選挙時に示された「民意」は一部の争点についてのものであり、かつ選挙ののちに争点は常に移り変わるものであるから、議員が民意から離れたということを客観的に確定することはできないのではないか、との批判がなされるのである（毛利透「政党法制」ジュリスト1192号（2001年）168頁。加えて、ここでは各有権者がなぜその一票を投じたのかについては法的に確定することが禁じられているという点も指摘される（同、169頁。）。）。

95 新井・前掲注(72) 42頁。

直すのである。手島は、ドイツのラートブルフの議論を下敷きとして、議員が自身の所属政党・会派の方針に従って行動するとしても、その政党や会派が「国民全体への指向性によって正当化されて」いれば、議員はむしろこれによって「全国民の代表」の要請を実質的に満たし得るとする[96]。手島は、日本国憲法上「全国民の代表」としての文言しかなく、議員が委任や指示に拘束されることがないという規定がないことに着目し、政党の委任や指示は、その政党が公共性を維持している限りにおいては無拘束委任の枠外であると考える[97]。手島によれば、命令的委任の禁止の条項故に、政党に対してはその「公共性（国民全体への指向性）」が要求されるのである[98]。以上のように、政党について広く国民の間の利益調整を図るための政策立案を行う組織であるという政党観を採ることで、党議拘束の拘束力と「全国民の代表」の問題の両立可能性を探ることが可能となる[99]。

　手島の議論は、そもそもは党議拘束と「全国民の代表」の要請が持つ命令的委任の禁止の要請の関係をどのようにとらえるかというものであったが、本書との関係ではそれにとどまらない示唆を有するものである。つまり、ここで現れるのは、政党が国民全体の利益に資するものとして存在するならば、議員はこの政党に従うことで全国民の代表の要請を満たし得るとの論理をとることで、政党に対して全国民の利益を集約するという性格を付与し、また義務付けるという考え方である。翻せば、党議拘束を認める以上、それを行う政党には自ら全国民の代表に資する存在であれというそれなりの要求がなされるということであろう。これは、事実上の民意の反映の側面の強化に伴い、命令的委任の禁止の要請がとりわけ政党との関係では後退を迫られているということとも整合的な解釈である。実際、最高裁が述べるように政党が国民の政治的意思を国政に反映するにあたっての「最も有効な媒体」であるという点に鑑みれば、一定の党議拘束はむしろ求められることになり、「命令的委任の禁止から半代表的代表観への移行に伴って『社会学的代表』

96　手島孝「政党憲法学の構築へ向けて」同『憲法学の開拓線――政党＝行政国家の法理を求めて――』（三省堂、1985年）46頁。
97　同上。
98　同上、46-47頁。
99　西原・前掲注(74) 159-160頁。

が重視され」（強調筆者）る中では、「国民の声を反映する一回路」としての党議拘束の位置づけもまた、認められ得るとの指摘もあり得るところである[100]。

　この手島の見解を軸とすれば、政党を議員が「全国民の代表」として機能するための場、フォーラムとして用いるということが考えられそうである。また、手島の議論の方向性は、命令的委任の禁止の要請と政党の存在をどう整合的に説明するかというものであるが、そもそも政党が存在することによって議員が国民内部の意見から生身の形でさらされ、引きずられることが避けられるとも、考えられることを踏まえると、議員の独立性確保との関係において、政党をいわば議員が独立性を保つための緩衝材としてむしろ積極的に位置づけることもまた可能と考えられる。

　しかし、問題となるのは、以下の点である。仮に政党が「全国民の代表」としての性質を持つとなる場合、議員がその方針に拘束されているとしても、彼らが依然として「全国民の代表」として活動することになるというのはそうであろう。しかし、そうであっても、議員が自身ではない外部の意思決定に拘束されていることには変わりないのではないだろうか。言い換えれば、手島の理論をとった場合、議員が政党に拘束されて行動することで、全国民の代表として行動することは確保されるとしても、議員が自身とは異なる外部からの指示や依頼に拘束されるという状況は変わらない。その限りにおいて、議員の独立性という意味における命令的委任の禁止の要請が果たされていない状況は残り得るのである。本書においては、序章第3節においてみたように、議員が最終的に自ら独立して行動できることを、責任の要素という意味において代表制の核をなすものとして定義している。そのことからすれば、政党が「全国民の利益」に資する存在となれば、議員はこれに従いさえすればよいというのでは足りず、あくまで議員の手元に、自ら独立して行動する余地が確保されるべきはずである。したがって、議員が政党に従いつつも、「全国民の代表」として、自ら独立して行動できるためには、拘束主体である政党が「全国民の利益」に資する存在であることだけではなく、

100　駒村・前掲注(22) 560-561頁。

その政党の行った決定が議員自らの行った決定であると言えることが必要となる。

　そのうえで、仮に政党が「全国民の代表」としての役割を担うとしても、それがどのような、どこまでの程度のものか、という問題も残る。言い換えれば、あくまで私的結社としてスタートしたはずの政党はいかにして「全国民の代表」としての性質を持ち得るのか、それが許されるのはどこまでであるのか、ということが問題となるのである。政党を前にした命令的委任の禁止の要請という問題に対して、政党に「全国民の代表」としての性質を課すことでクリアしようとする手島の解釈自体はあり得るものとしても、それでは、「公共性を維持する」ことが求められる政党とは何をすべきなのか（反対に何をしてはならないのか）、明らかにする必要があるように思われる。

　以上、第1款においては、「全国民の代表」の要請を構成する命令的委任の禁止の要請が、事実上の民意の反映の要請とトレードオフ関係に立つこと、そのトレードオフ関係において、とりわけ政党を念頭に置いた場合、命令的委任の禁止の要請は実際のところ後退を迫られていること、そして、政党と命令的委任の禁止の要請の関係を説明するに際しては、政党こそが全国民の代表に資する存在であるとの説明の可能性があり得ること、しかし、その実現のための内実は明確ではないことを論じてきた。

　それでは、命令的委任の禁止の要請が後退し、事実上の民意の反映の側にウエイトが傾くとしても、事実上の民意の反映の要請は適切に機能していると考えられているのだろうか。問題は、事実上の民意の反映の要請においても、常に反映されるべき「民意」の不確定さが付きまとうという点である。現状、代表たる議員は民意を「適切に」反映しているといえるのだろうか。これが第2款の問題である。

第2款　事実上の「民意の反映」の不十分さとその克服可能性

Ｉ．事実上の民意の反映の要請の機能不全？
1．反映すべき「民意」の不確定性
　第1款においては、命令的委任の禁止の要請がとりわけ政党との関係にお

いては現実的に後退しているという点について取り上げた。結論を先に述べるならば、事実上の民意の反映の要請の意味における「民意の反映」という要素もまた、適切な形で機能しているのか、明確ではない。

その背景には、反映されるべき「民意」の不確定性、多元性、曖昧性という問題がある。民意といったとしても、国民の間で、各人がいかなる意思を持っているか、目で見て捉えることはできない。現代においては各人が単一の集団に属するわけではなく、複数集団に属するのが通常であり、さらにその集団間の優先順位は場合によって変わり得る[101]ことを考えると、各人の意思や利益、さらにそれを束ねた全体としての意思や利益を特定することは困難である。とりわけ、デジタル空間という現代的な条件を前提とした場合、我々は AI を用いて分析され、パーソナライズ化された空間で生活することになるのであり、同じような考えを持った者同士繋がりあう傾向にある。これは、パッケージとしての政策を提示し、固定的な会派として国会において活動する政党を中心としたこれまでのあり方とは全く異なるものであり、この両者の間の「ミスマッチ」が政治不信を招いているとも評される[102]。言い換えれば、既存政党は、民意をすくい上げるという点において、国民内部から現れる新しい争点に必ずしも対応することができていない[103]。というのも、主要政党、とりわけ、社会民主主義政党は、多くの党員から集めた党費で活動し、経済成長のパイの分配にかかわる形で政党を維持してきたが、こうした支持母体を切り捨てるリスクを負ってまで新しい争点に関与すると決定することは難しいからである[104]。この中で、政党自体に懐疑心が生じ、特定政党を支持しないという人々も現れることとなる[105]。

以上のように、代表者が代表される者の利益において働くということは、代表される者の利益をそもそも把握可能であるという前提を置いているけれ

---

[101] *Oscar W. Gabriel*, Responsivität im polarisierten Pluralismus- Zur Entwicklung der Einstellungskongruenz zwischen Politikern und Wählern auf umstrittenen Politikfeldern, ZParl, Heft 2, 2023, S. 412.
[102] 山本龍彦ほか「座談会」山本ほか編・前掲注(72) 203頁［山本発言］。
[103] 待鳥聡史『民主主義にとって政党とは何か　対立軸なき時代を考える』（ミネルヴァ書房、2018年）65頁。
[104] 同上、65-66頁。
[105] 同上、66頁。

ども、現在、個人の利益がこのように常に複数形である以上、それを束ねた統一的な国民意思はフィクションにすぎないということになる[106]。それゆえ、現実の民意を無視できないとの半代表の議論からスタートするとしても、統一的な国民意思がはじめから存在し、これを議会とその構成員が、場合によっては政党単位で、後から発見するべきである（反対に、発見さえすればよい）ということにはなり得ない[107]。これは、社会学的意味の代表論においても同じである。社会学的代表の立場においても、代表が「生の国民の利益を加工する作用」であることは認められている[108]。つまり、議会に社会の多様性を反映させる際には、ある程度構成という作業が伴われることが前提となっている。しかし、これは押し進めれば、議会の構成と国民の中にある意思や利害の類似という、社会学的意味の代表が意味するところからは離れていく可能性を伴うであろう[109]。社会学的意味の代表論を提示した芦部自身、「いかなる選挙の方法を採っても」、国民意思を鏡のように反映することは不可能であるとして、社会学的意味の代表が実際には実現されがたいことを認めているところである[110]。したがって、民意を反映するといっても、代表者たる議員は現時点では形を成していない曖昧とした民意から自ら議会に反映されるべき民意を形成する必要があるのであり、その限りにおいて、議員が見出した「民意」が現実の民意とは異なるという批判は常にあり得る、むしろ現代においてはその批判はより強まる可能性を孕んでいるのである。

したがって、議員が民意を適切に見出し、形成するにあたっては、多元的な社会においては、広く、公正に、全ての社会的な集団から提示される要求の間の競争から共通の福祉が見出されるということが要求されるのである[111]。このプロセスにおいて、議員や議会は市民からの要求を受け止める任務が与えられるのであり、彼らが議論を経たうえで、公正な衡量のプロセス

---

106 *Andreas Anter*, Die Krise der Repräsentation. Warum erfolgreiche populistische Parteien auf Schwächen im repräsentativen System verweisen, in: *Rüdiger Voigt* (Hrsg.), Repräsentation Eine Schlüsselkategorie der Demokratie, 2019, S. 243.
107 こうした方向性を示唆するものとして、*Gabriel*, a.a.O.（Anm. 101）, S. 436.
108 小島慎司「全国民の代表」法学教室496号（2022年）1頁。
109 同上、1頁、只野・前掲注（32）43頁も参照。
110 芦部信喜「議会政治と国民主権」同・前掲注（83）312頁〔初出1977年〕。
111 Fraenkel を念頭に置きつつ、*Gabriel*, a.a.O.（Anm. 101）, S. 436.

を経て拘束的な決定を行うことが求められる[112]。言い換えれば、社会の中の多様性を承認した以上、国民はもはや同質的な統一体としては考えられず、代表制においては代表者が市民に対して接触し、市民からの衝撃を受け入れ、結果として市民の望むものを知るという、国家と市民社会の間の活気あるやり取りが必要である[113]。

2．ポピュリズムの勃興

しかし、上記のような代表者と市民の間の意見交換の関係性が切れ、代表に対する統制が働かない場合、代表制は危機に陥る。この状況が、序論においても触れた、ポピュリズムを培養する[114]。本来、市民が代表者とやり取りをし、自身の関心事が代表者において適切に代表されているとの感情を持つことができていれば、彼らは代表者の正統性を承認するはずである[115]。このやり取りが欠けた際に、ポピュリストは、代表者との市民の関係の断絶を、彼らの言うところの「指導者」への特別な近さによって埋めることができる主張し始める[116]。

断っておくが、筆者はここでポピュリズムそれ自体の定義や検証を試みたり、ポピュリズム的主張自体を抹殺されるべき病理だと主張したりしたいわけではない。既に述べたように、国民の中に曖昧模糊とした民意があることを前提としても、ここから「一般意思」を抽出するのは至難の業である。したがって、常に「一般意思」として特定された民意に対して、それは部分的な利益を表明するものにすぎないという批判がなされ、修正が加えられることはむしろ代表制が健全に機能している表れと言える。その限りにおいて、ポピュリズムを唱道する指導者が、一般意思へとくみ上げられていない「民意」の存在、彼らの言うところの「エリート」が把握していない「民意」の

---

112 Ebd.
113 *Paula Diehl*, Demokratische Repräsentation und ihre Krise, Aus Politik und Zeitgeschicht, 2016, S. 12.
114 Ebd.
115 Ebd., S. 16. 多数決を受容し、代表されているという感覚を持つためには、自身の立場が事前の政治的議論において適切に考慮されたかが決定的なのであって、これは政治的決定が単によく議論されただけでは十分でない。(*Anter*, a.a.O.（Anm. 106）, S. 247.)
116 *Diehl*, a.a.O.（Anm. 113）, S. 17.

存在に注意を喚起することはむしろ、代表制の意義であるところの代表者と国民の間の相互作用を促進するという意味で適切なものである[117]。しかし、代表制との観点においてポピュリズムに内在する問題点は、その極端な形態が基礎に置く考え方にある。それは、ポピュリズムがその一部の形態において、国民内部に実際に存在する相違について目をくらませるということである[118]。このような意味においてポピュリズムを唱道する者は、自身こそが唯一国民意思を理解しており、ポピュリズムこそが代表制の失敗への解決策だとみている[119]。こうした意味において、ポピュリストは反多元的であり、人民は一つであるとの想定の下で、自身を支持しない者については人民ではないとして排除する[120]。一見、ポピュリズムにおいて民意の反映が重視されることは、「全国民の代表」の要請の持つ事実上の民意の反映の局面を突き詰めた形態とも見えそうである。しかし、ポピュリズムにおいては人々を動員するために敵としての抵抗勢力が常に探し求められているだけであり、これを超えて人々の具体的な要求をくみ上げるといったことは現実には実現されていない[121]。さらに、ポピュリズムにおいては代表者である議員よりも本来代表される者である人々の方が優れているという前提があるのであって[122]、そこにはもはや代表者が独立して全国民の利益を探求するという契機はない。それゆえ、ポピュリズムにおいては、国民とリーダーを直接繋ぐことが重視され、この両者の間を媒介する制度、典型的には政党は排除されるべき存在となる[123]。そして、ポピュリストは一度権力の座に就くと、自らの支配

---

[117] ポピュリズムが政治の「かさぶた化」に対する警告装置として作用するとの指摘として、Karin Prieste, Wesensmerkmale des Populismus, Aus Politik und Zeitgeschichte 2012. https://www.bpb.de/shop/zeitschriften/apuz/75848/wesensmerkmale-des-populismus/ (2024年6月14日最終閲覧。)。

[118] *Diehl*, a.a.O. (Anm. 113), S. 15. 有権者は多様な考えを持っており、共同体としての価値観も曖昧であるにもかかわらず、多元性を切り捨て、共通の価値や民意なるものに依拠してこれを代表するというのがポピュリズムの危うさである（待鳥聡史「ポピュリズムと政治制度」法学論叢182巻4・5・6号（2018年）85-86頁。）。

[119] Miriam Sorace, *Does populist voting rise where representative democracy is systemically failing?*, 85 ELECTORAL STUDIES 1, 1 (2023).

[120] JAN-WERNER MÜLLER, WHAT IS POPULISM? 3 (2016). ヤン=ヴェルナー・ミュラー（板橋拓己訳）『ポピュリズムとは何か』（岩波書店、2017年）4-5頁。

[121] 吉田徹『ポピュリズムを考える　民主主義への再入門』（NHK出版、2011年）216頁。

[122] 同上、120頁。

が人々の声の化身であると主張し始めるのである。ここでは、もはやリーダーと人々は融合しているのであって、熟議と熟慮は大幅に削減される[124]。ポピュリスト政治家たちは自らの行動について、人民の指示に従っていると述べるが、実際にその指示とは政治家側が解釈したものということすらある[125]。ここでは、人民の意思の存在をポピュリストが主張することは、アカウンタビリティの要素を弱めることになる[126]。以上のように、ポピュリズムの（少なくとも一部の）形態は、社会の多元性、代表者の責任の要素、現実の民意から絶えずあるべき民意なるものをくみ上げる努力といった代表制が基礎とする要素を真っ向から否定するものである。ポピュリズムが標的にするのは代表制であり、ポピュリズムは代表制自体への反発となり得る[127]と評されるのも、このような意味において理解され得るだろう。

　以上のように、ポピュリズムにおいては、代表制の不可欠な基盤であるところの、多元性の承認、国民意思が代表者と国民との意思疎通によって形成されるという考えが黙殺されるという意味において、「全国民の代表」の要請から引き出される事実上の民意の反映の要請が基礎とする代表観との衝突が起きる側面がある。そこでは、純粋代表制の下で考えられていたような国民の間に所与のものとして存在する「統一的な意思」の思想が再び、しかしかつてとは異なる形で現れることとなる。そして、ポピュリズムにおいて代表制の前提自体が否定され、あるべき単一の国民意思が黙殺されているとの主張がなされることは、曖昧模糊とした現実の民意を議員／議会が反映するという事実上の民意の反映という意味における代表の要請が、必ずしも機能を果たせていないことを暗示している。

3．日本における問題状況

　上記のような、事実上の民意の反映の要請の危機を示唆する現象は、日本

123　Nadia Urbinati, Me the People, How Populism Transforms Democracy, 4 (2019).
124　Id. at 9.
125　Müller, *supra* note 120, at 31. ミュラー・前掲注(120) 40頁。
126　Id. 同上。
127　水島治郎『ポピュリズムとは何か　民主主義の敵か、改革の希望か』（中央公論新社、2016年）14頁。

においても見られる。確かに、ヨーロッパ諸国と比較した場合、日本においてポピュリズムの問題が指摘される局面は比較的少ない[128]。しかしながら、有権者が政策に対し、民意が反映されていないと感じる傾向は、日本においても強く存在する[129]。既に政党の支持基盤は流動化し、政党が民意をがっちりと把握できているわけではなく、選挙のたびにスイングが激しく起こるようになっている[130]。原発政策のように、民意と国会の間の乖離が顕著になる側面も多い[131]。もはや政権を争う各政党が政治的対立軸をめぐり、有権者の多数派の支持を集められるような政策体系をまとめて提示するという、政権選択選挙の限界が見えているとも言われる[132]。

とりわけ、一党優位、一強多弱とも呼ばれる状況下では、果たして多様な「民意」が吸い上げられているのか、疑われ得るところである[133]。確かに、「一強」であるところの自民党は少なくともかつては、アイデンティティー色の薄いその出自[134]もあいまって、社会基盤やイデオロギー、階層から自由に活動し、変化に柔軟に対応できた[135]。自民党は利益団体との接触や審議会

---

128 日本においても、小政党が次々と樹立され、一時は政権を脅かす勢いを見せるものの、その後衰退を繰り返す様子はポピュリズムの台頭の側面として理解され得る。同時に、政治の個人化、単純化という現象も見られる。（飯尾潤「日本政治の展望」佐々木毅編『民主政とポピュリズム　ヨーロッパ・アメリカ・日本の比較政治学』（筑摩書房、2018年）153、155頁）。今のところ、ポピュリズムを生み出し得る政治的疎外は、日本においては野党側に向かっている。しかし、日本の政党の政策は体系性を欠く以上、各党の政策が行き詰った場合、ポピュリズムに陥る恐れがある（谷口将紀「忍び寄る『新しい政治的疎外』」谷口将紀、水島治郎編『ポピュリズムの本質　「政治的疎外」を克服できるか』（中央公論新社、2018年）28-30頁）。日本の地方公共団体レベルで生じているポピュリズム的な動きに関する分析として、例えば、山元一「民主主義－ポピュリズムとどのように向き合うか？」法学セミナー57巻5号（2012年）5頁以下、榊原秀訓『地方自治の危機と法　ポピュリズム・行政民間化・地方分権改革の脅威』（自治体研究社、2016年）も参照。
129 吉田・前掲注(121) 112頁。
130 只野雅人「政治改革以降の選挙・民主主義──民主主義の手続と実質」同『代表における等質性と多様性』（信山社、2017年）278頁［初出2015年］、高見勝利『政治の混迷と憲法　政権交代を読む』（岩波書店、2012年）33頁。
131 只野・前掲注(130) 278頁。
132 同上。
133 「言論NPO」が2021年に55か国を対象に行った世論調査によると、日本においては、政党が自身の意見を代弁していると考える者の割合が、G7各国の中で突出して低かった。この状況を踏まえ、日本においては、民主主義の重要性について理解されているが、政党システムが十分に機能していないとも評される（田中信一郎「『支持政党なし』が多いのは、党内民主主義をおろそかにした政党ばかりだからだ　人口減少と成熟経済を前提に、有権者とのフィードバックで国家像を固めよ」論座2023年2月25日。）。

等の機会を通じて、民意に恒常的に触れ、かつ声をあげない人の要望をも吸い上げる官僚との結びつきも活用した[136]。一党優位を保つために、自民党は包括政党としての性格を強め、ときに野党側の政策さえ飲み込んだ[137]。この意味において、ある意味、完全ではないとしても、多様な民意を包摂する傾向が自生的に生まれていたといえる。さらに、選挙制度改革以前の自民党においては、「日本型多元主義」とも呼ばれるような方向性すら提唱されていた。これは、集権的な近代政党を目指すのではなく、議員が有権者と対話を図りつつ意見を表明できる柔らかな構造を目指すものであった[138]。「21世紀を準備する新しい型の政党へ――自由民主党組織活動のビジョン」においては、社会のあらゆるところに情報ネットワークを張り巡らせ、多様な国民からの要求をつかみ、柔軟かつきめ細やかに対応するといった政党の形が理想とされていたのであり、自民党はまさにこれに最も近いと考えられた[139]。まとめるならば、55年体制のもとで与党であり続けてきた自民党は、党内の派

---

[134] 自民党は本来派閥の寄せ集めであり、イデオロギーに基づくというよりも、安定政権の確立と社会党対立への対抗という点から設立されたものである（村上信一郎「一党優位政党システムと派閥」西川知一・河田潤一編『政党派閥　比較政治学的研究』（ミネルヴァ書房、1996年）63-64頁。）。

[135] 佐藤誠三郎・松崎哲久『自民党政権』（中央公論新社、1986年）10、15、107頁。

[136] 同上、107-108頁。中選挙区制下の競争において民意の吸収は後援会単位で行われた。後援会は常に新しいメンバーを取り込んでおり、これが民意への感度を高めた（同上、107、116-117頁。）。

[137] 同上、117-118頁。上川龍之進「民主党政権の失敗と一党優位政党制の弊害」レヴァイアサン53号（2013年）10頁。実際、長年与党である政党に対しては野党に近い立場のものも含め多くのものが接近するのであり、この意味で一党優位体制が続く場合、優位な政党が包括政党の性格を強めるのは自明である（同、11頁。）。

[138] 中北浩爾『現代日本の政党デモクラシー』（岩波書店、2012年）49-50頁。

[139] 中北浩爾『自民党政治の変容』（NHK出版、2014年）85-87頁。この動きを主導した香山健一は、日本の中選挙区制の下で政権交代が生じなかった理由は、選挙制度にあるのではなく、そもそも野党第一党の社会党が選挙で多数の支持を得られなかったからとする。その背景には、社会党が当初は様々な個性を持つ議員を包摂していたものの、次第にごく少数の党員から成る党組織や労働組合の意向に左右され、有権者の多数の意志を無視する組織政党へとなった点がある。反面、自民党は中選挙区制の下で各選挙区に複数候補を立て続けたことで、国民に対して開かれた政党であり続け、党内民主主義を確保することができた。香山によれば、もはや二者択一のイデオロギー政党間で政権交代をめぐる争いが行われる時代ではなく、政党は政治グループが緩やかに離合集散する組織であるべきで、そこでは議員への党議拘束は弱く、議員が有権者と対話しつつもその意見を表明できる柔らかい組織であるべきとされる（香山健一「二大政党論は政治改革の理念たり得るか『55年体制』の幻影」諸君！23巻9号（1991年）93頁以下。）。

閥同士を競わせつつ変化に適合し、また政権の座を保つためにプラグマティズムに徹してきたのである[140]。政党としてのその強さは、内部の多元性にあり、後援会に支えられた議員が民意をくみ上げるというボトムアップ型を機能させることができた点にある[141]。このようにあらゆる利益を吸収、包摂する与党に対して、野党側は自民党による動員から排除された孤立化、断片化した周辺的な集団に依拠せざるを得なくなり、与党に対抗できる結束した集団として代替案を提供することが難しくなった[142]。

こうしてかつては殆どの民意が一党優位の自民党に吸い上げられる仕組みができていたともいえるが、その状況が多様な民意を吸い上げる適切な・制度・化・さ・れ・た・メ・カ・ニ・ズ・ム・であったと手放しに評価することは難しい。自民党の派閥がいかに多様なものであるとしても、それは当初から政策やイデオロギーよりも人事問題を中心に争うものであり、またその会員資格は国会議員に制限された閉鎖的な空間であった[143]。そして、自民党内の派閥は確かに政策上様々な立場をとるものであったが、どの派閥も共通して例えば農協や財界団体と近い距離を保っていたがために、例えば個人で活動しようとする農家や困窮している人の声は届きにくかった[144]。したがって、国民内部の多様性を多少は自民党内において反映できていたとしても、一般国民内部からのうねりによって、全く新たな利益を反映する新たな派閥を作り出すことは難しい[145]。また、そもそも多様性を包摂するということは、自民党が与党の地位にあり、そして配分する利益が豊かにあったことを背景としているのであって、多様性を包摂するメカニズム自体が初めから存在したわけではない[146]。

---

140 吉田徹『「野党」論－何のためにあるのか』（筑摩書房、2016年）69-70頁。
141 同上、71-72頁。
142 村上・前掲注(134) 53頁。55年体制のもとにおいて、自民党は、本来「部分を代表する政党」であるはずのところ、「全体への中立的配慮」に立脚する官僚機構を結びつき、様々な対立する利益を自らの支持基盤に取り込んでいた。その結果、野党はイデオロギー政党となり、媒介機能から遠ざからざるを得なかった（西原・前掲注(74) 158頁。）。
143 村上・前掲注(134) 64-65頁。
144 待鳥・前掲注(103) 200頁。それゆえ、待鳥は固定的な結びつきを排除するために、政府運営の主役を時々変更させる必要があるとする。
145 同上。
146 小島慎司ほか「憲法総論その2　歴史と学説」宍戸常寿ほか編『戦後憲法学の70年を語る　高橋和之・高見勝利憲法学との対話』（日本評論社、2020年）294頁[高見発言] 参照。

選挙制度改革と前後して、日本の政党を取り巻く状況は与野党ともに変化を遂げた。90年代の経済停滞や選挙制度改革、地方分権改革などの影響により、自民党が長らく行ってきたクライエンタリズムが機能しなくなった[147]。そこで登場したのがマニフェストである。とりわけ、限定された有権者に対して約束を果たすというクライエンタリズムの手法を使えない野党がこれを利用し始めた[148]。そうした野党の筆頭として、新しく作られた民主党は理念を打ち出すというよりも、政権交代を目指すためのものとして設立されたものであり、これはあくまで国会議員の組織として活動し、党組織は選挙マシーンとしての位置づけを持った[149]。民主党においては支持母体や党員の数も少なく、繋がりのある労組に対しても直接の発言権は与えられなかった[150]。そこでは、選挙結果によって政党助成が決まる以上、政党は選挙至上主義にならざるを得ないが、小選挙区制の下でゼロサムゲームを戦う以上、党員や支持母体だけに頼っているわけにはいかないという事情もあった[151]。したがって、日本におけるマニフェスト選挙において作られたマニフェストは、党が内部の多様性を抱える中で、選挙を梃としてトップダウンで一体性を確保しようとしたものであり、その意味においてもともと脆弱性を抱えたものであった[152]。そして、小選挙区制の下での激しい戦いの中で、このようなマニフェストを有権者が緻密に読むわけでもない以上、各政党はマスメディアを通して伝えられる、分かりやすいイメージ戦略やキャッチコピーといったものに頼るようになる[153]。政治改革以降、党員や支持母体が減少して

147　砂原庸介「政権交代と利益誘導政治」御厨貴編『「政治主導」の教訓　政権交代は何をもたらしたのか』（勁草書房、2012年）58-63頁。
148　同上、64頁。民主党に関しては、党の理念が曖昧だったことも、マニフェストに頼る傾向に繋がった（中北・前掲注(138) 88頁。）。
149　中北・前掲注(138) 83頁。
150　同上、122-123頁。自民党でも党員や支持母体の減少は見られる（同。）。
151　同上、125-126頁。
152　同上、131頁。国会議員を中心とした選挙至上主義の政党では、中長期的な一貫性を担保するような理念の共有が希薄である。こうして党内民主主義のプロセスを欠いてマニフェストが作られた以上、選挙で表出されたマニフェストへの賛否は絶対視され、マニフェストがいわば命令的委任として作用するのである（中北・前掲注(138) 133頁）。民主党側としては、マニフェストを早い段階で公開した場合、自民党に丸呑みされる危険があることから、これを密室で決める必要があり、党内で理念を共有できないという事情もあった（上川・前掲注(137) 26頁。）。
153　中北・前掲注(138) 135-136頁。

いる以上、政党や議員は彼らとのやり取りではなく、メディアを媒介として有権者と直接接触するようにもなった[154]。

　自民党もまた、このような変化から無縁ではなかった。その最大の変化は政党としてのイデオロギー色の強化である。小泉政権の下での郵政解散によって、郵便事業関連という大きな集票マシーンを失ったことを受け、自民党もまた理念によって党を率いる方向へと舵を切る[155]。派閥が弱まったことも、政党としての理念を重視する傾向に後押しをした[156]。これが決定的となったのが自民党の下野である。野党転落を受けて、政権奪取を至上目的とした自民党は、リベラルな民主党との違いを強調するという観点から右傾化を強めた[157]。この右傾化を主導したのは自民党員や自民党支持者といった「下から」の動きではなかった[158]。実際、有権者においては政治的争点において明確な右傾化、保守化の傾向はみられなかった[159]。そうではなく、この傾向を主導したのは、議員やその候補者、とりわけ、固定票を重視するベテラン議員であったのである[160]。実際、データから見た場合も、2003年から2014年にかけて、自民党支持者の立ち位置に一貫した変化がない一方、自民党議員は顕著に右傾化の傾向を見せており、両者の間の乖離は進んでいる[161]。また、周知のこととして、これと並行して、党内の意思形成のトップ

---

[154] 同上、124頁。
[155] 同上、156頁。
[156] 中北浩爾・大和田悠太「自民党の右傾化とその論理」小熊英二・樋口直人編『日本は「右傾化」したのか』（慶應義塾大学出版会、2020年）268頁。但し、ここでの説明は、派閥の衰退によって自民党内で集権化が進み、党内で党執行部からトップダウンで右傾化が進むという意味においてではなく、派閥による結束が弱まる中で、党内で理念を重視し、結束しようという働きがあったという意味においてである（同、268-269頁。）。
　かつては派閥が党の右傾化を止める役割を果たしていたとの指摘として、中北浩爾「自民党の右傾化　その原因を分析する」塚田穂高編『徹底検証　日本の右傾化』（筑摩書房、2017年）103頁。）。
[157] 中北・大和田・前掲注(156) 267、273、278頁、民主党の設立によって、自民党が民主党との違いを明示するために右傾化したとの分析について、中北浩爾「日本における保守政治の変容——小選挙区制の導入と自民党」水島治郎『保守の比較政治学　欧州・日本の保守政党とポピュリズム』（岩波書店、2016年）256頁。
[158] 中北・大和田・前掲注(156) 279-280頁。
[159] 同上、278頁、松谷満「世論は『右傾化』したのか」小熊・樋口編・前掲注(156) 36頁以下も参照。
[160] 中北・大和田・前掲注(156) 278頁。

ダウン志向も強まっている。例えば、自民党内では依然として事前審査制が利用されているが、その方法としては官邸主導で作成された政策案がスケジュールを切る形で投入されるなど、かつてのボトムアップ形式は失われた[162]。そこでは、国民から広く民意を吸い上げ、政策を深堀りし、これをまた国民に説明することよりも、権力を保持することが自己目的化する傾向にある[163]。

　筆者がここで述べたいのは、かつての自民党の派閥政治の是非やマニフェスト選挙の功罪、一強多弱状態の背景を探ることではない。筆者が述べたいのは、現状の日本の政治において、与党、野党ともに、国民内部から幅広く民意をすくい上げ、洗練させていくという任務を適切に果たせていないのではないかということである。もちろん、既に述べたように、民意なるものが曖昧模糊として掴みがたいものである以上、最終的にいかなる民意を特定するかについて一つの決まった解があるわけではない。しかし、そのように民意が一つに特定できないものであるからこそ、代表者はその曖昧で多元的な民意に対して常にアンテナを張り、そこからすくい上げられたものを生身のまま表出するのではなく、ほかの多様な民意とともに、一種「揉む」プロセスを経て、自らが体現すべき民意を探し求めるべきである[164]。しかし、実際には無党派層の拡大や指導者のイメージ、個性や指導力に頼る傾向といったものが見られており[165]、政策を練り上げるプロセスというものは軽視されている。言い換えれば、社会と国家を繋ぐ集団としての政党の紐帯機能が低減し、政党が流動化した有権者に対して総花的な政策を掲げるしかなくなる中で、選挙戦略上、現実的には政治家個人の人気に頼るしかない、という人物本位の状況が生まれている[166]。

161　谷口将紀「日本における左右対立（2003～2014年）―政治家・有権者調査を基に―」レヴァイアサン57号（2015年）20頁。
162　中北浩爾『自民党―「一強」の実像』（中央公論新社、2017年）118頁。
163　飯尾・前掲注(128) 163-166頁。
164　本書の問題意識に近いものとして、政党の意見集約機能について、「政党が党内民主主義を確立し、恒常的に活性化させることで発揮される。なぜならば、所属する議員・党員はもちろんのこと、支持者、緩やかな共感を寄せる有権者の意見を聴き、政策や運営に反映させることで、はじめて『集約』となるからである。」と述べるものとして、田中・前掲注(133) 参照。
165　高見・前掲注(130) 32-33頁。

中北浩爾によれば、こうした状況下において、マニフェストを軸とした市場競争型デモクラシー、すなわち、二大政党が政権獲得を目指してマニフェストを掲げ競争し、有権者がマニフェストに従って政権を担うべき政党を選択するという仕組みは機能不全に陥っており、政党ではなく、政治家個人が前面に出るようになっている[167]。中北は現状を打開するために、競争デモクラシーを見直し、政党デモクラシーの中に参加を組み込むことを提唱している[168]。具体的には、アルバート・ハーシュマンのモデルを使いながら、日本においては問題が生じた場合、無党派層が政党に対してコミュニケーションを維持し、不満を表明するという「発言」の形式を用いず、その政党から離れるという「離脱」の選択をとる傾向への変調がみられるとし、こうした「発言」の撤退が問題の元凶になりつつあるという[169]。仮に二大政党が政権を争う中で多少政策面において接近をするとしても、世論の変化に対する両党の対応能力には違いがあるわけであって、こうした意味からすれば、日本において与野党がそれぞれ一定の党員や支持母体を持っていることは、「発言」の可能性を残すものとして肯定的に評価される[170]。

　こうした中北の考えは、本書の後で示す問題意識へとつながるものである。すなわち、本書は第3章以下において、政党内に（当該政党の傾向に反しない限りにおいて）幅広く異論を取り込み、この異論同士が議員もかかわる形でやり取りを重ね、政策形成へと流れ込む可能性を探求することになるが、これはまさに人物本位、イメージ戦略に振り切りすぎた現状の日本政治に対して、民意をコンスタントにくみ上げ、政策形成へと吸い上げることを前提とする制度設計という形で応答を試みるものである。

II．「事実上の影響力」という説明の曖昧さ

　ここまで、Iにおいては、既存政党が必ずしも幅広く民意を吸い上げる機能を果たせていないことを述べてきた。しかし、そもそも理論的に、命令的

166　吉田・前掲注（121）174-175頁。
167　中北・前掲注（138）185、194-195頁。
168　同上、197-201頁。
169　同上、198-200頁。
170　同上、200頁。

委任の禁止と半代表／社会学的意味における代表について、前者については「議員は法的に独立している」、後者については「議員は事実上影響力を受ける」と、「法的」「事実上」という次元に分けることによって、両者が両立可能であると説明されてきたが[171]、このこと自体についても、議員の下に流れ込む様々な影響力について「事実上」と十把一絡げにまとめてしまう点に問題はないのであろうか。

　この「事実上」との言い回しに関して、想起されるものとして、判例の拘束力の問題がある。日本においては制定法主義であるが故に、判例は「事実上の」拘束力を持つに過ぎないと考えられている[172]。しかしながら、この「事実上の」拘束力とはいったい何を意味するのであろうか、という点に関し、佐藤幸治は「事実上」の中身が不明確であると指摘する[173]。そこでは、「拘束性が規範性を意味するとすれば事実上のというのがよくわからない」のであって[174]、「事実上の」拘束と「法律上の」拘束の間には、結局、大きな違いは存在しないとも指摘される。もちろん、判例の拘束力の問題に関しては、憲法14条の法の下の平等の要請や、憲法32条の裁判を受ける権利、また、憲法が当然前提とする罪刑法定主義の原則といった、憲法上の足掛かりがある一方、本書で問題となる議員に対する「事実上の」諸影響力に関しては、憲法上明示的にそのような足掛かりはない。また、あくまで、「法的には」議員を有権者が解任することができないといった議論ができる限りで、「法的」と「事実上」の影響力の違いは残存しているともいえる。

　しかし、「事実上」の拘束力や影響力というタームは曖昧さを含むものであることは否めない。上記のように、議員がもともと存在する民意を写し取るだけの存在ではなく、曖昧な現実の民意を自ら受け止め、その民意とやり取りする中で、反映されるべき「民意」を自ら形成する存在であることが求

171　繰り返しになるが、両側面について、およそ矛盾は考えられないとする見解として、大石・前掲注(30) 212頁。高橋和之も、事実上の民意の反映が要請されるとしても、命令的委任の禁止の要請は残ると強調する（高橋和之『立憲主義と日本国憲法　第6版』（有斐閣、2024年）443頁。）。
172　最高裁がこの立場を示したものとして、最大決平成25年9月4日民集67巻6号1320頁（婚外子相続分違憲決定）（佐藤・前掲注(71) 44頁。）。
173　佐藤・前掲注(71) 44頁。
174　佐藤幸治『現代国家と司法権』（有斐閣、1988年）351頁。

められる以上、その「事実上」の拘束力や影響力の内実、そしてそれに対して議員がどのように自ら関与し、やり取りしていくのかということが明らかにされるべきである。これは、「事実上」の拘束力や影響力が極めて多様化しているが故に、自らの影響力が議員の下に届いていない、言い換えれば自らの意思が民意としてカウントされていないとの主張が生じている今日ではとりわけ喫緊の問題である[175]。したがって、議員の下に届く影響力や拘束力について、「事実上」のものであると十把一絡げに処理するのではなく、その内実がどのようなものであるのか、そしてそれが議員のもとにどのように流れ込み、議員がそれとどのようにやり取りを重ね、最終的に議会審議の場にどのように持ち込むか、ということが具体的に問われるべきである。

Ⅲ．議員が多様な影響力を受けたうえで最終的には自ら独立して判断するとのアプローチ

　議員が受ける「事実上」の影響力の内実について、先行研究における分析は少ない。しかし、議員が自らの下に様々な事実上の影響力を受け取りつつ、最終的には議会審議においては独立してふるまうということについては、先行研究における説明が有意義である。半代表／社会学的意味の代表論において、議員が多様な影響力を自らの下に受容したうえで決定を下すことについて典型的な説明のあり方は、議員が影響力を受けることと、議員が最終的に自ら決定することの前提を、切り分けて論じるものである。

　例えば、高見勝利は、命令的委任の禁止の要請の持つ、議員が自由に表決する権利については、議員が選挙区の有権者や支持母体からの意見などを真摯に聴取し、できる限り多様な情報に触れた上で決定をしようとすること自体を妨げるものではないと論じる。つまり、議員が選挙区の有権者や支持団体と協議を重ねることや、その結果、議員が彼らに対して「社会学的な従属」に服するように感じることは、表決権行使における議員の自由とは区別

---

[175] 繰り返しになるが、筆者は「自らの声が届いていない」という声が上がること自体は、代表制のあり方を修正するものとしてむしろ健全なものと捉えている。しかし、そうだからといって、多様な民意に目を配る努力を怠ってもよい（「声が届いていない」という主張がされてはじめて対応すればよい）というわけでもないだろう。

されるべきであるというのである[176]。

　高見が述べるところの、議員が多様な意見に触れることは最終的に議員が独立して判断を下すこととは別問題であり、したがって議員が様々な影響力をバックグラウンドに持つこと自体を否定するわけではないという論理を、議会全体と議員の関係という観点からより深く展開したのが、赤坂正浩である。赤坂は、日本の学説が杉原泰雄を除けば、ほぼあまねく「全国民の代表」の要請に命令的委任の禁止の要請を読みこんでいることを確認したうえで、命令的委任が半代表の下でも禁じられるのは、純粋代表制時代からの惰性による「遺物」であるのか、あるいは何らかの理論的根拠があるものであるのか、不明であると指摘する[177]。そのうえで、赤坂はドイツの連邦議会を参照する。ドイツ連邦議会においては、個々の議員がある程度、部分利益を議会の場に持ち込むことが許されるが、しかし、彼らもまた法的には国民の一部の代表者ではないことによって、部分利益を主張するに際しては最終的には限界づけられる。その結果、議会における討議においては特殊利益を表明することが許される一方、表決においては全体の利益が追及される[178]。赤坂の議論は、「全国民の代表」となるのが個々の議員であるのか、あるいは全体としての議会であるのか、というドイツの学説を参照しつつ、命令的委任の禁止の持つ意義を現代においても妥当させようという興味深い試みである。また、赤坂は、日本においても命令的委任の禁止の要請が現代の代表民主制において有する意義について、改めて語られるべきとの問題提起をしている[179]が、これは「全国民の代表」の持つ意義の発揮の可能性をより精緻に考えるべきという筆者の問題意識とも軌を一にするものである。

　以上のような高見や赤坂による説明はそれ自体、筆者としても疑義を呈するものではない。むしろ、多元性を前提に、代表者が国民の中にある多様な

176　高見・前掲注(90) 84-85頁。議会はおよそ無から国民意思を作り出すのではなく、議員の出身母体が持つ特殊利益が一般意思の創出のための基礎となる点に言及するものとして、長谷部恭男「世代間の均衡と全国民の代表」奥平康弘・樋口陽一編『危機の憲法学』(弘文堂、2013年) 219-220頁。
177　赤坂正浩「『全国民の代表』とは何か－国会議員の地位」松井茂記『スターバックスでラテを飲みながら憲法を考える』(有斐閣、2016年) 167頁。
178　同上、170-172頁。
179　同上、174頁。

民意に意識を向けつつ、自ら問いかけを主導することで統一性を形成し、これに対して国民から監督され、責任を負うという代表制の趣旨を踏まえれば、議員がまず国民の中の多様な意見や利害から影響を受け、これらを踏まえて議会の場でほかの議員と討論を重ねたうえで、自ら独立して決定を下し、これについて国民に説明する責任を負うということは当然のことであり、その限りにおいて、高見や赤坂による説明には同意をするところである。

しかし、問題は議員が自ら多様な影響力を受け取ったうえで、最終的には全体の利益を追求するようになるというプロセスについて、これが実際にどのように行われるか、制度的な裏付けがないということである。既に引用したように、議員が自身の選出母体を含めた有権者の具体的な意思や利益と、全国民の国家的な意思・利益の間でバランスをとることは、「綱渡りするサーカス曲芸団員」のような難しさをはらむものである[180]。したがって、議員が自身、選出母体等からの様々な利益を受け取りつつも、なおも最終的には全国民の利益のために活動できるあり方について、何らかの制度的な裏付けがなされるべきである。そのような裏付けの可能性として、確かに、議会において理性的に議論が重ねられることにより、議員たちが単なる私益の積み重ねとは異なる結論を導き出すことができるという点自体の指摘は[181]多くなされてきたところであり、その指摘によるならば、議会審議という装置が制度的担保となって、議員が最終的に独立した立場で、統一的な国民意思形成を行えるようになるということなのだろう[182]。しかしながら、問題はその前段階である。すなわち、議員が自らの下に様々な国民内部の意見や利害を取り込む過程については、何らの制御も必要ないのであろうか。議員が自らの手元にどのような影響力をどのように集約し、取り込むかは、制御不能なものである、あるいは制御可能であるとしても、それは議員個人の能力や性格、モ

---

180 高見・前掲注(53) 51頁。
181 この理念自体は古典的代表制の時代と同じであるが、現在では、古典的代表制の時代とは異なり、国民の間で異質性が存在することが前提とされている。国民の間に異質性があるからこそ、理性的な討議を重ねることが重要なのである（糠塚康江「〈proximité〉考　何を概念化するのか」同編『代表制民主主義を再考する　選挙をめぐる三つの問い』（ナカニシヤ出版、2017年）132-133頁参照。）。

ラルといった個人的な事情に帰されるしかないことなのだろうか。

Ⅳ．高橋和之による示唆

この問いに対して示唆的なのが[183]、高橋和之による議論、具体的には高橋の国民内閣制論における、議会内で与野党として討論のプロセスを形成する政党のあり方に関する指摘である。

1．「誰の意思が」と「いかなる意思が」

高橋は、主権論の観点から「誰の意思が」「いかなる意思が」という対比を用いて「全国民の代表論」に関して考察を展開する。高橋によれば、ナシオン主権の下でのナシオンは抽象的な人間集団であり、現実の意思を持ち得ない以上、ナシオン主権では「誰の意思が」という問題は生じ得なかった。ナシオン主権においては、ナシオンの一部の構成部分が主権者となってはならず、全国民の共通の利益が志向されなければならない[184]。ナシオン主権は

---

182 議員がいかにして一般意思の創出にかかわるかという点を考えるべきという指摘はすでに先行研究においてもみられる。例えば、新井誠は、国家の意思形成に向けた議員の個別的、主体的なかかわりをどのように具現化すべきかという視点が従来の代表制論においては欠けていたと指摘する。そこでは、代表者たる議員がどのように一般意思の表れとしての法律制定にコミットするのか、そのための制度がどのように運用されるのかという視点を持つ必要性が指摘されている。加えて国会議員の活動不足が議員の個人的努力不足や職業倫理に求められがちであるけれども、国会議員を取り巻く環境自体について、議員が能動的に立法活動にのぞむことを可能にするよう設計されるべきとも指摘される（新井・前掲注(72) 42頁。）。議員個人のモラルや努力の問題ではなく、制度的な後ろ盾という観点から、議員がいかにして最終的に、個別利益から一般意思を見出すか、を論じるべきという点では筆者もこの見解に全面的に賛同する。しかし、筆者としては国会における議員の活動というよりも、その前段階に着目したいと考えている。というのも、議員が生の民意や個別意思に触れるのは、まさにその、国会の前段階であり、ここで議員がどのような民意にどのような形で触れるかは、議員の最終的な国会での一般意思を見出す活動を基礎づける意味で決定的だと考えるからである。

183 高橋はポピュリズム的な傾向について、悪い意味のものだけではないと評している点において、一見したところ、ポピュリズムが代表制に対する危機となるという本書の問題意識と考えを異にするように見える（小島ほか・前掲注(146) 287頁［高橋発言］）。しかし、ポピュリズムについて、エリート支配からの解放という意味にとどまらず、自分たちのみが民意を代表すると標榜する反多元主義も含むものとしてとらえるならば、高橋もまた警戒するのではないかとの指摘として、小島慎司「共通基盤に支えられた論争」宍戸ほか編・前掲注(146) 89頁があるところであり、この点において、多元主義自体を否定するポピュリズムを問題視する本書で高橋を参照することもあり得ると思われる。

184 高橋和之「『国民主権の諸形態』──『誰の意思が』から『いかなる意思が』へ」同『現代立憲主義の制度構想』（有斐閣、2006年）53頁［初出1996年］。

「いかなる意思が」の問題に応答したのであり、そこで求められる共通の利益を志向する主体とは誰か、については、代表の側から応答がされた[185]。そこで登場したのが命令的委任の禁止の要請である。全国民の利益を決定するのは全国民を代表する議員から成る議会であって、個別の国民の意思は部分利益の表現として議会へのアクセスを許されていなかった[186]。このようなナシオン主権の考えに対して、プープル主権の側は、主権が個別の具体的な国民にあるとして、「誰の意思が」の問題を正面から提起した。しかし、プープル主権においても、表出されるのはどのような意思であってもよいわけではなく、主権性を認められる意思は、共同体構成員の全員が参加したうえで作出された「一般意思」でなければならない[187]。

　高橋によれば、このように一般意思が想定される限りにおいて、ナシオン主権とプープル主権の間に大きな対立はない[188]。ナシオン主権とプープル主権の間の対立は、「誰の意思が」の側面において行われていたのであり、「いかなる意思が」の側面においては両者とも、全国民の利益を追求するという点において大きな相違はなかったのである[189]。しかし、そこで問題となるのは、「いかなる意思が」の内容をなすところの、全国民の利益を志向する意思をどのように創出するかである。

2．一般意思をいかにして見出すか

　一般意思をいかに導出するかについて考えるにあたり、高橋は、現在の多元的な大規模社会においては、全ての市民が政治過程に参加したとしても、それのみによってはそこから導出される意思が全国民の意思となるわけではないことに注意を促す[190]。そこで高橋が提唱する一つの解決策は、政治過程に対する参加者全員の平等を認め、平等な者同士の間での競争が「討論・対

185　同上、54頁。
186　同上。さらに制限選挙によってそもそもアクセスの可能性を観念できない国民が多かった。
187　同上、55頁。
188　同上、55-56頁。
189　同上。「誰の意思が」においても両者が完全に排他的な関係にあったわけではない点につき、同上、56頁。
190　同上、57頁。

第 2 節　「全国民の代表」の要請が直面する課題　　95

話」を経ることによって、「全国民意思」の形成に資するとの方向性である[191]。高橋によれば、この方法によって、ナシオン主権において想定されていた「代表者による討論を通じての全国民意思の形成」が、利益の現実的多元性を前提とするプープル主権の下でも実現されるのである[192]。しかし、重要なのは、ここでの「討論・対話」はナシオン主権下のもののように議会内のみで行われるのではなく、むしろ市民の下で中心的に行われるという点である[193]。

　高橋が、現実の国民とその意思の存在が想定されるプープル主権のもとにおいても、探求されるべき意思は全国民共通の利益であること、しかし、この探求が現在の多元的社会を前提とすると必ずしも容易ではないと述べていることは、本書序章第 3 節において述べた、現代においても残存する代表制の意義としての、現実的な多元性を前提としたうえでの統一性形成の必要性という問題意識と重なるものである。高橋は、多元的社会において具体的な国民意思を前提に全国民共通の利益を追求するにあたり、とりわけ市民間の討論や対話の要素を重視する。高橋の議論は、このように全国民共通の利益を見出すにあたって市民の側に着目するという限りにおいて、議会の前段階に着目したいという本書の趣旨に沿うものである。

3．「討論・対話」のメカニズムのあり方－内閣中心構造

　高橋は、自身のこのような「市民の間の『討論・対話』」を「基礎として国家意思が形成されてゆく全過程を『討論・対話』の観点から捉えなおし、真の討論・対話を実現するメカニズムをその全過程に組み込む」構想を実現するにあたってのメカニズムとして、「議会中心構想」と「内閣中心構造」を提示する[194]。そこで問題になるのは、「民意」を国会にできるだけ忠実に反映させることに主眼を置く考えか、選挙民の多数によって選ばれた内閣の形成を目指すか、つまり、多数派形成を議会での代表者に委ねるか、あるい

191　同上、58 頁。
192　同上。
193　同上。
194　同上、58 頁脚注 8。

は、国民が選挙によって事実上、首相と政策体系を直接選ぶかという対比である[195]。

高橋は、この対比において、現代において価値観の多様性が進んだ以上、実施されることとなる一貫した政策体系について国民の多数派が支持しているということが必要となるはずであるという問題提起を行う[196]。ここにおいて、統治をするのは内閣であり、国会ではない。というのも、国会は多数の代表者から成る以上、内的に一貫した政策体系をとることができないからである[197]。国会の役割は国民意思を反映しつつ、多数派が支持できる政策体系を形成し、委託していくことにあるが、その前提として見解の対立は不可避であり、そこで野党が与党や内閣側を批判することで一定のコントロール機能が果たされるべきである[198]。翻って、内閣が統治の機能を担うならば、その主たる担い手である首相の選出と、内閣の遂行する政策体系の選択については、国民の多数派に委ねられるべきである[199]。この観点から見た場合、まず代表者が選出され、そののちに代表者の中の合意によって首相が選ばれるという仕組みにおいては、首相選出に民意が直接反映されておらず、国民が首相や政策形成について選択する機会が失われているとの問題が指摘される[200]。

4．議会内における議員の役割と政党の位置づけ

もっとも、高橋は内閣中心構造をとるからといって、議会における議員の役割が失われるとのスタンスをとるわけではない。代表者の役割は、国民の討論を導くこと、可能な政策体系を提示すること、国民の多数派形成を助けること、国民が暫定的に選択した政策体系を実施したり批判したりすることにある[201]。代表者は国民に代わって決定をするのではなく、国民の決定を伝達するだけでもない。代表者は、国民と役割分担をしつつ、共同で討論と決

195　高橋・前掲注(36) 30-31頁。
196　高橋和之「議院内閣制－国民内閣制的運用と首相公選論」高橋・前掲注(184) 93頁［初出、2001年］。
197　同上、96-97頁。
198　同上、97頁。
199　同上、101頁。

第 2 節　「全国民の代表」の要請が直面する課題　97

定を担うと考えられるのである[202]。高橋が強調するのはあくまで、選択できる政策形態が単一であり、それを国民の多数派が選ばなければならないということであって、議員もまた国民を巻き込む議論において重要な役割を果たすことには変わりない[203]。

したがって、高橋の議論においては、国会の役割は、統治に関して議論し、国民に対してプログラムの正当性を説明したり、その問題点を指摘・批判したりすることである[204]。ここで重要なのが、国会において政策に対し、質疑を行い、批判し、代替案を提示し、政府が行き過ぎることを止める野党の役割である[205]。高橋によれば、日本国憲法が命令的委任の禁止を43条 1 項に内包させたのは、代表者同士の「デリバレーション」こそが議会政の本質であるとの原理を採用したことによるのであり[206]、現在、このようなデリバレーションを基礎とする代表制のあり方が政党政治の台頭により変質を余儀なくされているとしても、それでもなお、議会におけるデリバレーションには意義が残されるべきである[207]。その意義とは、繰り返しになるが、政府・与党と野党の間で、問題点を指摘したり、これに応答したりといった意味でのデリバレーションが行われることである[208]。

このような意味でのデリバレーションを可能にするために、高橋の議論の

200　高橋和之「議院内閣制と現代デモクラシー」同・前掲注(36) 378-384頁［初出1987年］。
　　　高橋はここで、国民の中に存在する様々な意見をできる限り忠実に議会に反映させたうえで、その後に実行に移されるべきプログラムと担当者の構成については代表者や政党間の交渉に委ねるというデュヴェルジェの媒介民主政と、国民が選挙を通じていかなるプログラムと担当者を欲するかを明確に表明し、それに基づいて政治が行われることを要求するという直接民主政の考えを対比したうえで、日本においては媒介民主政的な形でしか民主政が運用されていないとする。中選挙区制下の日本では、同一政党間で票の取り合いが生じていたほか、事実上支配的な自民党の政策しか選択の余地がなかったため、国民が直接首相や政権を選択するという余地がなかった（同、379-380頁。）。
201　高橋・前掲注(196) 101-102頁。
202　同上、102-103頁。高橋は自身の見解について、議員が単なるメッセンジャーボーイであるかのように理解されることが多いが、これは本来自身の意図するところではないとする（同、102頁脚注 4 。）。
203　同上、103頁。
204　高橋和之「現代デモクラシーの課題」高橋・前掲注(184) 45-46頁［初出1997年］。
205　同上、46頁。
206　高橋和之『表現の自由』（有斐閣、2022年）432頁。
207　同上、432-433頁。
208　同上、433頁。

前提においては、代表制の役割を支える不可欠な存在として政党が承認されている[209]。高橋は自身の国民内閣制論、すなわち、統治をおこなう首相とその政策体系を国民が事実上選ぶという構想のために、政党については、大きく2つのブロックに分かれることが必要だと考える[210]。本来、各政党が政権を獲得するために多数派形成を目指すのであれば、二極化が起こるのは自然である[211]。しかし、政党の中には、例えば自党の政治理念を純粋に追求しようとするものもあり、このような政党はおよそ政権獲得を目指すことはない[212]。高橋は、このような政権獲得を目指さない政党の存在により、二極化が困難となることは、自身の構想に対する懸案であると懸念する[213]。国民内閣制の構想の下では、国民――政党間において、国民は自らの考えを踏まえつつも多数派を形成できるようなプログラムを探り出す、他方で、政党は民意の動向を見つつ、他党と共同で政策を立案し、国民の反応を見るというやり取りがなされることが必要となるのである[214]。政党側がいろいろなプログラムを出し、国民の動向を見ながら、国民の意思なるものを探ることが必要なのであり、その際には、自身の党の支持者だけに訴えるプログラムを提唱し、自身の党の支持者だけを固めようとする政党では足りないのである[215]。したがって、政党は組織と運営の面において国民意思に開かれた柔軟な構造を持つ必要がある[216]。これとは反対に、イデオロギーを基盤として閉ざされた強固な規律を持つ政党では、国民の動向に対して敏感に対応できず、現代の代表制を支える働きを果たすことはできない[217]。

そして、高橋の国民内閣制論が機能しなかった原因は、まさに政党がこのような役割を果たせなかった点にあるとされる[218]。本来の国民内閣制が念頭

---

209 高橋・前掲注(204) 36頁。
210 同上、47頁。
211 同上。
212 同上。
213 同上、47-48頁。
214 同上、48頁。
215 高橋和之「議院内閣制を考える」法学教室218号（1998年）17頁（高橋も、非常に弱い国民を助けるという政党の存在は認めるが、やはりそうした政党であっても政権を握ろうとするべきであるとする（同。）。）。
216 高橋・前掲注(171) 432頁。
217 同上。

に置く二大政党とは、内部の規律が弱く、幅広く多様な民意を包摂し得るものであったにもかかわらず、与党である自民党は内部で集中化が進み、イデオロギー色を強めた一方で、野党側もイデオロギー政党の性質を脱却できていない[219]。その原因を高橋はマスメディアに求める。メディアが野党側にのみ思想的な一貫性や一枚岩な性質を求めるが故に、プラグマティックな野党が作られることが難しくなっているのである[220]。

5．高橋の議論を踏まえた問題提起

　ここまでの高橋の議論をまとめると以下のようになろう。代表制においては、現実の国民意思の存在を前提にするとしてもしないとしても、一般意思の探求という要素が重要となる。国民意思は現代において多元的であるが、しかし、最終的に採用できる政策体系は多元的なものではなく、統一的な、単一のものでしかありえない。したがって、その政策体系と首相を国民が事実上直接的に選ぶという国民内閣制論が提示されるのである。そうであるとしても、議会がおよそ意味のないメッセンジャーとしての議員が集う場になるわけではない。一般意思の探求にあたって必要なのは討論・対話であり、これは国民の側でも議会の側でも行われる。この過程において重要な役割を果たすのが国民自身に加え、政党である。多様な国民の意見や利害の中から一つの実現可能な政策体系へ絞り込んでいくためには、政党は二つのブロックへと収斂していくことが求められ、その限りで政党には常に政権獲得を目指すことが求められる。そして、この政党は、議会においては、内閣・与党の政策に対して野党が批判や代替案を示し、これに内閣・与党側が応答するという形でその役割を果たす一方、国民との関係においても、自ら提案を行い、国民の反応を踏まえてこれを修正するという意味で、討論・対話のプロセスを支えるのである。

　筆者は高橋の述べる国民内閣制論や2ブロック化の必要性自体については現時点では態度を留保する[221]。しかし、高橋の主張する、一般意思を見出す

218　小島ほか・前掲注(146) 293頁［高橋発言］。
219　同上、293頁［高橋発言］、小島・前掲注(183) 90頁も参照。
220　小島ほか・前掲注(146) 293頁［高橋発言］。

ためには国民の間でも議会においてもデリバレーションが必要であること、そして、そのデリバレーションにおいて民意を幅広く包摂する政党が重要な役割を果たすとの説明については、多元性の中からどのように統一的で一貫した一般意思を見出すのか、という本書の課題に対して、一つの説明の可能性を与えるものと考える。

　ここでさらに問うべきは、どのようにすれば高橋のこの構想が実現されるか、ということである。高橋自身が述べるように、この構想においては、国民と政党相互に対して、政治に対する「強度の自覚と責任」が必要とされる[222]。高橋は、そのためのインセンティブとして、例えば選挙制度のあり方ということを挙げている[223]。高橋が選挙制度のあり方に着目する理由としては、たとえ政党に何らかの形で変わるように命じるとしても、政治メカニズムが変わらない限り、実際に変化を引き起こすことは難しいという意識があるようである[224]。

　しかし、上で述べた日本の現状において明らかであるように、現実に高橋が構想したような政党のあり方は与野党いずれにおいても実現されていない。もちろん、高橋の構想が実現しなかった背景事情については、選挙制度という面一つをとっても様々な分析があるところであり[225]、選挙制度改革をさらに進めることによって、高橋の構想を貫徹することも可能かもしれない。しかしながら、議会においても国民においてもデリバレーションが実現されるという高橋の構想において、(「2」ブロック化するかどうかはさておき)政党に重要な役割が与えられる以上、政党自身にも何らかの行動指針を示すべきではないか。仮に高橋が述べるように、政治環境が変わらなければ政党

221　国民内閣制論の想定する、国政において選択される政策体系が原理的には一つであるという考え方は、国民の間に明確な多数派形成が可能であるとの前提を置くようであるが、そのようなことは可能なのか、また国民が真に代表されていないと感じることの方が、国政への注意喚起という意味で重要なのではないかという指摘として、毛利透「国家意思形成の諸像と憲法理論」樋口陽一編『講座・憲法学　第1巻　憲法と憲法学』(日本評論社、1995年) 48-49頁。
222　高橋・前掲注(204) 48-49頁。
223　同上。
224　浅野善治ほか「座談会　期待される国会像」ジュリスト1177号 (2000年) 7頁 [高橋発言]。
225　衆議院議員選挙における比例代表制部分の残存や重複立候補制度の存在、参議院や地方議会の選挙制度との関係などが典型的には指摘される。

のあり方が変わらないとしても、政党に対して一定のあり方を示すことにまったく意味がないとは思われない。高橋の議論においては、政党が国民に対して選択肢を示すということは述べられているものの、その選択肢を政党がどう作るかについてはまだ議論の余地があると思われる。そして、本章第2節第2款Ⅰ.3. の末尾において引用した中北浩爾の議論において示されるように、日本においては、有権者が政党に不満を持った場合、これに対して「発言」をし、是正を試みるのではなく、政党から「離脱」する傾向が強くなっていることに鑑みれば、このような現状を克服するために、政党自身に対して、その内部において「発言」を促す制度設計を求める必要があると思われるところである。

そして、このように政党に何を求められるかを考えることは、反面、私的結社からスタートした政党に対して過剰な要求が課されることもまた防ぐことにつながると考えられる。したがって、高橋の述べるところのデリバレーションによる一般意思の創出という構想に基づき、政党が自らの手元に多様な民意を束ねるようになる方途を明らかにする必要があるのではないかというのが、本書の問題意識である。

第3節　問題提起――「全国民の代表」の意義を再度発揮させるために

以上のように、「全国民の代表」の要請が持つ命令的委任の禁止の要請と、事実上の民意の反映の要素の両側面は、いずれも困難に直面しているといえる。命令的委任の禁止の要請はとりわけ政党との関係では後退を強いられている。反面、命令的委任の禁止の要請に代わって前面に出たと考えられる事実上の民意の反映の要素についても、ポピュリズムの勃興や日本における与野党双方のイデオロギー色の強化、政治のイメージ戦略化により、政策形成に対して民意の反映が適切になされていないのではないか、という根本からの疑義が呈されている。

これらの問題はある意味において表裏一体といえる。その背景には政党の存在がある。命令的委任の禁止の側面においては、議員はとりわけ政党に対しては自らの独立性を失っている。そして、事実上の民意の反映の側面にお

いても、ポピュリズムが媒介機関としての政党を排除し、リーダーと国民を直接結びつけようとする背景には、議員や議会が特定の政党やその背後にある利益団体の意向に引きずられているのではないか、つまり、政党が多様な民意の反映に資する役割を果たせていないのではないか、という意識があると思われる。

　この問題はもはやどうにもならないものなのか。すなわち、命令的委任の禁止の要請についてはもはや政党の存在に直面して、諦めるしかないものなのか。反対に前面に出ている、事実上の民意の反映の意味合いにおいても、現実として曖昧な国民意思からあるべき一般意思を抽出することは不可能であり、強い単一の国民意思を名乗るものを何らの媒介なく直接国民意思と扱う、あるいは議員や指導者の側が一方的に国民意思と特定するものを国民意思ととらえるべきなのだろうか。

　筆者はそうではないと考える。まず、後退を強いられている命令的委任の禁止は、上記のように、直接民主制ではなく代表制をとる理由の一つを構成していたはずである。つまり、代表者が自ら独立して判断をするからこそ、彼らは多元的な国民意思とのコミュニケーションの中から統一的な意思形成をすることができ、これについて翻って自ら下した決断として国民に責任を負うことができるのである。したがって、現代においても代表制を維持する意義があるとの前提を置くのであれば、命令的委任の禁止の要請について、たとえかつてとは形を異にするとしても、これを完全にあきらめることはできない。現在、政治過程が利益分配を中心に行われているからこそ、議員が部分利益のメッセンジャーであってはならないという命令的委任の禁止の考えは、反対に「大きなアクチュアリティを持つ」[226]とも指摘されるところであるが、議会外と完全に隔絶した形での議員の独立性がもはや想起されえない今日において、命令的委任の禁止の要請をいかに実現すべきか、検討するべきである。

　そのための可能性を秘めるのは、命令的委任の禁止の要請を後退させていると言われるところの政党を用いることである。手島孝が示唆したように、

226　樋口陽一『憲法と国家　同時代を問う』（岩波書店、1999年）154頁。

政党が全国民の代表のために資するものであれば、これに議員が拘束されることは命令的委任の禁止の要請に反しない可能性がある。この見解は、単に命令的委任の禁止の要請と政党の存在を整合的に説明するという点にとどまらず、命令的委任の禁止の要請との関係において、議員が独立性を保つために政党をいわば多様な民意に対する緩衝材として用いることができるという意味において、政党を積極的に位置づける可能性があるものであると考えられる。しかし、そこでは、仮に政党が全国民の代表に資する存在であるとしても、その意思に一方的に議員が拘束されるのであれば、依然として議員の独立性という意味における命令的委任の禁止の要請への抵触はあるのではないか。議員が全国民の代表としての性質を持つ政党にただ従っていれば、結果として全国民共通の利益に資する政策形成がされるという考え方もあり得ないわけではないが、しかし、その場合、最終的に生じるのは、多数派政党の意思をすなわち全国民の利益と認定する状況であろう。議員が自ら独立性を有していることは、本書において特定した代表制の意義の核心としての、議員の責任の要素を裏付けるものであり、その意味において、議員が最終的にどこかで独立性を保持する方途についても考察されるべきである。

　加えて、この議論においては、いかにして、そしてどこまで政党が全国民の代表の要請を満たし得るのか（反対に、政党に全国民の代表の要請を課すことが私的結社たる政党にとっては過剰な重荷とならないか）、といったことが依然として不明確であり、この点を検証する必要が大きい。

　そして、いかにして政党が「全国民の利益」に資する存在となり得るのかを考察することは、事実上の民意の反映の観点からの「全国民の代表」論の機能不全にも対応し得るものである。ポピュリズムの思想が、単一の、所与の国民意思を直接リーダーに接続し、リーダーは一度権力の座に就けばその国民意思の化身であるという考え方にまで進んだ場合、そこにおいては多元性を前提に、曖昧模糊とした国民意思から一般意思を練り上げるという代表制の考えは完全に排除される。日本において進んでいる政治のイメージ化、政党や議員の思想の有権者からの乖離といった点においても、問題は同様である。そこで、これまで「事実上の影響力」と十把一絡げにされてきた国民の側からの多様な意思表明や影響力行使についてその内実に目を向け、どう

すれば実際に多様な現実の国民意思からあるべき一般意思が引きだされるべきか、その具体的なプロセスを制度的に実現する方途が探られるべきである。

　ここにおいて、多元性の中からの統一的な一般意思の発見という意味で、高橋和之の議論は一つの方向性を示し得るものである。高橋は、多元性の中から一般意思を見出すにあたって、議会の場における討論・対話のプロセスと同時に市民の間での討論・対話のプロセスを重視する。議会の場において、政党の出現により、各議員の間のデリバレーションというかつてのあり方が維持できないとしても、依然として内閣・与党と野党の間という単位でのデリバレーションは可能なのであり、これによって翻って国民内部での討論・対話が活性化されると考える。そのためには、政党が大きく２ブロック化することが必要となるのであり、このような２ブロック化を目指さない、つまり政権獲得能力を得ようとしない政党というものは、望ましくないこととなる。

　本書は、高橋の国民内閣制論自体の是非について一から論じることはない。しかし、高橋の議論は、国民内部の多元性をいかに統一的な意思形成、一般意思へとまとめ上げるかという本書の課題に対して、一つの回答の方向性を示唆しているといえる。しかし、ここで疑問として生じるのが、国民内部での討論・対話のプロセスと議会における討論・対話のプロセスがどのように接続されるのだろうか、ということである。確かに高橋は、議会内での内閣・与党と野党間の討論・対話のプロセスによって国民内部での討論・対話のプロセスが促進される可能性を見ているが、しかし、国民内部の多様性の中で行われる討論・対話から、議会レベルでの大きく２ブロック化した討論・対話のプロセスへはどのように繋がるのであろうか。言い換えれば、議会内部で（２かどうかはさておき）ブロック化する政党に対して、国民内部での討論・対話のプロセスはどのように流れ込み、どのように収れんさせられるのであろうか。加えて、国民内部の多元性が集約されるべき政党の２ブロック化という高橋の構想は、なぜ選挙制度改革を経ても実現されておらず、個別利益の反映のみを党是とする政党がむしろ増加しているのであろうか。こうした疑問に、高橋の議論からだけでは明確な回答が引き出されえな

第3節　問題提起　105

い。しかし、これらの問いに答えることは、真の意味で事実上の民意の反映の要素を実現するためには何が必要か、つまり、多元的で、それ自体とらえがたい曖昧模糊とした民意の中から、一般意思なるものを議員がどのように見出すのか、ということを考えるうえで不可欠なはずである。そして、現実の多元的な民意から一般意思を練り上げる政党というものは、手島が述べるところの全国民の利益に資する政党をどのように作るのかという本書の一つ目の問題意識に繋がるものであるはずである。

　議員が一般に民衆と比較して特に優れているという前提もなく、また国民内部の利害や関心が社会階層の違いに裏打ちされており、ある程度明確に読み取れるという前提もない今日において、議員が単独で多様な民意を自らの下に吸収しつつも、最終的には自らの責任において、全国民の利益のために行動するということは難しい。これに対し、政党を介することで、議員がその政党の枠内という条件は付くものの、多様な民意に対し、ある程度距離をとった形で接することができると予想される。確かに政党もそれ自体党派的であるという限りで、一部の代表に過ぎない性質を持つが、少なくともその党派性は議員個人の場合よりも偏りが少ないものであろう。そして政党を介することで、議員は自身で生身の民意に触れるのではなく、政党を介して、いわば政党をクッションとして民意に触れることができるようになる。

　したがって、本書での問題設定は以下の通りとなる。第一に、たとえ、全国民の代表の要請の持つ命令的委任の禁止の要請が、政党との関係でぎりぎりまで後退しているとしても、それを完全に有名無実化してはならない。したがって、政党を全国民の代表に資する存在とすることで、議員が政党に拘束されるとしても、それでも議員が部分利益に拘束されているわけではないという構成をとることはできないか、そのために政党はどのような要請をどこまで受けるべきか（あるいは受けてはならないか）、また、議員が政党に対しても最低限「独立性」を維持する方途についてどのようなものがあるか、考察する。第二に、第一の問題提起とコインの裏表をなすものとして、全国民の代表の要請の持つもう一つの要素であるところの事実上の民意の反映の要請についても、政党が曖昧模糊たる現実の民意から一般意思を練り上げる存在となることによって、その実現が図られるのではないかということを考察

する。具体的には、反映されるべき民意がおのずから確定しているわけではないという現在の多元的社会を前提としたうえで、議員がいかにして自らが反映すべき民意を見出し、形成するかを考えなければならないとの観点から、議員の下に流れ込む様々な影響力を単に「事実上」のものとして処理するのではなく、その内実はいかなるものであり、そこから議員がいかにして反映すべき民意を形作るのかを、政党を媒介項に設定したうえで、考察する。

　なお、ここで一点断っておくべき問題として「民意の反映」という言葉がある。本書においては「民意」とはそれ自体掴みがたい曖昧なものであり、議会に「反映」されるべき民意をそもそも探求する、もっと言えば作り出すというプロセスが重要であるということを念頭に置いている。したがって、議員と国民の間で相互に、議員の側が問いかけによって民意を喚起し、これに対して民意が形を成していくというプロセスが予定されている。加えて、議会が一定の時間的制限の中で決定を下さなければならない場であることを考えると、くまなく国民の内部の多様性をすくい上げなければならないということまでは想定していない。先行研究と平仄を合わせる観点から、以後も「民意の反映」という言葉を用いることとするが、そこにおいてあたかも反映されるべき民意が所与のものとして確定的に存在するかのような想定を置くことは本書の前提とは異なるものであることについてはここで断っておくこととする。

　第2章においては、以上の問題提起を踏まえ、政党を基軸として、全国民の代表の要請を実質化する方途を探ることとする。ここでは、議員は全国民の代表であるとの条文と政党に関する条文を併存させ、それゆえに両者の間の関係性に長らく議論の蓄積を持つドイツを比較法対象国として検討を進める。

第2章　政党を用いた「全国民の代表」の要請の実質化
——ドイツの先行研究から——

　ここまで、代表制の意義と、その意義を発揮させるためという角度からしての「全国民の代表」としての議員の性質、そしてその性質が今日、「命令的委任の禁止の要請」という意味においても、「事実上の民意の反映」という意味においても必ずしも発揮されていないことを考察してきた。そこで、前章では、政党を軸とすることによってこの両要請の持つ意義をいずれも発揮させることができるのではないかという構想を提起し、その構想との関係で考えるべき要素について抽出した。

　第2章では、政党を軸とした「全国民の代表」の要請の実質化という観点について、「全国民の代表」の要請と政党に関する条項をいずれも包含する基本法を持つ、ドイツとの比較法的検討を用いて、検討を進める。まず、議員は全国民の代表であるとのドイツ基本法の条文について、前提として何を意味するのかを検討する（第1節第1款）。続いて、ドイツにおいて、議員は「全国民の代表者である」と述べる条文と、政党の存在を正面から認める条文が併存することはどのように説明されてきたか、参照する（第1節第2款）。最後に、本書の問題意識との関係で、政党をどのように設計すれば、全国民の代表の要請の持つ二つの意義を実質化できるか、示唆的なドイツの議論を提示し（第2節）、中間総括を試みる（第3節）。

第1節　ドイツにおける「全国民の代表」と政党

　ここからはまず、前提として、ドイツ基本法38条1項2文における「彼ら［連邦議会議員］は全国民の代表であり、指示や依頼に拘束されず、その良心のみに服する」という条文について取り上げ、その解釈についてドイツでの先行研究を概観する（第1款）。そのうえで、この「全国民の代表」の要請が政党条項との関係でどのようにとらえられているかを取り上げる（第2款）。

第1款　議員は「全国民の代表」である―その解釈

　歴史的に見た場合、議員が全国民の代表であるという基本法38条1項2文は、ワイマール憲法21条の形で存在した条文をそのほとんどの部分において[1]引き継いでいる[2]。したがって、ワイマール憲法21条の下での解釈のあり方は、現行の38条1項2文においても応用可能である。例えば、ワイマール憲法21条の文言においても、基本法38条1項2文の文言においても、議員が「指示に拘束されない」旨、記載されているだけであって「指示が存在しない」とまでは書かれていない[3]。これについては、議員に対して指示がなされないことまでは要求されておらず、単に議員がその指示に拘束されることが禁じられるだけであるとの意味合いを持つものとして、とらえられている[4]。

　もっとも、基本法制定時の審議にあたっては、自由委任の規定を現在の形で置くことは時代遅れであるとの意見も出されていた。例えば、SPDのSelbert議員は、「国民における政治生活の担い手は政党である」と述べた[5]。しかし、議員の独立性と良心の自由に関する部分に関し、代替案なしに削除するとの提案は、委員会によって拒否された[6]。議員が「全ての」人の代表者であるという旨を織り込むかどうかについても争いがあったが、これを書き込むことで、議員が全ての人の代表者であり、利益集団の影響力を

1　もっとも、「指示や依頼」という同義的な言葉を重ねている点に関しては、ワイマール憲法ではなく、1871年ライヒ憲法29条との類似点が見られる（*Klein, Schwalz*, Art. 38, 2021, *Dürig, Herzog, Scholz* (Hrsg.), Grundgesetz Kommentar, S. 140, Rdnr. 219.）。
2　ワイマール期における自由委任の位置づけについて、*Fritz Morstein Marx*, Rechtswirklichkeit und freies Mandat, AöR N.F. 11, 1926, S. 434 f.
3　*Ulli F. H. Rühl*, Das „Freie Mandat": Elemente einer Interpretations- und Problemgeschichte, Der Staat Vol. 39, No. 1, 2000, S. 35.
4　Ebd. もっとも、Rühl自身は命令的委任から自由委任へという歴史的展開の説明については否定的である（Ebd., S. 24 ff.）。
5　*Volker Neumann*, Volkswille, 2020, S. 284 f. 2 *Selbert*, Zweite Sitzung des Kombinierten Ausschusses 16. September 1948, *Edger Büttner, Michael Wettengel*, Ausschuß für Organisation des Bundes, Der Parlamentarische Rat 1948-1949 Akten und Protokolle, Bd 13-1, S. 22.
6　削除に反対した意見として、例えば、*Katz*（Ebd., S. 20.）。また、自由委任の存在によって、会派に対する議員の独自性が確保されるとの指摘として、*Finck*（Ebd., S. 21.）。

第1節　ドイツにおける「全国民の代表」と政党　　109

回避できるということが期待された[7]。以上からわかるように、基本法制定当時は、後に挙げるような連邦議会が全体として全国民の代表となるという解釈はとられておらず、個々の議員について政党や利益団体の影響力をいかに回避させるかが論じられていた[8]。

　それでは、議員が全国民の代表であるということは、ドイツにおいてどのように解釈されてきたのであろうか。

Ⅰ．「全国民の代表」──誰が何を代表するのか

　そもそも、「全国民の代表」とは誰が何を代表することなのか。ドイツにおいては、「全国民の代表」の役割を果たすのが議員個人なのか、あるいは議会全体なのか、という論点に関して、豊富な議論の蓄積が存在する。そこでは、かつては、各議員が全国民の代表であると考えられてきたが、近年では議員の全体のみが全国民を代表するとも考えられるようになりつつある[9]。この「全体代表」という考えは、国民という存在が異質である以上、議会は全体としてのみ国民代表としての地位を獲得する、故に、委員会のような議会の一部には議会の決定権限は委譲され得ないとの考えである[10]。この両者の議論の流れについて、以下では、Wolfgang Demmlerの整理をもとに両説の対立状況を概観する。

　議会全体が全国民を代表すると考える学説、つまり、集合的な代表という考えをとる学説は、議員の任務について共通の福祉に資する利益を追求する点にあると考えるのではなく、議員は自身が選挙で選ばれたところの政治的

7　「全」国民の「全」を削除することかという議論について、例えば、Schwalber（Ebd., S. 22）。Johannes Kimme, Das Repräsentativsystem unter besonderer Beachtung der historischen Entwicklung der Repräsentation und der Rechtsprechung des Bundesverfassungsgerichts, 1988, S. 107.

8　Kimme, a.a.O.（Anm. 7）, S. 107.

9　Wolfgang Demmler, Der Abgeordnete im Parlament der Fraktionen, 1994, S. 81. 集合的代表の考えをとるとしても、国民の中の全ての集団が包摂されるわけではなく、議員は自身が所属する集団を超えて全体の利益に何が資するかを考えるべきとの趣旨の指摘として、Siegfried Magiera, Parlament und Staatsleitung in der Verfassungsordnung des Grundgesetzes : Eine Untersuchung zu den Grundlagen der Stellung und Aufgaben des Deutschen Bundestages, 1979, S. 145.

10　Martin Morlok, Volksvertretung als Grundaufgabe, in: Morlok, Schliesky, Wiefelspütz（Hrsg）, Parlamentsrecht, 2016, S. 158, Rdnr. 45.

な方向性を代表するべきという点にあると見ている¹¹。基本法38条1項2文において「議員」について「Die *Abgeordneten* des Deutschen Bundestages werden in allgemeiner, unmittelbarer, freier, gleicher und geheimer Wahl gewählt. *Sie* sind Vertreter des ganzen Volkes, an Aufträge und Weisungen nicht gebunden und nur ihrem Gewissen unterworfen.」（強調筆者）と複数形が使われているが、これもまた議員が個々人のレベルでは国民の一部のみを代表しており、全体としてまとまってのみ全国民を代表するということの表れであると解される¹²。この見解に依拠した場合、議員は通例、政党に強く拘束されるのが当然となるのであり、依頼や指示から独立することが求められるのは議員の所属政党や会派に対してではなく、外部に対しての意味合いにおいてである¹³。Hans Meyer によれば、議会の選挙においては、議員は人として選ばれているというよりも、政党の方向性に基づいて選ばれているのである¹⁴。この Meyer の理解に依拠して、議員が政党や会派に縛られるということは基本法20条2項、21条の帰結として妥当するのみならず、38条1項2文の内容自体によって既に作動させられているとも語られる¹⁵。

　しかし、このような集合的代表の見解に対しては、批判もなされる。まず、議員が政党に拘束されることを正当化するという集合的代表の側面に関しては、政党が憲法上、共通の福祉を促進する義務を持たないことが指摘される¹⁶。というのも、政党は憲法違反とならない限り、自らの目標について自由に追求できるのであって、自らに近い有権者の特殊利益についても自由に代表し得るはずである¹⁷。そうであるならば、議会全体が政党を介して共通の福祉を代表するということは保障され得ない。加えて、集合的代表を主

11　*Hans Meyer*, Das parlamentarische Regierungssystem des Grundgesetzes Anlage ― Erfahrungen ― Zukunftseignung, Vereinigung der Deutschen Staatsrechtslehrer, Volume 33, 1975, S. 93.
12　*Demmler*, a.a.O.（Anm. 9), S. 82. 集団的代表の思考をとるものとして、*Martin Morlok*, Art 38, in: *Horst Dreier*（Hrsg.), Grundgesetz Kommentar, Band II, 3 Auflage, 2015, S. 1110, Rdnr. 136.
13　*Demmler*, a.a.O.（Anm. 9), S. 82 f.
14　*Meyer*, a.a.O.（Anm. 11), S. 93.
15　*Demmler*, a.a.O.（Anm. 9), S. 84.
16　Ebd., S. 85.
17　Ebd., S. 86.

第1節　ドイツにおける「全国民の代表」と政党　111

張する者は個々の議員が社会のあらゆる利益や紛争を一人で担うことはできないことを論拠としているが、しかし、これに対しても、議会もまたその構成員ができる以上のことを担えないのであるから、議員が個人で担いきれないものを議会全体に担わせることはおかしいとの異議申し立てがされる[18]。例えば、Klaus Abmeier は、個々の議員は一部の代表というだけで良いということは基本法38条1項2文に相容れないとする。このような単なる個々の議員の代表を足し合わせるあり方は「全国民」の利益を生むものではない。もしそうであるならば、選挙権を行使できないような者の利益は考慮外に置かれることになるだろう[19]。議会が議員個人を介さずに全体として、様々な利益に触れたうえで考えるということは考えにくいはずである。Demmler によれば、議会全体もまた、例えば専門家に意見を聞くといった形によって公衆と接触することはできるが、しかし通例、議会全体の場においては専門家や組織化された団体の利益が反映されやすいのであって、制度化されていない個人の需要は持ち込まれにくい[20]。議員が自身の選挙区で個々人と直接議論をすることが可能であれば、選挙区内での多様な接触のあり方によって、代表される者の側が持つ多様な観点もまた流れ込みやすくなる[21]。このように、個々の議員が有権者と接触するという特別な任務を持っているが故に、連邦議会議員が数の上である程度の人数必要であるということが正当化される[22]。必要なのは、議員個人が、たとえ自身としては特定の

18　*Demmler*, a.a.O.（Anm. 9), S. 86. *Hasso Hofmann, Horst Dreier*, Repräsentation, Mehrheitsprinzip und Minderheitenschutz, in: *Hans-Peter Schneider, Wolfgang Zeh* (Hrsg.), Parlmentsrecht und Parlamentspraxis, 1989, S. 178, Rdnr. 27においては、「議会について全体として代表的であると見れば、個々の議員について現実と明らかに反する形で全体の代表として見る必要がなくなり、彼らが全体的に特殊利益から離れており、共通の福祉（そんなものは誰から定義され得るのか）のみに資するという充足できない期待をする必要がなくなる。」と指摘される。*Meyer*, a.a.O.（Anm. 11). S. 93も参照。
19　*Klaus Abmeier*, Die parlamentarischen Befugnisse des Abgeordneten des Deutschen Bundestages nach dem Grundgesetz, 1984, S. 59; *Magiera*, a.a.O.（Anm. 9), S. 145.
20　*Demmler*, a.a.O.（Anm. 9), S. 77.
21　Ebd.
22　Ebd. もっとも、会派の権限が広く設定されている場合、議員が持ち込む観点は差し当たっては会派内部に持ち込まれることになる。会派は通常、公衆がいない状態で議論をしていくため、会派のみでの議論がされた場合には、多数をとれないような意見を持つものにとっては、自身の関心事が議会プロセスに入ったという印象を得ることができない（Ebd., S. 77, 79.）。

利益を担うとしても、その特定の利益が全体の利益に対して持つ関係を考慮し続けること、そして、それによって対立する利益の間の公正な調整が可能になるということである[23]。

このような議員が個人として全国民を代表するのか、議会全体として全国民を代表するのか、という争いにおいては、議員は個人としては特殊利益を代表できるにすぎず、政党単位で拘束が働くことによってはじめて議会全体が全国民の代表となるという見解と、政党はあくまで自由に目標追及をできる結社に過ぎず、共通の福祉を促進するという保証はないのであるから、むしろ議員個人が様々な特殊利益に接触していったうえで議会においては議員個人としても全国民の代表であるとの責務を背負い続けるべきであるという見解の対比がみられる。

本書においては、究極的には議員個人が「全国民の代表」であるべきとの見解をとることとしたい。仮に議員が、自身が選ばれるきっかけとなった政党＝会派の方針に固く拘束されるとなれば、議会の場において行われるのは多くの場合、単なる政党同士の数の上での戦いのみになり得る。そうではなく、究極的には各議員は全国民の代表として議会内でのデリバレーションを行い、その中で妥協や譲歩を通じて全国民の利益に資することを特定することが求められるはずである。もちろん、議会においては議会審議の効率性という観点や時間的な制限、また国民に対立軸を明示し、責任の所在を明確にするといった観点から政党・会派ごとにブロック化をすることが必要であるとしても、議員がおよそ政党・会派に完全に拘束され、その駒として働くということは、議員が自ら国民に対して責任を負うという代表制の意義を損ねることになるだろう。

II.「全国民の代表」──何のためにあるのか

「全国民の代表」の要請は何のためにあるのか。基本法38条1項2文における「全国民の代表」とは、議員が国民の一部、例えば州や選挙区の代表

---

23 Ebd., S. 86; *Horst Dreier*, Demokratische Repräsentation und vernünftiger Allgemeinwille Die Theorie der amerikanischen Federalists im Vergleich mit der Staatsphilosophie Kants, AöR 113, 1988, S. 464 f も参照。

や、職業団体や特定信条についての団体、政党の代表ではないということを意味している[24]。このような要請は何のためにあるとドイツでは考えられているのか、先行研究をまず参照する。

全国民の代表の要請の持つ意義について、国民意思の多様性、曖昧性ということから説明する見解として、Horst Dreierによる議論がある。彼によれば、基本法は、議会が何らかの形で存在している（と見える）統一的な国民の意思を反映していたり、形成していたりすることを前提とするわけではない[25]。というのも、そのような意思はそもそも存在しないからである[26]。ここで、国民の代表とは、国民を想像上統一体であるとしてとらえるのではなく、その現実の多様性や異質性、分裂した状態において、国民を代表することを意味している[27]。確かに、理論的には個々の議員それぞれがあらゆる特殊利益から等しく距離をとり、国民を全体として代表すると考えることもできるが、これは不可能な要求である[28]。Dreierは、全国民の代表の要請とは全ての外部的影響から隔絶され、あらゆる具体的な連合（所属政党、選挙区その他）から拘束されない議員、という「ロマンティック」な考えによって支えられるものではないとする[29]。その今日的な意味は、議員が決定を下すにあたり、彼らを法的には自由なままとしておく点、つまり誰もその議員に対して特定の投票行動をするよう法的に拘束することはできないという点にある[30]。これにより、自由な意思疎通や柔軟な決議、妥協、その場にあった反応が可能となってくる[31]。言い換えれば、このような意味における自由委

24　*Siegfried Magiera*, Art. 38, in: *Michael Sachs* (Hrsg.), Grundgesetz Kommentar, 7. Auflage, 2014, S. 1224, Rdnr. 45; BVerfGE 31, 316 (341 f.).
25　*Horst Dreier*, Das Problem der Volkssouveränität, in: *Pirmin Stekeler-Weithofer, Benno Zabel* (Hrsg.), Philosophie der Republik, 2018, S. 50.
26　Ebd. ここで引用されているものとして、*Martin Drath*, Die Entwicklung der Volksrepräsentation, in: *Heinz Rausch* (Hrsg), Zur Theorie und Geschichte der Repräsentation und Repräsentativverfassung, 1968, S. 277.［初出　1954年］。そこでは、多様な社会から統一をもたらすという国家の機能に言及がされる。
27　*Dreier*, a.a.O.（Anm. 25）, S. 50 f. この変化について、*Hofmann, Dreier*, a.a.O.（Anm. 18）, S. 171 ff, Rdnr. 16 ff.
28　*Dreier*, a.a.O.（Anm. 25）, S. 51.
29　Ebd., S. 53.
30　Ebd., S. 54.
31　*Hofmann, Dreier*,（Anm. 18）, S. 185, Rdnr. 43.

任があることによってはじめて、自身を代表する者たちが議会内においては少数派に属するという人々に対しても、共通の決議について承認するよう要求できるという意味で、全体の代表が可能となる[32]。

Dreier の議論は、国民意思が多様であり、この多様な国民意思から議員が様々な影響力を受けているということを前提としたうえで、最終的にそれでも議員が特定の支持母体に拘束されることなく、全国民の代表として法的に独立性を有することにより、議会内で自由に妥協や譲歩を行い、国民意思なるものを形成することができるという論理を提示している。これは、現実の多様な民意の存在と、そこから議員に対する影響力が存在することを肯定しつつも、最終的に議員が議会の場で自ら独立性を確保することで、特殊利益とは異なる一般意思を討論のプロセスを経て見出すことができるという日本の議論とも類似したものである。

この点と議論の裏表を成すこととして、議員の責任という要素もまた、「全国民の代表」の要請においてはやはり強調される。Müller によれば、議会において提示される発言は国民の発言ではなく、議員自らの独自の発言である[33]。議員はこの際、全国民を代表し、全国民に対して応答的であるが、このような責任の保持は、議員が自律的に拘束されることなく国民意思形成に関与するという自由委任を前提とする[34]。自由委任の不可欠な構成要素は、議員が自由に情報を受領し、それを独自の責任において消化できるということ、また議員と有権者の間で自由に意思疎通ができる可能性があるということである[35]。これと類似して、Morlok もまた、議員の有権者への責任を裏づけるという点から自由委任を基礎づける。ここにおいて彼が強調する

---

32 Ebd., S. 184, Rdnr. 41. この意味において、議員と裁判官の「独立性」は異なっているとも考えられる。全体として見た場合、議員の独立性は、裁判官の場合よりも広いと指摘される。というのも、議員は自身の投票行動において、会派に従って行動するよう、法的に強制されることはなく、みずからの異なる解釈を示すことができる。これは憲法裁判所裁判官のみが反対意見を書けるという裁判官の場合とは異なる（*Horst Sendler*, Abhängigkeiten der unabhängigen Abgeordneten, NJW, Heft 25, 38 Jahrgang, 1985, S. 1427.）。

33 *P. Müller*, Art. 38, in; *v. Mangoldt*〔et al〕(Hrsg.) GG Kommentar, 2018, 7 Auflage, S. 1049, Rdnr. 46.

34 Ebd.

35 Ebd., S. 1050, Rdnr. 51; BVerfGE 134, 141 (177), Rn. 105.

のは、全ての問題領域に広がる全体的な責任が問題となっており、一貫性の責任ということもまたそこに含まれるということである[36]。議員は決定において自由であるが故に、自身が見る長期的な利益を、代表される者の現時点での短期的な利益に対して優先させるということができる[37]。とりわけ、自由委任によって議員は、個々の部分利益から解放され、対立する利益と妥協において共通の福祉を見出すことができる[38]。他方で、このように政治的な代表が決定を自由に行うことができるということは、長期的に見た場合、代表される者が代表する者に対して影響力を行使でき、そして、代表される者と代表する者の間に十分なフィードバックがある場合に初めて、有益なものとして成立し得る[39]。国民代表が果たす基本的な機能は市民の間にある政治的な関心事を政治的な決定へと持ち込むことであるが、自由委任によって、議員はそこで国家に対しても社会的な次元からの圧力に対しても守られる[40]。自由委任の存在によって、議員が特殊利益に拘束されないからこそ、議員は社会の中のあらゆる利益や関心事に対して開かれたものとなる[41]。Kevenhörster によれば、これとは反対に、命令的委任は、決定についての責任を制限し得るものである。決定についての明確な責任が確保されるためには、特定の人に対して帰責可能性がなければならず、この意味において決定権限と責任の所在は一致していなければならない[42]。命令的委任は、有効な政治的統制や民主化の道具になるというよりも、指示を発する少数派が支配権を行使する道具となるだけである[43]。このように、議員が国民との間の相互作用の機会を持ちつつ、最終的には全国民の代表として自ら独立して行動できることによって、議員が自らの責任において、統一的で一貫した政策形成にかかわることができるということがドイツにおいても述べられている

36　*Morlok*, a.a.O.（Anm. 10), S. 148, Rdnr. 15.
37　Ebd.
38　Ebd., S. 148 f, Rdnr. 15.
39　Ebd., S. 149, Rdnr. 16. それを行うための形式的な道具が、定期的な代表者の選挙である。
40　Ebd., S. 159, Rdnr. 47.
41　Ebd., S. 160, Rdnr. 48.
42　*Paul Kevenhörster*, Das imperative Mandat Seine gesellschaftspolitische Bedeutung, 1975, S. 26.
43　Ebd., S. 31.

のである。そのためには、議員は自身の意思形成を歪められず、できるだけ多様な印象を自身の下に受け止め、決定に流れ込ませて初めて、自由な意思形成をしたといえる[44]。基本法38条1項2文によって、議員が議会で行った決定が国民の意思に対応しており、他方で議員が自身の行った決定について国民に共有し説明し得る限りにおいて、代表の要請は成功したものといえる[45]。それゆえ、このような議員と有権者の間の相互作用的な意思疎通の関係は代表制において不可欠といえる[46]。

Ⅲ．「指示や依頼から自由であること」

基本法38条1項2文においては、議員は「指示や依頼から自由」であるともされる。当初、ヘレンキームゼー草案46条は、ワイマール憲法21条と同じく、議員は「依頼」に縛られないとのみ規定していた。しかし、議会評議会の組織委員会は、ここに「指示」という言葉を加えた[47]。「指示や依頼」と同義的な言葉が並べられることになった背景には、議会評議会において、議員の独立性を強調し、議会内外のあらゆる影響力に対して議員が拘束されない旨を規定するとの意図が存在したことがある[48]。しかし、依頼と指示の間の厳密な区別については不要であると考えられた[49]。

「指示や依頼に拘束されない」とは、まずは議員が自分自身について向けられた要求を実行に移すよう、法的には義務付けられないということを意味する[50]。これに加えて、この規定は国家に対しても、議員が法的な拘束力を伴う形で依頼や指示を受けることがないようにすべき、ということを要求する[51]。つまり、立法者は議員が自身の政党や会派の指示に従わなければなら

---

44 *Dominik Schnieder*, Politische Freiheit und Verfassungsschutz Am Beispiel der Beobachtung politischer Parteien und Abgeordneter, 2018, S. 155; *Martin Morlok*, Art. 38, in: *Horst Dreier* (Hrsg.) Grundgesetz Kommentar, Band II, 3. Auflage, 2015, S. 1112, Rdnr 140.
45 *Schnieder*, a.a.O.（Anm. 44）, S. 155.
46 Ebd., S. 156.
47 *Demmler*, a.a.O.（Anm. 9）, S. 96.
48 *Müller*, a.a.O.（Anm. 33）, S. 1050, Rdnr. 52.
49 *Demmler*, a.a.O.（Anm. 9）, S. 96.
50 Ebd., S. 98.
51 Ebd.

ないといった旨の法的規定を作ることが許されない[52]。また、議員と会派間の起こり得る紛争について会派側に有利になるように決定することも許されない[53]。最後に、議会は会派構成員としての議員の地位に関する拘束的な規定を、議員規則などにおいて作ることは許されず、会派内での意思形成のあり方については個々の議員と会派間の議論に委ねられるべきである[54]。

しかし、議員の独立性が求められるからといって、議員があらゆる影響力と接してはならないということにはならないことには注意が必要である[55]。議員が接触をすること自体を諦めた場合、これは孤立ということに繋がる。議員が情報を確保し、意見に耳を傾けるということは何ら問題ない[56]。

Ⅳ．「良心のみに服する」こと

最後に、議員が独自の良心のみに基礎づけられるとは、議員が全ての決定において、あらゆる拘束から自由であるということを意味する[57]。ここで登場する「良心」という概念について、基本法は、基本権において（4条1項）、また兵役拒否において（4条3項）も用いている。連邦憲法裁判所は、4条1項や4条3項における良心的な決定について、あらゆる真摯な道徳的な決定と捉える[58]。他方で、事実上、基本法38条1項2文の良心概念は、4条におけるそれとは異なる形で定義される。ここで想定されるのは、議員の政治的な確信であり、その政治的な確信に対して議員は、その委任の行使の範囲内でなされるすべての決定において服するのである[59]。ここでの良心は公職上の良心であり、共同の福祉に対して何が役に立つのかということについての議員の個人的な確信である[60]。つまり、「良心」のあり方は、基本法

---

[52] Ebd.
[53] Ebd., S. 100 f.
[54] Ebd., S. 101.
[55] *Sendler*, a.a.O. (Anm. 32), S. 1429.
[56] Ebd.
[57] *Müller*, a.a.O. (Anm. 33), S. 1050, Rdnr. 52. むろん、憲法をはじめ法に対する拘束は残る。
[58] *Demmler*, a.a.O. (Anm. 9), S. 122. BVerfGE 12, 45 (55) は、良心の決定に関して、あらゆる真摯で道徳的な、つまり「良い」「悪い」の類型の方を向いた決定が考えられるとした。この良心によって個人は、特定の状況下で、拘束されるか無条件で縛られているように感じるのである。
[59] *Demmler*, a.a.O. (Anm. 9), S. 123.

38条1項2文においては、基本法の他の部分に現れる「良心」の場合と比較して、閾値が低いものとしてあつかわれ得る[61]。

　もっとも、議員が「良心にのみ基づいて」行動するとは、議員が特定の団体などから引き離されることを予定するものではなく、議員は自由意思で利益団体の個別の期待に応えることも、自身の良心における決定とそれがずれない限りで許される[62]。

　しかし、議員の内心がいかなるものであるのかを覗き見ることはできない以上、議員が実際には、自らの私利私欲に基づいた行動をしているにもかかわらず、これを自らの「良心」に基づくと述べる可能性も存在する。これに対しては、刑法典108e条[63]と、議員法44a条2項、3項[64]が作用し得る。これらの規範は、票の買収、あるいは、許容されない収入を得ることを禁じることによって、特定の議員の「良心」に基づいた決定について、ある程度の限界を提示している[65]。

　とはいえ、議員が共通の福祉に義務付けられるということは、議員という職務の独自性を考慮したうえで捉えられなければならない[66]。そうであるので、議員が自らの良心にのみ服する義務ということを考慮する場合に、裁判

60　Ebd, S. 124.
61　*Norbert Achterberg*, Die Abstimmungsbefugnis des Abgeordneten bei Betroffenheit in eigener Sache, AöR 109/4, 1984, S. 513.
62　*Müller*, a.a.O.（Anm. 33）, S. 1055, Rdnr. 68.
63　108e条1項「連邦と州議会の議員として、その議員職を担うにあたり、依頼あるいは指示においてある行動に取り組むか、あるいはこれを行わないかについて、自分自身あるいは第三者に対価として不当な利益を要求したり、約束させ、受け取ったりする者は、…に処する。」
64　44a条2項「議員職の行使について、連邦議会の議員は、法的に予定された手当その他財産的な利益以外のものと受け取ってはならない。とりわけ許容されないのは、その金銭あるいは金銭的な手当てについて、連邦議会における行為者の利益の実施と代表が期待されているが故に与えられたことが明らかなような金銭あるいは金銭的な手当である。さらに、議員職の行使との関連があるか、あるいは、連邦議会の議員職の適切な反対給付なくして与えられるような契約活動についてこの支払いがされる場合には、そのような金銭や金銭的な手当を受け取ることも許されない。」
　　3項「議員職に加えて許容されないのは、連邦議会や連邦政府に対する第三者のための有償での利益の代表であり、また、議員職行使と直接関係があるような有償での審議活動である。」
65　*Oliver Piechaczek*, Lobbyismus im Deutschen Bundestag, 2014, S. 95.
66　Ebd., S 100. 議員の共通の福祉に対する義務付けはかなり主観化されるという点について、*Meinhard Schröder*, Grundlagen und Anwendungsbereich des Parlamentsrechts : Zur Übertragbarkeit parlamentsrechtlicher Grundsätze auf Selbstverwaltungsorgane, insbesondere in der Kommunal- und Hochschulverwaltung, 1979, S. 297.

官や官吏の場合における義務を無批判に援用することはできない[67]。議員の担う義務と、裁判官や官吏が担う義務の間には、相違点が存在する。つまり、議会については、代表可能性と機能可能性の担保という課題が存在するのである[68]。同時に議会での意思形成プロセスは、決定の担い手の個人的な利益を考慮に入れるという点において特別である[69]。議員に対して求められる不偏不党性は、行政や司法の活動に関する不偏不党性とは異なるものである[70]。議員は国民からの直接の選挙を通じて、あるいは政党によるリストを通じて選ばれるが、この際、彼らは有権者から、その有権者の持つ利益を他の政党や候補者よりもより効果的に有意義なものとしてくれるだろうとの期待を受けており、議員もこれらの期待を踏まえて権力の獲得を目指して戦うことになるからである[71]。これは決して悪いことばかりではない。議員が特定の利益と近しい距離にあるということは、ある法律の結果について、「利益に対して距離のある」議員よりもより良く見積もることができるというメリットもある[72]。故に、議員の独立性について、裁判官や官吏の場合に求められる不偏不党性と同視することは許されない。

以上のことから、議員が指示や依頼に拘束されず、自らの良心にのみ服するとされているからといって、議員が特殊利益とおよそ接触してはならず、およそ特定の立場をとってはならないということには繋がらないということが導かれる。

第2款　「全国民の代表」の要請と政党との関係

「全国民の代表」に関する解釈に対しては、ドイツにおいては、基本法上、これに加えて政党について規定する21条が併存しているため、この両者の関係性をどのように処理するかという問題意識が長らく提示されてきた。

67　*Piechaczek*, a.a.O. (Anm. 65), S. 100.
68　Ebd, S. 100 f. BVerfGE 76, 256 (341), BVerfGE 118, 277 (325).
69　*Piechaczek*, a.a.O. (Anm. 65), S. 146 f.
70　Ebd., S. 146.
71　Ebd.
72　Ebd., S. 147.

以下では、本書の問題意識であるところの、政党を用いて全国民の代表の要請を実質化するという観点から、ドイツにおいて政党と全国民の代表論との関係について、どのように整合性がとれるものとして語られてきたかを参照する。

　ドイツにおいても、議員は全国民の代表であるという基本法38条1項2文の要請と、基本法21条の政党条項が併存することについては、長らく問題意識が向けられてきた。実際、連邦憲法裁判所も基本法21条と38条の関係性が緊張関係に立つものであり、かつ両者が中和しがたいものであると指摘している[73]。

　代表制と政党の関係については、ワイマール時代の議論に遡る。当時、ワイマール憲法21条において規定された自由委任をめぐる文言について、政党の綱領に議員が拘束されるという事実と矛盾するとの問題提起がなされていたのである[74]。基本法の下でも、この議論は、38条1項2文における自由委任の規定と21条1項の政党条項との関係性という議論へと引き継がれた[75]。そして、1950年代以降、両条項の関係性に関する議論は展開され続けている[76]。例えば、連邦憲法裁判所は、「現代の大衆民主主義において議員は、政党を介してのみ、…議会に現れる」と指摘する[77]。両条項の緊張関係を解消するにあたって、連邦憲法裁判所は、政党が他の政党との競争において、国民の意思形成に関与することを提示する。したがって、政党は特定集団の利益について、全国民の利益に資するための通り道としてのみ提示するという義務を負うと考えられている[78]。

　以下では、この両条文の関係性について、基本法21条の政党条項の側に力点を置いて説明する Gerhard Leibholz の見解と、なおも基本法38条1項2

73　BVerfGE 2, 1 (72); *Sebastian Kluckert*, Mandat und Status des Abgeordneten, in: *Stern, Sodan, Möstl*, Das Staatsrecht der Bundesrepublik Deutschland Ⅱ, 2022, S. 211, Rdnr. 37. ここで政党禁止が認められた場合、当該政党に所属する議員についても議席喪失を認めたことについては、政党国家性の方を優先したと考えられる (Ebd.)。
74　Norbert Achterberg, Das Rahmengebundene Mandat, 1975, S. 26.
75　Neumann, a.a.O. (Anm. 5), S. 285.
76　Ebd.
77　*Kimme*, a.a.O. (Anm. 7), S. 161; BVerfGE 5, 85 (233).
78　Ebd., S. 162; BVerfGE 5, 85 (234).

文の自由委任に意義を見出そうとする見解に分けて論じることとする。

Ⅰ．Leibholz の政党国家論

　全国民の代表論が古典的に持つ自由委任という要素について語るにあたり、政党国家論の観点からその意義に疑義を呈したものとして避けては通れないのが、Leibholz による議論である[79]。

　Leibholz によれば、政党国家的な大衆民主主義と代表制的な議会主義は、二つの完全に異なる民主主義の構造である。前者においては、議員が自由に独立して決定することが求められ、政党による影響を受けることが許されない。他方、後者の政党国家については、「プレビシット的な民主主義の最も合理化された決定形態」とされる[80]。Leibholz によれば、代表とは、何らか実際には存在しないものが再現されるということを意味してきた[81]。人民は政治的・理念的な統一体としてのみ代表され得るが、その場合、代表の意義は多様に分かれた個々人の意思を超えた共同体意思への統一を図るという点にある[82]。この際、政治的統一体としての国民を代表する者は、自身の決定を完全に自由になすことができるべきである。故に代表者は、第三者に依存することなく、つまり、自ら「使用人」としてではなく、「主人」とし

79　*Helmut Trautmann*, Innerparteiliche Demokratie im Parteienstaat, 1975, S. 26; *Gerhard Leibholz*, Parteienstaat und Repräsentative Demokratie Eine Betrachtung zu Art. 21 und 38 des Bonner Grundgesetz, DVBl 1951, Heft 1, S. 3 f. こうした点に関して、ライプホルツが国民と政党、政党と国家を同一視しているという同一性原理や直接民主制をとっているとすることに対して疑義を呈するものとして、上脇博之「ゲルハルト・ライプホルツ政党国家論の『全体像』の再検討」北九州大学法政論集23巻1・2号（1995年）67-68頁、71頁。

80　邦語文献として、石田榮仁郎「憲法政党──政党の憲法的位置づけ──」比較憲法学研究22号（2010年）1頁以下、上脇博之「G・ライプホルツの政党国家論──その『全体像』の再検討」同『政党国家論と国民代表論の憲法問題』（日本評論社、2005年）5頁以下、本秀紀『現代政党国家の危機と再生』（日本評論社、1996年）68頁以下、西原博史「政党国家と脱政党化」法律時報68巻6号（1996年）159頁、清水望「西ドイツにおける『政党国家』論について──とくにライプホルツの所説とその批判をめぐって」早稲田政治経濟學雑誌252号（1977年）1頁以下、栗城壽夫「最近のドイツにおける『民主政』のとらえ方について」大阪市立大学法学雑誌11巻3・4号（1965年）15頁以下なども参照。

81　*Gerhard Leibholz*, Das Wesen der Repräsentation und der Gestaltwandel der Demokratie im 20. Jahrhundert, Dritte Auflage, S. 26. ゲアハルト・ライプホルツ（渡辺中・廣田全男監訳）『代表の本質と民主制の形態変化』（成文堂、2015年）16頁。

82　Ebd., S. 57. 同上、35頁。

ての役割を果たさなければならない[83]。議員は明示的に自らの良心に基づいて決定をするよう求められ、それ故に、その決定の正統性が基礎付けられるのである[84]。このような代表制観をとるならば、政党は議員の自由と代表制議会主義を脅かすものとして消極的に捉えられることになる[85]。

これに対して、政党国家現象についてはどう捉えられるか。Leibholz のもともとの代表制論に依った場合には、政党の位置づけは容易ではない。代表制を支える議員の自由もまた政党を前にして後退している[86]。しかし、時代の変遷の中で、大きな国家において数百万もの有権者を政治的に活動可能な集団にまとめるためには政党が不可欠であって、国民は政党を拡声器とすることではじめて、政治的決定を行い、発言をすることが可能になる[87]。議員が「自らの良心に基づいて」行動することのみが要求された時代とは異なり、個々の議員はもはや、自らが属する政党の立場から完全に逸脱した立場を採ることについての正統性を欠いている[88]。むしろ、政党がその構成員に対しても自らの方針を貫徹できるということが現代の政党国家の構造には適合している[89]。このような政党国家的な構造においては、議員は、政党や会派とは根本的に異なる政策を追求することへの正当性を持っておらず、自らとは異なる意見にも従わなければならない[90]。Leibholz の政党国家民主主義においては、議会で行われる議論は、異なる考えを持つ議員を説得するというよりも、政治的な決定によって影響を受けるだろう積極的な市民に向いている[91]。もはや議員は政党に拘束されているのであるから、議会の中で議論が汲みつくされ、国民にとって最もよい決議が行われるという理想はあり得

83　Ebd., S. 73. 同上、44頁。
84　*Leibholz*, a.a.O.（Anm. 79), S. 2.
85　Ebd.
86　*Leibholz*, a.a.O.（Anm. 81), S. 98. ライプホルツ・前掲注(81) 55頁。英国における現状の観察から、ライプホルツが態度決定をしたとの説明として、*Anna-Bettina Kaiser*, Mit Leibholz zum *Liquid Feedback*. Zur Aktualität einse unterschäzten Staatsrechtslehrers in: *die*（Hrsg.), Der Parteienstaat, Zum Staatsverständnis von Gerhard Leibholz, 2013, S. 15.
87　*Leibholz*, a.a.O.（Anm. 79), S. 3.
88　*Leibholz*, a.a.O.（Anm. 81), S. 228 f. ライプホルツ・前掲注(81) 139-140頁。
89　*Leibholz*, a.a.O.（Anm. 79), S. 3.
90　Ebd.
91　*Bettina Kähler*, Innerparteiliche Wahlen und repräsentative Demokratie, 2000, S. 62 f.

第1節　ドイツにおける「全国民の代表」と政党　123

ない[92]。

　Leibholz は、以上のような政党国家化を直接民主主義とパラレルに捉える。政党国家大衆民主主義においては、直接民主主義の下で市民の多数の意思が国民の意思と等閑視されるのと同じように、議会や政府の中で政党の多数派の意思が一般意思と同視される[93]。この中では、議会もまたその本来の性格を失う。議会（の本会議）においては、既にほかの場所、例えば委員会や政党の会議といった場所においてなされた決定が登録されるだけとなっている[94]。議会外においても、選挙の場で候補者は、特定の政党に所属していることを基礎に選ばれる[95]。Leibholz のこのような考えに基づけば、選挙は、政党によってまとめられた市民がその政治的な意思について、候補者や政党の綱領を踏まえて表現するというプレビシット的な性格を持つことになると整理される[96]。代表制においては、代表による形成と具体化を待ってはじめて国民意思が生じるのに対し、政党国家においては、それは直接国民の一部の意思において表出されるのである[97]。

　Leibholz は、自身のこのような政党国家観に基づき、基本法38条1項2文と21条1項の関係性について以下のように説明する。つまり、基本法が38条1項において伝統的な代表制を承認した一方で、21条1項において「長らく政治的な現実となっていた」政党国家についても是認したということにおいては、現代の政党国家的大衆民主制と、自由主義的な議会制代表制民主主義の原則を併存させる体が採られたように見える。しかし、実際のところ、この両者が単に併存していると考えるのは誤りである[98]。両者の関係性について、Leibholz に言わせれば、確かに38条1項2文には古典的な代

92　Ebd., S. 63.
93　*Leibholz*, a.a.O. (Anm. 79), S. 4.
94　Ebd.
95　Ebd.
96　Gerhard *Leibholz*, Verfassungsrechtliche Stellung und innere Ordnung der Parteien Ausführung und Anwendung der Art. 21 und 38 I 2 des Grundgesetzes, Verhandlungen des 38. Deutschen Juristentages, am 15. September, 1950, 1951, S. 11; Rüdiger *Wolfrum*, Die innerparteiliche demokratische Ordnung nach dem Parteiengesetz, 1974, S. 20.
97　*Wolfrum*, a.a.O. (Anm. 96), S. 20. とはいえ、Leibholz は、政党が基本法上独占的な地位を与えられているわけではないことを認める（*Leibholz*, a.a.O. (Anm. 96), S. 16.）
98　*Leibholz*, a.a.O. (Anm. 79), S. 1.

表制議会主義の名残がいまだに残っているけれども、これは、「政党国家のある種極端な帰結を防止するという意味のみ」を持ち得る程度に過ぎない[99]。この極端な帰結としては、例えば、リコール、政党による議員の解任が許されえないこと[100]、また、政党が政治的な意思形成について独占的な地位を主張しえないということを意味するとされるほか、議員に対しては政党から依頼がされえないということが導かれる[101]。

　Leibholzのこのような政党国家観については当然ながら批判もあるところである[102]。政党を国民と同一視する彼の見解については、市民の一部のみが政党に所属していることを踏まえれば成り立ち得ないのではないか、との反論がされ得、また、国民意思が政党を介して媒介されるということは、間接民主主義の一形態となっていると評される[103]。さらに、選挙についても、事実上政党が独占的地位を果たしていることは否めないとしても、有権者は政党が資質のある候補者を提供してくれるからこそ、その党に対して投票をするのではないかと指摘される[104]。比例代表制の部分において、リストが定立された後は候補者が政党に対して排除され得ない状態で確定されること、つまりもはや政党によってリストを左右できなくなることも、Leibholzへの批判の論拠となる[105]。また、そもそも選挙において全ての問題が有権者の

99　Ebd., S. 6.
100　Leibholzを引用しながら、*Klein, Schwalz*, a.a.O.（Anm. 1）, S. 142, Rdnr. 222.
101　*Leibholz*, a.a.O.（Anm. 79）, S. 6. もっとも、Leibholzによれば、議員に対する依頼自体は許されるけれども、それが法的に拘束的ではないという学説については、法的に拘束的ではない依頼というものを真の依頼として観念しがたいが故に、誤りであると評価される（Ebd.）。Leibholzはここから、政党法上会派強制を認めることや、議員の政党や会派からの除名に伴う議席喪失といったことについて、認められないとの立場をとる（Ebd.）。
　　会派強制について、*Eduard Dreher*, Zum Fraktionszwang der Bundestagsabgeordneten, NJW, 1950, S. 661 f.
102　政党は当初は国家権力とは異なる、国民個人が集まって組織する結社であり、Leibholzの議論は「限られた特権的な政党に権力の寡占を保障する」ことに繋がるとの指摘があることについて、西原・前掲注(80) 160頁。
103　*Demmler*, a.a.O.（Anm. 9）, S. 59. Leibholzによれば、間接民主制と政党国家民主制の決定的な違いは、前者においては代表による形成と具体化が必要な一方、後者においてはそれは直接、国民の一部の意思において表出されるということである（*Wolfrum*, a.a.O.（Anm. 96）, S. 20.）。
104　*Demmler*, a.a.O.（Anm. 9）, S. 60.
105　Ebd., S. 60 f.

判断の俎上にあげられているわけでもなく、議会の解散が容易にできないように設計されていることと合わせて考えるならば、連邦議会は選挙の際にはなかった新たな問題について自ら拘束的に決定できると考えられるべきである[106]。本来、基本法を踏まえれば、政党は国家意思を事前に形成するとしても、最終的な意思形成は国家の組織、とりわけ議会によってなされる。その結果、国家意思は事前に形成された政党の意思とは異なるものになり得る[107]。実際の政治においては、連立交渉の過程において政党の目標設定が修正される可能性もあるが、Leibholzモデルにおいては、このような修正可能性が抜け落ちている[108]。そもそもLeibholzが念頭に置く考え方であるところの、支配する者とされる者の同一性の考え方、政党は国民であるとの考えは、責任と統制の関係が崩れる結果を招きかねない[109]。

以上のようなLeibholzの政党国家論への批判は、結局のところ、彼が「全国民の代表」の要請が持つ自由委任の持つ意義について「極端な帰結を避ける」程度のものでしかないと軽視した点にあると言える。実際には、市民の全てが政党にもれなく属しているわけではなく、選挙においても政党がほぼ独占的な地位を占めているとしても、完全な独占が起こっているわけではない。さらに、選挙において政党を介して示された国民意思は、議会が扱うすべての議題について示されたものではない。これは、Leibholzの時代よりもさらに多元性が高まった現在においては顕著であろう。さらに、Leibholzが言うように、単に政党から提示された意思を議会に「登録」するだけで良いならば、政党から誰が議会への候補者、議員となるかは問題外となるはずであり、くじ引きで候補者を出すこともできるはずである[110]。そうなった場合、なぜLeibholzが言うように、候補者擁立手続きが民主的に行われるべきであるのか、といったことは明確ではなくなる[111]。本来、議員

106　Ebd., S. 61 f.
107　*Müller*, a.a.O.（Anm. 33), S. 1049, Rdnr. 49.
108　*Kähler*, a.a.O.（Anm. 91), S. 70. Leibholzは国民意思が固定的にそのまま国家の意思に吸い上げられるように考えすぎているとの指摘として、加藤一彦「ライプホルツ政党国家論の一側面―同一制民主制への批判―」『明治大学大学院紀要』25(1)（1987年）66頁。
109　*Kähler*, a.a.O.（Anm. 91), S. 71. Scheunerを引用しつつ、Leibholzにおいては責任の要素が欠けていることを述べるものとして、加藤・前掲注(108) 66頁。
110　*Kähler*, a.a.O.（Anm. 91), S. 72.

の手元に独立した関与の余地が残され、これが議会内に新たな思考を持ち込み、また翻って、政党内の方針に対しても発展をさせるという可能性があることが、Leibholzの議論では抜け落ちているのである[112]。このようなプロセスが可能になるためには、やはり議員が政党の方針に義務付けられるけれども、最終的には独立した存在として現れることが必要である[113]。したがって、政党を介した一般意思の発見というLeibholzのテーゼ自体が否定されるべきではない（かつ現代の大規模国家においては基本的に妥当なものである）としても、全国民の代表の要請の持つ意義、とりわけ議員個人が持つ「全国民の代表」であるとの要素について完全に軽視することは難しいのではないかと思われる。

Ⅱ．全国民の代表の要請に意義を見出そうとする見解

そこで、ドイツにおいて全国民の代表の要請には何が残ると考えられているのか。Leibholzの議論に対抗するものとして[114]、基本法38条1項2文にも全く意味がないというわけではないという反駁もなされている。

まず、Leibholzとは反対に基本法38条1項2文と21条の衝突において、38条1項2文の方を「優先」するという見解もある。この可能性を探ると評価されるのがForsthoffである[115]。彼は、議会についての原型イメージと現代の大衆民主主義が相容れないとするが、その上で38条の方を優先する[116]。Forsthoffの問題意識として、「集合的に追及される利益の鏡像にしか過ぎない議会は、もはや何も代表していない」ということがある[117]。Forst-

---

111　Ebd.
112　Ebd., S. 73.
113　Ebd.
114　Stolleisによる国法学者大会の報告を引用しながら、もはやドイツにおいては、Leibholzの言うような政党国家と代表民主制の不適合ということは問題ではなく、むしろ政党制の固定化と反動が問題となっているとの説明を加えるものとして、加藤・前掲注(108) 57頁。引用されるStolleis論文については、*Michael Stolleis*, Parteienstaatlichkeit – Krisensymptome des demokratischen Verfassungsstaats?, Band 44, VVDStRL, 1986, S. 15.
115　*Neumann*, a.a.O.（Anm. 5), S. 289.
116　Ebd., S. 288; *Ernst Forsthoff*, Zur verfassungsrechtlichen Stellung und inneren Ordnung der Parteien, Deutsche Rechts-Zeitschrift, Heft 14, 1950, S. 318.
117　Ebd., S. 313 f; *Neumann*, a.a.O.（Anm. 5), S. 288.

hoff のこのような考え方の背景には、彼が反政党国家的ルサンチマンを持っていたことがある[118]とも指摘されるが、彼にとって政党条項を中心に据えることは、議会の役割を単なる個別利益の積み重ねへと堕落させるとの問題意識があったのであろう。

　もっとも、基本法38条の方を優先するとするこのような見解は、国家と社会政治的な次元が厳格に分離可能であるとの前提の下に立つとの批判を受ける。つまり、この見解の基礎にあるのは、基本法21条は、社会的な組織である政党にのみかかわるものであるのであって、議会の領域については38条の側が独占的に妥当するという考え方である[119]が、このような純粋な二元論に対しては、もはや維持可能ではないことが非難されるところである[120]。

　ここまでの見解は、基本法38条1項2文と21条のいずれを優先とするとしても、両者が基本的に相容れないものであり、衝突するという考えを基礎としているものである。しかし、ここでは憲法の統一性の原理、つまり、憲法が全体としてどのように統一的に解釈されるべきか、については十分には理解されていない[121]。つまり、両規定について矛盾するかどうかという次元において理解するのではなく、両者が相容れるものとして考えるべきである。言い換えれば、議会評議会において、敢えて両条文を書き込むと決定がされた以上、両者についてはそれぞれができるだけ有効になるよう解されるべきであるとの主張がなされる[122]。つまり、基本法38条は政党が国民の政治的意思形成に関与するということから切り離して捉えられるべきではない[123]。完全に独立し、自らの良心のみに従うという議員像は基本法の構想と相容れないものであり、自由委任については常に自覚的に、政党に所属し一定の拘束

118　*Neumann*, a.a.O. (Anm. 5), S. 289.
119　*Demmler*, a.a.O. (Anm. 9), S. 63.
120　Ebd.
121　*Demmler*, a.a.O. (Anm. 9), S. 65. 憲法の統一性の原理について、*Konrad Hesse*, Grundzüge des Verfassungsrechts der Bundesrepublik Deutschland, 20 Auflage, 1995, S. 27, Rdnr. 71. 政党国家と自由委任が基本的に相容れないという前提について、疑わしいとするものとして、*Hans-Jürgen Toews*, Die Regierungskrise in Niedersachsen (1969.70) Parteienstaat und parlamentarisches Regierungssystem in der Verfassungspraxis, AöR 96, 1971, S. 362.
122　*Demmler*, a.a.O. (Anm. 9), S. 66.
123　Ebd.

128　第 2 章　政党を用いた「全国民の代表」の要請の実質化

に服する議員像というものを念頭に置いたうえで解釈されるべきものなのである[124]。

こうした意味において、かつての議会とは異なり、政党の存在が自明のものであるという今日的前提から、折衷案をとるとされるのが Hesse である[125]。Hesse によれば、基本法が38条1項2文を用いて、それ以前のドイツ憲法の伝統的な定式としての「指示や依頼に拘束されず、良心にのみ服する全国民の代表」というテーゼを受け入れたとしても、その内容に関してまでかつての初期立憲主義時代のものを引き継いだと理解すべきということにはならないと指摘される[126]。彼によれば、今日的な体系的連関の下でこの規定は解釈されるべきなのである[127]。彼によれば、基本法はまさに21条と38条1項2文において、議員の地位が政党の関与なくしては理解され得ないということ、そして反対に、議会における政党の関与のために議員の自由委任が本質的であるということを明らかにしている[128]。今日の議会制と議員の現実を踏まえた場合、自由委任は、議会内の政治的意思形成における政党の関与や、政党への議員の拘束、会派から創出され、追及される方針への議員の拘束についておよそ禁じるものではない。しかし、他方で、自由委任はこの拘束についての限界を設けていると考えられる[129]。

最後に、やや毛色の違うアプローチとして、基本法38条1項2文の良心「のみ」に服するという文言について、相対化して捉えることで、議員に対する政党からの拘束を一定程度許容するという見解もある[130]。例えば、Achterberg は、基本法38条1項2文の条文上は明示されていないものの、議員が法律や憲法に対して拘束されることは当然であると考えられることを引き合いに出し、故に、良心「のみ服する」という文言については、広く解釈さ

124　Ebd.
125　*Neumann*, a.a.O. (Anm. 5), S. 289.
126　*Hesse*, a.a.O. (Anm. 121), S. 255, Rdnr. 598.
127　Ebd.
128　Ebd., S. 255 f, Rdnr. 598.
129　Ebd., S. 256, Rdnr. 599.
130　両者の間の緊張関係については、まずは法的に議員が指示や依頼に拘束されないことについては変わっておらず、これは政党や会派に対しても妥当すると述べるものとして、*Klein, Schwarz*, a.a.O. (Anm. 1), S. 144, Rdnr. 226.

第1節　ドイツにおける「全国民の代表」と政党　　129

れ得るとした。このように「のみ」という文言について相対化した場合、議員に対して、政党の綱領から示された枠内で一定の拘束が及ぶことについても、許容される余地がある[131]。Achterbergのこの見解は、議員の独立性について、議員が共通の福祉を基礎として意思形成を行うことを意味すると捉えたうえで、政党もまた、共通の福祉に義務付けられていることを理由付けとして参照するものである[132]。しかし、このような考えによった場合、個々の議員の権限は遺物のようなものとなり、会派の特権や独占が生じることだろう[133]。加えて、議員が憲法や法律に縛られるということと、政党の綱領に縛られることと同視するのは賢明ではなく、このような解釈をとることは憲法違反の疑いがあると批判される[134]。

　しかしながら、Achterbergのこの考えが批判されるものであるとしても、彼の38条1項2文に関する前提としての記述においては興味深い点が残る。それが、以下のような議論である。そもそも、政党制度と議会制は異なる構造の次元にあるのであって、互いに排他的に対立するものではない[135]。政党は国家意思を事前に形成するものであり、国家意思の形成は、国家の機関、とりわけ議会を通じて行われるものにとどまらない[136]。他方、事実上、国家の意思形成は与野党間の妥協によって生じるものであり、この結果として生じてきた国家意思は、それ以前に政党内で作られた意思とは異なるものになり得る[137]。つまり、複数政党があることを前提にすれば少なくとも、政党の意思と国家の意思は同一のものにはなり得ない[138]。確かに、議員は、全国民代表としての地位と、政党構成員、あるいは諸団体や企業の構成員や選挙区から選ばれた者としての地位の両方を持つのであり、その者がいかなる地位に従って行動したのかは対外的には明らかでない[139]。しかし、基本法38

131　*Achterberg*, a.a.O.（Anm. 74）, S. 33.
132　Ebd.
133　*Abmeier*, a.a.O.（Anm. 19）, S. 56.
134　Ebd., S. 56 f.
135　*Achterberg*, a.a.O.（Anm. 74）, S. 10.
136　Ebd.
137　Ebd.
138　Ebd.
139　Ebd.

条1項2文は擬制的なものでもなく、不必要なものでもなく、あくまでも議員の良心に基づく決定の義務付けとしてその意義を発揮し得る[140]。有権者は自身の選挙での投票を通して、ある政党を選ぶとの決定をしたと言えるけれども、国民の間にある意思は国家の意思へとそれが転換されるまでの間にも変わる可能性がある。有権者とその者から選ばれた政党の意思の間のずれは、政党の意思と議会の意思の間にずれがあるのと同様に大きくなる可能性を持つ[141]。

以上の議論を踏まえ、自由委任に残る意義としては、柔軟性と責任の定立という点が指摘され得る。まず、柔軟性の意義とは、議会が新しい問題についての柔軟な対応可能性を得るということがある。選挙と選挙の間には常に新たな問題が生じてくるため、議会構成員は選挙の際に提示した綱領にかかわらず、これらの新しい問題に対して柔軟に対処できなければならない[142]。自由委任によって、議員は新しいことが起きた際に、独自に自らの任務を果たすことができる[143]。それゆえ、議員は議会の場において、選挙の際には明らかになっていなかった新たな問題についても、他の議員との議論の中で、決定発見を行うことができるのである。また、自由委任の存在により、議員には議会での決定に対する自身の関与について、個人的な責任が与えられる[144]。個々の議員は、自らの所属政党の決定に従うだけではなく、議会における自らの行動について責任を負わなければならない[145]。議員が自由委任に基づいて有権者に対して責任を負うからこそ、議員と公衆の間の議論が開かれる[146]。これにより、国民の国家の意思形成への影響力が一度きりの選挙という行動にくみつくされるのではなく、動態的なプロセスとして理解され

140　Ebd., S. S. 11. ここで Achterberg は Leibholz の言うところの、政党国家の極端な帰結を避けるという自由委任の意義を引用する。
141　Ebd.
142　柔軟性と議員の独立性の関係について、*Demmler*, a.a.O.（Anm. 9）, S. 68.
143　Ebd. 自由委任の意義に関しては、*Hofmann, Dreier*,（Anm. 18）, S. 185, Rdnr. 43. 議会内の妥協可能性の必要性とそれに対する自由委任の作用について語るものとして、*Demmler*, a.a.O.（Anm. 9）, S. 50 f.
144　*Hofmann, Dreier*, a.a.O.（Anm. 18）, S. 185, Rdnr. 44.
145　*Demmler*, a.a.O.（Anm. 9）, S. 69.
146　Ebd., S. 70.

得、代表する者とされる者の間で恒常的な意見交換がなされるのである[147]。また、特定の議題が、それに対して直接利害関係を持つ国民個人ではなく、代表制のプロセスを介して議論の場に持ち込まれることによって、その個人的な意見の性質は大きく変わる。そこで、この意見は、意思疎通を重ねる決定プロセスに委ねられ、それによって個々の意見の自己中心的な性格が薄まることもある[148]。そうである以上、ここでもやはり、議員個人に全国民の代表としての性質が最低限残されるべきである。

第2節　政党内民主主義という示唆

第1款　政党内民主主義という可能性

　以上のようにドイツでは、政党条項の存在と政党の現実的な不可欠性を踏まえ、それでもなお基本法38条1項2文の要請が併存することをどのように説明するかという議論が展開されている。その一方の極端を成すのがLeibholzの政党国家論であろう。Leibholzの議論においては、政党なくして国民意思なるものは見出されえず、多数派政党の意思がすなわち国民意思となる。そこでは、全国民の代表の要請が持つ意義はもはや大幅に後退することとなる。

　しかしながら、Leibholzの見解を徹底した場合、それは究極的には全ての国民が政党に属したうえで、選挙において政党が完全に独占的な地位を占め、そして全ての議題について選挙において確定的に、多数派政党の選択という意味において国民の多数派の意思、すなわち一般意思があらわれたことになる。しかし、代表制について、本書のように、議員が選挙において一定の民意を背景に選ばれているとしても、議会の場では（その選挙において問われなかった議題についても含め）柔軟に対応を議論し、これに責任を持つことに

147　Ebd.
148　Ebd., S. 76.

よって、有権者との間での相互のやり取りが可能になるというプロセスとして捉えるならば、やはり議員個人の手元に「全国民の代表」としてふるまうという要請は残るはずである。

　しかしながら、ドイツの議論においても、議員がいかにして、政党の存在を前提としつつも、有権者との間のやり取りを確保し、最終的に自ら独立して判断を下すことで自身の決定に責任を負うというプロセスを確保できるかについて、詳細な説明はされていない。基本法38条1項2文と21条の関係性をめぐる主たる焦点は、その両者の関係をいかにして矛盾なく説明することができるかという点に尽きており、実際に両者を矛盾なく運用する制度設計のあり方に明示的に議論が及んでいないのが現状であろう。ただ、そのような状況下において、一つ示唆的なものとなり得るのが、全国民の代表の要請と政党の関係について、「政党内民主主義」の概念を用いて架橋しようとする指摘である。

　ドイツにおいては基本法21条1項3文において、政党に対して、その内部秩序が民主主義の諸原則に対応したものとなるよう求められている。これがいわゆる「政党内民主主義」を求める規定である。そして、この政党内民主主義が、全国民の代表の要請との観点において位置づけられるとの主張が存在する。

　その主張の基本線は以下のとおりである。既に述べたように、政党は議会において、自身に所属する議員が団結して行動することについて利益を有する。他方、自由委任の存在故に、政党（会派）は、自身に所属する議員の行動や意見を完全にコントロールすることはできない。故に、政党は自身の方針から外れる議員がいる場合、この議員を単に会派から排除するであるとか、この議員に対して制裁を科すといった可能性よりも、この議員と議論を重ねる方向をとるよう、強制されるのである。自由委任は、政党内の独占の傾向を阻止する方向に働くとも言われる[149]。さらに、自由委任の存在故に議員は、特定集団のために働くのではなく、常に新しく異なる影響力に対して開かれていることが可能になる[150]。言い換えれば、自由委任が認められてい

149　*Hofmann, Dreier,* a.a.O.（Anm. 18), S. 185, Rdnr. 45.

るが故に、議員と情報源となる主体との間の自由な意思疎通が守られるのである[151]。

第2款　政党内民主主義と全国民の代表論の関係

　上記基本線に沿って、「全国民の代表」の要請と政党内民主主義の関係に関するドイツの議論をさらに見ていくこととする。政党内民主主義と「全国民の代表」の要請を結び付ける論証は、ドイツにおいては珍しいものではない。とりわけ、議員の独立性（命令的委任の禁止）の側面と政党内民主主義を結び付ける議論は、主要なコンメンタールやハンドブーフにおいても、たいてい簡潔にではあるが、必ずと言ってよいほどみられる。例えば、Dieter Grimm は、ハンドブーフにおいて、自由委任の意義として、政党や会派が決定をする際に、個々の議員の意思を考慮に入れなければならないという作用が働く点にあるとする[152]。この意味において、自由委任の規定は政党国家と対立したり、政党国家の極端な帰結を避けたりするものではなく、まさに政党国家と関係する機能を持つのである[153]。Hans Hugo Klein もまた、連邦議会憲法改革調査委員会の最終報告書の記述であるところの「自由委任は、議会・代表制民主主義の核心として不可欠であるとともに、政党内民主主義の機能可能性のためにも本質的な意義を持つ」という説明を引用し、憲法が自覚的に、議会の意思形成プロセスにおける構造を決定する総体としての個別の議員たちを作り出しており、これによって、政党が寡占的な傾向に陥らないようにされ、政党と会派内の意思形成の公開性が守られると述べる[154]。

150　*Morlok*, a.a.O. (Anm. 12), S. 1115, Rdnr. 149.
151　Ebd.
152　*Dieter Grimm*, Politische Parteien, *Ernst Benda* [et al] (Hrsg.), Handbuch des Verfassungsrechts, 2. Auflage, 1994, S. 637 ff, Rdnr. 56 ff.
153　Ebd., S. 639, Rdnr. 57. Streinz もコンメンタールにおいて、同様の指摘をしている（*Rudolf Streinz*, Art 21, Absatz 1, in: *Peter Huber, Andreas Voßkuhle*, Grundgesetz Band 2 Art. 20-82 Kommentar, 8. Auflage, 2024, S. 295, Rdnr. 86.）。
154　*Hans Hugo Klein*, Status des Abgeordneten, *Isensee, Kirchhof* (Hrsg.), Handbuch des Staatsrecht, Bd. III, 2005, S. 745 f, Rdnr. 6; Schlußbericht der Enquete-Kommission Verfassungsreform gemäß Beschluß des Deutschen Bundestages - Drucksache 7/214 (neu) - Drucksache 7/5924, S. 25 unter 3.3.

さらに、Michael Stolleis は、国法学者大会報告において、前提として代表制が時代に応じて変わりゆくものであるということを想定するならば、代表制と政党国家は互いに相容れるものであるとする[155]。そしてそこにおいては、議員の「自由」が政党内の意思形成プロセスの確保に繋がると論じられるのである[156]。

このように、主要なコンメンタールやハンドブーフ、国法学者大会報告といった場において、政党内民主主義と全国民の代表の要請の連関については必ずと言ってよいほど言及されているものの、その記述は極めて端的である。より詳細な記述のために個別の文献に手がかりを求めた場合、そこでも比較的簡潔な記述が多少見られる程度である。例えば、Peter Badura によれば、自由委任は、議員が会派や政党の意思形成に対して少なくとも一時的に独自の立場を持ち込むことを可能にするものとされる。これによって、政党の指導部が独占的な地位を占めてしまい、その結果、個々の議員の政治的意見が恣意的に抑圧されることが避けられるほか、政党や会派内部での意見形成の公開性が促進される[157]。Konrad Hesse もまた、自由委任の存在により、議員はその会派や政党から受ける拘束に関し、法的に制裁を受けることがない点を指摘する[158]。それゆえ、自由委任は、政党や会派内部で、そして政党や会派に対抗して、議員に対し、本質的に大きな自立性を与えるものであり、これによって会派内部の行動の団結性はまずもって自由な同意に依拠することになる[159]。この意味において自由委任は、政党内部の意見や意思形成の確かな自由を保障するものであり、政党内民主主義の促進とかかわることになる[160]。さらに Stuby は、政党内民主主義が内包する直接民主主義的な傾向を念頭に置きつつ、議員が代表制の下で持つ自由委任に対しても、直接

155　*Stolleis*, a.a.O.（Anm. 114）, S. 16.
156　Ebd.
157　*Peter Badura*, Die Stellung des Abgeordneten nach dem Grundgesetz und den Abgeordnetengesetzen in Bund und Länder, in: *Schneider, Zeh*（Hrsg.）, a.a.O.（Anm. 18）, S. 496, Rdnr. 19.
158　*Hesse*, a.a.O.（Anm. 121）, S. 256, Rdnr. 600.
159　Ebd.
160　Ebd., S. 257, Rdnr. 602; *Otto Kirchheimer*, Parteistruktur und Massendemokratie in Europa, AöR 79, Heft 3, 1953/1954, S. 315 f.

民主制的な政党の内部構造は相反しない、むしろそれを強める傾向があると主張する。普通選挙制の下で、個々の議員は仮に自身が一定の支配的な市民階級から生まれたとしても、選挙においては他の階層の有権者の同意も得なければならず、その限りで、「全国民の代表」の趣旨は依然として意義を持っている[161]。そして、自由委任があることによって、議員が議会において公的な政党の方針から逸脱し、これによって政党内部でのヒエラルヒー化を避けることが可能になる[162]。自由委任の存在によって、議会の演台において、議員が公的な政党のラインから逸脱する観点を代表することが可能になり、それによって政党内議論をさらに拡大することに繋がるのである[163]。

このように、議員が全国民の代表としての性質を有し、最終的には政党・会派の意思に反してでも自ら行動を起こすことができるからこそ、政党・会派は団結して行動するためにはその内部の議員の声に耳を傾ける必要が生じるという意味で、政党内民主主義の要請と全国民の代表の要請は連関する関係にある。議員が最終的に命令的委任の禁止の要請により、独立性を持つからこそ、政党内において議員に対し「上から」一方的に方針を押し付けることはできない。そこにおいては、議員の声が耳を傾けられたうえでの決定がなされ、それが議員を拘束する以上、議員は自らがかかわった決定に対して拘束される（そしてそれに異議がある場合には最終的に離脱する可能性を持つ）という限りにおいて、その独立性を保つのである。

以上の議論は、政党が全国民の代表の要請に資するものであれば、議員はこれに拘束されたとしても命令的委任の禁止の要請に反しないという本書の一つ目の問題提起の方向性を支え得るものである。つまり、政党は究極的には私的結社であるが、そこから議員が離脱できる可能性があること故に、翻って政党執行部は党内の議員の意見を聞くようになり、もって政党内民主主義の要請が実現される。政党内部において議員が自ら党の意思形成にかかわっているからこそ、議員は最終的に自身がかかわった決定に拘束されるだ

---

161 *Gerhard Stuby*, Die Macht des Abgeordneten und die Innerparteiliche Demokratie, Der Staat 3, 1969 S. 322.
162 Ebd., S. 324.
163 Ebd.

けとなるのであり、その限りにおいて、命令的委任の禁止の要請は保たれる。

第3款　政党内民主主義と多様な民意の反映―民意をどう政党内に取り込み、練り上げるか

　以上のように、全国民の代表の要請と政党内民主主義との関係では、議員が最終的に独立しているのであるから、党内で自身の意見に耳を傾けられるのであり、議員は自身のかかわった党としての意見に拘束されるだけである、そして最終的に議会においては政党から逸脱された意見をとることもできるという方向性、つまり、議員の独立性→政党内民主主義→命令的委任の禁止に逸脱しないという方向性で議論が展開されている[164]。この議論は、本書の第一の問題意識であるところの、命令的委任の禁止の要請の意義がどこに残るのか、という問いに対して示唆的なものである。仮に政党の存在に直面して、命令的委任の禁止の要請が後退しているとしても、議員が最終的には独立性を保持するからこそ、政党の意思形成から究極的には離脱する可能性を保持できる、そしてその結果として、政党内であらかじめ各議員の意見に耳が傾けられ、そのうえでなされた意思決定については、議員は自身がかかわったものとして拘束されることになるからである。

　この議論からは、本書の第二の問題意識、つまり政党が曖昧模糊として多様な民意の中から、議員が一般意思を見出す手助けを行うということについても示唆が引き出され得る。命令的委任の禁止の要請があるからこそ政党内民主主義が保たれるというドイツの議論においては、議員が最終的に独立性を持った存在として政党内に存在することが念頭に置かれる以上、この議論においては、様々な意見を持つ議員を政党内に包摂し、党内で意見を述べさせることが政党について想定されているはずである。

　しかし、このような論証だけでは本書の関心からして不十分である。この

164　しかしながら、この、議員が議会で政党の方針から逸脱する余地がある故に政党内民主主義が促進されるという論理が今日も成り立つかは疑わしい。Stubyが指摘することとして、実際には政党の指導部、議会の中での会派の指導部、政権の指導部が一致するという問題がある（Stuby, a.a.O.（Anm. 161）, S. 324.）。

第2節　政党内民主主義という示唆　137

議論で暗示されているのは、政党内に多様な「議員」を包摂するということだけである。すなわち、おのおのの独立性を持つ多様な「議員」をそれでも党内に束ねておくために、政党内民主主義が促進され、最終的に議員が自身のかかわった意思形成に拘束されているという論理展開がなされているのである。これだけでは、政党がいかにして多様な「国民」の意見や利害を吸い上げ、一般意思の形へと練り上げるのか、論証されていない。仮に議員が自ずから、多様な国民利益を自らの下に集めたうえで政党内に参集し、そこで最終的には自らが党の意思決定から離反できる可能性をちらつかせつつ自身の意見と党内の意思形成に反映させるのであれば、その限りで、多様な国民意思→議員→政党→議会の意思決定という、一般意思の練り上げの経路は確保されるかもしれない。そのように議員がおのずから、自身の手元に多様な国民意思を集め、議会の場で他の議員とのやり取りを通して、一般意思へと練り上げる力を持つならば、議会審議のみがなされればよいのであり、その前段階としての政党は議会内での行動を束ねる会派の母体としての役割しか持たないだろう。しかし、問題は議員が実際にそのような行動をとることができているのだろうか、ということである。議員はもはや、有権者と比較し、おのずから優れた、あらゆる事柄について通じた人材ということはない。多元化が進んだ現代、いかに優れた議員であっても、自らあらゆる政策課題について十分な知識と見識を得た上で、多様な民意を受け取ることができる状態にはない。議員が生身の一人の人間として、多様な「事実上の」影響力にさらされている場合、議員がその中の一部の特殊利益に引きずられず、最終的に一般意思を練り上げる任務を怠らないという保障はどこにもない。したがって、政党の内部に潜在的に離脱可能性を持つ多様な「議員」を包摂するだけではなく、多様な「民意」を包摂し、これらの民意相互間のやり取りに議員自身がかかわることによって、政党がいわば全国民の利益となるものを議員が見出すための場となるという可能性を考えるべきではないだろうか。

　このような筆者の問題意識との関係で、政党内民主主義についてのドイツにおける先行研究に再び目を向けた場合、まず注目に値するのが、政党国家論を提唱したLeibholzの議論による場合である。既に述べたように、Leibholzによれば、政党国家において政治参加が専ら政党を介して生じるとさ

れている。彼が考える政党の役割を踏まえた場合、仮に政党の設立が基本法上自由であるとされているとしても、それに加えて政党が民主的な組織原理に対応すべきであること、そして、政党の目的が憲法適合的であることが求められる[165]。とりわけ、政党の内部構造が民主的なものでなければならない点は重視されている[166]。彼は、政党が権威的、集権的、専制的な組織とならないよう、政党内部での市民の活動の重要性について強調し、政党内で「下から上へ」と意思形成過程が実現されることが重要であると主張した[167]。つまり、全ての政党内での決定について、構成員に適切な政党内意思形成への関与可能性が開かれていなければならない[168]。もっとも、これは、政党内部の決定それぞれについて個々の政党構成員が決定しなければならないということまでも示すものではない[169]。具体的に要求されるのは、政党内での平等かつ秘密の投票の権利や、党内の会議における意見表明の自由、また、議会選挙への候補者擁立の民主化といったことが図られなければならないということである[170]。現代の議会主義とその中での政党が果たす役割に鑑みれば、基本法に自由委任が自覚的に盛り込まれた意義は、政党と会派に対抗する保護の方向性にあるのであって、そしてそれと密接に結びつく点として政党内民主主義を可能とする点にある[171]。その限りで、基本法38条1項2文は、21条1項3文を補充する関係に立つとされる[172]。

　以上のようなLeibholzの議論は、彼の政党国家民主主義論と確かに整合するものである。彼の見解によれば、多数派政党の意向がすなわち一般意思になるわけであるが、そのような考えを採るためには、前提段階における政党内部の意思形成のあり方が強権的なものであってはならないのは自明である。

　もっとも、既に述べたように、筆者はLeibholz型での政党国家論に賛同

165　*Leibholz*, a.a.O.（Anm. 96), S. 17.
166　*Leibholz*, a.a.O.（Anm. 81), S. 246 f. ライプホルツ・前掲注(81) 155-156頁。
167　Ebd. 同上。
168　Ebd. 同上。
169　Ebd., S. 247. 同上、156頁。
170　Ebd., S. 248. 同上、156-157頁。
171　*Abmeier*, a.a.O.（Anm. 19), S. 50; *Hesse*, a.a.O.（Anm. 121), S. 257, Rdnr. 602 f.
172　*Abmeier*, a.a.O.（Anm. 19), S. 50.

するものではない。Leibholz の議論においては、国民全体がいずれかの政党に色分けされ、多数派をとった政党がすなわち一般意思を体現するとされているが、現代国家の多元性を前提にした場合そのようなことはおよそ想定しづらく、また代表制の主戦場、デリバレーションの場としての議会を空洞化するという意味においても不適切である。しかしながら、政党の内部構造を民主化することによって、政党が国民意思を束ねる可能性を持つという彼の示唆自体は、国民内部の多様性からどのように一般意思を作り出すかという本書の問題意識に沿うものである。

　この点に関しては、Uwe Volkmann による指摘も参照に値する。確かに、政党には全ての知見が代表されているわけではなく、政党は特定の社会的な力の断面というだけである。民主的な代表の原理は、単に選挙で確定された多数派意思を垂直に媒介することを目的とするのではなく、相互に、包括的に作用しあう対話形式でのプロセスを目標とするのであり、政党はここにおいて唯一ではないものの、重要な声をなす[173]。政党は民主的な相互作用の包括的な全体の関連性の中に埋め込まれており、この相互作用においては、様々なアクターの利害や貢献を統合し、それによってそこから、住民全体に正統性をもって妥当し得るルールを生み出し得る[174]。その意味においては、基本法38条1項2文の意味は、議員がまさに様々な側面からの影響力に開かれることによって意義を発揮する[175]。基本法38条1項2文の規定は、この限りにおいて、とりわけ政党内民主主義にとって重要な役割を果たす。というのも、自由委任によって、政党内部の紛争が相対的な公開性をもってなされ得るような空間が開かれるからである[176]。この Volkmann の見解は、国民の間に確定的な意思があるわけではなく、多様な民意の間の討論を通してそのような意思が見出だされるのであり、そのために議員は様々な影響力に対して開かれている必要があるということ、そして、様々な意思の間の相互作用において政党が果たす（独占的ではないとしても）主要な役割を踏まえれ

173　*Uwe Volkmann*, Parlamentarische Demokratie und politische Parteien, in: *Morlok, Schliesky, Wiefelspütz*（Hrsg）, a.a.O.（Anm. 10）, 2016, S. 198 f. Rdnr. 17.
174　Ebd., S. 199, Rdnr. 17.
175　Ebd.
176　Ebd.

ば、政党内部の意思形成が民主的なものでなければならないという結論を導くものであると理解できよう。

また、基本法38条1項2文に明示的な言及はないものの、政党の公開性と民意の集積について語るものとして、例えば、Ute Müller の見解がある。この見解は、政治的な指導者層と全体としての国民の間に密接な結びつきが作られることから出発する[177]。市民は投票と選挙においてのみ国家意思形成に関与するわけではない[178]。政党内部において市民が恒常的な影響力を行使し、これによって選挙以外の際にも政治的な出来事へと関与ができるようにされるべきであって、このためには政党の内部構造が民主的なものとなることが必要である[179]。政党の任務は公的な意思形成を行うという点のみならず、受動的に、多様な意見を集積し、調整することにある[180]。そのためには、政党には高度な公開性が必要とされる[181]。

このように、ドイツにおいても、一般意思を見出すために政党内民主主義が有益であるとして、いわば政党内民主主義→事実上の民意の反映の要請の意味における「全国民の代表」論へと繋げる見解は一定程度見られる。しかしながら、この点の論証は管見のかぎり、上記のように散発的であり、あまり十分とは言えない。そこでは、最終的にこのような構想に基づいて、政党に何をどこまで求められるのか、といった詳細についての議論がなされていないことはもちろん、政党内民主主義と「全国民の代表」の要請の連関自体についても論証が不十分である。その背景には、おそらく、ドイツにおいてはまずは全国民の代表に関する条文と政党に関する条文が併存しており、この両者をいかに整合的に解釈するかが、論点となっていることがあるだろう。しかし、本書においては、政党内民主主義を用いて全国民の代表の要請を実現するという構想は、単に政党と全国民の代表の要請を整合的に解釈するためのものにとどまらない意義を持つと考えている。すなわち、本書では、政党内民主主義の要請が、政党を前にした命令的委任の禁止の要請の後

---

177 *Ute Müller*, Die demokratische Willensbildung in den politischen Parteien, 1967, S. 105.
178 Ebd., S. 102.
179 Ebd., S. 102 f.
180 Ebd., 105 f.
181 Ebd., S. 106.

退を食い止めるとともに、まさに政党内民主主義の要請が存在することによって、多様な民意、これまで事実上の影響力とまとめて処理されてきたような議員への様々な生身の影響力が政党内部に入り込み、そこで議員自身も交えて他の民意とやり取りを重ねることにより、議員が一般意思なるものの原型を見出す可能性を得られるのではないか、という問題提起を行う。これは、手島が述べたところの、政党が全国民の共通の利益に資する存在となるということの、具体的な手段を検討するものでもある。

しかし、そこにおいて注意が必要なのが、なぜ政党にそのような重荷が課され得るのか、そして政党にはどこまでその重荷が課され得るのか、ということである。その問いに答えるためには、政党の性質、位置付けについて考える必要があるとともに、そもそも政党が多様な生の民意を練り上げるのに適した場所なのか、そのために政党内民主主義が適切な手段となるのかどうかが問われるべきである。第3章では、この問いに答えるために、ユルゲン・ハーバーマスによる2トラック民主政の理論や集団内部に異論を包摂する必要性に関するキャス・サンスティーンらの議論といったことを参照することとする。

第3節　中間総括
――全国民の代表論と政党内民主主義の架橋の可能性？

第3章以下の議論に入る前に、ここで一旦中間総括を試みる。

代表制は確かに現在、危機に瀕している。しかし、依然として代表制を維持する意義は残る。その意義とは、多元性の中から、代表者が被代表者とのやり取りを重ねる中で統一的な意思形成を行い、これについて被代表者に対して責任を負うという、動態的なプロセスである。そこでは、代表者が被代表者の現実の意思を完全に無視して、あるべき民意を自ら設定できるわけではない。他方、代表者が被代表者の現実の民意をただ鏡写しにしていればよいわけでもない。そもそも、現実の民意は鏡写しにされるほど明らかではない。したがって、代表者には、現実の曖昧模糊とした多元的な民意を踏まえつつも、ここから何が一般意思であるかを形成し、それを統一的な国家とし

ての意思形成に反映させ、翻ってその結論について現実の国民に対し、説明責任を負うことが求められるのである。

　ここにおいて、議員は「選挙された全国民の代表」であるとする日本国憲法43条1項の規定が意義を持つ。その伝統的な意味合いであるところの命令的委任の禁止の要請は、議員が特定の選出母体等からの指示に法的に拘束されず、全国民の利益のために働かなければならないとするものである。この要請は、議員が最終的に議会の行った決定について責任を負うことを可能にするという意味において、代表制の意義を支えるものである。他方、現在においてはむしろ前面に出つつある、「全国民の代表」の要請の持つ事実上の民意の反映の側面に関しても、議員が現実の民意を意識し、これとのやり取りを重ねることによってあるべき一般意思なる民意を見出すという意味において、代表制の意義を支えるものである。したがって、代表制の意義を発揮させるためには、議員は命令的委任の禁止の要請の意味においても、事実上の民意の反映の意味においても、「全国民の代表」の要請を満たさなければならない。

　しかし、問題は現実に議員がそのように全国民の代表の要請を満たすことについての制度的な裏付けがないことである。実際、議員がこの両要請を自ら満たすことは難しい。かつて純粋代表制の時代であれば、議員は一般の有権者よりも優れた存在であると考えられており、彼らが提示する国民意思がすなわち国民意思とされた。そして、当時制限選挙制の下で選挙権が限られていた以上、彼らの提示する国民意思は、選挙権を有する（彼らと同じような）優れた有権者の国民意思とおのずから一致していたのである。しかし、現在においては、普通選挙制の下で、多様な人々が有権者として含まれるようになっている。他方、議員がおのずから有権者よりも優れた存在であるという前提も崩れている。

　このような状況下で、議員に求められる「全国民の代表」の要請は、命令的委任の禁止の要請という側面においても、事実上の民意の反映の側面においてもその機能を十全に発揮できていない。命令的委任の禁止の要請は、事実上の民意の反映の側面とトレードオフ関係に立つ中で、とりわけ政党との関係では次第に後退を迫られている。反面、事実上の民意の反映の側面につ

いても、議員に対する「事実上の」影響力のうち、特定の影響力のみが強まるあまり、そこから抜け落ちた国民意思が十分に反映されていないという声が、既存の代表制の仕組み自体を疑問視する次元にまで強まっている。

　したがって、現状に対処するためには、命令的委任の禁止の要請の後退を食い止めつつも、他方で議員に対する各種「事実上」の影響力を整除し、多様な民意から一般意思が練り上げられる方法を制度的に裏付ける必要がある。そのために本書で着目するのが政党、とりわけ、その内部に多様な意見を包摂し、その意見同士が議員も交えてやり取りする手段を確保するという「政党内民主主義」の要素である。確かに、日本国憲法上政党について明示的な規定はなく、政党内民主主義については法律上も何らの規定もない。しかしながら、現状の小選挙区制を基本とした衆議院議員の選挙制度の下では、とりわけ政党の果たす役割が増大しており、政党には民意を集約し、これを政党間対立の形で国民に提示するという意味で、代表制の動態的なプロセスにおいて不可欠な役割が与えられている（→この点については第3章で再度取り上げる。）。それゆえ、政党がその内部にできるだけ多様な国民意思を取り込み、これらの民意同士のやり取りに議員がかかわることによって、議員が一般意思を形成することが制度的に裏打ちされるのではないか、そして、こうして政党が全国民の利益に資する存在になり、またその意思形成に議員が自ら関与しているのであれば、政党の意思形成に対して議員が原則として拘束されるとしても、議員が全国民の代表としてふるまっていない、独立性を欠いているということにはならないと言えるのではないか、これが本書の問題提起である。

　しかし、問題は、政党にそのような役割を求められるのはなぜか、そして政党に何を、どこまで求められるかである。政党の位置付けについては、これはあくまで私的な結社からスタートしていると考える見解が一般的であり、その考え方からすれば、政党に過重な負担をかけることは望まれない。また、現実問題としても、政党は一定の方向性を持ったうえで、他の（異なる方向性を持つ）政党と競い合うものであり、その意味において、政党がおよそ議員や議会そのものと同じ次元で幅広く全国民の利益に仕えなければならないということにはならない。あくまで政党が行うのは、全国民の利益のう

ち、自身の目標設定から許容される幅の中で最大限多様性を包摂し、自身が定義する角度からの全国民の利益を提示することなのである（→この点についても、第3章で詳述する。）。

そこで、以下では、以上のような議論、すなわち政党内民主主義を介した「全国民の代表」の要請の実現という試論が成り立ち得るかを検証したうえで（第3章）、そこで導かれた試論を実現するために、政党に何をどこまで求められるかを、政党内民主主義の運用について豊富な経験の蓄積を持つドイツとの比較法的研究において炙り出す（第4－5章）。

第3章　政党内民主主義を梃とした「全国民の代表」の実現の可能性
──理論的考察と日独の架橋──

　第2章においては、政党内民主主義を軸とすることで、「全国民の代表」の要請を命令的委任の禁止の要請という意味においても、事実上の民意の反映という意味においても実質化させるという示唆をドイツの議論から得た。しかしながら、とりわけ政党が多様な民意を取り込むという意味、つまり事実上の民意の反映の側面におけるこの示唆に関しては、ドイツの議論でも基礎付けが不十分である。そこでは、政党になぜそのような任務が課されるのかについては、政党が国民の政治的意思形成にとって、（独占的ではないが）中心的な役割を果たすこと、としか説明がされていない。そこで、第3章では、まず、なぜ政党に内部民主主義を課すことが多様な国民意思の反映という意味において、「全国民の代表」の要請に資するか、を追加的な素材を用いて主に理論的に考察する。

　第1節では、ユルゲン・ハーバーマスの議論を参照する。ハーバーマスの学術的貢献は膨大なものであり、ハーバーマスに関する研究も極めて多彩であるが、ここでは、ハーバーマスの2トラック民主政の議論に着目する。2トラック民主政とは、インフォーマルな場における様々な衝動をいかにしてフォーマルな場の政治的決定に流れ込ませるかを考えるものであり、本書の問題意識に近いものである。確かに、ハーバーマスの2トラック民主政においては、政党やその内部民主政について必ずしも一貫して積極的な評価はなされていない。しかし、彼の議論は政党をおよそ否定するものではない。実際、彼は初期の著作である『公共性の構造転換』において政党の内部民主政の確保を自身の理論との関係で有用なものとして取り上げている。それにもかかわらず、彼が政党を重視しなくなったことの背景には、現状の政党のあり方を考慮すれば、政党に期待はできないと考えるようになったことがあるけれども、それでも本書ではハーバーマスの2トラック民主政に政党を位置づける可能性があると考える。そのうえで、第2節においては、政党内民主

主義が全国民の代表の要請を現実化するのに資するとなった場合、そこでの政党内民主主義とはいかなるものかを検討する。具体的には、政党が通常であれば分極化しやすい傾向を持つものであり、これを防ぐ可能性を持つためには、政党が常に外部からの異論に接する必要があるとの考察を、キャス・サンスティーンの集団分極化をめぐる議論を梃子として論じる。これによって、本書において求められる「政党内民主主義」とは、政党が常に異論に触れ続ける可能性を持つことと定義されるのである。最後に、第3節においてはドイツにおける政党内民主主義をめぐる議論が日本にも架橋可能であることを論じる。

第1節　政党内民主主義が「全国民の代表」の要請の確保に資するか─ハーバーマスの議論による理論的補強

　まず、政党内民主主義を確保することが、多様な民意を幅広くすくい上げ、その民意同士相互にやり取りをさせ、その過程に議員を関与させるという意味において、事実上の民意の反映の要請における「全国民の代表」の要請に資するという論証を補強するため、ユルゲン・ハーバーマスによる、2トラック民主政の議論を参照することとする。なお、ここで筆者がハーバーマスを引用するのは、本書の問題関心の限りにおいてのことであり、広くハーバーマス研究を展開するということではない。

第1款　ハーバーマスの2トラック民主政と政党

Ⅰ．ハーバーマスの2トラック民主政
　ユルゲン・ハーバーマスの「2トラック」民主政と評される議論において、「2トラック」とは、政治的意思形成過程が、フォーマルな立法機関などの政治システムにおけるものとインフォーマルな市民的公共圏におけるものの2回路によって構想されるということを含意する[1]。
　ハーバーマスの考察の前提には、熟議的論争こそ、長期的に見た場合、それなりに合理性のある結論に導くはずとの推定がある[2]。そして、全ての構

第 1 節　政党内民主主義が「全国民の代表」の要請の確保に資するか　　147

　成員が必ずしも同様の形ではないにせよ、討議に参加することができなければならないこと、原則として全員が全ての重要な問題についてイエスかノーかの態度決定ができる平等な機会が与えられなければならないことが出発点に据えられる³。たとえ代表制が採用されているとしても、多元主義的な社会から流れ込む様々な刺激がうまくすくい上げられ、敏感に反応されてはじめて、代表による討議は、全ての構成員の平等な参加を実現することができるのである⁴。そこで彼において重視されるのが、制度的な議論と、人々の日常会話や非公式なエピソードを結びつける、政治的公共圏である⁵。公共圏の持つ役割は、市民社会と国家における制度化された審議や決定プロセスとの間で伝達のベルトの役割を果たすという点にある⁶。国家の立法権力の形式をとる政治的意思形成が、「もし自律的公共圏という自生的源泉に栓をし、あるいは、自由にやり取りされている主題、発言、情報、根拠の流通から平等に構築された前国家的領域を隔絶してしまうならば、固有の理性的機能の市民社会的基盤を破壊してしまう」⁷。したがって、議会は、「主体なき公共的意見」を踏まえて行動することが求められる⁸。

　ハーバーマスによれば、万人に開かれた、誰もが参加できるネットワークとしての二次的文化的公共圏においては、議決に直接かかわらない意見が形成される⁹。このような多元的な公共圏は自生的に形成される性質を持つものであり、そこでは原理的に無制限のコミュニケーションがなされる。ここ

1　日暮雅夫「討議の政治理論　『事実性と妥当性』における」田村哲樹・加藤哲理『ハーバーマスを読む』（ナカニシヤ出版、2020年）13頁。
2　*Jürgen Habermas*, Ach, Europa edition suhrkamp. 6. Auflage, 2019, S. 135. ユルゲン・ハーバーマス（三島憲一、鈴木直、大貫敦子訳）『ああ、ヨーロッパ』（岩波書店、2010年）175頁。
3　*Jürgen Habermas*, Faktizität und Geltung Beiträge zur Diskurstheorie des Rechts und des demokratischen Rechtsstaats, 1998, S. 224. ユルゲン・ハーバーマス（河上倫逸、耳野健二訳）『事実性と妥当性―法と民主的法治国家の討議理論にかんする研究　上』（未来社、2002年）216頁。
4　Ebd., S. 224. 同上、216-217頁。
5　*Habermas*, a.a.O. (Anm. 2), S. 136. ハーバーマス・前掲注（2）176頁。
6　Ebd., S. 143. 同上、185頁。
7　*Habermas*, a.a.O. (Anm. 3), S. 225 f. ハーバーマス・前掲注（3）218頁。
8　Ebd., S. 226. 同上。
9　Ebd., S. 373. ユルゲン・ハーバーマス（河上倫逸、耳野健二訳）『事実性と妥当性―法と民主的法治国家の討議理論にかんする研究　下』（未来社、2002年）32頁。

では、その無秩序な構造故に、議会における組織化された公共圏と比較して、権力の不平等さや、歪曲されたコミュニケイションの抑圧と排除の効果が働きやすい[10]。その反面、この一般的公共圏は、新たな問題状況に対して敏感であり、広範かつ活発に討議が行われるという利点を持つ[11]。権力とは無関係な政治的公共圏の構造内部で形成された、このような非公式な世論が、民主的に組織された意見形成・意思形成には不可欠である[12]。ここにおいて、多元主義の潜在的可能性が完全に発揮されるのであり、そこに内在する紛争についてもまたコミュニケーション的に処理することが、互いに「他者でありつづける権利をも承認する他者どうし」の「連帯の唯一の源泉」となるのである[13]。

ハーバーマスによれば、一般的公共圏においては、コミュニケーションの流れに規制はかけられない[14]。当初は私的な事柄として扱われた事柄が、当事者によって、何度も公共圏においてアピールされ、それが承認された政治的主題の地位を得ることが想定されているが、そうなるためには長い道のりがある[15]。このような「承認をめぐる闘争」によって、はじめて問題となっている事柄は、政治的機関に感知され、議題となり、最終的に法案などになり得る[16]。政治的公共圏において一般化された影響力は、「民主的手続きおよび法治国家的に組織化された政治システムという水門」を通過することで政治的権力への転換をされるようになるのである[17]。言い換えれば、周辺部から流れ出たコミュニケーションの流れは、議会や裁判所などといった入り口で関門を通過する必要があるのである[18]。政治的システムの中心部で起こることの大部分はルーティーン的に行われており、そこでは、裁判所、官僚、議会、中央政党、クライアントといった主体が、様式に従って行動す

10　Ebd., S. 373 f. 同上。
11　Ebd., S. 374. 同上。
12　Ebd. 同上、32-33頁。
13　Ebd. 同上、33頁。
14　Ebd., S. 382. 同上、39頁。
15　Ebd. 同上、40頁。
16　Ebd. 同上。
17　Ebd., S. 397 f. 同上、53頁。
18　Ebd., S. 432. 同上、86頁。

第 1 節　政党内民主主義が「全国民の代表」の要請の確保に資するか　149

る[19]。他方で、議会は時間の制約の下で決定を行うのであり、慣例化したルーティーンによっては把握が難しい潜在的な問題、あるいは新しい問題への感度や解決のための主導権を持ち得ない[20]。これに対して何らかの問題が生じた場合には、公共圏における広範な論争が勃発し、これが世論の圧力を作動させる[21]。

したがって、政治的公共圏とは、政治システムで解決されなければならない問題についての「感応装置」「社会全体に感応するセンサーを備えた警報システム」として作動する。そして、これは、問題の圧力を高める、つまり、単に問題を発見するだけではなく、これを「説得力がありかつ影響力をもちうるかたちで」主題化し、論議の対象として提示し、議会によって処理されるよう、練り上げることを求められる[22]。言い換えれば、公共圏が政治的に重要な問題について選び出し、問題設定可能な形へと加工を加え、十分な情報収集や根拠づけを経て、まとまったいくつかの意見として競い合える状況をもたらすのである[23]。公共圏は社会の中における様々な問題を感じ取る領域であるとともに、多様かつ身勝手な意見すら表明されるプロセスから利害を普遍化し、意見をろ過したうえで、移り気な世論を議会などの担当組織に送り出す、反面、公衆にも今一度これを投げ返す役割を果たす[24]。ハーバーマスによれば公共圏は制度や組織として捉えられることのない、「意見についてのコミュニケイションのためのネットワーク」である[25]。公共圏においては、様々なアクターの意見をメディアが選んで公開するが、こうした様々な意見はまずもって政治家や政党、そしてロビイストや圧力団体、専門家などから発せられる[26]。公共圏においては影響力が形成され、この影響力をめぐる闘争が行われることになるのであり、そこにおいては既に獲得された政治的影響力や名声が利用されるが、しかし、最終的には政治的影響力

19　Ebd. 同上、87頁。
20　Ebd., S. 433. 同上、88頁。
21　Ebd. 同上、87頁。
22　Ebd., S. 435. 同上、89頁。
23　*Habermas*, a.a.O.（Anm. 2）, S. 136. ハーバーマス・前掲注（2）176頁。
24　Ebd., S. 144. 同上、186頁。
25　*Habermas*, a.a.O.（Anm. 3）, S. 436 ハーバーマス・前掲注（9）90頁。
26　*Habermas*, a.a.O.（Anm. 2）, S. 166. ハーバーマス・前掲注（2）211頁。

は、「平等な素人からなる公衆」の同意によって支持される必要がある[27]。例えば、十分に組織化されている大規模な利益集団は、公共圏を「通じて」政治システムに働きかけることができるが、こうした勢力は公共圏においては、制裁の圧力という手段を使うことができず、広く言葉によって大衆の納得を得なければならない[28]。

　以上のように、ハーバーマスにおける熟議の実践は、一方では法的な手続きにおいて制度化され、最終的な決定に至るようにプログラム化された議会の意思形成において、他方で、政治的であるが非公式な議論のサークルでの意見形成において、という相互作用によってのみ発展し得る。これを、Kenneth Baynes が「2 トラック・プロセス」と名付けたのである[29]。そこでは、私的な結社から「市民社会」におけるマスメディアにまで至るような、非公式な「弱い公」と、議会の組織など、公式な政治的制度である「強い公」の間で分業がなされる[30]。「弱い公」は社会的問題を見つけ、解釈する責任を負う一方で、「強い公」は、議会の手続きを通して理由付けを「フィルタリング」し、決定発見の責任を負うのである[31]。市民的公共圏とは、市民運動、イニシアティブ、アソシエーション、フォーラム、クラブ、職業団体、労組、マスメディアなどの自発的組織によって構成される領域である。ここで、生活世界に端を発するような様々な問題が人々の討議の中で取り上げられ、整理され、社会全体に対する課題として認識された後、政党などによってこの問題がすくい上げられ、公的な政治システムの法制定のプログラムに組み込まれる[32]。議会や政党がルーティーン的に問題を取り上げる場である一方で、公共圏は社会全体にかかわる危機に関する意識が直接、突発的に表れる場であり、これはいわば社会の危機に対する警報システムとして作用する[33]。このインフォーマルな討議は、法制定には直接かかわら

27　*Habermas*, a.a.O.（Anm. 3), S. 439 f. ハーバーマス・前掲注（9）94頁。
28　Ebd., S. 440 f. 同上、94-95頁。
29　Kenneth Baynes, *Democracy and the Rechtsstaat: Habermas's Faktizität und Geltung, in* THE CAMBRIDGE COMPANION TO HABERMAS 201, 216 (Stephen K. White ed., 1995).
30　*Id.* at 216-217.
31　*Id.* at 217.
32　日暮・前掲注（1）13頁。
33　同上。

第1節　政党内民主主義が「全国民の代表」の要請の確保に資するか　151

ず、そこでは社会全体での問題解決が必ずしも志向されないがために、人々は決定の責任を引き受けず、自由に発言をするのであり、彼らには問題を解決するというよりも自由に問題を発見することが求められる[34]。他方、フォーマルな政治的意思形成過程においては、インフォーマルな場とは異なり、討議の結果、社会全体に対する決定が担われる[35]。議会での立法審議というフォーマルな討議の場での手続きによって法規範は正当化されるのである[36]。公共圏が市民社会からの問題提起を受け、議論を広く行う中で問題を認識、共有し、問題についての一定の規範的判断を形成することで公論が形作られる[37]。こうした公論に基づくことで、政治システムは自身が対応すべき問題を限定できるのである[38]。公共圏においてはそれ自体が単独では討議とは言えないようなものも積み重ねられることで、徐々に理由付けの交換や検討が進み、最終的にメディアなどの媒介がされた社会全体で討議が行われるという「主体なき」コミュニケーションが営まれる[39]。ハーバーマスによれば、この過程において長期的な意見や態度はゆっくりと形成されるのであって、そこにドラスティックな変化をもたらすのは劇的な事件か社会的事件のみである[40]。

Ⅱ．2トラック民主政における政党の位置付け

　ハーバーマスの上記のような議論において、重要な役割を与えられており、また問題視もされるのは、主にマスメディアである。現在、公共圏はマスメディアを利用する形で必ずしも熟議的ではない情報にあふれている[41]。それゆえ、政治過程の全ての段階において、話し合いや議論、折衝や妥協の手続きが取られることがますます必要となると指摘される[42]。ハーバーマス

34　田畑真一「公共圏と民主主義　二回路モデル再考」田村・加藤編・前掲注（1）27頁。そうであるからこそ、公共圏のコミュニケーションはゆがめられる恐れを持つ（同、31頁。）。
35　同上、27頁。
36　同上、29頁。
37　同上、31頁。
38　同上。
39　同上、32頁。
40　*Habermas*, a.a.O. (Anm. 2), S. 169. ハーバーマス・前掲注（2）215-216頁。
41　Ebd., S. 155 f. 同上、199頁。

は、マスメディア的なコミュニケーションが大衆の反応を感じ取れないならば、政治的公共圏は社会全体の問題の共鳴板となる役割を果たせないと指摘する[43]。ハーバーマスが指摘するマスコミュニケーションの問題点は、それが相互に語り合うという誘因を欠くことである[44]。今日、一見すると相互性を可能にするように見えるネット社会においても、同じ問題だけを同時的に集中して語るという断片化が生じており、拡散した様々なメッセージを集め、選別し、まとめるという契機が欠けている[45]。

反面、ハーバーマスの2トラック民主政論においては、政党の位置づけは必ずしも積極的なものではない。彼の著作、『事実性と妥当性』においては、政党は、選挙戦を戦うものとして政治的システムの中心部で起こるルーティーン的な事柄を処理する主体の一つ[46]であるとか、公共圏における様々な意見を発する主体の一つ[47]として位置付けられている。このような位置づけを見るに、ハーバーマスにおいて政党は、基本的にはあくまで制度化されたフォーマルな意思形成の場の主体の一つ、あるいは公共圏との関係においても、既存の確立された政治権力として意見を発し、公衆からの反響を待つ主体の一つとして捉えられているように見える。

しかし、ハーバーマス自身、かつては政党や団体といった存在のあり方を改めることにおいて自身の構想の実現を期待していた。それが見て取られるのが、彼の初期の著作である『公共性の構造転換』である。

『公共性の構造転換』において、ハーバーマスの思考は、伝統的な「公共圏をなしてきたもの」の退行と、政党や団体といった本来私的な結社が国家の意思形成と癒着しつつあるという問題意識からスタートした。ハーバーマスによれば、市民的公共性の出発点であったのは夕食会やサロン、喫茶であって、そこでは、社会的地位を度外視するような様式がとられていた[48]。公衆が批判的に取り上げる「公共的なもの」が教会などの独占物ではなく

42　Ebd., S. 156. 同上。
43　Ebd., S. 159. 同上、204頁。
44　Ebd., S. 160 f. 同上、205頁。
45　Ebd, S. 162. 同上、207頁。
46　*Habermas*, a.a.O.（Anm. 3）S. 432. ハーバーマス・前掲注（9）87頁。
47　*Habermas*, a.a.O.（Anm. 2）, S. 166. ハーバーマス・前掲注（2）211頁。

第 1 節　政党内民主主義が「全国民の代表」の要請の確保に資するか　153

なったことで、公衆における討論によって、これまで問題なく流通していた領域について問題化がなされるようになる[49]。この市民的公共性は本来、あくまで私的な領域の方に属するものであった[50]。しかしながら、次第に、ブルジョワ的なサロンは時代遅れになり、討論の性質は消費財へと変質する[51]。こうして公私の境界がぼやけるにつれ、一方では集団的に組織され、私的な利害を直接的に政治的に表現する団体、他方で公権力の機関と癒着し、かつて自身がその機関をなしていたところの公共性の上位に地位を確立した政党が登場する[52]。政治的に重要な権力行使は、民間の管理部門、団体、政党と管理当局の間で直接的になされ、公衆はこの中に散発的かつ事後的に引き入れられる程度に過ぎない[53]。国家と社会の相互浸透の中で、公共性、そして国家機関としての公共性であるところの議会はその媒介機能を喪失し、それに適合して、国家と社会の間の変換装置としての団体や政党の力が強まることになる[54]。団体や政党は私的結社に過ぎないにもかかわらず、公的地位の任命に参加することになり、単なる私的利害にすぎないものを公益へともっともらしく転換することになる[55]。政党は今日では、確かに意思形成の道具ではあるが、それは公衆の手中にあるのではなく、政党機構を掌握する人の手の中にある[56]。政党は組織された利害を絡みあわせ、公式に政治機構の中に「翻訳」するという意味で高い地位を与えられ、他方で議員は政党に屈従する存在となる[57]。個々の議員は政党内の議決には入ることはできるが、最終的には院内会派に拘束され、事実上議員は政党から命令的委任を受ける[58]。議会は既になされた決定を示すだけの場になり、これは外部に

48　*Jürgen Habermas*, Strukturwandel der Öffentlichkeit, 18 Auflage, 2023, S. 96 f.
　　ユルゲン・ハーバーマス（細谷貞雄、山田正行訳）『公共性の構造転換―市民社会の一カテゴリーについての探究』（未来社、1994年）55-56頁。
49　Ebd. S. 97 f. 同上、56-57頁。
50　Ebd., S. 225. 同上、197頁。
51　Ebd., S. 251 f. 同上、219-220頁。
52　Ebd., S. 268. 同上、232頁。
53　Ebd., S. 268 f. 同上。
54　Ebd., S. 295. 同上、266頁。
55　Ebd., S. 296 f. 同上、268頁。
56　Ebd., S. 303. 同上、272頁。
57　Ebd., S. 304 f. 同上、273頁。

対して、政党の意思を示すだけの機能へと切り下げられる[59]。討論はショーの場となったのである[60]。

　ハーバーマスはこの状況への解決策として、とりわけ公共性を食い物にしてきた政党について公開性を及ぼすことを主張する[61]。政党が自身の機能を果たすためには、その内部構成が公共性の原理に従って作られること、つまり党内民主主義と団体民主主義が必要なのである[62]。公開性の要請はもはや国家だけではなく、国家と交渉を重ねる全ての機関に広げられる[63]。これによって、組織された私人たちの公衆が登場し、彼らが政党や団体内部の「公共性という水路」を経て、公共的意思疎通過程へと有効に参加できるのである[64]。ここでは、ハーバーマスの議論によったとしても、なおも政党を積極的に活用する可能性が見えるように思われる。つまり、政党の内部構造を民主化することによって、政党を通じて、公衆が公的な議論の過程へと参加することが想定されていたのであろう。

　このようにハーバーマスは『公共性の構造転換』において、少なくとも当初は、政党の内部の民主化は、「まだ再生能力のある公共的コミュニケーションの潜在的な結節点」となり得るとの期待をかけていた[65]。しかし、彼の『公共性の構造転換』の新たな版の序文においては、彼が「当時」、批判的公開性の担い手として期待していたのは、対内的に民主化された民主的な団体や政党であったとの記述がなされており[66]、彼の政党の内部民主化への期待がその後の時代にしぼまざるを得なかったことが推察される。ハーバーマスが期待した政党の内部民主化というモデルは「利害の和解なき多元主義」に直面したと評されている[67]。その結果、『事実性と妥当性』において

58　Ebd., S. 305. 同上、273-274頁。
59　Ebd., S. 305 f. 同上、274頁。
60　Ebd., S. 307. 同上、275頁。
61　Ebd., S. 310. 同上、277頁。
62　Ebd. 同上。
63　Ebd., S. 337. 同上、301頁。
64　Ebd. 同上。
65　Ebd., S. 32. 同上、xxiii 頁。
66　Ebd. 同上。
67　Ebd. 同上。

第1節　政党内民主主義が「全国民の代表」の要請の確保に資するか　155

政党は上記のように、フォーマルな意思決定の側にあるか、せいぜい公共圏に対して意見を投げかける（そしてそれに対して公衆が共鳴するかどうかが問題となる）存在の一つに過ぎない位置付けをされるようになった。

第2款　2トラックをどう接続するのか―政党が必要ではないのか

　ハーバーマスにおいて、なぜ政党はもはや重視されていないのか。その理由は、政党自体が不要であるというわけではなく、政党の現状への失望にあるのではないかと思われる。ハーバーマスの2トラック民主政においては、通常時には政治システムがルーティーン的に問題を処理しており、危機の状況に至って初めて社会的周辺部からの働きかけがされるとの意識がある[68]。ハーバーマスにおいて、議員は議会で、公論の形成プロセスに敏感に反応しつつ、討議に参加していくことが求められる[69]。政党はここにおいて、本来、議会内外の連関を保障するにあたり、媒介を果たすはずである[70]。それにもかかわらず、ハーバーマスが『事実性と妥当性』においてもはや政党に期待をしない理由は、政党が自立化、国家化を進めてしまっているということがある[71]。ハーバーマスにおいて政党は、かつては「政治的-ジャーナリズム的影響力をコミュニケイション的権力へと転換するための触媒」となっていたところ、現在ではむしろ「政治システムの核心部分を手中に収め」「準国家的機能を行使」し、そして、「公共圏を道具化」している[72]。政党は生き生きとした議会の外の議論への敏感さを失うおそれがあるのであり、それゆえ、ハーバーマスは市民社会や、問題状況に敏感な政治的文化といったことに期待をかけるようになった[73]。

68　毛利透『民主政の規範理論　憲法パトリオティズムは可能か』（勁草書房、2002年）136頁。*Habermas*, a.a.O. (Anm. 3) S. 459 f. ハーバーマス・前掲注（9）112-113頁。
69　毛利・前掲注(68) 84頁。*Habermas*, a.a.O. (Anm. 3), S. 224, ハーバーマス・前掲注（3）216-217頁。
70　毛利・前掲注(68) 84頁。
71　毛利・前掲注(68) 84頁。*Habermas*, a.a.O. (Anm. 3), S. 524, ハーバーマス・前掲注（9）171頁。
72　Ebd., S. 524, ハーバーマス・前掲注（9）171頁。
73　毛利・前掲注(68) 84頁、Ebd., S. 447 f, S. 628. ハーバーマス・前掲注（9）100-101頁、268頁。

しかしながら、それではハーバーマスは2回路の接続をどのように適切に果たせる[74]と考えているのだろうか、それは必ずしも明確ではない[75]。公共圏は単に「勝手気ままに」意見が発せられる場であり、他方、政治システムは「単なる決済機関である」、という二分論ではあまりに単純である[76]。両者の接続のあり方、言い換えれば、両者の機能分担のあり方は問題となり得るはずである。

この2回路の接続のあり方という問題に関し、井上達夫は、ハーバーマスの「主体なきコミュニケイション」には無責任性を感じるとの批判を加えている[77]。井上によれば、集合的な決定をする際にコンセンサスを求めるとすれば、少数の反対派に対しては、合意形成を妨げるものとして同調圧力がかかることになる[78]。このようなコンセンサス型の合意形成の方法がとられた場合、責任の所在は不明確なものとなる[79]。とりわけ、日本社会においては地域や業界のエゴが重大な役割を果たし、数の上では少数派が拒否権を持つ結果、サイレント・マジョリティは政治に関心を失い、政治的に受動的になり得る[80]。井上が懸念するのは、ハーバーマスの考えるような、新しいアジェンダ設定を求める世論が一定の圧力に達するとあたかも「水門が開く」かのように議題設定へと進み、これについての政策形成が代表制や官僚制にゆだねられるという仕組みである[81]。そこで「水門」を開くほど圧力をかけられるのは、組織的な運動を行う政治的な資本を持った人達であり、「分散

---

74 二回路モデルの単純さについて、田畑・前掲注(34) 33-34頁。
75 ハーバーマスにおいては、市民社会の公論に議会がいかにして反応するか、明確ではなく、議会への影響力行使として選挙以外のタイミングで何がどのように行われるか、語られていないとの批判もある（毛利透「国家意思形成の諸像と憲法理論」樋口陽一編『講座・憲法学　第1巻　憲法と憲法学』（日本評論社、1995年）69頁。）。
76 田畑・前掲注(34) 33-34頁。
77 井上達夫「発題5　他者に開かれた公共性」佐々木毅・金泰昌編著『公共哲学3　日本における公と私』（東京大学出版会、2002年）154頁。
78 これに対して多数決がとられた場合には、多数派には責任が明確に発生することになる（同上、161-162頁。）。
79 同上、163頁。井上が考える答責性は、政党や公的な権力過程に参加する人だけではなく、NPOやハーバーマスが市民的公共性の担い手と考えた人にも及ぶものである。そこでの責任とは説明責任だけではなく、間違った人は辞任するところまで必要となる（同上、165頁。）。
80 同上、164頁。
81 同上、166-167頁。

第1節　政党内民主主義が「全国民の代表」の要請の確保に資するか　157

し、孤立した」少数派ではない[82]。さらに、水門をこじ開けようとする社会的集団の責任は明確ではなく、公益を隠れ蓑に私的な利益が促進されることもあり得る[83]。

　確かに、この井上の批判に対しては、ハーバーマスの議論においては公共圏において議論が高まったとしても、政治システムもまたその内容を精査すべきである（したがって、ある議題について水門が開いたからと言って、政治システムの側が一方的、受動的に議題を受け止めるわけではない）との応答がなされる[84]。つまり、政治システムはただ、水門を突破して流れ込んだ公論の圧力に従属するのではなく、政治システムの側が公共圏から持ち上がってきた公論を精査したうえで差し戻すこともあり得る[85]。ハーバーマス自身、公共的議論という形におけるコミュニケイションに参加するエリートたちが市民社会から刺激を受け、それを議論としてろ過したうえで、一方では選挙民である公衆に投げ戻す、他方で重要な問題については国家の側に持ち上げるとしている[86]。このように公共圏は、政治の方へ向かうこともあれば、その発生源である公衆の方へ戻ることもある[87]。また、分散したマイノリティによっては水門が突破できないという井上の批判に対しても、ハーバーマスの考えによれば、公共圏が存在することによってマイノリティがほかの社会構成員と議論をしながら自らの議論を高められると考えられていると応答される[88]。確かに、公共圏は意見の場であり、その限りで井上の言う無責任性が見られるように思われるが、個人に求められるのは自ら自己検閲することではない。あくまで理性は人同士の「間」で生まれるものである[89]。

　しかしながら、筆者は井上の批判はなおも検討に値する点を提示している

82　同上、167頁。
83　同上。
84　田畑・前掲注(34) 37頁。
85　同上、46頁。
86　*Harbermas*, a.a.O.（Anm. 2）, S. 167. ハーバーマス・前掲注（2）213頁。
87　Ebd., S. 170. 同上、217頁。
88　田畑・前掲注(34) 38頁。
89　同上、42頁。市民がエゴを追求することについて、それが権力者との癒着や暴力行使に至らない限り、これは法の力で閉じ込められるべきではなく、エゴであるとの指摘は他者からなされるべきとの指摘として、毛利透『表現の自由　その公共性ともろさについて』（岩波書店、2008年）33頁。

と考える。仮にフォーマルな意思決定を行う政治機関の側が、「水門」を突破して流れ込んだ衝動について検討した結果、これを退けることができるとしても、そもそも「水門」を突破できない意見についてはどうなるかという問題は解消されない。なるほど、ハーバーマスの想定においては少数派もまたほかの社会の構成員との討論の中で自らの意見を押し上げることはできると考えられているのかもしれない。しかし、何らの制度的な裏付けもない状態で、少数派が果たして他の（自身とは意見を異にする多数の）人々との討論の中で自らの意見を押し上げることができるのだろうか。また、仮に少数派が他者を巻き込むことができたとしても、何らの組織的、制度的な裏付けなくして彼らが水門を突破し、議会審議の場に自らの議題設定を届けることはできるのだろうか[90]。

　したがって、ハーバーマスの2トラック民主政の構想や、そこにおける「水門」を突破する衝動という構想自体には賛同するとしても、これに加えて、より日常的に、より小さな声や衝動であっても、言い換えれば「水門」を突破するほどの奔流ではなくとも、何が公論か、を探求する議会において活動する議員の手元に届く可能性を残すべきではないか。この意味において政党には期待ができるはずである。というのも、政党は周辺部分でテーマを集め、決定の準備をする存在である反面、最終的な決定の負担から逃れ、高い感受性を保つことができる存在でもあるからである（この点に関しては、後に掘り下げる。）[91]。そして、政党がそのような機能を果たすためには、ハーバーマスが『公共性の構造転換』において当初想定したように、政党の内部構造のあり方を「民主化」し、その内部にできる限り幅広い意見が吸い上げられるような担保を確保する必要があると考える。仮に現状の政党が硬直化しており、ハーバーマスの期待する役割を果たしていないとしても、その政党のあり方を柔軟化させることをあきらめるべきではない。ハーバーマスの考えるような、政党が国民の基盤部分から自立化しているという状態がある

90　そもそも、議会という場は審議よりも決定を優先する論理に導かれる誘因があること、また、実際には人々は自身の声が届いていないとして政治不信に陥りやすいとの指摘として、毛利・前掲注(68) 86頁、135頁。

91　毛利透「政党と討議民主主義」（辻村みよ子・長谷部恭男『憲法理論の再創造』（日本評論社、2011年）456頁［初出2010年］。

第1節　政党内民主主義が「全国民の代表」の要請の確保に資するか　159

のであれば、これを克服するために、政党がより国民意思に対して感受性を持つ存在となるよう、後押しするというアプローチがあり得るのではないかとおもわれる[92]。

したがって、ここで残る問題は以下の2点である。第一に、ハーバーマスの2トラック民主政を政党と接続する可能性について、理論的な基礎付けをさらに探すとともに、仮に接続ができるとなった場合、そこで求められる政党の内部構造とはどのようなものかを考察すること（第3款、補充的に第2節）そして、ハーバーマスの『公共性の構造転換』においては、政党に加え、団体についても内部の民主化が求められていたが、なぜ本書では政党のみにこだわるのか、そしてその議論は日本にも応用可能であるのか（第3節）ということである。

第3款　ハーバーマスのモデルと政党内民主主義の接続可能性

ここでは、第2款の最後に示唆した、ハーバーマスの2トラック民主政モデルに政党を位置づける可能性について理論的な補強を試みる。

確かに、討議民主主義一般において政党への関心は低い[93]。討議民主主義は従来の政党のみを媒介とした代表制への代替案であり、そこでは政党は克服すべき対象であると考えられている[94]。反面、本書の問題関心のように、政党と討議民主主義を、政党内民主主義を軸として接続しようという先行研究もわずかながら存在する。

たとえば、Abendroth はこのように述べる。民主主義の発展は、批判的な公論が存在することに依拠するが、しかし、今日の状況において、相対的に同質的な個人の間の議論から公的な理性が導かれるというようなあり方は想定できない[95]。これに取って代わるのが、政党や制度化された社会集団の

92　類似の問題関心として、同上、455頁。
93　同上、447頁。
94　同上、448頁。しかしながら、政党が現実に議会制度において果たす役割を見れば、政党についても目を向ける必要があるとの指摘として、同上、451頁。
95　*Wolfgang Abendroth*, Innerparteiliche und Innerverbandliche Demokratie als Voraussetzung der Politischen Demokratie, Politische Vierteljahresschrift, Vol. 5, No. 3, 1964, S. 313.

間の意思疎通、組織化されていない住民の間の意思疎通である[96]。しかし、これらの意思疎通については、部分的にのみ公となっており、十分な批判にさらされていないという問題を抱えることに加え、マスメディアによって操作がされやすいという弱点もある[97]。様々な組織、とりわけ政党の内部における意思形成は、政治的な意思形成のプロセスに関与するのであるが、これが独占的なリーダーの手によって操作されるとなった場合、政党はいかようにでも運営できるようになり、民主的な意思形成の前提である批判的な公開性は成り立ち得なくなるだろう[98]。このことからして、Abendroth は、ハーバーマスが、ある意見が公的なものと呼べるのは、その意見がそれぞれの[組織]構成員公衆の組織内部的な公共性から生じており、かつ、社会組織と国家の機関自身の間で議論する形で生じた公共性から作り出された場合のみであると指摘したことを「適切である」と評価した[99]。そして基本法はこのハーバーマスの見解を、基本法21条1項3文の政党内民主主義を求める条項において考慮していると Abendroth は述べる[100]。この Abendroth の分析においては、政党を介して自由闊達で批判的な公論形成がなされることが期待されており、そのために政党の内部民主政が必要であると考えられている。しかし、実際に政党内民主主義といった場合、何が求められるのか、また、なぜ政党に着目がされるのかについての説明は必ずしも十分とは言えない。

　ハーバーマスの2トラック民主政モデルとの連関や政党の特殊性をより意識して議論を展開するのが、Jan Teorell である。Teorell によれば、民主主義の熟議モデルは、政党内民主主義を擁護し得るものである[101]。熟議民主主義は、その一つの課題として、その実現のための制度的な設計の方法という問題を抱えている[102]。そこでは、民主的に作られた政党を熟議モデルに入れることで、一つのあり得る道が示されると Teorell は述べる[103]。政党内民主

96　Ebd.
97　Ebd.
98　Ebd.
99　Ebd., S. 314.
100　Ebd.
101　Jan Teorell, *A Deliberative Defence of Intra-party democracy*, Vol 5, No. 3, PARTY POLITICS 363, 373 (1999).
102　*Id.* at 372.

主義は、立法府を公論に対して鋭敏なものとするために選挙を補充するメカニズムとなるべきである。というのも、彼によれば、政党が他の社会的、政治的結社と決定的に異なる点として、公職を得ようとしているという点、つまり、政党が候補者を立てるという点において、市民社会から公的な次元へと橋渡しすることに適しているという点がある[104]。政党は有権者から候補者を通じて政府への繋がりを作るものであり、政党の組織内部で意思疎通のチャンネルを開くことによって、国家の熟議的な組織は、ハーバーマスの言葉を借りれば市民社会と公的次元で表現された熟議の影響力に対して「水を通す」ようになる[105]。これは、政党内のアクティビストに発言権を持たせることを意味するのではない。ここで問題になるのは、政党のリーダーとメンバーの間で意見交換をする熟議的手続きを作る点である[106]。これに加えて、政党と他の団体との間の違いとして、交渉の場面の多寡ということが挙げられる。政党とは対照的に通常の結社は、特定の利益や単一の目的を持っており、それゆえ自発的な組織が熟議をしにくくなるとの難点を変えている[107]。これとは対照的に、政党については、トレードオフ関係や妥協、相互調整といったことがみられ、複数の問題を同時に扱うことが求められる。ここからも政党は熟議に適した場所であると言えるのである[108]。以上のように、政党内民主主義は、選挙と選挙の間においても、人々が国家機関に対して、政治的出来事に対して影響を与える手段として捉えられるのであり[109]、その意味において、事実上の国民からの影響力を議員が受け止めるための経路となり得るのである。このTeorellの議論は、なぜ政党とその内部民主政の確保が、ハーバーマス的な2トラックモデルと接続可能かを示す示唆的なものである。

103　*Id.* at 373.
104　*Id.*
105　*Id.*
106　*Id.*
107　*Id.* at 374.
108　*Id.*
109　*Hans Hugo Klein*, Art. 21, 2012, Lfg. 64, in: *Dürig, Herzog, Scholz*, Grundgesetz Kommentar, S. 161, Rdnr. 355. 政党エリートが支配することが問題なのではなく、政党の基盤からエリートが離れることが問題なのである（Ebd.）。

より具体的に制度設計のあり方に駆け込むものとして、近年の研究として、Fabio Wolkenstein らによる研究も、ハーバーマス的な熟議民主政論を政党に接続する。彼はハーバーマスの議論を下敷きとしたうえで、一方では市民が国家によって追及されるべき基本的な目的を選び、他方では代表者という専門家が政策を形成するという分業のあり方に対して、第一に最終目的に対する熟議とそれに対する手段としての政策に関する熟議を切り分けることができるのか、第二に、政治的戦略についての熟議から市民を除外した場合、市民の要求や関心に対して応答的ではない政策ができてしまうおそれがあるのではないかと問題提起する[110]。そこで提示されるのが、市民がより直接的に熟議のエージェンシーを行使する即時的なチャンネルを持つべきということであり、それが熟議理論においては往々にして無視されている政党を介してなされるという構想である[111]。Wolkenstein らが政党に着目する理由は、政党が単にその内部の構成員の判断を積み重ねる場として存在するから、という点にあるわけではなく、そのような構成員の判断を、党としての特異なイデオロギーを反映した一貫した政策提案を作るための構成要素とするために束ねていく場であるから、という点にある[112]。この過程で政党は、専門知識を集約し、統合機能を果たすのである[113]。ここでは、単なる専門家の束よりも政党の方が優れている。というのも、政党は専門家のみならず市民を巻き込むことができるため、技術的問題のみならず規範的な問題についても扱うことができ、また、単一の問題に対してのみならず、幅広い異なる問題状況を政策提言に際して考慮に入れることができるからである[114]。政党は単なる熟議機関としての市民の集まりではなく、一貫した共通善を追求するという点において、また、選挙を通じて市民が自らの熟議を政府の側に提示することができるための主体であるという点において、際立っている[115]。

---

110 Martin Ebeling, Fabio Wolkenstein, *Exercising Deliberative Agency in Deliberative Systems*, Vol. 66 (3), POLITICAL STUDIES 635, 640 (2018).
111 *Id.* at 640.
112 *Id.* at 641.
113 *Id.*
114 *Id.* at 641-643.
115 *Id.* at 643.

第 1 節　政党内民主主義が「全国民の代表」の要請の確保に資するか　　163

市民が政党に加わったのち、その内部での熟議に関わり、そこで異なる立場が互いに重みづけられ、妥協がされることで、政党のプラットフォームは形成されるのである[116]。政党は、ミニパブリックスのような基本的に単発的な熟議の機会とは異なり、市民が「継続的に」かつ幅広く、時にトレードオフ関係に立つ政策課題について熟議をすることを可能にする場なのである[117]。したがって、政党が内的な熟議サイクルを促進し、そこに市民が関わることで政治的プラットフォームが作られ、これが今度は公衆や政党間における熟議を刺激し、再び政党内で再考されるというプロセスが重要となる[118]。

　Wolkenstein は、以上のような問題意識から、政党内民主主義の具体的な制度化のあり方についても検討する。ここで彼は、従来の政党内民主主義モデルが候補者選択と党員の直接参加に着目しすぎてきたことを指摘する[119]。ここでの問題は、候補者選択と党員の直接参加という局面においては、選好を形成していくというプロセスが抜け落ちる点にある[120]。候補者擁立においては、参加のためのチャンネルが限られてしまい、草の根レベルの代表として働き、政党が国民の懸念に対して敏感であることの前提である党員の活動が妨げられるからである[121]。他方、直接参加においては、アジェンダ設定などで結局専門家に力が与えられ、個々の政党構成員の力は弱められ得る[122]。確かに、政党エリートだけではなく、個々の党員レベルにもイニシアティブを与えるという設計のあり方もあり得るが、その場合、個々の党員がもとから持っている選好がただ表明されることのみが重視されていることになる[123]。Wolkenstein が重視するのは、政党内において基盤部分の党員が共通の関心事について熟議を重ね、ここで持ち出された意見や選好がエリートに伝えられ、エリートと一般市民が互いに理由を示しあい、議論をするというイメージである[124]。その背景には、市民の中で広く繋がりを作り、社会に再

116　*Id*. at 644.
117　*Id*. at 645.
118　*Id*.
119　Fabio Wolkenstein, Rethinking Party Reform 35-36（2020）.
120　*Id*. at 36.
121　*Id*. at 37.
122　*Id*. at 38.
123　*Id*. at 39.

度浸透するという政党のあり方、市民からのインプットをただ伝達するだけではなく、関連する議論をプールし、議論を通してあるべき解釈を特定する点において、草の根のアクティビストや党員が役に立つという考えがある[125]。熟議民主主義が政党と相容れないと長らく考えられてきた背景には、熟議と党派性の相性の悪さがあったのであろうが、しかし、「政党間」ではなく、「政党内」熟議においては、共通の価値観が前提とされる以上、尊重しあうような形で理由付けが提示されることになるはずである[126]。このような構想に基づき、Wolkenstein が構想する政党内民主主義のあり方は、ローカルな政党部門に着目するということである[127]。というのも、政党のローカルな部門において党員は定期的に会合を開いて議論をしており、彼らは通常草の根政治に強くコミットしている[128]。こうしたローカルな部門は、政治的な生活のスタート地点でもあり、また、自然な熟議の場として、平等で多様な観点が表出される場になる[129]。こうしたローカルな政党部門においては、専門の政治家ではない、それぞれ多様性を持ったメンバーが、同じ政党に所属しているという共通の紐帯の意識をもって議論をすることが特徴的なのである[130]。

　以上のような Wolkenstein の議論は、より継続的かつ日常的に公衆の中の意見を吸い上げるという意味において政党が有益な手段となり得るという点、また、政党内民主主義といった場合に、選好が練り上げられるプロセスに焦点を当てる点において、本書の理論を補強するものである。Wolkenstein の議論から、今後の本書での議論に対して示唆的なのは、彼の言う選好を練り上げるという意味における政党内民主主義において、共通の価値観という紐帯をもってして、党員同士が最も草の根のレベルで互いに議論を重ね、平等で多様な観点を引き出すことが重視されている点である。本書にお

124　*Id.* at 42.
125　*Id.* at 43.
126　*Id.* at 44.
127　*Id.* at 47.
128　*Id.* at 48.
129　*Id.*
130　*Id.* at 49. 同じ政党に属する者であっても、バックラウンドが異なるのであるから、意見の多様性は確保される。

第 1 節　政党内民主主義が「全国民の代表」の要請の確保に資するか　165

いては、ハーバーマスの 2 トラック民主政の観点を実質化するために、ハーバーマスが期待をかけるところの公論の大きなうねりに加えて、政党を介して日常的、継続的にさまざまな国民内部の観点が相互にやり取りを重ね、練り上げられ、フォーマルな意思決定の場に流れ込む可能性を持つという構想を提示したところであるが、そのような観点から問題となる政党内民主主義の構想の具体化には、まさにこの Wolkenstein の議論が妥当し得るだろう。

　Wolkenstein が述べるような政党観は日本においてもみられるところである。例えば、待鳥聡史は、上記 Wolkenstein の研究も引用しつつ、支持者の利害関心を政策過程にあらわし、支持者に対して利益配分を行うという形での政党は困難に直面しているとしても、有権者に対しては複雑かつ大量の政策決定のための情報を「縮約」して伝達する、他方、政策の過程に対しては有権者の様々な意見や考えを伝達するという情報伝達機能という意味では政党に意義があると述べる[131]。多数の政策決定について大量の情報を処理したうえで決定を下すことは通常の人々にとっては難しく、それゆえ、政策決定過程が責任を負わず、制度化もされない主体から支配される恐れがある[132]。それゆえ、一般市民が評価、制裁を加えられる公的存在としての政党が複数競争し合う仕組みが望ましい[133]。そこでは政党はばらばらの政策課題と対応を結びつけ、リンケージとトレードオフに関する作業を行うのである[134]。繰り返し述べてきたように、確かに政党と熟議民主主義は互いに相容れにくいものとして捉えられてきた。しかし、政党にはもともと類似の関心を持つ人々が集まるのであるから、そのような性質を利用し、政党内部において政策課題とこれに対する対応策を描き出す形において熟議を実現する可能性が存在するのではないかと述べられるところである[135]。

131　待鳥聡史『民主主義にとって政党とは何か　対立軸なき時代を考える』（ミネルヴァ書房、2018年）215頁。
132　同上、216頁。
133　同上、216-217頁。
134　同上、218頁。
135　同上、220頁。

第2節　政党内に異論を包摂することの重要性

　ここまで、政党に対して内部民主政を要求することによって、政党所属の議員が幅広い曖昧な民意に触れ、そこからあるべき民意を導き出すことが可能になるということについて、ハーバーマスの2トラック民主政論を応用する形で検討してきた。ここでの「政党内民主主義」について何が求められるかに関しては、既に第1節第3款末尾の Wolkenstein の議論にて現れているところである。すなわち、そこで重視されたのは、市民から単に意見や情報をインプットするにとどまらず、ローカルな場、草の根において党員同士が熟議を重ねることであった。このような意味における「政党内民主主義」が全国民の代表の要請の確保に資することについて、以下では人間の集団的意思形成過程という点から補強する。具体的には、集団は全体として、浅慮に走り、分極化する傾向があること、この傾向がとりわけ政党において顕著に起こり得ることを考察したうえで、政党内に異論を包摂することが重要であることを導出することとする。

第1款　集団極化と異論の重要性

Ⅰ．集団浅慮という問題

　集団内部の意思決定は、時に全体として浅慮に走る可能性がある。この点を指摘した先駆的な論者は、アーヴィング・ジャニスである。彼は凝集性の強い集団に関するいくつかの先行研究を引用しながら、集団内部での同調への圧力という問題を取り上げた[136]。集団内部において、同調しない者がいる場合、当初はこの者と話し合うことが試みられるが、次第にこの者を排除する方向へと進み得る[137]。こうして凝集性の高い内集団に人々が強く関与する

136　Irving L. Janis, Groupthink, Psychological Studies of Policy Decisions and Fiascoes 4-5 (1982). アーヴィング・L・ジャニス（細江達郎訳）『集団浅慮　政策決定と大失敗の心理学的研究』（新曜社、2022年）7‐8頁。
137　*Id.* at 5. 同上、8頁。

第 2 節　政党内に異論を包摂することの重要性　167

場合、メンバーが全員一致を強く求めることで他の代替案を考えることがなくなるのが、集団浅慮（groupthink）のメカニズムである[138]。集団浅慮が働く場合、集団が過大評価される、閉鎖的な傾向が強まり、異なる考えやそれに関する情報を無視したり、対抗的な勢力に対して全く愚かであるというステレオタイプ的な見方をしたりするようになる、全員一致への圧力がかかり、集団内部において自己検閲がかかるといった問題が生じる[139]。集団浅慮が起こりやすいのは、意思決定グループが隔絶され、批判や情報を受け取る機会がない場合、公平なリーダーシップが欠如する場合、意思決定課題を扱う体系的な手続きを要請する規範がない場合である[140]。

　集団の凝集性は集団浅慮を引き起こす重要な要因ではあるが、これのみが絶対的な要因というわけではない[141]。凝集性の高低と集団としての決定の質が連動しない場合もあり得るのである。例えば、凝集性が低い集団であっても、あまりにも異なる、反対方向の考えを持つ人が一つの集団でまとめられた場合には、質の高い決定はおよそできなくなる[142]。反面、意思決定内部でメンバーの仲が親密なものである場合、異論が出やすくなる可能性もあれば、反対に集団の結束を維持するために自己検閲がされる可能性もある[143]。凝集性の高い集団であっても、他種の意思決定課題にかかわっている場合、効率性の高い活動がなされること期待され得る[144]。

　集団内部の構造において、仮に集団メンバーがその集団のみに依存し、集団の外の人と政策課題について議論する機会を持たなくなれば、集団内部の同調傾向と集団全体としての判断へのメンバーの依存性が高まる[145]。メンバーが社会的背景やイデオロギーの点において一致している場合、そもそも異論が出づらいということもある[146]。

138　*Id.* at 8-9. 同上、15頁。
139　*Id.* at 174-175. 同上、287-288頁。
140　*Id.* at 176-177. 同上、292-293頁。
141　*Id.* at 245. 同上、400頁。
142　*Id.* at 246-247. 同上、402頁。
143　*Id.* at 247. 同上、403頁。
144　*Id.* at 248. 同上、404-405頁。
145　*Id.* at 249. 同上、406-407頁。
146　*Id.* at 249-250. 同上、407頁。

Ⅱ．サンスティーンによる集団極化とカスケードをめぐる議論

　集団内部での意思決定のあり方について、さらに示唆的なのは、キャス・サンスティーンの議論である。サンスティーンは集団内部における意思形成の特徴について、集団極化、カスケード、従属性といった言葉を用いて説明する。まず、集団極化とカスケードについて取り上げる。集団極化とは、集団内部で構成員による熟議がなされた結果、議論をする前よりもその後の方が構成員の持つ見解の方向性が極端な方向へと向かうことを指す[147]。この背景にあるのは、二つのメカニズムである。第一のメカニズムは、個人が自らの評判や自己イメージを守りたいと考えること、そして、第二のメカニズムは集団内部において蓄積される議論の限界があるということである[148]。サンスティーンは、集団内部においてカスケード効果が発生することにより、集団が全体として一定の方向に一気に進むということを説明する[149]。

　もっとも、この極化が起こる可能性はやはり、状況によって左右される。構成員同士がアイデンティティーを共有している場合や感情的な紐帯がある場合には、極化が強まりやすい傾向にある[150]。集団極化は、集団の構成員が互いに同じ共通点を共有し、他の集団と異なるということを認識している場合（このような集団は「外集団」と呼ばれる）、激しく起こりやすい[151]。また、集団から、穏健な構成員が立ち去った場合、集団は全体としてより小さくなるが、反対に考えの近さは強まる。言い換えれば、ある集団から出ていくことがより容易であれば、集団内部での極化が起こりやすい。他方、集団から出ていきにくいのであれば、穏健な人々をも巻き込み続ける必要があるということがある[152]。集団内部での極端な立場が強い自信によって支えられている場合も同様に極化が進みやすい[153]。さらに、集団構成員の内部において、当

147　Cass R. Sunstein, *Deliberative Trouble? Why Groups Go To Extremes*, 110 YALE LAW JOURNAL 71, 74-75（2000）．キャス・サンスティーン（那須耕介訳）『熟議が壊れるとき　民主政と憲法解釈の統治理論』（勁草書房、2012年）10頁。
148　*Id.* at 75. 同上、10-11頁。
149　*Id.* at 77. 同上、13頁。
150　*Id.* at 91. 同上、31頁。
151　*Id.* at 98. 同上、41頁。
152　CASS SUNSTEIN, WHY SOCIETIES NEED DISSENT 131（2003）．
153　Sunstein, *supra* note 147, at 92. サンスティーン・前掲注(147) 31頁。

初から明確に一定の傾向がある場合、そこでは集団自体が異質なものを抱えているとしても極化が起こりやすい[154]。これらを総合すると、立法府においては、集団極化が起こりやすいと言える。というのも、議論の蓄積に限界があり、ある政党に属する議員が話し合う相手は同じ政党の党員にほとんどの場合限られるからである。その結果、例えば、立法府が全体として、極端な方向へと進むということが起こりやすい[155]。また、政党についても、その同質性の意識故に極化が起こりやすいことが例示されている[156]。反対に、集団内部において少数派の提示した意見が極めて説得的である場合や、集団の外から衝撃が加わる場合、集団が自らの正統性を宣伝したいと考える場合などが極化を和らげる可能性として作用し得る[157]。

　もっとも、サンスティーンは全体として、似通った考えの人々のみにより凝り固まった決定がなされることに警鐘を鳴らす一方、一定の場合では、孤立した集団の意義があるとする。その前提にあるのは、多様な人々から構成される集団の中では、優位にある人々が議論の主導権を握り、劣位にある人々の意見に耳が傾けられない場合があるという考えである[158]。孤立した集団があることによって、そうでなければ埋もれていたような意見に耳が傾けられ、社会全体としての議論の豊かさが生じる可能性がある[159]。この観点からサンスティーンは、例えば政党が予備選挙の投票資格を党員に限るということも、社会に幅広く、議論の蓄積を増やすという意味で正当化されるとする[160]。サンスティーンは、同じような考えを持った人々が熟議を行う上で、彼らがまた見解のうえで異なる人々と接する可能性を確保すべきと主張する[161]。そうであるので、サンスティーンは人々が事前に自ら選ばないであろう素材にさらされること、また、市民が共通の経験を持っていることが重要であるということ、人々が真実にアクセスできるようになることが必要であ

154　*Id*. at 94. 同上、35頁。
155　*Id*. at 104-105. 同上、50頁。
156　*Id*. at 94. 同上、34頁。
157　*Id*. at 91. 同上、30頁。
158　*Id*. at 105-106. 同上、52頁。
159　*Id*. 同上。
160　*Id*. at 111. 同上、61頁。
161　*Id*. at 106. 同上、53頁。

ると述べる[162]。

Ⅲ．異論の重要性

　本書との関係において重要なこととして、サンスティーンがこのような問題意識を背景に、集団の中に異論が持ち込まれることの重要性を指摘する点が挙げられる。前述のように、サンスティーンの議論において分極化は、集団の構成員が共通のアイデンティティーを共有している場合には強まり、他方、当初集団の構成員から好まれていたのとは反対の方向性が示される場合には弱まる傾向にある[163]。そもそも、人々は他者が行うことから影響を受けることが多い。この背景にあるのは、やはり、情報の問題と名声を守りたいという意識である。まず、人々は自分自身十分な情報を持っていない場合、他者の決定から何が適切かについての情報を受け取ることができる[164]。そして他者に従わなければ他者からの評価が下がり、場合によっては排除されるかもしれないと考えることも、従属性を増大させることに作用する[165]。これらの事情から鑑みるに、議会においては特に、名声に関するプレッシャーがかかりやすいが故に従属性が働きやすい。ここでも、反対意見が少ない場合、賛成に流されるということがある[166]。

　異論を提示するものが処罰される環境ができた場合、そこではどれだけ優秀な人であっても従属することを選ぶようになる[167]。その結果、問題となるのは、人々が自らの真意を明かすことがなくなり、社会全体として必要な情報が得られなくなるという問題が生じる[168]。異論が存在することは社会全体にとって利益になるにもかかわらず、異論を述べる本人にとってはメリットが大きくないため、自発的に異論の声が上がることは期待されづらい[169]。

162　Cass Sunstein, *Is social media good or bad for democracy?*, 15 SUR: INT'L J. ON HUM. RTS. 83, 85（2018）.
163　Cass Sunstein, *The Law of Group Polarization*, Volume 10, Number 2, THE JOURNAL OF POLITICAL PHILOSOPHY 175, 181（2002）.
164　Sunstein, *supra* note 152, at 5.
165　*Id.* at V.
166　*Id.* at 77-78.
167　*Id.* at 2.
168　*Id.* at 6.

第 2 節　政党内に異論を包摂することの重要性　171

　この従属性の効果は、集団極化の場合同様、集団内外の環境によって、その強弱が変わり得る。集団内である人が自己の見解に自信を持っているように見えたり、専門家であったりする場合には、それ以外の人々はその人の見解に引きずられやすくなるだろう[170]。

　それでは、このような従属性を低減させることはできるのか。ここでは、幾つかの要因が挙げられる。一つは報酬である。報酬がかかった場合、団体内部での圧力よりもその報酬が欲しいということにより、大衆に迎合しないという作用が働き得る[171]。もっとも、この作用が働きやすいのはその人が自身の判断に自信を持っている場合のみであり、問題が難解である場合には従属性が上がることもあり得る[172]。また、グループ全体で正しい決定をすることによって利益が得られる場合も、人々は全体としてグループが正しい決定をできるよう、自らの意見を出すようになる[173]。続いて、たとえ一人の人であっても異議申し立てをするということが重要である。一人の意見によって、そうでなければ大衆に迎合していたであろうメンバーもまた声を上げ、議論の方向性が変わることはあり得る[174]。また、従属性はとりわけ、自身と同じような人々から囲まれた状態で公的に発言をする場合には強まる[175]。この観点からは、不一致を歓迎し、異論を出しても罰せられない雰囲気を作るとともに、異論を匿名で出せるような形での組織構築がされることが重要である[176]。反対に、強制力をもって集団のメンバーを罰することができる強いリーダーがいる場合、このリーダーの発言に対して人々の間でカスケードが発生し、集団内部で適切な情報が集まらないことが多い[177]。集団に対して、アイディアや視点の多様性が認められると、革新性や創造性がうまれる[178]。

169　*Id.* at 12.
170　*Id.* at 17. もっとも、この効果はメンバー構成が明らかである場合には働かないこともある。例えば共和党内に民主党出身の専門家がいるとわかった場合、多くの共和党員はこの専門家の意見には流されないだろう（*Id.* at 17）。
171　*Id.* at 25.
172　*Id.*
173　*Id.* at 69.
174　*Id.* at 26-27.
175　*Id.* at 29. その点において秘密投票が重要とされる。
176　*Id.* at 30.
177　*Id.* at 68.

そのための一つの方法として、反対意見を集団内部に入れるということが考えられるが、しかし、そのために集団内部に人為的に反対派を作り出すことは必ずしも適切とは言えない。というのも、そのように人為的に反対派が作られている場合、この反対派は対抗勢力を本気で説得しようとしないからである。その観点からは、一定程度、集団に「本気の反対意見」を取り入れることが重要であるとされる[179]。

但し、「異議申し立て」と言ってもさまざまな形態があることにも注意は必要である。自らが知っていることを開示する者は常に社会の情報量を増大させるという意味において有益である。他方、単に反対をするというだけの者の場合、グループ全体の情報量は増えるわけではない[180]。

これらの事情を踏まえれば、単に情報が増えれば増えるほど良いというわけではないということが分かる。情報が増えすぎることによって決定発見の負担やコストが増えるという問題もあり得るのであり、その点を踏まえれば、異議申し立てに一定程度フィルタリングをし、合理的な異議申し立てのみを尊重する必要がある[181]。もっとも、何が「合理的な」異議申し立てであるかの線引きは難しいため、結局のところ、自由な意見表明を許すということが合理的な異議申し立てを確保するための手段となる[182]。したがって、表現の自由などといった自由が、人々を従属性から解放するために役に立つ。表現の自由が守られることによって、表現活動をする本人はもちろん、そう

178　Cass R. Sunstein, Reid Hastie, Wiser Getting beyond Groupthink to make Groups 104（2015）. サンスティン、リード・ヘイスティ（田総恵子訳）『賢い組織は「みんな」で決める』（NTT出版、2016年）123頁、サンスティーンがここで引用するものとして、Carsten K. W. De Dreu, Minority Dissent, Attitude Change, and Group Performance, in, The Science of Social Influence Advances and Future Progress 247, 261-262（Anthony R. Pratkanis ed., 2007）. De Dreuによれば、集団内部で少数派から異議申し立てがされることは、集団全体の意思決定の質を向上させるだけではなく、集団内部にいる個人のクリエイティビティ—やイノベーション能力を増大させるという可能性を持つ。異議申し立てがなされ、これに対して多数派は多様な観点から問題を考慮するようになるということが重要である。たとえ異議申し立てが誤っていたり、最終的には否定されたりするとしても、そうしたものがあることによって多様な意見が刺激され、より多くの観点からバランスをとった考慮が可能になるのである。
179　Sunstein, Hastie, supra note 178, at 117-118. サンスティン、ヘイスティ・前掲注(178) 141頁。
180　Sunstein, supra note 152, at 85.
181　Id. at 90-91.
182　Id. at 91.

第2節　政党内に異論を包摂することの重要性　173

ではない人も、社会全体の情報量の増大という点において利益を得られるのである[183]。

第2款　政党に異論を取り込む必要性

　以上のようなジャニスやサンスティーンの議論は、政党に異論を取り込む必要性という意味において、本書の政党内民主主義の設計に関する主張を基礎づけ得るものである。

　ジャニスが述べるように、集団浅慮が働いた場合には、その集団は外部の異論に対して侮蔑し、これをおよそ受け入れないことになる。そして、政党は同じような考えのものが集うというその性質上、集団浅慮が働く可能性を持つものである[184]。その場合、異論をおよそ受け付けないということは、政党が幅広く国民内部の曖昧模糊とした民意をくみ上げ、これを精査、加工する役割を果たせないことを意味するとともに、議会においても政党所属の議員が他の政党所属の議員と議論し、妥協や譲歩を重ねつつ、結論を導くということを決定的に妨げることになるだろう。

　サンスティーンの議論によっても、集団内部に異論の存在があることによって集団内部の人々が従属性に陥り、分極化が進むことが避けられると指摘される。集団内部に異論があることにより、人々は他者の意見に従属するのではなく、自らの判断に基づいて決定を下せるようになる。加えて、集団内部で他者の情報に引きずられる傾向があるというサンスティーンの指摘を踏まえれば、その情報源を多様化すれば、特定の情報源に過度に影響される恐れが低減すると考えられる。重要なのは、ここでの異論が人為的に作りだされた反対派によるものでは足りないということである。そこから、政党内部に真摯な反対派、異論を取り込むことは、政党内で異なる意見が発せられ、その結果、一定方向に党内の傾向が一気に引っ張られることが防がれる

183　*Id.* at 83.
184　もちろん、ジャニスが指摘するように友好的なムードは党内で異論が提示されやすいことにも繋がるだろう。したがって、政党において常に集団浅慮が働くとはいうことはできないが、しかしその可能性はあると言える。

ということに貢献するといえる。

　サンスティーンの議論からは（会派ではなく）政党という集団に着目することの意義もまた引き出され得る。確かに、議員が所属する集団との関係において自身の独立性を確保すべきと考えるならば、その集団は政党という単位においてではなく、会派という単位においてとらえられることもあり得る。しかし、サンスティーンの論ずるところによれば、他者への従属性は、自身と同じような人々に囲まれた状態において公的に発言をすることを求められる場合には強まる傾向にあるとされており[185]、この点を踏まえるに、議会という公開の場で同じような人々が集まる会派は、そもそも従属性が強まりやすい場であると言える。また、サンスティーン自身、議会という場は議論の蓄積という点において限界を持つ[186]と述べるように、議会に代表される議員の数に限界がある以上、議会内に会派を通じて持ち込まれる見解というものの多様性には自ら限界があるだろう。このことを踏まえれば、議会の会派として議員が結集する前段階である政党に対しては、議会と比べると公開性の要素が薄く、その意味において異論を出しやすい環境であること、また、より幅広く多様な見解をすくい上げることができる場として適していることが指摘できる[187]。政党も確かに、同じような考えの人々がある程度強い紐帯をもって結びついている場であり、その意味においては内部で従属性が起こりやすい場ではある。また、時としてイデオロギー政党や地域政党は「孤立した外集団」として団結することが必要であろう。しかし、サンスティーンが「孤立した外集団」に関する議論で述べるように、そのような集団であっても、絶えず自身と異なる外部の意見と触れ続けることが重要なのであり、その意味において本書の考えるところの政党内民主主義を確保することの意義は基礎付けられ得る。そこから、政党という集団の内部で異論を許容する制度設計を行うことが重要となるのであり、その環境を作り出すものとして、政党内民主主義の促進ということが挙げられ得るのである。

---

[185] Sunstein, *supra* note 152, at 29.
[186] Sunstein, *supra* note 147, at 104-105.
[187] また、会派は主として議会の機能可能性の確保ということを主眼において結成されているという点も政党との違いとして挙げられうる。

以上のことから、本書の問題関心との関係においては、政党に対して異論を取り込むこと、という意味において政党内民主主義をとらえるべきことが明らかになった。それでは、実際に政党内に異論を取り込む制度設計はどのようであるべきか。また、政党はどこまで異論を取り込まなければならない（反対に、どこからは異論を取り込むことを拒絶できるのか）が問題となる（第4章以下）。もっとも、以下では、その具体的な設計のあり方に関する検討に入る前に、なぜ「政党」の「内部構造」にこだわるのか、この議論は日本に対しても妥当するのかという点を概観することとしたい。

第3節　なぜ政党でなければならないのか、なぜ政党の内部構造なのか──日独における現実の政党のあり方から

ここまでは、ハーバーマスの2トラック民主政論に政党を組み込み、その構想を実現するためには政党内民主主義の実現が必要であること、そしてそこでの政党内民主主義とは、政党が共通の紐帯を軸に党内に多様な意見を取り込み、その意見同士の間で議論を重ねることを意味するということを明らかにしてきた。

しかしながら、なぜ「政党」に「内部民主政」を求めるのか、またここでの議論が日本の政党についても応用可能かについては、まだ十分な考察ができているとは言えない[188]。ここからは、政党以外の結社や会派といった団体と比較して、政党にのみ内部民主政が求められるのはなぜか、実際の政党の果たす役割から考察するとともに、そして政党にのみ内部民主性を求めるという議論が日本の政党についても妥当するのか（第1款）、また、政党の内部構造の民主化以外の方法、具体的には複数政党間の競争によって本書の目的を達することができないかを検討する（第2款）。これらの検討によって、なぜ「政党」にのみ、そして、「政党」に対して、内部民主化が求められるかを明らかにすることとする。

188　TeorellやWolkensteinの議論においてはすでに政党が選挙にかかわること、政党が網羅的に多様な論点について政策形成をすることが挙げられていたが、これが実際の政党をめぐる日独の現実とも合うものか、検討が必要と思われる。

176　第3章　政党内民主主義を梃とした「全国民の代表」の実現の可能性

第1款　なぜ「政党」内民主主義なのか―政党の特別な位置づけ

　なぜ政党内民主主義が必要なのか、という問題を語るにあたり、まず問題となるのは、他の結社との比較における政党の位置づけである。日本国憲法の下では、下記の通り、政党は私的結社か、公的存在かという議論が展開されてきた。他方、ドイツにおいても、基本法上政党に関する明示的な条文があるとしても、政党の位置づけについては議論があるところである。これらの政党の位置づけをめぐる議論を網羅的に取り上げること自体は本書の課題ではないため、以下では、これらの議論状況について、政党内民主主義という局面に関わる限りに絞ったうえで、検討することする。

Ⅰ．日本国憲法の下での政党論
　まず、前提として、日本における政党の位置づけについて、憲法学においてこれまでどのように考えられていたか、簡潔に検討することとする。

1．政党は私的存在か公的存在か
　日本の憲法学においては、かつて体系書において政党への言及はなされないか、あるいはなされるとしても端的なものにとどまることが多かった[189]。その後、政党に対する言及がなされるとしても、日本国憲法の下での政党については、かつてはあくまでこれを私的な結社であるという側面からとらえたうえで、政党法制の整備に対して警戒の念を示すものが多く存在した[190]。例えば、丸山健は、政党に対する法的規制はむしろ政党の結成や活動の自由を阻害するとして、政党規制論に警戒感を示す[191]。また、長谷川正安も、政

189　吉田栄司「政党」『岩波講座　現代の法　3　政治過程と法』(岩波書店、1997年) 270頁。
190　政党については、国家による法的統御が「十分に及ばない（及んではいけない）」領域とされてきた（林知更「政治過程の統合と自由（1）―政党への公的資金助成に関する憲法学的考察―」国家学会雑誌115巻5・6号 (2002年) 445頁。）。憲法学において政党への言及が意識的に避けられているのではないかと思われるほど少なかった点について、政党規制の動きに対する配慮であったかもしれないとの指摘として、吉田・前掲注(189) 270頁。
191　丸山健『政党法論』(学陽書房、1976年) 178-179頁。

第3節　なぜ政党でなければならないのか、なぜ政党の内部構造なのか

党についてあくまで結社の場合と同様、個々の国民が自発的に作り出したものであり、それがどのような目的を掲げ、行動するかは政党独自の判断にゆだねられるべきとする[192]。こうした丸山や長谷川の見解からは、政党と結社の間に差異が認められない以上、政党への法的な助成、規制には消極的な目が向けられる[193]。

こうした、政党の私的結社性が強調された時代については、政党の結成、加入、活動における自由のみが強調され、他方他の結社との違いについては消極的にのみ承認されるという「歯切れの悪い」状況が示されていたと評される[194]。しかし、これに対しては、リクルート事件に端を発する政治改革論の中で、政党の「公的性格論」が登場するようになる[195]。こうして登場したのが、政党の私的側面に加えて、政党には公的側面があるという議論である。政党は議会制において不可欠な役割を果たすという点で公的性格を持つが、他方で、常に全体の中の一部にとどまり、私的な利害を動機としている側面を持つ[196]。政党はその私的性格によって公的な意思形成プロセスをゆがめることがないよう、自ら自由に活動しつつも、同時に党員や国民の敏感な倫理観に裏打ちされていなければならない[197]。しかし、ここでもこうして政党の「公的性格」が語られるようになったとしても、その「公的性格」への分析は依然として不十分であった[198]。

政党が「公的」であるという主題の曖昧さへの分析を試みたのが、森英樹である。森が言うには、公的意思形成に私的な国民意思を繋ぐという意味においては、マスコミや利益団体、労働組合など各種団体も政党と同じ働きをする[199]。しかし、政党のみが「公的」と評される背景には、政党の所属員が

192　長谷川正安「法律時評」法律時報55巻9号（1983年）7頁。
193　右崎正博「政党をめぐる憲法問題」ジュリスト1022号（1993年）118頁。
194　吉田・前掲注(189) 271頁。
195　同上、272頁。
196　小林直樹『憲法政策論』（日本評論社、1991年）305-306頁。
197　同上、306頁。
198　吉田・前掲注(189) 272頁。
199　森英樹「日本国憲法と政党——政党国庫補助システム導入の憲法論を手掛かりに」法律時報62巻6号（1990年）53頁。この点においては、政党が扱うのが社会事象の政治的部分だという点が特徴的な程度である。

議員となる過程に入り込み、そして国民代表機関へと選出され、与野党それぞれの立場から活動をするという点がある[200]。こうして選出された議員は「全国民の代表」として、私的利益のためだけに活動するのではなく、しかし他方で自身の支持者の持つ私的利益を吟味しつつ、「公的」な過程に関わることとなる[201]。森による政党の「公的」性格の分類、つまり、政治過程における公的意思形成に参加することによる「公」性と、政党所属員が国民代表機関に入るという制度的な「公」性の分類においては、前者では政党と他の団体の違いは程度問題にとどまる一方、後者では、政党が国家権力と特別の関係を有するが故に、他の団体と質的に異なる扱いをすることが念頭に置かれ得る[202]。こうした森による「公的」性格の分析は、「公的」といっても様々な側面があることを強調するものである[203]。しかし、森の分析によるとしても、最終的に政党への国庫補助制度の問題以外については、具体的な分析の帰結が示されていない[204]。

しかしながら、こうした政党の「特殊」な地位が浮かび上がるにつれ、政党への国家からの介入を警戒する見解も現れる。代表的なものとして上脇博之は、政党助成の法制化への批判を展開する中で、政党をめぐる日本国憲法下の議論が、トリーペルの4段階論を踏まえた憲法上の地位の問題、その後憲法上の性格の問題へと進む中で、本来日本とは異なるドイツの議論をそのまま妥当させてきたと批判する[205]。上脇によれば、政党の憲法的地位の問題は、結社の自由を侵害するものであってはならない[206]。政党禁止とその手続きを連邦憲法裁判所に独占させるというドイツの場合には、政党への規制の局面と特権の局面がいずれも基本法に含まれるようになっており、これを受

---

200 同上。
201 同上、54頁。
202 毛利透「政党法制」ジュリスト1192号（2001年）164頁。
203 吉田・前掲注(189) 272頁。
204 同上、273頁。森の議論においても、政党が本来は「私的」なものであるとの前提があるとの指摘として、加藤一彦「憲法・政党法・政党——憲法解釈論を中心にして」白鳥令・砂田一郎『現代政党の理論』（東海大学出版会、1996年）8頁。
205 上脇博之「戦後における政党と憲法 —「政党の憲法上の地位」と政党法制との相互関係——」憲法理論研究会編『戦後政治の展開と憲法』（敬文堂、1996年）56、60頁。
206 同上、63頁。

第 3 節　なぜ政党でなければならないのか、なぜ政党の内部構造なのか　179

けて政党の「特別の地位」が語られるようになったが、日本にはこれを持ち込むことは難しいのである[207]。上脇によれば、日本においては政党もまた、国家からは無視、あるいは政党を含む政治団体として承認されている段階に過ぎない[208]。そして、現状の政党助成法に対しても、憲法21条の結社の自由他の結社との比較における平等条項等の関係において緊張関係があるとの考えが依然として根付いている[209]。

　以上のように、日本の憲法学において、政党に関し、結社の自由の側からのアプローチがされてきたことについて、高田篤は理由があると述べる。日本国憲法の下では、個人を起点として、彼らが任意に結合するという意思を持つことによって結社が生まれると考えられてきた[210]。日本においては近代化過程において、明治政府が中間団体を再編・制度化し、統合へと巧妙に持ち込んでいったことから、これに対して単に個人を確立して対抗するということでは足りず、結社の自由を正面から認める必要があったのである[211]。これらの理由から、日本国憲法の下で政党は結社の自由が強調されることになった[212]。

2．政党に対する積極的な役割の付与

　以上のように、現在でも通説的地位にあるのは、政党は結社であるのであって、独自の形で日本国憲法の統治の仕組みには組み込まれておらず、したがって一般の結社と異なる制約を政党にかけることは許されないという見解である[213]。

　しかしながら、政党が民主政に対して果たす役割という点からより議論の

207　上脇博之「『政党の憲法上の地位』論・再論」『政党国家論と国民代表論の憲法問題』（日本評論社、2005年）110頁［初出2004年］。
208　同上、114頁。
209　植松健一「憲法と政党―21世紀仕様の『理念像』？―」只野雅人編『講座　立憲主義と憲法学　第4巻　統治機構Ⅰ』（信山社、2023年）74頁。
210　高田篤「民主制における政党と『結社』」法学教室226号（1999年）82頁。
211　同上、82-83頁。
212　同上、83頁。
213　小野善康『日本国憲法と政党』（日本評論社、2024年）37頁。もっとも、小野自身はこのようには考えていない。

精緻化を試みる見解も存在する。その代表者は例えば林知更、本秀紀、高田篤といった論者である[214]。

まず、社会の多元性の中からいかにして国家を作りだし、民主政を運営していくかという観点から、日本における政党論についてのアプローチも検討されるべきとするものが、林知更の見解である[215]。林は、そもそも政党の性質を私的なものと捉えることでその規制に否定的な見解に対し、個人の自由ですら無制約でないのであるから、まして権力的な地位を備えた政党について何らの制約も存在しないと考えることは不適切であると批判する[216]。林によれば、1990年代以降、政党に対しては特権や便宜が与えられてきた[217]。つまり、政党には国庫からの資金助成制度に加え、選挙法上も候補者届出政党が独自の選挙運動、新聞広告などを行い得る（公職選挙法141条2項、142条2項、149条1項など）、政見放送をすることができる（150条1項）といった特権が与えられているのである[218]。ここでは、政治的に地盤を固めた政党に便宜を与えることで、政党中心の政治的意思形成の実現を図ろうとの意図が見て取れる[219]。このような意図とは対照的に、政党に対する規制の局面は必ずしも十分に検討されてこなかったのである[220]。

林によれば、日本国憲法上政党に関する規定がないとしても、政党が一般の結社とは異なる特殊な役割を持つことに関し、憲法上の諸原理が考慮されるべきである[221]。政党は一般の結社とは異なり、選挙に参加し、公職に就任する候補者を提示すること、当選した者の政治活動を支えるという活動を通

---

214 これらの論者について、競争、反映、形成（形整）といった観点から整理するものとして、前硲大志「政党の位置づけ」山本龍彦・横大道聡編『憲法学の現在地――判例・学説から探求する現代的論点』（日本評論社、2020年）316頁以下。
215 林・前掲注(190) 458-459頁。
216 同上、456-457頁。
217 林知更「政党の位置づけ」小山剛・駒村圭吾編『論点探究　憲法　第2版』（弘文堂、2013年）290頁。もっとも、1982年の公職選挙法改正により、参議院議員選挙に拘束名簿式比例代表制が導入された際、候補者擁立をできる政党や政治団体に対して要件が課され、綱領、党則、規約についての届出義務、候補者選定手続きや適正に選定したことの宣誓書の提出義務が課されたことは、政党内部への国家の介入とも評される（右崎・前掲注(193) 119頁。）。
218 林・前掲注(217) 289-290頁。
219 同上、290頁。
220 同上、290頁。
221 同上、295頁。

第3節　なぜ政党でなければならないのか、なぜ政党の内部構造なのか　181

して、「国民と国家の間の政治的コミュニケーションを取り持つ」作用を担うのであり、そこでは憲法上、国民主権と代表制の原理から一定の制限を受けることが考えられる[222]。具体的には、政党が選挙において候補者擁立に当たって中心的な役割を果たしていることを踏まえると、政党についても政治的「競争」という角度から捉えられる[223]。現代において議院内閣制を前提にすれば、議会選挙は同時に政権選択をめぐる競争にもなるのであって、政党は政権の選択肢を示す以上、自由で開かれた競争という場を通じて権力が国民に対する責任を果たすよう機能しなければならない[224]。もっとも、林自身もこの競争という原理について常に必要であり望ましいものとまで言うわけではない。政党が相互に激しく争う状態があるというのが望ましいとは言えない場合もあり、民主政が国民の内部に存在する多様な利益や関心の中から統一的な決定を生み出すことを課題とする以上、意思の集約と形成という側面もまた重要だからである[225]。このような林による議論においても、政党が公的存在か、私的存在か、をスタート地点とする議論は、実際の問題解決上、精密さを欠くことが示される[226]。

つづいて、本秀紀は、制度化された公式の意思決定過程が民主的なものであるためには民意の反映が必要であり、さらに、制度化された公的意思決定の場においては、選挙公約として示される政策が非制度的公共圏における熟議を通した意思形成に支えられるものである必要があるとする[227]。変動する民意という問題に対応するためには、政党外のルートと、政党を通した「日常的な民意の吸収および反映」という両ルートが必要になる[228]。ここにおいて、本は、「公論」については絶対的なものではなく、多様性を持ち続けるものであると捉えている[229]。そして、政党はこの本の構想において、「絶え

222　林知更「政治過程の統合と自由（5・完）―政党への公的資金助成に関する憲法学的考察―」国家学会雑誌117巻5・6号（2004年）521頁。
223　同上。
224　同上、522頁。
225　林知更「政党法制－または政治的法の諸原理について―」同『現代憲法学の位相――国家論・デモクラシー・立憲主義』（岩波書店、2016年）208-209頁［初出2013年］。
226　林・前掲注(217) 295頁、植松・前掲注(209) 76頁。
227　本秀紀「『公共性』の変容と『政党民主主義』」公法研究64号（2002年）220頁。
228　同上。

ず国家意思を発掘・吸収し制度的レベルに媒介する機能」を担うものとされる[230]。

そのような観点から捉えられる政党の位置づけとは、あくまで「私性」を保ちつつも、特定の政治的綱領を維持し、「国民意思を発掘・吸収」したうえで、これを制度的レベルへと持ち込むというものである。政党は、その部分的な性格という「私性」を国民との熟議の場において鍛えることによって「公性」を保持し得るのである[231]。現代社会においては、政党が示す複数の政策パッケージに沿って国民内部の利害の分岐がはっきりと分かれているわけではなく、また、選挙の時点ではなかった争点があがってくることもあることを考えると、上記のような「非制度的公共圏」における「熟議を通じた『公論』形成」の果たす役割がより重要になる[232]。政党については、政党の公共性を承認し、そこからなんらかの助成ないし規制を導くという説と、政党の社会団体性を強調して他の社会団体とは異なる法的規制を認めない学説の対立がある[233]が、本の政党観によれば、抽象的に政党が「公」的存在であるから規制されるべきであるとか、「私」的存在であるから一切の法的規律が禁止されるというわけではなく、個別の法的規制の局面ごとに考察がされるべきということになる[234]。

最後に、高田篤の見解によれば、社会や個人が断片化し、複雑化したならば、政党自身もそれに対応するために、「複雑性・複層性」を持たなければならない。したがって、政党は、内部に様々な要素を抱え込み、外部の異質なものの関与にも開かれた存在へと変化しなければならないと考えられるのである（→詳細については後述）[235]。この高田が示すような政党論については、

229　同上、220頁。
230　同上、221頁。
231　同上、222頁。もっとも、本は私的利害の反映を重視しつつも、単なる私的利害の集積を求めているわけではないと評される（植松・前掲注(209) 90頁。）。
232　本・前掲注(227) 220頁。
233　同上、221頁。
234　同上、222頁。利害を集約することを超えて、有権者のために情報を集約、提供し、政治家をリクルートする点まで見るものとして、待鳥聡史「コモンズとしての政党―新たな可能性の探求」待鳥聡史・宇野重規編『社会の中のコモンズ　公共性を超えて』（白水社、2019年）172頁以下。
235　高田・前掲注(210) 85-86頁。

第3節　なぜ政党でなければならないのか、なぜ政党の内部構造なのか　183

植松健一によれば「開かれた政党像」というキーワードからも語られる[236]。この高田の議論においては特徴的なのは、政党とこれ以外の結社の区別はあいまいであり、政党以外の結社についても一定程度でその議論が妥当する可能性があるという点である[237]。

Ⅱ．ドイツにおける政党の位置づけ

ここまで、日本における政党の位置づけとして、あくまで私的結社としての立場からスタートされたこと、他方、政治的競争や国民意思の発掘、社会の多元化といった観点から政党に一定の立場を認めようとする見解も存在することを確認してきた。それでは、ドイツにおいては、政党の位置づけはどのようになっているだろうか。

１．政治的意思形成に対する重要性対あくまで私的な存在としての政党

ドイツにおける政党の位置づけは、一方において、基本法上認められた、その「国民の政治的意思形成へと関与」するという機能の観点から語られる。他方で、政党はあくまで国民の政治的意思形成に「関与」するのみであることも重視される。後者の意味において、政党は国民の政治的意思形成を独占しているわけではなく、その限りではあくまで一つのアクターに過ぎないことが注目に値する[238]。以下では、この両側面について順に取り上げる。

（１）　政党が国民の政治的意思形成に関与するという側面

政党の樹立の前提として、個人の政治的な自由として基本法５条１項から保障される表現の自由は、国家からの介入、影響力行使に対して、意見交換の可能性を保護するものである。そして、批判的で多数派からは好まれないような観点についても保護できるよう、政治的な世界観の多元性が確保されることが望まれる[239]。しかし、個人が自身の声をより広く届けるためには、同じ意見を持つ他の人と集合体を結成する必要性がある[240]。故に、市民は自

236　植松・前掲注(209) 84頁。
237　同上、85頁、高田・前掲注(210) 86頁。
238　繰り返しになるが、本書においては、政党の抽象的一般的位置づけを論じることは目的ではないため、そのような論述は行わない。ここではあくまで政党内民主主義との観点で重要となり得る側面のみを切り出すこととする。

らが選んだ既存の団体に属するか、あるいは新しい団体を作るかの可能性を持つべきであり（基本法9条1項）、これは、政治的意思形成の条件ともなる[241]。団体については、その自由な性格やその内実、またそれが現れる場面の多様さ故に、基本法自らによってその内部意思形成の手続き、組織のあり方について定めることはなされておらず、それは基本的には各団体の自治に委ねられている[242]。これは、政党については基本法上、特別な保護や権限、義務が与えられているのとは対照的である[243]

政党の役割を考えたとき、大規模な社会においては、政党のような媒介機関なくして市民と政治的な決定発見機関の間での意味のあるやり取りはなされえない[244]。政党は一方では、有権者に対して選挙において選ぶことができる提案のオプションを提示し、他方で、選挙と選挙の間の期間においては、議会での任務に随行し、国民からの主張や要求、異議申し立てを媒介する。複雑で多様な社会において、政党なくして議会は何ら機能し得ない[245]。この状況の中で政党が果たす役割として、まず挙げられるべきは、政党を介した国民の利益の議会への反映という観点である。議会においては、比較的多数の議員が存在することにより、彼らは国民の中にある各種の異なる利益や願望について幅広く把握し、表現する可能性を持つ。国民の利益に対して応答的に振舞うという議会の可能性にとって本質的であるのは、国民との意思疎通を介した結びつきである[246]。そして、政党はここにおいて、国民の多様な利益に対して、議員がアンテナを張る際の不可欠な役割を果たす[247]。

---

239 *Sebastian Roßner*, Parteiausschluss, Parteiordnungsmaßnahmen und innerparteiliche Demokratie, Zu Voraussetzungen, Verfahren, Grenzen und Rechtsschutz, 2014, S. 41; *Konrad Hesse*, Grundzüge des Verfassungsrechts der Bundesrepublik Deutschland, 1995, 20. Auflage, S. 7, Rdnr. 161. においては、「政治プロセスの自由と公開性を守ることは基本権の最も重要な民主的機能である。」とされる。
240 *Roßner*, a.a.O.（Anm. 239）, S. 41.
241 Ebd.
242 Ebd., S. 42.
243 Ebd., S. 43.
244 *Martin Morlok*, Volksvertretung als Grundaufgabe, in: *Morlok, Schliesky, Wiefelspütz*（Hrsg）, Parlamentsrecht Handbuch, 2016, S. 154, Rdnr. 30.
245 Ebd., S. 154, Rdnr. 31.
246 Ebd., S. 148, Rdnr. 13.
247 Ebd.

第3節　なぜ政党でなければならないのか、なぜ政党の内部構造なのか　　185

　これに加えて、政党の意義については分業という要素も挙げられる。現代においては、一般国民の間での教育水準の平準化により、代表と公衆の間の差異が薄まりつつある。他方で、社会が複雑化するにつれ、議会政治のあり方もますます分業化や、専門化が進むようになっている[248]。議会における活動が議員個人にとって過剰に重い負担となりつつある現在、議員はあらゆる問題について、自らの持つ知識のみでは判断し得ない。故に、政党やグループなどを参照し、それによってはじめて、彼らが多様な決定を処理できるようになるのである[249]。言い換えれば、会派規律や会派への忠誠があることで、自由委任が効果的な委任となり得るのである[250]。したがって、政党は既存の様々な情報を単に集積し、媒介するだけではなく、政治的な利益や解釈を自ら作り出す、言い換えれば、問題を提起し、それに対して政治的な重要性を与える[251]。政党は、他の利益団体と比べた場合、選挙に参加することや扱うテーマ領域が広いといったことが特徴的であるのみならず、包括的な政治的紛争を持ち出し、担うということによっても特異な存在である[252]。共通の福祉の定式化という任務が担われる場は、現在では議会から政党へと大きく動いているともいわれる[253]。

　しかし、政党の役割を過剰評価しすぎるべきではない。これはとりわけ、現在において、左右のイデオロギー対立が解消され、主要政党が単独で過半数を取りづらくなっている[254]際に顕著である。直接民主制的な手続きが州レベルで導入されていることもまた、かつて事実上政党から独占されていた公

248　*Thomas Oppermann*, Zum heutigen Sinn der parlamentarischen Repräsentation, DÖV, Heft 22, 1975, S. 765.
249　*Erk Volkmar Heyen*, Über Gewissen und Vertrauen des Abgeordneten, Der Staat, Vol. 25, No. 1, 1986, S. 38.
250　Ebd.
251　*Steffen Augsberg*, Gesellschaftlicher Wandel und Demokratie: Die Leistungsfähigkeit der parlamentarischen Demokratie unter Bedingungen komplexer Gesellschaften, in: *Heinig Hans Michael, Jörg Philipp Terhechte*（Hrsg.）, Postnationale Demokratie, Postdemokratie, Neoetatismus, 2013 S. 46.
252　Ebd.
253　*Helmut Trautmann*, Innerparteiliche Demokratie im Parteienstaat, 1975, S. 26; *Gerhard Leibholz*, Parteienstaat und Repräsentative Demokratie Eine Betrachtung zu Art. 21 und 38 des Bonner Grundgesetz, DVBl, 1951, Heft 1, S. 4.
254　*Bettina Kähler*, Innerparteiliche Wahlen und repräsentative Demokratie, 2000, S. 96.

的な意見の構築をめぐる競争における挑戦とも捉えられ得る[255]。この状況下において、政党に求められる役割は、イデオロギー的な姿勢を打ち出すというよりも複雑かつ多様な社会的問題を処理することになりつつある[256]。しかし、だからといって、政党の役割がなくなったわけではない。むしろこの変化は政党が共通の福祉を作り出す媒体となることを後押しするともいえる。というのも、Bettina Kählerが指摘するところによれば、このように政党に期待される役割がイデオロギー的な姿勢を示すところから、実際的な重大な問題を処理するところへと変わったことで、政党が特殊利益の「伸ばされた手」ではなく、自らの解釈によるところの共同の福祉を探求する主体となるからである[257]。そして、政党が複雑な社会問題に対処するためには、その基礎にある社会の多様性に対処できる必要があるのであり、その限りにおいて政党はますます国家と社会の間の媒介者として果たす役割を求められる[258]。

（２）　政党の「私的」な位置づけ

　しかしながら、ドイツにおいても政党は完全に「公的」存在として位置づけられているわけではない。Leibholzから影響を受けたとされる初期の連邦憲法裁判所も、政党は「憲法構造の統合的な構成要素であ」るものの、「最上級の国家機関ではない」としており、あくまで政党は国家の意思形成に対して社会的な組織として重要な役割を果たすとされたのみである[259]。すなわち、連邦憲法裁判所もまた、政党の重要な役割自体については認めるものの、それが民主的な正統性を唯一かつ排他的に担うものではないととらえるのである[260]。

　確かに、政党は、多様な価値観のある社会から全ての人を拘束する決定を作り出すという民主主義における基本的な問題に資する存在である。政党が行うことは国民の政治的意思形成を事前に形作ることであり、市民が選択で

255　Ebd.
256　Ebd., S. 96 f.
257　Ebd. S. 97.
258　Ebd., S. 98.
259　*Hans Peter Bull*, Die Krise der politischen Parteien, 2020, S. 7. BVerfGE 1, 208 (225), BVerfGE 52, 63 (85).
260　*Kähler*, a.a.O.（Anm. 254), S. 91.

きる代替案を作り出すことである[261]。しかし、政党は基本法21条1項に従えば、国民の意思形成に対して「共同で」関与するのであり、その限りで、国民の意思形成からの統一的決定発見プロセスにおいて、独占的な地位を占めるわけではない[262]。とはいえ、既に個々の議員が独立した全国民の代表であるという像が揺らぎつつあることに加えて、現在では、政党の力があまりにも強いので、政党との関係において、議員自身の独自の政治的な重みはほとんど計測可能ではないレベルにまで低減したとさえ言われるのもまた事実である[263]。議会選挙の候補者は、自ら独自に選挙に関する綱領を作成できるわけでもなく、選挙の結果に対して影響を及ぼすような政治的発言を自由にすることができるわけでもない[264]。議員は、政党によって支配された議会以前の意思形成プロセスに加わるチャンスのみを得ることができる[265]。

　以上のように、ドイツにおいても政党の位置づけは一義的ではない。そのように議員に対して強い統制を行使し得る政党が、一定の傾向を持つ組織であるということが問題を複雑にする。政党が傾向を持つ組織であることによって、例えば異なる意見を持つものがそこから遠ざけられたり、他方でその独自の色合いを出すことによってその統一性が確保されたりということがあり得るのである[266]。したがって、この組織的傾向という側面においては、政党が共通の利益の促進に対して必ずしも相容れない要素を持つこともまた否めない。

　以上を踏まえると、以下での議論を貫く一つの課題が浮かび上がる。それは政党が公的存在か、私的存在か、という抽象的な議論ではなく、政党が一

261　*Uwe Volkmann*, Parlamentarische Demokratie und politische Parteien, in: *Morlok, Schliesky, Wiefelspütz*（Hrsg), a.a.O.（Anm. 244), S. 191, Rdnr. 8.
262　*Hans-Peter Vierhaus*, Die Identifizierung von Staat und Parteien – eine moderne Form der Parteidiktatur?, ZRP, Heft 12, 1991, S. 468. BVerfGE 20, 56（101）判決においても、政党が決定的な地位を占めることに言及される。*Philip Kunig*, Politische Partein im Grundgesetz, Jura, Heft 5, 1991, S. 248も参照。
263　*Norbert Achterberg*, Das Rahmengebundene Mandat, 1975, S. 12.
264　Ebd. 選挙区で擁立された候補者であっても、有権者に支持されるのは政党の綱領なのである（Ebd., S. 12 f.)。
265　Ebd., S. 15.
266　*Florian Kuhlmann*, Der Abgeordnete im digitalen Zeitalter, in: *Utz Schliesky*［et al］(Hrsg.), Demokratie im digitalen Zeitalter, 2016, S. 72.

方では、一定の傾向を持つ組織であり、その傾向を維持するために独自性を探求し、その内部に所属する議員その他に対して規律をかけることが認められるべき存在であること、他方で政党が議会プロセスにおいて、自らの角度からという留保はつくものの、一定の範囲内において「共通の福祉」を探すにあたって役割を果たすこともまた重要であることであるということである。政党が「共通の福祉」の探求にあたり、部分的ではあるものの一定の役割を果たすことを考えれば、ここでもやはり、政党から単に議員を引き離せばよいという考えは適切ではない。

実際、（選挙区選出の）議員が自身の政党に対する独立性を保つためには、自身がその選挙区に根差していることを政党の指導部に対して示すことは時に有益であるものの、他方で議員を政党から引き離すことは、当該議員を（政党からは自由にしたうえで、今度は）その選挙区に対する依存関係に陥らせ得るだろう[267]。議員がある方向からの圧力から逃れるということは、別の方向からの圧力に屈する可能性を持つと言えるのである[268]。したがって、議員を傾向組織としての政党から引き離すのでもなく、政党から傾向組織としての性格を奪い去るのでもなく、議員が一定の傾向を持つ政党という組織の中でそれでもなお「共通の福祉」を探求できるように制度的な担保がなされることが必要となる。それゆえ、後述のように、政党の組織構造や意思形成の仕組みのあり方を考えることが必要となるのである。

2．政党の定義

ドイツにおいて政党がどのように位置づけられているかを論じるにあたっては、政党の定義もまた参照に値する。基本法上政党条項があることがとかく強調されがちなドイツの政党法制であるが、政党について、ドイツにおい

---

[267] 議員の下への影響力について、*Horst Sendler*, Abhängigkeiten der unabhängigen Abgeordneten, NJW, Heft 25, 38 Jahrgang, 1985, S. 1429.

[268] これは、本書との関係でも重要である。本書の目的は議員に対する様々な事実上の影響力について考察するにあたり、その一つの源としての政党に着目するということであるが、この趣旨は政党以外の影響力源を排除するという点にあるわけではない。言い換えれば、本書での考察は、政党以外からの議員への影響力について排除するものではなく、あくまで議員に対する影響力の一つの有力なチャンネルとして政党を取り上げるというのみである。

第 3 節　なぜ政党でなければならないのか、なぜ政党の内部構造なのか　189

ては基本法上、定義がなされておらず、政党法 2 条 1 項において定義がされている[269]。決定的なメルクマールとなるのは、自然人によって組織された団体であること、確固として持続的な組織があること、連邦議会かつ／あるいは州議会に関与するとの目的があること[270]、この目的が真摯であることである[271]。これを分割するならば、政党概念は、構造要素、目標要素、真摯さの要素という三つのメルクマールからなることになる[272]。このうち、自然人からなる組織であるということについては大きな争いは起こりえないため、以下では目標要素と真摯さの要素について取り上げる。

　まず、政党の目標設定の要件について、議会選挙への関与を目指すという点は、そのほかの団体と政党を分かつものである[273]。もっとも、政党となるためには連邦議会選挙あるいは州議会議員選挙への関与を望むだけで十分であり、そこで成功するかどうかは問われていない[274]。他方、各政党によって具体的にいかなる政治的目標が追及されるかどうかは重要ではなく、憲法に違反するような目的を追求するとしても、特殊利益を追求するとしても、政党の概念上の基準は一応満たされることになる[275]。実際、政党の組織として

---

[269] *Heike Merten*, Rechtliche Grundlagen der Parteiendemokratie, in: *Frank Decker, Viola Neu* (Hrsg.) Handbuch der deutschen Parteien, 3 Auflage, 2018, S. 59.
　　政党法 2 条
　　　1 項「政党は、持続的あるいは長期的に、連邦あるいはある州の領域について、政治的な意思形成に影響を与え、そして、ドイツ連邦議会、あるいはある州議会において国民代表に関与したいと考える市民の団体である。政党が事実上の関係の全体像に従って、とりわけ、その組織の範囲や団結性、その構成員の数や、その公衆における現れに従って、この目標設定の真剣さに十分な保障を与え得る場合には。政党構成員は自然人のみがなり得る。」
　　　2 項「ある団体は、連邦議会選挙やある州議会選挙に対して、独自の選挙の候補者の提案をもって 6 年間参加しなかった場合には、その政党としての地位を失う。」
[270] 「連邦議会」と「州議会」に限定がされていることについて、国民の意思形成は自治体や欧州議会レベルの選挙においても問題となるはずだとの批判として、例えば、*Jörn Ipsen*, Artikel 21, in: *Michael Sachs* (Hrsg.), Grundgesetz Kommentar, 7. Auflage, 2014, S. 887, Rdnr. 19.
[271] *Merten*, a.a.O. (Anm. 269), S. 59. 選挙への関与については、連邦と州の全ての選挙に参加する必要性はない（Ebd.）。ある政党が選挙戦でひどい敗北を喫した後、数年間休止することも許される。この場合、政党は政党法 2 条 2 項の要件によって、単なる結社へと格下げされる可能性があるが、再び選挙に関与することによって政党としての地位を回復できる（Ebd., S. 59 f.)。
[272] *Martin Morlok*, Art. 21, in: *Horst Dreier* (Hrsg.), Grundgesetz Kommentar, Band II, 3. Auflage, 2015, S. 363, Rdnr 35.
[273] *Jens Hettich*, Die Zulässigkeit verschiedener Handlungsalternativen des Staates im Vorgehen gegen extremistische Parteien unter Berücksichtigung des Parteienprivilegs, 2015, S. 53.
[274] Ebd.

の活動の中には、本来の組織目標とはかかわらないものも多く含まれる。例えば、政党は、その構成員を増やすといったことのためにもその活動を割く[276]。確かに、政党が組織本来の目的にのみ注力し、組織の存続についておよそ考えないということは非現実的ではあるが、この組織の存続ということを重視しすぎることは、組織が自己目的化するという危険に繋がり得る。したがって、政党が「存続」しなければならないという側面を重視することは、必要な程度に制限されるべきであるとも指摘されている[277]。しかしながら、政党が「存続」しなければならない団体であるということは、政党、ひいては政党内民主主義の特性を考えるにあたって示唆的であるように思われる。このような政党の存続に着目する存続モデルの観点からは、まず対外的に政党が公衆に対して持続的に自身のイメージを保つということが重要であると指摘される[278]。他方、対内的には組織としての基本的な前提が充足されること、つまり、組織構造が保たれ、構成員から党費支払いがされ、内部での意思形成が組織的な努力の上になされることが求められる[279]。政党に所属するものは自身の特殊な政党アイデンティティーを必然的に他の政党との競合と限界づけにおいて見出す[280]。したがって、政党は想像上の共通の福祉なる縛られるべきではない[281]。このように、政党が組織として存立するために、一定程度の同質性が必要であるということについては、政党内民主主義の問題を検討するにあたっても重要な視点であると思われる。

続いて、目標設定の真摯さの要件については、政党の地位の濫用的使用を避けるために設けられたものである[282]。そこでの決定的なメルクマールは、目標設定が非現実的で見込みがないものではないかということである[283]。し

---

275 *Merten*, a.a.O.（Anm. 269), S. 60.
276 *Friedrich Grawert*, Parteiausschluß und innerparteiliche Demokratie, 1987, S. 72.
277 Ebd., S. 73
278 Ebd., S. 74. *Dimitris Th. Tsatsos, Martin Morlok*, Parteienrecht, 1982, S. 78 f においては、政党の活動はかなり公論の方を向いているという指摘がなされる。
279 *Grawert*, a.a.O.（Anm. 276), S. 75.
280 *Augsberg*, a.a.O.（Anm. 251), S. 44.
281 Ebd.
282 *Hettich*, a.a.O.（Anm. 273), S. 56.
283 Ebd., S. 56 f.

第3節　なぜ政党でなければならないのか、なぜ政党の内部構造なのか　191

かし、この「真摯さ」の要件については、過去あるいは将来予見可能な選挙の結果に依拠させられるべきではない[284]。一見したところでは「真摯」ではないような主張もまた完全に深い意味を持ち得る可能性がある[285]。「真摯さ」の判断については、政党の主観に基づいてではなく、その組織の程度や構成員数、財政面などからも客観的に判断が行われる[286]。

さらに、政党概念について、当該団体が共通の福祉に義務付けられていることまでもが要求されるかということも問題になる[287]。そこまで要求すべきとの考えの背景には、憲法の基本的価値の下、政治的競争に入ろうとしない極端な政党について最初から政党概念から外そうという考えがある[288]。しかし、これに対しては、そもそも共通の福祉に何が資するかということは政治的な議論の中で決定されることであり、これを事前に決定するのは適切ではないとの批判がなされる[289]。

以上のような考察を踏まえ、ドイツにおける政党に関して、以下の2点が浮かび上がる。第一に、（少なくとも本書に関連する文脈においては[290]）基本法上政党条項があるからといって、政党がおのずから特別な地位を得ることが当然視されているわけではない。政党は確かに、国民の政治的意思形成に関与する役割を与えられているが、それはあくまで「関与」であり、「独占」ではない。政党が共通の福祉の実現に一定の役割を果たすことは認められているとしても、他方で政党が自身で独自の傾向を持ち、対外的、対内的に組織としての団結を保つということもまた重視されている。第二に、他の団体や結社に対する政党の違い、政党の特殊性を基礎づけるのは、主に選挙への関与であるということである。これに対し、政党が選挙を戦う際にいかなる目標を掲げるかということについては、それが真摯なものであることが求められる程度であり、それ以上に厳格な内容的な限定がかけられているわけでは

284　Ebd., S. 59.
285　Ebd.
286　*Merten*, a.a.O.（Anm. 269）, S. 60.
287　*Dominik Schnieder*, Politische Freiheit und Verfassungsschutz Am Beispiel der Beobachtung politischer Parteien und Abgeordneter, 2018, S. 66.
288　Ebd.
289　Ebd., S. 67.
290　政党禁止などの文脈を除くという趣旨である。

ない。

そこで、この点を掘り下げるために、続いて本書の主題である政党内民主主義との関連において、政党と他の団体、結社がどのように扱われることになるのかを見ることとしよう。

3．政党と他の結社との相違－政党内民主主義の観点から
（1） 政党と他の結社の違い

それでは、政党内民主主義／団体民主主義という観点に絞って、より詳細に政党と他の結社の相違点について見ていくこととする。ドイツにおいて、政党とそのほかの結社との相違点として挙げられる第一の点は、政党の包摂性である。つまり、政党は社会的な全ての集団をカバーする傾向を持つので、社会内部の対立や矛盾について引き受けなければならない[291]。とりわけ、国民政党になればなるほど、幅広く異質な利益や意見を包摂しなければならず、新しい利益層に属する有権者を確保するためには、政党内部で彼らに十分な意思形成への関与の可能性を与えなければならない[292]。他方、利益団体は全ての国民を代表し得るものではなく、あくまでその構成員を守るものであり、部分的にのみ国民の政治的な意思形成へと関与する[293]。利益団体においては、組織化されていない重要な集団、例えば高齢者や社会的弱者といったものが外に置かれたままになり、「全国民の代表」は作り出されえない[294]。

政党とその他の結社を決定的に分かつ第二の点は、指導者を生み出し、候補者を擁立するという公的な選挙への関与によって、自身の目標設定を制度化された国家の領域において有効にする、つまり、国家の意思形成や決定プロセスに流し込むチャンスを持つという点である[295]。政党はあくまで基本法

291　*Trautmann*, a.a.O.（Anm. 253）, S. 129.
292　Ebd.
293　*Bull*, a.a.O.（Anm. 259）, S. 18. Bull はここで，利益団体に加え、大企業のような存在もまたロビイングによって政治に作用していること、またこれらの存在はむしろ自身の単一のフィールドに集中できることから、政党よりも容易かつ適切なタイミングで政治的意思形成に介入できるとする（Ebd.）。
294　Ebd.

第3節　なぜ政党でなければならないのか、なぜ政党の内部構造なのか　　193

21条において、国民の政治的意思形成に「関与する」とされているのみであり、その限りにおいては他の団体等と同等の地位にある。しかし、政党に対してのみ政党内民主主義が求められるのは、政党が候補者擁立によって公的な選挙へと参加し、それに伴って、自身が独自に精緻化した政治的な意思を国家の意思形成プロセスに持ち込むからであるとも論じられている[296]。

　以上の2点を整理するならば、政党が選挙という過程にかかわり、国家の公的な意思形成プロセスに候補者擁立という形で決定的にかかわるという第二の点があるからこそ、政党が包摂的であるという第一の特徴が出現すると考えられる。政党が候補者擁立を通して国家の意思形成プロセスにかかわる、またそのための競争に加わるからこそ、政党は幅広く有権者へのアプローチを試み、その結果、包摂性を手に入れることになるからである。

　もっとも、ドイツにおいても、政党に対してだけではなく、そのほかの結社に対しても内部民主主義を求めるという見解がないわけではない。結社や団体の内部の民主化という考えは州憲法レベルにおいては部分的に取り入れられている。例えば、ブランデンブルク州憲法20条3項においては、政党に並んで、市民運動（Bürgerbewegungen）についても、これらが公的な任務に携わり、公的な意思形成に関与する限りにおいて、その内的秩序が民主主義の諸原則に対応しなければならないとされている。そこで、以下では、政党とそのほかの結社の内部民主主義に関する議論を参照することで、政党の「特別さ」がどこにあるのかをより詳細に考察することとする。

　ドイツにおいて、結社や、とりわけ政治に関与する利益団体といったものを設立し、存続させることは、基本法9条1項によって保障されている。そこでは、国家による特別な許可なくして結社を作ることが可能であり、既存の結社に入ること、また結社に入らないということも保障されるのである[297]。結社に与えられた基本権は、「存続と存在の権利」「独自の組織やその意思形成の手続き」「議事の進行についての独自の決定の権利」「構成員の募

295　*Ursula Heinz*, Organisation innerparteilicher Willensbildung Satzungen und innerparteiliche Demokratie, 1987, S. 16 f.
296　Ebd., S. 20 f.
297　*Kurt Schelter*, Demokratisierung der Verbände?, Demokratie als Ordnungsprinzip in privilegierten Interessenverbänden, 1976, S. 65 f.

集と自己イメージの権利」であるとされる[298]。そして、ある結社、団体を「構築する」の権利に関しては、団体を設立することと構成員が加入することの問題のみならず、それに引き続くような団体の存続と団体内部の機能可能性に必然的に結びついた問題、例えば、団体内部の意思形成や議事の手続きが関連している[299]。

ここにおいて、利益団体はその集団の意見について、自身の利益に特化して集約し、公論を精緻化するものとして、国民の意思形成に間接的に影響を及ぼす[300]。利益団体は、とりわけ二大政党制を前提とした場合、政党によっては汲み上げられないような特定の利益や集団の代表という役割を果たす[301]。加えて、利益団体は政党に対しても、その綱領やリーダーの選出に対して影響を与え、政党を介する形においても国民の意思形成に対して特別な役割を果たす[302]。反面、政党がこれらの利益団体に対して財政的な下支えを提供するよう求めることがあり得るが、その見返りとして政党がこれらの団体の意思に服するとなった場合には、国民の意思を国家の意思形成へと変換するという政党の役割が毀損される危険がある[303]。このように、利益団体と政党の間には時に補完し合う関係、他方では時に緊張関係が存在するところである。

こうした利益団体についても、一定の場合に、政党の場合と同様、内部で官僚制や寡占化が進み、構成員の利益が適切に代表されないという危険が存在する。これは、とりわけ当該団体が独占的な、特権的な地位を事実上占める場合には顕著である[304]。このような問題意識から、政党以外の利益団体についても一定の場合、内部構造を民主化するよう求めるべきだとの見解が存

---

298 *Harmut Bauer*, Artikel 9, in: *Horst Dreier* (Hrsg.), Grundgesetz Kommentar, Band I, 3. Auflage, 2013, Artikel 9, S. 1112, Rdnr. 48. BVerfGE 13, 174 (175), 30, 227 (241) など。
299 *Michal Kemper*, Artikel 9 Abs. 1, in: *von Mangoldt* [et al] (Hrsg), Grundgesetz Kommentar, Band I, 6. Auflage, 2010, S. 871, Rdnr. 2.
300 *Schelter*, a.a.O. (Anm. 297), S. 96.
301 *Ulrich Scheuner*, Politische Repräsentation und Interessenvertretung, in: *Joseph Listl, Wolfgang Rüfner* (Hrsg.) Staatstheorie und Staatsrecht, 1978, S. 337.
302 *Schelter*, a.a.O. (Anm. 297), S. 96.
303 政党指導部と利益団体の関係が知られてはじめて、政党構成員は外からの影響に対して抵抗力をつけられるとの見解として、*Abendroth*, a.a.O. (Anm. 95), S. 319 f.
304 *Bauer*, a.a.O. (Anm. 298), S. 1099, Rdnr. 26.

第 3 節　なぜ政党でなければならないのか、なぜ政党の内部構造なのか　195

在する。

　利益団体に対しても民主的な内部構造を要求するにあたって、憲法上のきっかけとなる条文は、一方では基本法 5，8，9 条、他方では、基本法の民主主義原理である。政治的な基本権は、利益団体内部の意思形成プロセスにおける民主的な最低限度の基準が保持されることを要求する。特権化された利益団体においては、これはさらに、その団体の全ての代表が意思形成プロセスによって民主的に正統化されるということを要求する[305]。その場合、特権化された利益団体には、政党に類似するようなレベルの民主政、具体的には、基本的に資格のある加入希望者の受け入れを決定しなければならなかったり、必要な意思決定機関を置いたうえで多数決において決定を導くことが求められたり、各団体構成員に等しい参加の権利を与えたりといったことが求められるとされる[306]。

　実際のところ、利益団体内部についても民主的な構造を設けるべきであるとの要請を憲法上引き出す論者が示す基礎付けは、様々である。例えば、Wolfgang Martens は、団体内部に対しても公開性が求められるかどうかは、基本法が政党以外の社会的団体についても民主的な公開性に義務付けるのか、そしてそれはどの程度か、という問題に依存するとしたうえで、結社の自由の個別的要素からこの要請を引き出す。というのも、個々の構成員が結社の内部での意見や意思の形成過程から排除されることが許されるとなった場合、結社の自由の保障は空疎なものとなり得るのであるから、政党内民主主義の要請は政党以外の結社についても適用可能とされ得るとされるのである[307]。また、Thilo Ramm は、代表制民主主義において国民の政治的意思形成の重心が議会にあり、全ての政党が議会での政治的決定に対して関与するために代表を送り込むのだと述べたうえで、政党について民主的に構築するよう求められるのは、民主主義原理が国家権力の行使に直接関与する集団

305　*Schelter*, a.a.O.（Anm. 297），S. 123.
306　Ebd., S. 123 f.
307　*Wolfgang Martens*, Öffentlich als Rechtsbegriff, 1969, S. 168. 単に政党を設立したり、そこに参加したりするだけではなく、そこにおいて特定の問題にかかわることができる点まで基本法 9 条によって保障されているとの指摘として、*Wilhelm Wengler*, Die Kampfmaßnahme im Arbeitsrechts, 1960, S. 48.

へと広がったことのあらわれであるとする。そのうえで、Ramm によれば、政党の民主的な構築の要請は、民主主義原則が国家権力の行使に直接参加するグループへと結果として広がることを含意している[308]。

他方、団体の中でも重みづけ、分類を行ったうえで内部民主政の妥当性を検討する見解もある。Ekkehar Stein らは、当該団体が持つ独占的地位ということに着目する。Stein らによれば、結社の自由については、学説においては結社と外部との関係性に関して焦点が当てられてきたが、団体内部においても少数派支配が強固なものとなるという危険があるのであって、この問題に対しても向き合われるべきである[309]。故に、Stein は、団体の内部関係にもより配慮がされるべきと考える。もっとも、団体の内部的自由についての要請は、複数の団体が等しい目標をもって競合している場合には低いものとなる。というのも、その場合、複数の団体の間で選択する可能性があるからである。他方で、独占的な地位を持つ団体については、多元的な内部構造を設けることは避けられない[310]。ここで具体的に想定されるのは団体の指導部がその構成員から選ばれるべきということである。これに加えて、下から上への意思形成ということもまた、政党同様望まれる[311]。Walter Schmidt もまた、少なくとも、政党とパラレルな形で国民の政治的意思形成にかかわる団体について、内部構造の民主化の要請を求めるという点では学説上一致があり得ると言及する[312]。もっとも、その理由付けは様々であり得、例えば、基本法21条1項3文への類推解釈ということがあり得る[313]。

より具体的な問題として、利益団体に対して、その構成員として誰を受け入れるかについて強制することが可能か、ということが問題として論じられ

---

308 *Thilo Ramm*, Die Freiheit der Willensbildung, 1960, S. 118.
　ここで、Ramm は政治的な力と社会的な力の間で区別をつけずに、権力の担い手となる集団は全て民主的に組織されるべきとの結論を引き出していると評される（*Schelter*, a.a.O.（Anm. 297）, S. 94.)
309 *Ekkehart Stein, Götz Frank*, Staatsrecht, 19. Auflage, 2004, S. 330.
310 Ebd.
311 Ebd.
312 *Walter Schmidt*, Die „innere Vereinsfreiheit" als Bedingung der Verwirklichung von Grundrechten durch Organisation, ZRP, Heft 10, 1977, S. 256.
313 Ebd., S. 257; *Raimund Wimmer*, Brauchen wir ein Verbändegesetz？DVBl, Heft 9, 1977, S. 401 ff.

ている。基本法上、利益団体には結社の自由が認められるのであるから、利益団体は自身がどのような構成員構造を採るかについて、自由に決定をすることができるはずである[314]。したがって、利益団体は自身の規約に従った前提を充足した応募者に対して、これを受け入れるかどうかの決定をできなければならず、利益団体に構成員の受け入れを強制することは、本来は結社の自由に反することとなる[315]。もっとも、上記と同様に、これは団体の性質によっては異なる結論に結びつき得る。例えば、国家の意思形成に関与する利益団体については、国家活動の実体的な正統性の強化という観点から、当該団体が十分に民主的に正当化されているということが必要である。故に、このように特権化された利益団体については、全ての関係者が等しい権限で、当該団体の意思形成プロセスへ参加するチャンスが認められることによって、真の集団利益の実現を可能としなければならないとの見解もあり得る[316]。

しかし、当然ながら、このように内部民主主義の要請を団体にも拡大する見解に対しては批判もされる。基本法21条によって政党が憲法構造に編入されたことの背景には、ナチスの原型に従った全体主義的な政党が新たに樹立されるべきではないという意識が存在するのであり、したがって、基本法21条についてそのもともとの意味を超えて他の団体に拡大することは許されないとも指摘される[317]。この問題意識によれば、基本法21条1項3文と通常の結社については「比較可能性が欠けている」以上、この規定が団体に対して広げられることはない[318]。

Rupert Scholz は政党内民主主義の結社への拡大が認められるべきではないと主張するにあたり、詳細に論拠を展開する。確かに、結社の内部においては、あらゆる構成員への等しい参加の権利と組織構築への等しい権利が認

---

314 *Schelter*, a.a.O. (Anm. 297), S. 99 f.
315 Ebd., S. 100.
316 Ebd., S. 101. もっとも、他の団体にも二重に加入しているという場合には、この説によるとしても加入は拒絶され得る。
317 *Schelter*, a.a.O. (Anm. 297), S. 45.
318 *Detlef Merten*, Vereinsfreiheit, in: *Isensee, Kirchhof* (Hrsg.), Handbuch des Staatsrechts, Band VII, S. 3. Auflage, 2009, S. 1055, Rdnr. 46.

められるべきである。というのも、結社の存続は、構成員が現実的にそこに参加していることによって基礎付けられ、それによって持続的に正統化されるべきだからである[319]。もっとも、結社内部の意思形成に対する平等な参加という要請は、単に団体内部の構成員の意思の算術的な平等が求められるということを意味しない[320]。Scholzは、そのうえで、政党とそれ以外の結社についての違いについてこのように述べる。仮に政党の憲法上の任務が政治的なコミュニケーションのみにあるとすれば、基本法21条1項3文を置くことはほとんど意味をなさないだろう。というのも、社会の中での自由な意思疎通の制度は、初めから民主的な行動や組織形態に結びつけられているわけではないからである[321]。敢えて基本法21条3項1文が置かれた意義は、代表制的な制度を政党内部においても保障するというためである。つまり、基本法21条1項3文は、基本法38条1項2文と関連しつつ、政党を民主的な仕組みに依拠した代表制へと義務付けるのであって、基本法は、21条1項3文をもって代表制的な構造を議会前の空間にも広げ、政党の内部秩序について、民主的な仕組みを通して代表制がとられるよう求めるのである[322]。他方、結社については、基本法21条1項3文、38条1項2文に対応する条文が欠けている。結社はあくまで政党とは異なり、社会的、自由な意思疎通の領域に属しており、政治的な一般意思の構築を求められていない[323]。結社についても、確かに利益代表的な側面が存在することは否めないが、そこで行われているのは社会の内部の部分利益の間の衡量であり、政党とは異なり、統合を図り、国家全体に関する共通の福祉を提示するということはない[324]。

　団体内部の民主制ということに対してはBöckenfördeもまた否定的である。Böckenfördeは、特別な権力的地位や公的意義を持つ団体において、民主的な内部構造や意思形成の仕組みをとるよう求められているということ、

319　*Rupert Scholz*, Koalitionsfreiheit als Verfassungsproblem, 1971, S. 375.
320　Ebd., S. 376.
321　Ebd., S. 174; *Konrad Hesse*, Die verfassungsrechtliche Stellung der politischen Parteien im modernen Staat, Volume 17, VVDStRL, 1967, S. 30.
322　*Scholz*, a.a.O.（Anm. 319）, S. 174.
323　Ebd., S. 175.
324　Ebd., S. 175 f.

第 3 節　なぜ政党でなければならないのか、なぜ政党の内部構造なのか　　199

そしてその内実として、団体指導部の正当化や統制といった観点と、団体意思の透明性の確保が求められているということを踏まえたうえで、この思想自体は理解できるものであるとする。しかし、団体の内部民主化が要求され、規定され、これによってこれらの団体の持つ政治的に権力的な地位が民主的に正統化されるという論調については、Böckenförde は見せかけの民主的正統性にすぎないと論じる[325]。というのも、ここで団体は、市民全体についてかかわるのではなく、特定の利益や基準に従って作られた、国民内部の一部の集団にのみかかわるものであるからである[326]。

　以上のような、政党内民主主義が結社について拡大されることに否定的な見解の理由づけを示すものとして Walter Schmidt は、政党の結社に対する際立った地位ということに着目する。つまり、政党は選挙への候補者擁立にかかわるという点、また、市民社会全体に広くかかわる可能性を持つという点で、他の結社とは異なるのである。例えば、具体的には連邦と州における選挙へと候補者擁立に関わる団体は、必然的に政党であるということが挙げられる[327]。そして、議会選挙への候補者擁立は、国家の意思形成への関与としての側面を持つ。選挙に候補者を擁立することは、国民による選挙の大部分を先取りしているということがあり、その限りで、政党もまた国家の場合と同じく民主的な要請を満たすべきである[328]。加えて、議会においては会派という組織形態がなければ意思形成は困難となるが、会派はその基礎として政党を議会外で必然的に媒介とする[329]。他方で、利益団体は、直接的に議会選挙に対して候補者を立てるわけではなく、この点において政党との間で決定的な違いがある[330]。利益団体は、それぞれ全体の一部としての利益を担うにすぎず、あらゆる利益団体をまとめた全体においてのみ全体と同視され得る。他方で、政党は、部分的な機能を超えて、政治的に指導的な力を獲得し

---

[325] *Ernst-Wolfang Böckenförde*, Die Politische Funktion wirtschaftlich-sozialer Verbände und Interessenträger in der Sozialstaatlichen Demokratie, ein Beitrag zum Problem der „Regierbarkeit", Der Staat 4, 1976, S. 477.
[326] Ebd., S. 478.
[327] *Walter Schmidt*, Politische Parteien und andere Vereinigungen, NJW, Heft 14, 1984, S. 763 f.
[328] Ebd., S. 765.
[329] Ebd., S. 764.
[330] *Morlok*, a.a.O.（Anm. 244）, S. 155, Rdnr. 35.

ようとするものであり、それに伴って、全体を統一しようとする[331]。

　以上のように、基本法において明文で規定のある政党内民主主義を、他の結社について拡大するかどうかをめぐっては、ドイツにおいても両方の見解があり得るところである。内部民主主義の拡大を認める見解は、利益団体もまた、政党と類似するような国家の意思形成に対する重大な役割を果たしており、かつそれがしばしば「独占的に」、つまり、他の団体を選ぶという選択肢がない状態で行われることを主張する。他方で、内部民主主義の拡大に対して否定的な見解は、選挙に候補者擁立という形でかかわるのは政党のみであるということ、また、利益団体があくまで自身が担う特殊利益を前面に出すのに対し、政党はその内部で妥協のプロセスを経て統合作用を営むということを挙げる。

　以上のように、やはり内部の民主制を求められ得るのは、一義的には選挙法上、公的に選挙に候補者を立てることが許されており、それゆえ多様な利益の間で統合作用を営むことが期待されている政党のみであると考えるのが妥当であろう。勿論、政党以外の団体、結社について、政党に類するような政治的な影響力を提示することがあり得ることは否めないが、これらはあくまで非公式なチャンネルを通して議会にアクセスするのみであり、その点において、公式に候補者を立てられる政党とは異なっている。選挙においては、政党から指名された候補者のみが、事実上選挙への参加を独占している[332]。基本法上、政党に対しては政党内民主主義が求められるが、団体については内的な自立性が認められている[333]のであり、政党が自身の憲法上の任務を果たしてもなお、部分的な利益について参加の不足があるという場合に初めて団体の参入が考えられ得る程度であるとも理解される[334]こともこの趣旨においてであろう。

（2）　政党と会派との関係性－なぜ会派の問題に触れないのか

　（1）においては、政党と通常の結社との比較において、なぜ政党にのみ

331　*Scheuner*, a.a.O.（Anm. 301）, S. 344.
332　*Trautmann*, a.a.O.（Anm. 253）, S. 48.
333　Ebd., S. 125.
334　Ebd.

第3節　なぜ政党でなければならないのか、なぜ政党の内部構造なのか　201

内部民主主義が求められるかを論じてきた。しかしながら、政党内民主主義の確保を主張する本書のテーゼに対しては、なぜ議会内会派のあり方に着目しないのかという批判が向けられることもまた考えられる。これに対しては、そもそも本書の問題意識である、曖昧模糊とした民意をすくい上げるプロセスを考察するという観点からすれば、議会内でのみ活動する会派については問題の射程外になるとの応答が容易に可能である。また、これに加え、会派の目的がそもそも、議会内活動を容易に、効率的に行う点にあるという点も、本書の問題意識との違いとして存在する。

つまり、政党から選出された議員が、議会内において会派を形成するのは、議会内において協働して行動する必要があるからであって、その限りで、議員は政党の一員でもあり、会派の一員でもある。かつての議会制においては、まず会派が議会内で形成されていたため、会派と政党の関係においても、政党が会派を統制するということはなかった。しかし、社会主義政党や労働党の設立と勃興により、政党のレベルでまず政治的な要求が形成され、これが議会の場に持ち込まれるという形になった。ここにおいて、会派の側が政党の見解から指示を受ける可能性が生じたのである[335]。

一方で、議員にとっては、会派に所属することは自身とその権利を「隷属化」することに繋がる。しかし、会派が存在しない場合、各議員が自由に発言し、議論するとの混乱が生じることに鑑みれば、会派は議員が議会での出来事に効果的に関与するために同僚に支えてもらうという意義を有する[336]。会派に所属することは、会派の力を借りることで議会内で個々の議員が関与できる権利を確保できるという点を踏まえ、基本法38条1項2文の自由委任によって保障される[337]。確かに、基本法においては、会派については正面からの規定はされていない[338]が、このように、会派の地位の承認については、基本法38条1項に由来すると考えられている。同項において定められている

335　圓藤真一『憲法と政党』（ミネルヴァ書房、1977年）119頁。
336　*Sebastian Klucken*, Mandat and Status des Abgeordneten: in Stern, Sodan, Möstl (Hrsg.) Staatsrescht Ⅱ, S. 212 f, Rdnr. 41.
337　Ebd., S. 213, Rdnr. 43.
338　*Thorsten Ingo Schmidt*, Der Fraktionsausschluß als Eingriff in das freie Mandat der Abgeordneten, DÖV, Heft 20, 2003, S. 846. 53a条1項2文が問題となる程度である。

のは憲法上の議員の地位であるが、ここでは、個人的に行使される個々の議員の地位に加え、他の議員と共同で会派を作る権利も引き出され得ると解される[339]。

　会派は、一致した政治的な確信を持つ議員の集まりであり、通常、同じ政党に所属しているということから、このような議員間の一致は確保される[340]。また、会派を作る議員が通常は同じ政党の構成員であることから、彼らは社会の領域で政党が行ったことを議会の場に持ち込む[341]。会派の設立のためには、連邦議会議事規則10条1項に基づいて、「少なくとも、連邦議会議員の5パーセント」の人数が集まること、また、彼らが同じ政党に属しているか、あるいは同じ政治的な方向性に基づき、いかなる州においても対立関係にないということが求められる[342]。

　このように、議員が単独で戦うのではなく、他者と協働してのみその政治的目標を追求するのは現在の議会制において当然である[343]。議事規則における会派についての規定の目的も、議会の行動可能性の確保という点にあり、それ以上の形で議員活動に制限がかけられることは許されない[344]。他方、政党においては、より幅広く国民の内部にある利害や意見を取り込み、これを集約、統一し、議会の意思形成へと反映させるというプロセスが問題となっている。したがって、議員の下に様々な異論が取り込まれることを制度的に担保するという筆者の問題意識からすれば、議員が議会運営を円滑に行うた

339　*Monika Böhm, Florian Edinger*, Fraktionsstatus und Verfassung, ZRP, Heft 4, 1991, S. 139.
　　会派に所属しない連邦議会議員の法的地位に関連して、以下のように述べるものとして、NJW 1990, S. 373 f, BVerfGE 13. 6. 1989.「基本法38条1項から保障される議員の代表としての憲法上の地位は連邦議会の代表としての地位の基礎であるが…連邦議会に憲法から与えられた任務と権限は、その構成員から切り離されて行われるのではなく、その構成員の全体において保持される。ここから、議員が他の議員と会派を作る権利も導かれる」。
340　*Norbert Achterberg*, Die Fraktion- Rechtsgestalt und Rechtswirkung, JA, Heft 1, 1984, S. 9.
341　*Klein, Schwarz*, 2021, in: *Maunz, Düring* (Hrsg.), Grundgesetz Kommentar, Artikel 38, S. 166, Rdnr. 267.
342　「会派は、少なくとも連邦議会構成員の5％の者から成る団体であり、これは、同じ政党かあるいは、同じ方向を向いた政治的な目標故にいかなる州でも互いに競争関係に立たない政党の構成員からなる。1項から外れる形で連邦議会構成員が集まる場合には、連邦議会の同意を、会派としての承認には必要とする。」
343　*Hans Hugo Klein*, Status des Abgeordneten, in: *Isensee, Kirchhof* (Hrsg.), Handbuch des Staatsrechts, Band III, 3. Auflage, 2005, S. 745 f, Rdnr. 6も参照。
344　*Böhm, Edinger*, a.a.O.（Anm. 339), S. 140.

第3節　なぜ政党でなければならないのか、なぜ政党の内部構造なのか　203

めに作り出す会派よりも、その前段階の政党に着目することが必要であると言える。

（3）　小括―なぜ政党にのみ内部民主政が求められるのか

以上、なぜ「政党」の内部構造に着目するかについて論じてきた。ドイツにおける政党と他の団体、結社との比較に関する議論を概観するに、そこでは、確かに政党以外の団体、結社に対しても、それがとりわけ独占的な地位を持つならば内部民主政の要求を及ぼすことも許されるという見解が一方ではあるものの、他方、選挙に候補者を擁立し、そのかぎりで議会の意思決定と接続される形で、幅広い議題を包摂する可能性を持つという政党の特殊性も決定的な要素として浮かび上がった。このことを踏まえれば、政党が選挙において他の団体、結社と異なる地位を占めているならば、政党について「のみ」内部民主政を求めることもまた、一定の説得力を持つといえる。また、会派との比較においても、会派があくまで議会内部の議論・決定可能性を高めるということを主眼としたものであり、そこでは「異論に場を与える」こと自体よりも「異論を提示させつつもいかに議論・決定可能性を維持するか」が問題となっていた点に注意が促される。したがって、いかにして曖昧模糊とした掴みがたい民意から議員が一般意思を形成するかという本書の観点からは、やはり会派ではなく、その前段階の政党に着目すべきであると言える[345]。

以上のように、政党について（のみ）内部構造の民主化が求められるという議論は、政党内民主主義という側面に限って言えば、日本法の下にも一定程度応用可能であるように思われる。政党について論じるにあたって、政党の性格や位置づけに関する議論が不可避的に付きまとうことは否定できないが、しかし、政党内民主主義の問題が日本法の下で妥当し得るかを考えるにあたっては、政党が「公的」性格を持つか「私的」性格を持つかといった抽象的な議論によって、直截的に結論を出すべきではない。ここでは、上述の森英樹の議論のように、政党の活動領域ごとに強度を変えてどのような憲法

345　確かに、政党もまた、政治権力を獲得し、行使することを目的とする以上、政策についていつまでも議論をするわけにはいかず、その限りにおいて決定をしなければならないという契機は働く（待鳥・前掲注（234）177頁。）。

原則が妥当するかが考えられるべきである[346]。例えば、毛利透はこの森による議論を展開させ、以下のように述べる[347]。民主政治の前提は、国家の意思形成が自由な市民社会における議論から出発することである[348]。そのためには、コミュニケーションが権力の介入により歪曲されないことが求められるのであるが、他方で、国家権力を拘束するためには、議会という場において、法律という形で決定されることが求められる[349]。そこでは、「議会内外のコミュニケーション連関がスムーズに行われる」必要があるが、この役割を「議会内外をまたぐ組織として」果たすのが政党である[350]。このように、政党は国家の統治機構としての議会に参加する限りで純粋に市民社会内部の存在ではなくなるのである[351]。

　確かに、このように政党の「公的」側面を場面ごとに分けて考えるならば、その最たるものとして登場するのは候補者擁立の場面であり、そこにおいて政党に一定の規律を及ぼすことも考えられよう。しかし、そうであるからといって、候補者擁立以外の局面についておよそ野放しでよいということにはなりえない。本書が扱う、政党内民主主義の局面においても、これは当てはまる。

　その背景として、政治改革を経て、政治活動、選挙運動、政治資金などの面で政党の役割が非常に強化されたことがある[352]。1994年の改革までの選挙制度は、あくまで個人本位であり、党内での票の割り振り、派閥が重視され、個々の議員と特殊利益が密に結合していた[353]。しかし、選挙制度改革によって、憲法学的に政党を考慮する必要ははるかに大きくなった[354]。1994年に導入された小選挙区比例代表並立制、政党本位の選挙運動ルール、政党助

346　高田篤「憲法と政党」大石眞・石川健治編『憲法の争点』（2008年）29頁。
347　毛利・前掲注(202) 164頁。
348　同上、165頁。
349　同上。
350　同上。
351　同上。
352　右崎・前掲注(193) 116頁
353　赤坂幸一「政党本位・再考」憲法研究5号（2019年）50-51頁。
354　高田・前掲注(346) 28頁。ほかにも、マニフェストを政党が頒布できるといったことがある（公選法142条の2）。

第3節　なぜ政党でなければならないのか、なぜ政党の内部構造なのか　　205

成法などは既成政党、とりわけ、大政党を優遇するものであり、これは当初異なるスタート地点から出発した日独の政党論を接近させる効果を持った[355]。このように選挙において議員を送り出すという意味での政党の「公的」性格に着目すれば、これはドイツにおける議論とパラレルに考えられ得る。中選挙区制の時代とは異なり、小選挙区比例代表並立制のもとでは、比例代表部分だけではなく、小選挙区部分でも、政党の政策が重要となる[356]。そこでは政党が選択肢を提示し、それに対する信任を通して国民の意見が集約されることになる[357]。したがって、政党が国民に選択してもらうための政策を、誰がかかわる形で、どのように形成するか、という局面が重要なものとなるのである。

　そして、この観点から考えれば、政党禁止などそのほかの側面において、日独の政党法制を同視することはできないとしても、政党内民主主義という側面に限るならば、日独間の考え方の相違点はそれほど大きくはない。ドイツにおいても、政党はそのメルクマール上においても、単独でおよそ客観的な共通の福祉を追求することまでは求められていない。そこでは、各政党が定義する限りにおいての共通の福祉の追及が求められるということで、政党の傾向の自由が認められているのである。日本の政党も、自らが考えるところの「共通の福祉」を有権者に対して提示し、その支持を集めたうえで国政の場に議員を送り出すということは変わりない。日本においても実質的意味の憲法という意味で見た場合には政党を憲法に組み込むこともまたあり得るはずであり[358]、政党が日本において国民の政治的意思形成に資する役割を与えられているという社会的・文化的事実、また政党が議会における会派へと繋がるということを考えれば、一般の結社とは異なる扱い、規制がなされることもあり得るはずである[359]。したがって、日本国憲法の下でも、政党が選

355　同上。
356　西原博史「政党国家と脱政党化」法律時報68巻6号（1996年）159頁。
357　同上。
358　小野・前掲注(213) 47頁。
359　同上、81-86頁。小野は、日本において会派の政党からの独立性や自律性が低いため、政党は衆参両院の会派を通じて国家意思の形成に直接影響力を行使できるということも挙げている（同、20頁。）。

挙法上、公職者の選挙にあたって決定的な役割を果たしているというクッションを挟むならば、政策形成の局面において、その内部構造に民主化を求めることもまた、可能であるように思われる。

　もっとも、ここで注意が必要な点が二点ある。第一に、直前で強調したように、政党内民主主義をめぐる議論を日本に応用できるとしても、それはあくまで現行の選挙制度法制などを前提に、政党が選挙において議員を議会の場に送り込むにあたり決定的な役割を果たしているということを踏まえての議論である。したがって、今後政党が選挙の場において決定的な役割を果たすことがない形での法改正が行われた場合には、本書の議論は修正を迫られることになる。第二に、政党内民主主義をめぐる議論の応用が日本においても可能だとしても、その議論のあり方はドイツにおけるそれとは異なるものとなるということである。本書の議論はあくまで「全国民の代表」の要請の実質化という観点から政党内民主主義の確保を求めるものであり、国民内部の多様な意思を政党というチャンネルを通してくみ上げ、ほかの民意とやり取りをさせ、そこに議員を関与させる、そしてこうして見出された民意が政策形成に流れ込む、という意味におけるものである。ドイツにおける政党内民主主義の実際の設計をめぐるあり方は、必ずしも本書のそのような意味における「政党内民主主義」のあり方とは一致しておらず、その限りにおいて一定の取捨選択が必要となる。したがって、本書の観点から、政党内民主主義がどこまでどのような形において求められるかについての検討を、第4章以下において展開することとする。

第2款　なぜ政党「内民主主義」なのか―政党内民主主義は政党間競争によって代替され得るか

　ここまで、なぜ「政党」にのみ内部民主政が求められ得るかを論じてきた。もっとも、政党に対してその内部構造のあり方に「民主政」を求めること自体に関しては、あまり積極的ではない、あるいはそれほど期待しない見解もある。

　その第一の論拠は、既に述べたように政党それぞれの特性という局面を強

調するものである。政党は国家から独立し、自由に自らのあり方を形成しているからこそ、民衆が民主主義へと参加するメカニズムを供給するに当たって重要な役割を果たし得る。政党の内部構造が常に民主的でなければならないとすることは、例えば宗教政党やイデオロギー政党、また、カリスマ的な指導者の下で形成された政党といった政党を脅かす危険がある[360]。また、これと関連して、第二の批判として、複数政党制をとることによって、政党間競争と有権者への選択肢の提示という目的は十分達成され得るということも指摘される。複数の政党が競争関係に立つ場合、彼らはできる限り、市民の考えや利益、願望に沿おうと努力する。この競争原理の中で、国民の間には確かな結びつきが作られる[361]。これは、基本法が、政党について、21条1項1文において複数形で語り、また21条1項2文においてその設立の自由を認めている点にも表れる[362]。このようにドイツにおいて複数政党制が保たれていることを前提にするならば、各政党内部が民主的に構築されていないとしても、全体として、有権者には十分な選択肢が与えられるともいえる。この関係性は、「たとえ各レストランがたった一つの料理しか提供していないとしても、街のレストラン街の中に、全く多様で競合性のあるメニューがある」状態とのたとえ話を用いて描写される[363]。これらの批判が依拠する論拠については、日本国憲法の下でも妥当し得る。例えば、日本でも複数政党制については憲法上の規定を待つまでもなく、憲法が民主制を要求する以上当然の前提であるとされているからである[364]。

　本書は、外部の異質性に触れる可能性さえあるのであれば、各政党にはイデオロギー政党であったり、ワンイシュー政党であったりすることを許容す

---

[360] SAMUEL ISSACHAROFF, FRAGILE DEMOCRACIES CONTESTED POWER IN THE ERA OF CONSTITUTIONAL COURTS 117-118 (2015).
[361] 政党間競争の重要性とその競争が平等に行われるべき必要性について、*Hans Herbert von Arnim*, Politiche Parteien, DÖV, Heft 15, 1985, S. 595. もっとも、von Arnim自身は、政党をできるだけ市民に近く保ち、政党内の寡占的な傾向を避けるために政党内民主主義があるとし、既存政党とその方向性の数が少ない以上、制度の開放性ができるだけ保たれるべきと言及する (Ebd)。
[362] Volkmann, a.a.O. (Anm. 261), S. 191, Rdnr. 7.
[363] Issacharoff, *supra* note 360, at 117.
[364] 石田榮仁郎「政党の法的分析——政党の保護と規制」飯坂良明ほか編『政党とデモクラシー』(学陽書房、1987年) 90-91頁。

るものであり、その意味において、第一の批判における私的結社としての各政党の位置づけに最大限配慮している。

　他方で、確かに、複数政党制さえ保持されているならば、個々の政党がどのような性格のものであっても、全体としての「民意の反映」はできるようにも思える。しかしながら、ドイツにおいて、複数政党制では不十分であるとの意見もみられるところである。結局のところ、問題となるのは、市民の国政への関与を政党が後押しできるかどうか、なのであり、この点においては、政党が市民に対して近しい位置に立つということが必要となる[365]。この関係においては、政党内部において寡占的な状況ができるだけ避けられるべきであり、その点から政党内民主主義もまた必要であると論じられる[366]。言い換えれば、確かに政党同士が競争を行う場合、その競争によって政治システムは市民の利益や確信に対して鋭敏性を持つようになるだろう、しかし、政党はそこで組織としてすでに確立したブロックではなく、その鋭敏さ故に、市民が関心を持つ事柄や目標、方向性に対して開かれていなければならないのである[367]。これは5パーセント条項の存在を前提とするドイツだけにとどまらない。ドイツにおいて政党の数がそのほかの団体と比較し、かなり制限されている[368]のは、ドイツ特有の事情としての5パーセント条項のみによるものではなく、多数決の論理を反映しているものである[369]。多数決による決定が最終的になされる場合、多数派形成のために関心を共有するような団体間でできるだけ妥協が行われ、大きな集団にまとまるということがなされるのである[370]。したがって、市民の考えや利害を国家の意思形成の仕組みに反映させるというその任務に際して、政党は国民の異なる関心事や利害を

365　政党の市民への距離の近さ、市民への結びつきという点からも政党内民主主義についても語るものとして、*von Arnim*, a.a.O.（Anm. 361）, S. 595.
366　Ebd.
367　*Martin Morlok*, Parteienrecht als Wettbewerbsrecht, in: *Peter Häberle, Martin Morlok, Vassilios Skouris*（Hrsg.）, FS Dimitris Th. Tsatsos zum 70. Geburtstag am 5. Mai 2003, 2003, S. 429.
368　*Martin Morlok*, Innerparteiliche Demokratie und Volkssouveränität, in: *Oliver Eberl, Philipp Erbentraut*（Hrsg.）, Volkssouveränität und Staatlichkeit Intermediäre Organisationen und Räume demokratischer Selbstgesetzgebung, 2022, S. 109.
369　Ebd.
370　Ebd.

第 3 節　なぜ政党でなければならないのか、なぜ政党の内部構造なのか　209

包摂する必要があるのである[371]。加えて、ドイツにおいては、選挙を通してではなく、連邦次元でも州次元でも連立政権の組み換えという形を通すことによって政権の交代、樹立が起こることが多いが、これは競争民主主義が十分に機能していないことの表れとも捉えられ得る[372]。さらに、仮に政党間競争が機能しているとしても、政党が選挙を意識するあまり、有権者の短期的な利益のみに寄り添い、長期的な課題を先送りするということが問題視され得る[373]。以上のことから、相互に競争し合う複数政党制のみならず、個々の政党の外部への公開性もまた保たれるということが望まれると言える。

　この点は、日本の文脈においても指摘される。高田篤によれば、例えば郵政解散のように、首相が自身の所属政党内の反対派をも抑え込もうと解散権を用いることは、政党内の多様性の維持、発展にとって問題のあることである[374]。「強い指導力を持つ党首に権限を集中させた一枚岩の政党」が二つあり、この両者の間で二者択一の選択をせざるを得ないということは、民主政が多様性、複数性を重視するということを前提とするならば、問題があるといえるだろう[375]。

　以上見てきたとおり、確かに、複数政党制が民主主義の健全な発達、維持のために不可欠であることは否めない。政党がいかに共通の福祉の追及に努力する存在であっても、各政党はあくまで自らが主観的に正しいと考える共通の福祉を希求しているだけである（そしてそうであるべきである）以上、複数の政党の間で議論をすることが不可欠である[376]。

　しかしながら、そうであるからといって政党の内部民主政がおよそ代替される、不要であるということにもならないと筆者は考える。政党内民主政がおよそ認められない政党ばかりが複数ある場合、国民内部の極めて多元的で曖昧模糊とした意見を吸い上げることができなくなるだろう。加えて、極め

371　Ebd.
372　*von Arnim*, a.a.O.（Anm. 361), S. 596も参照。
373　Ebd.
374　高田篤「現代における選挙と政党の規範理論的分析」『岩波講座　憲法4　変容する統治システム』（岩波書店、2007年）42-43頁。
375　同上、44-45頁。
376　*Ute Müller*, Die demokratische Willensbildung in den politischen Parteien, 1967, S. 108.

て厳格に一枚岩な政党同士が並び立つ場合、議会の場においてこれらの政党間で討論をし、何が共通の福祉か、を見出すこともできなくなるだろう。確かに、各政党の党内構成がそのまま社会の縮図であるべきとまではいえないとしても、多様性から統一を作り出すものとして政党を位置づけるならば、政党は多様な考えを包摂することが望まれる[377]。しかし、党員概念が緩やかになれば、二大政党内部で政党の政策上の立場形成が少数の熱心な党員活動家によって行われるようになり、政党の純化が進み、特定の政策課題へのこだわりが進む傾向もまた危惧される[378]。このことから考えれば、各政党が一定程度、自身の本来の考え方からずれる意見についてもその中に包摂する可能性を残す、という意味での政党内民主主義を強調することは依然として必要といえよう。

しかし、そこで政党に課される「内部民主政」の意味合いについては踏み込んだ考察が必要である。繰り返しになるが、政党はあくまで一定の傾向を持った組織であり、共通の福祉を自らの観点から追及するものである以上、全ての政党に対して等しく、国民内部の多様な利益を全て一人で吸い上げるよう求めることは適切ではない。政党が常に誰をも受け入れ、誰をも政党内に残さなければならないというわけにはならない[379]ということもまさにこの意味において理解され得る。さもなければ、同じ政党が複数並び立つだけになり、複数政党間で討論をする議会の意味も骨抜きにされることとなる。したがって、政党にどのような意味においてどこまで「内部民主政」を求められるのか、これを第4章以下で考察することとする。

第4節　小括と展望—政党にどこまで求められるのか

ここで、第3章の小括を試みる。第2章までにおいては、代表制を維持するという前提を置くならば、命令的委任の禁止の要請と事実上の民意の反映の要請のいずれをも意義を発揮させる必要があること、しかし今日いずれに

377　待鳥・前掲注(234) 180頁。
378　同上、181-182頁。
379　*Heinz*, a.a.O. (Ann. 295), S. 23.

第 4 節　小括と展望　211

ついても必ずしもそのような制度的担保が確保されていないことを明らかにした。そのうえで、ドイツの議論を参照し、議会全体がというだけではなく、あくまで議員個人としても「全国民の代表」であるという任務を放棄してはならないという立場を示した。そのうえで、ドイツにおいては、政党内民主主義を梃として、「全国民の代表」を実質化させるという指摘があること、しかしこの指摘においては、命令的委任の禁止の要請との関係では、議員が最終的に独立性を保つからこそ、政党は事前に議員を党内の意思形成プロセスに関与させる、それによって議員は自身がかかわった決定に関わるという限りでぎりぎり独立性を保持すると説明されていたものの、事実上の民意の反映との関係における指摘は散発的である旨を確認したところである。

　そこで、政党内民主主義を確保することによって、事実上の民意の反映の要請を実質化することができないか、という点の理論的補強を第 3 章においては試みた。まず、取り上げたのは、ユルゲン・ハーバーマスによる 2 トラック民主政の考え方である。ここでハーバーマスは、時間的な制限のある中でルーティーン的に、責任ある決定を行うフォーマルな意思決定の場と、決定の責任を負わず、より自由に多様な国民内部の意見が発露されるインフォーマルな場を並列させた。このインフォーマルな公共圏においてフィルタリングされ精緻化され、十分な支持を得た見解は公論としてフォーマルな意思決定の場に押し上げられるのである。このモデルは、国民内部に必ずしも一様ではない曖昧模糊とした民意があり、それが相互に作用し、フィルタリングされたのち、議会という意思決定の場に届くという本書の基礎とする考え方とも軌を一にするものである。しかしながら、ハーバーマスの議論においては、政党の位置づけは必ずしも積極的なものではない。そこでは、政党はすでに国家の次元の方に属するものであると位置づけられているようである。しかし、公共圏とフォーマルな意思決定の場の間の相互作用は、ハーバーマスが述べるような「水門」モデル、すなわち、公共圏の側からの圧力が一定程度高まって初めてフォーマルな場に声が届くというものだけで良いのか。もちろん、このような形での 2 トラックのやり取りを否定する趣旨ではないが、より小さく日常的な声もまた、継続的にすくい上げられる可能性を制度的に得るべきである。ハーバーマスによれば、少数派もまた他の考え

を持つ者との討論を重ねることで、最終的に「水門」を突破する力を得るべきということであろうが、それは必ずしも容易ではない。そこで、小さな声であっても「水門」を突破する可能性を制度的に裏付けるべきであり、この観点において政党とその内部構造の民主化は依然として有用性を持つはずであると筆者は考える。

　このような意味における政党の内部構造の民主化において、具体的に何が求められるかは、集団浅慮、集団極化という観点から基礎づけられる。仮に政党がおのずから、国民内部の多様な意見を包摂し、それを党内で発露させることに適した組織であれば、わざわざ政党内民主主義なるものを持ち出す必要はない。しかし、集団の意思形成は全体として浅慮に走り、分極化する傾向を持つものであり、政党についてもその危険性は存在する。その場合、政党が意識的に外の異論と触れ、それを場合によっては取り込むことが必要なのであって、その観点からも、異論に触れ、異論を取り込むという意味における政党内民主主義を政党に求めることが必要となる。

　そして、実証研究によっても、政党がこうした異論を取り込む場として適切であるということが明らかになっている。Wolkensteinによれば、ドイツとオーストリアのSPDを対象とした調査において、政党内で基本的な価値について一致があるとしてもそれでもなお異論が提示されるということが明らかになった[380]。もっとも、サンスティーン自身が認めるように、一定の少数派が声を届けるために団結することはそれ自体重要であり、その意味においてイデオロギー政党や地域政党が設立されること自体は排除されない。重要なのはこれらの政党が常に外部とやり取りする可能性を持ち続けることである。

　このような意味において「政党内民主主義」が必要となる理由、また、その議論が日本にも応用可能であることは、政党の位置づけから読み取れる。政党の位置づけについて、これがあくまで私的結社なのか、それを超える役割を持つのかという議論は日本の先行研究において繰り返し述べられてき

---

[380] *Fabio Wolkenstein*, Intra-party democracy beyond aggregation, 24(4) PARTY POLITICS, 323, 332 (2018).

第 4 節　小括と展望　　213

た。ドイツにおいては、これと対照的に、基本法上政党条項があるが故に、政党の位置づけは日本のそれとは異なると思えそうである。しかし、ドイツにおいても、政党は議員が多様な民意にアンテナを張る存在であり、また自ら民意を形成する存在とされる一方、その任務を果たすにあたって、政党はあくまで自身の持つ「傾向」の観点に立脚するのであり、その限りで政党が追及する「共通の福祉」は、その政党の主観によるところの「共通の福祉」にすぎないと論じられている。結局、政党内民主主義の問題との観点において政党と他の結社を分かつのは、政党が選挙において公職者を立てるという意味において、議会の意思形成へと民意を媒介する機能を果たすことと、政党が幅広く支持を得るためには単独の政策だけではなく、ある程度網羅的な政策パッケージをそのために提供するということにある。この意味において、政党に対して、インフォーマルな意思形成の場とフォーマルな意思形成の場を媒介する機能を与えることは依然として意義があることであり、それは政党が現行制度上、事実上選挙において優先的な地位を占めている日本においても当てはまり得ると考えられる[381]。そして、その機能を果たさせるためには、複数政党制だけではなく、ハーバーマスが初期の『公共性の構造転換』で述べていたような、政党の内部民主化が不可欠である。

　ここで重要なのは、討議民主主義的なモデルと連結が可能なところの政党のあり方は、国民を全てブロック化し、そのブロックごとに議会へと国民の意思反映を行うという Leibholz 的な政党観ではないということである[382]。上述のとおり、確かに Leibholz は政党内民主主義の必要性を唱えたが、それは国民が政党に色分けされることで初めて意味を持つという意見に基づく。したがって、Leibholz の述べるところの政党の内部民主化は、政党の外壁を外からの利益に対して浸透しやすいものとする、政党を外部からの刺激に敏感なものにするという意味においてではない[383]。ここで述べているの

---

[381] 日本の現在の選挙制度の下で政党の力が強まり、その特権が認められている以上、選挙との関係については、政党への法的規律を考えるべきとの指摘として、毛利透「『マニフェスト選挙』なんてものはない」世界745号（2005年）114頁。もっとも、筆者は政党がそのように特権的地位を選挙において得ているからこそ、選挙以外の場面において政党の内部民主政を求めるべきと考えている。
[382] 毛利・前掲注(91) 451頁。

は、そのような Leibholz 的イメージによる政党の内部民主化ではなく、政党をあくまで多様な民意に対して、一定程度開かれたものとするという意味においてである。

したがって、第4章以降では、果たして政党内民主主義をどのように設計することで政党が上記のような役割を果たすことができるだろうかが問題となる。

前提として、2点断わっておく必要がある。第一に本書で筆者が主張したいのは、全ての意思決定や妥協が議会ではなく、その前段階の政党に移動することではない。確かに、ドイツにおいては、幅広い利益を取り込み、内部で意思形成を行う国民政党が登場したことによって、議会の空洞化が進んだと指摘される[384]。しかし、筆者はあくまで議会における代表制が国民に対して最終的に責任ある形で統一的な意思形成をするべきと考える（そして、その観点で「全国民の代表」の要請が重要であると考える）ため、政党に全ての機能が移転され、議会は多数派政党が決定したことをただ登録する場となるという Leibholz 的な見解はとらない。筆者が指摘したいのは、議会というフォーマルな意思決定の場では、責任を負う形で、時間的な制限の下で決定がなされ、かつそこにかかわる議員の数も限られているということである。したがって、議会において一から多様で曖昧模糊とした民意を取り込み、それを相互にぶつけ合ってもみ合い、洗練するプロセスを行うことは難しく、その一部を政党という前段階に委譲するということである。

第二に、第4章以下での検討に入る前に、やや繰り返しになるが、ここで重要なのは「政党の内部を民主化する」といった場合に、何が必要かを確認しておく必要がある。政党内民主主義研究において、注目を集めがちなのは、候補者やリーダーの選出方法、そして政党構成員が直接的に政党内決定に影響を及ぼす方法である[385]。こうした投票をカウントする仕組みとは異なり、政党内での熟議のプロセス、政党構成員の間での論拠を示したうえでの議論のやり取りについてはあまり着目されていない[386]。しかし、政党内の熟

383　同上、454頁。
384　*Trautmann*, a.a.O. (Anm. 253), S. 136.
385　Wolkenstein, *supra* note 380, at 323.

議は、市民社会の中の複雑な政治的事柄についての知識量を増やし、共通の関心事について議論をかわす結果、市民と政党の結び付けとしての政党の能力を高めるはずのものであり[387]、本書の問題意識の観点からもむしろ重要なのはこの後者の側面である。本書では、いかにして議員の手元に多様で曖昧模糊とした民意が制度的に汲み上げられ、揉み上げられるかということを論じているのであり、その限りにおいて、主に問題となるのは政党内に誰が受け入れられ、政党内でどのように意見表明がなされ、そしてそれに議員がかかわるのか、である。したがって、第4章以下では選挙に対する候補者擁立や党内の幹部の選出といった「人」の選択に関する問題は多くは扱わない。

386　*Id.*
387　*Id.*

第4章　政党内民主主義とは何か

　第3章までにおいては、「全国民の代表」の要請の実質化という観点から政党内民主主義の確保が有意義なのではないかとの示唆を得た。そして、本書における政党内民主主義とは、政党の中に異論を取り込み続けることであるとの方向性を得たところである。しかし、政党内民主主義といったとき、その内実として何が引き出され得るのか、具体的にどのような設計のあり方が考えられるかはいまだ不明確である。そこで、第4章、第5章では、本書の問題意識の観点から政党内民主主義をどのように設計するかについて、ドイツとの比較法的研究をもとに考察を進める。まず、第4章においては、政党内民主主義とはどのようなものと考えられてきたかについて、日本とドイツにおける大枠としての議論状況を確認した後、第5章では本書の意味における政党内民主主義の問題が生じる、個別の局面について検討を進める。

第1節　政党内民主主義とは何か―日本の先行研究

　周知の通り、日本国憲法には政党や政党内民主主義に関する明文での条項は存在しない。したがって、日本国憲法の下で、本書の問題意識である全国民の代表と政党内民主主義を架橋するという議論を展開するにあたっては、日本の憲法学において、政党内民主主義に関してはどのように議論が展開されてきたかを見る必要がある。

第1款　政党内民主主義に関する判例と学説の姿勢

　日本の先行研究においては、筆者がここまで展開してきたような「全国民の代表」の要請と政党内民主主義の関係性に関する意識は存在してこなかった。しかし、政党内民主主義それ自体については、一定の研究の積み重ねが

存在する。ここからは、まず、日本の先行研究において、政党内民主主義の問題がどのように扱われてきたかを概観することとする。

現行の日本国憲法の下では、政党内の組織のあり方は、政党の自治に委ねられている。つまり、対内的にその組織が民主的であるかどうかは党員の判断に委ねられ、対外的に民主的かどうかは選挙民の判断に任せられるとされている[1]。そして、日本の先行研究においては、政党内民主主義に関する研究は必ずしも豊かに展開されてきたとは言えない[2]。その背景としては、政党の私的結社としての性質への意識がある。もっとも、判例、学説においては、わずかながら以下のような議論展開が見られるところである。

まず、判例に関して、最高裁レベルにおいては、議会制民主主義における政党の重要性が政党の自由や自律性を制約する論拠として登場することはない[3]。もっとも、地裁、高裁レベルではこれとは異なる視点も提供される。例えば、共産党袴田事件の地裁判決において、「政党といえども憲法上認められた団体であり、しかもそれは政府機構による支配的地位を獲得し、或いはこれを維持確立することを目的としているものであるから、政党の組織や運営が民主主義の原理に則ったものでなければならないことは、憲法上の当然の要請であり、問題とする余地のないところである[4]」との記述、また、高裁判決においても、「政党といえども…憲法上その存在を予定された団体であるから、政党の組織や運営が憲法の所期する民主主義の原理に則つたものでなければならないことは、憲法上の当然の要請であり、したがつて、政党の内部的自律権による制裁処分についても、公正な手続によるべきが当然である[5]」との記述がなされていることが注目に値する。また、日本新党事件の高裁判決でも「現在における政党は、公共的任務又は役割を担った存在であり、その組織はもとより、所属員に対する規律・統制等も民主的である

---

1 中富公一「政党の病理と政党への国庫補助－政党の公的性格論を手がかりとして」法律時報64巻2号（1992年）107頁。
2 林知更「政党の位置づけ」小山剛・駒村圭吾編『論点探求　憲法　第2版』（弘文堂、2013年）297頁。
3 前硲大志「政党の位置づけ」山本龍彦・横大道聡編『憲法学の現在地　判例・学説から探求する現代的論点』（日本評論社、2020年）313頁。
4 東京地裁八王子支部昭和58年5月30日判時1085号84頁。
5 東京高判昭和59年9月25日判夕537号272頁。

第1節　政党内民主主義とは何か　219

べきものである[6]」との言及がされており、これは、袴田事件第1審、第2審判決の流れに即しつつ、政党内民主主義の要請を「公序」の水準にまで引き上げるものと評価される[7]。もっとも、日本新党事件においては、拘束名簿式比例代表制における政党の位置づけという点が重要となっていた点には注意が必要である[8]。政党に自由が認められるのは、政党が国家権力とは異なる市民社会において活動するからであるが、拘束名簿式比例代表制の下では、政党は明らかに市民社会の自由な領域から離れているということが重視されるのである[9]。

学説において、政党の私的結社性を強調し、政党への特権、義務の付与に警戒的な伝統的見解は、当然ながら政党の内部秩序への干渉についても、政党固有の特色を失わせ、画一化を招くものであるとして否定的である[10]。

これに対して、政党内民主主義が一定の意義を持つことを認める見解においても、それをどの程度正面から求めるかについては、一定のためらいがあるように思われる。例えば、芦部信喜は、法律で政党の内部秩序の原則について制定すること自体が直ちに結社の自由を侵害するわけではないが、それが健全な政党政治の育成に貢献するかは疑わしいとの立場をとる[11]。他方、やや踏み込むのが、林知更である。確かに、日本国憲法の下での政党は、一方では民主制を支える不可欠な存在としての側面を持ちつつも、他方では法的にはあくまで党員から構成される私的結社としての側面を持つ[12]。日本国憲法は政党について規定を置いていないため、実際に問題が生じるのは法律

6　東京高判平成6年11月29日判タ871号94頁。
7　小林武「政党の除名処分と司法審査―日本新党参議院比例代表選出議員繰上当選無効訴訟上告審判決」南山法学19巻3号（1995年）152頁。
8　同上、153頁。
9　毛利透「判批」法学協会雑誌113巻8号（1996年）119-120頁。
10　丸山健『政党法論』（学陽書房、1976年）182-184頁。なお、政党の「公的」存在について次元を分けて考えるべきと述べた森英樹においても、政党―国家関係のみが論じられ、政党―党員という政党の内部関係は検討の俎上に上がっていない（加藤一彦「憲法・政党法・政党――憲法解釈論を中心にして」白鳥令・砂田一郎『現代政党の理論』（東海大学出版会、1996年）9頁。）。加藤一彦は森の論文から、政党の内部構造への法的規律が引き出され得る可能性があることを述べたうえで、党員の市民的自由が政党から害された場合、ここに国家が介入することが人権侵害を引き起こすという難しさについて述べる（同上、10頁。）。
11　芦部信喜『憲法と議会政』（東京大学出版会、1971年）333頁。
12　林・前掲注（2）287頁。

の次元となるが、そこでも、政党の公的側面と私的側面のいずれに重心を置くかが問題となる。つまり、政党の公的側面を重視した場合には一定の法的支援や規制が必要となる一方で、政党の私的な性質を重視した場合には、その政治的自由に対する国家からの介入を防ぐべきということが生じてくる[13]。林によれば、政党が憲法上私的結社として捉えられるとしても、それが通常の結社一般とは異なる側面を持つことを考えると、政党について、私的結社とは異なる扱いが必要となってくる[14]。その中では、政党の内部秩序についても、実効的な政治参加を促進し、代表制の責任原理を損なうことを防止する範囲において、規制が許される余地があるとされる[15]。

Ⅰ．結社の自由の観点から否定的な見解

学説展開をより個別詳細に見た場合、まず、日本国憲法の下で、政党内民主主義を課すことの可否について、一方ではこれは許されないという見解が挙げられる。

例えば、加藤一彦は、候補者擁立の文脈において政党の民主化は民主的立憲国家の要請であるとしつつも、そのための方策として政党内民主主義を実定法化することが有益なのか疑問を提起し、政党の自律性を軸に民主化することもあり得るはずである[16]。芹沢斉もこれに類似して、政党に党内民主主義が要求されることは「論理上当然」だが、これは「自主的団体たる政党の自律」に委ねられるべきであるとする[17]。加えて、上脇博之は、日本がドイ

13　同上、288頁。
14　同上、294-295頁。したがって、政党が公的であるか私的であるかから安易に解釈を引き出すべきではないとされる。
15　同上、297頁。さらに、林知更はこのようにも整理する。政党について、憲法上あり得る要請としては、①政党が政治的意思形成に協働する存在であるため、国民主権や民主政治原理と密接に関連するということ、②政党が私的結社であり、基本的権利の保護を享受すること、③政党の内部秩序規制や政治資金など一定の制約を憲法に組み込むこと、があり得る。しかし、この①から③については、すべてを矛盾なく位置付けることが容易ではない。そこで林は、政党が国民の中に基礎を置くことによって民主政にとって不可欠な役割を果たすことができるとして①と②の要素を整合させるとともに、個人の自由と民主的な意思形成の確保のために一定の制約が生じ得るとして②と③を整合させる（林知更「政党法制－または政治的法の諸原理について─」同『現代憲法学の位相──国家論・デモクラシー・立憲主義』（岩波書店、2016年）201-203頁［初出2013年］。）。
16　加藤一彦『政党の憲法理論』（有信堂高文社、2003年）234-235頁。

ツとは異なり、たたかう民主制をとっていないことや、民主主義の意味が一義的でないために、政党内民主主義を課すことによって、国家による政党への介入を起こし得ることを挙げたうえで、訓示規定としてはともかくも強制力を持つ形で政党内民主主義を課すことは許されないとする[18]。上脇によれば、「たたかう民主制」と不可分の党内民主主義を日本国憲法の考えに持ち込んだり、立法論として採用したりという解釈の根幹にあるのは、政党について他の結社との決定的な違いを設け、党内の事項について特別の法的規制を認めるという考え方である[19]。実際、他の論者からも政党内民主主義については、ドイツの「たたかう民主制」に由来するものであって、日本においては無関係であり[20]、日本国憲法の下では扱われにくいと考えられる傾向があるとも指摘されている[21]。そして、上脇によれば、仮に政党内民主主義の要請とたたかう民主制が無関係としても、政党内民主主義を政党に課すことは、たたかう民主制とはさらに異なる形で公的性格に適合しない特定の政党を排除する恐れがあるという点で問題がある[22]。

　以上のように、政党内民主主義を取り入れるかどうかは各政党の自主性にゆだねるべきであり、これを国家の側から強制することは国家による政党への不当な介入になるというのが、政党内民主主義に消極的な見解の論拠である。

Ⅱ．政党内民主主義を認めることに積極的な見解

　他方で、政党内民主主義をとることについて、積極的な見解も存在する。

17　芹沢斉「政党」樋口陽一編『講座憲法学5　権力の分立（1）』（日本評論社、1994年）137頁。
18　上脇博之『政党国家論と憲法学－「政党の憲法上の地位」論と政党助成』（信山社、1999年）456-457頁。
19　「たたかう民主制」との関係での上脇の議論について、詳細は上脇博之「『政党の憲法上の地位』論・再論」同『政党国家論と国民代表論の憲法問題』（日本評論社、2005年）114頁以下〔初出2004年〕参照。
20　これに対して、政治活動の法的規制を避けても問題は残るとするものとして、西原博史「政党国家と脱政党化」法律時報68巻6号（1996年）160頁。西原は政党の憲法上の性格について、結社の自由から一義的に引き出すことに対し、このように理解した場合には、純粋に私的な団体が国民により投じられた票の行方を左右することになると批判する。
21　本秀紀「ドイツにおける党内民主主義と法・序説」名古屋大學法政論集230号（2009年）403頁。ここからの学説整理についても同文献を参照した。
22　上脇・前掲注(19) 115頁。

その背景には、政党がその現実の姿として、硬直化の中で民主的な感受性を失っているという問題がある、であるとか、それに合わせて政党が通常の結社とは異なるものである、といった意識が存在する[23]。

例えば、阿部照哉は政党が国民の政治的意思形成の主要な担い手であることを強調する[24]。政党によって市民同士の対立する意見や利害が調整されたり組織化されたりしたうえで、制度化された国家の意思決定と架橋される[25]。そうであるならば、政党の設立の自由と、政党に加入する自由が守られなければならない[26]。加えて、政党内の党員の地位について一定の保障が必要である[27]。そこでは、政党内部において党員が平等であり、投票に参加ができるほか、党内で自由な言論が可能となっていることが求められる[28]。さらに理想的には、独裁的な党内気候の排除であるとか、党内幹部は複数人で形成されるべきであるとか、党の綱領など重要事項については「下から上へ」決定する仕組みがとられるべきとも主張される[29]。もっとも、阿部もまた、政党の内部秩序については政党の自由からして広範に政党の自律的規制に委ねるべきであり、内部秩序に関して上層部が恣意的な運営をした場合については法の制裁よりも社会的コントロールに服させるべき旨を強調する[30]。

また、圓藤真一は、政党に憲法上、正式の地位が与えられるということは、政党の公的役割に関し、結社の自由から大きく踏み出したものであり、その内部秩序に必要な法的規制を当然なし得ると述べる。もっとも、圓藤もまた、政党に対する内部秩序への規制は、政党の公的機能との関係で必要最小限にとどまるべきであり、またこれに違反した場合の制裁についても国民の監督に委ねられるべきという[31]。圓藤によれば、政党内民主主義が障壁に

23　本秀紀「『公共性』の変容と『政党民主主義』」公法研究64号（2002年）223頁。
24　阿部照哉「政党」『岩波講座　基本法学2　団体』（岩波書店、1983年）162頁。
25　同上、162-163頁。
26　同上、168-169頁。
27　同上、169頁。
28　同上、170頁。もっとも、ひとたび決定がされた後については、対外的な言論について一定の制限がされることはあり得る。
29　同上。
30　同上。
31　圓藤真一『憲法と政党』（ミネルヴァ書房、1977年）167-168頁。

第 1 節　政党内民主主義とは何か　223

ぶつかる点は二点ある。一点目は、政党が本質として闘争に参加する団体であるが故に、迅速な意思決定や一定の規律が必要であり、そのために階層的・統一的な組織が必要であること、二点目として、党員の数や党財政が膨らみ、政治が複雑化する中で、必然的に専門家や党内官僚の発言権が増し、少数の幹部が政党の実権を担うようになるということである[32]。

　これとはやや異なる角度から、西原博史は党議拘束との関係において、政党内民主主義について論じる。西原は、政党に所属する議員が党議拘束から逸脱するという局面を取り上げたうえで、このような状況は政党側の立場変更でも生じるのである以上、議員が党籍を離れても公約を守ろうとしたことに対し、議席喪失という形により応じるのであれば、反面として政党内の意思形成のあり方に一定の質が要求されるはずであると述べる[33]。西原は一般党員から政党の上層部へと通じる民主的な意思決定の流れが確保されてはじめて、政党に対して「国家の領域にある作用を引き受ける憲法的な性質が」承認されるとする[34]。確かに、政党内民主主義の概念は政党の意思形成過程へと国家が強制的に介入する危険を孕むと言えるけれども、そうであっても政党の内部構造を野放しにすることは、国民が自らの信を託す趣旨で投じた票のゆくえを私的団体の自由に委ねることになりかねない[35]。

　さらに、遠藤比呂通も、各党党首が首相となる可能性を持っていることを踏まえ、与党党首が統治を委託される者である以上、その選挙の方法は通常の結社の代表選出の手続きとは異なるのではないかと問題を提起する[36]。

　最後に、近年のものとしては、今枝昌浩による研究がある。今枝は、政党が国家機関それ自体ではないということに加え、政党法を制定して政党内民主主義を確立することが憲法に違反するかどうか、という従来の問題の立て方に起因し、政党内民主主義の問題が十分に解析されてこなかった点に言及する[37]。今枝の研究においては、ドイツにおける政党からの除名の問題が扱

32　同上、120頁。
33　西原・前掲注(20) 160頁。
34　同上。
35　同上。
36　遠藤比呂通「みんなで決める政治」樋口陽一編『ホーンブック憲法』（北樹出版、1993年）255-260頁。

われたうえで、除名の場面においては党内の少数派保護の要請が現れており、ここでは個人の権利を保護するという主観法的な側面が発揮されるということが確認される[38]。今枝はそのうえで、ドイツにおける政党除名手続きにおいては、指導者原理の禁止という側面よりも、党員（や有権者）が政党を介して政治的意思形成へと参加する機会を保障するという意味合いがあるのであるのであり、日本においても政党除名について政党の機能や能力を保護するための手段として見ることはあり得るものであるのであって、政党の除名処分が「『自律権』の名の下にフリーハンドとなるわけではない」可能性がある旨を指摘する[39]。ここにも、政党の除名処分に対して、単に漠然とした政党の自律権を持ち出すのではなく、政党の機能との観点で精緻化しようという姿勢が見られる。

　もっとも、そうであるからといって、政党内民主主義の要請を、法律をもって具体化することが容易であるとまでは言えない。政党に国民意思の「反映」の機能を求めるとされた本秀紀も、政党内民主主義の形成のあり方の難しさに言及する。政党がいかにして国民意思を発掘吸収し、制度的レベルに媒介するかという筋道は、各政党の組織のあり方に依存するものである[40]。大衆レベルの党員が多く加入している政党であるならば、下から上へと意思が伝わることが起こるだろうが、そうではない場合には、党の幹部や議員が直接国民意思成るものを代弁する場合もあり、どのような党のあり方が適切かについて、法的規律にまで引き上げることは難しい[41]。

第2款　議論の到達点とその背景

　以上のように、日本国憲法の下での政党内民主主義をめぐる議論の対立状

37　今枝昌浩「ドイツにおける政党内民主主義と政党除名の法的規律」比較憲法学研究33号（2021年）145頁。安西文雄ほか編『憲法学読本　第3版』（有斐閣、2018年）269頁〔宍戸常寿執筆〕、林・前掲注（2）297頁。
38　今枝・前掲注(37)　168頁。
39　同上、169-170頁。
40　本・前掲注(23)　225頁。
41　同上。

第1節　政党内民主主義とは何か　225

況は結局のところ、これを求める法的な規定を置くことが許されるかどうかという点に尽きているように思われる。すなわち、政党内民主主義の導入に否定的な見解も、その意義自体を否定しているわけではなく、あくまでこれを政党の自主性に委ねるべきと主張しているのに対し、政党内民主主義に対して積極的な見解もこれを法的に強制するところにまでは至っていない。そこでは、そもそも、なぜ、政党内民主主義が必要かについては議論の蓄積が乏しい[42]。

そもそも、政党内「民主主義」の過程においては、単に自動的に党内の個人の意思がくみ上げられるわけではない。政党は、国民の間に分立する利害をひとまとまりにするとの役目を担う信条共同体としての性質を持つ以上、その「民主主義」のあり方は、単に国家の民主制と同質とは言えず[43]、その内実は複雑性を持つ。政党が国民の意思を発掘吸収したとしても、それを制度的レベルへと媒介する筋道は各政党の組織的なあり方に大きく依存しており、どのようなあり方が望ましいかを、法的規律へと引き上げるのは困難と言わざるを得ない。とりわけ、大衆組織政党を念頭に置いたドイツ基本法とは異なり、政党内民主主義の問題については日本ではストレートに妥当させにくかったとも言われるところである[44]。

また、高田篤によれば、とりわけ、日本の憲法学においては、当初、政党が結社、すなわち法的規制から自由な領域と捉えられてきたため、政党内民主主義の問題が長らく憲法的、法的問題として正面から取り扱われることは少なかった[45]。政党については、日本国憲法上、規定が欠けていることから、21条の結社の自由との関連で語られることが多く、政党と民主制との関連に関する研究は長らく低調であった[46]。その背景には、日本においては、「中間団体を再編」し、「統合への規制力を発揮させる」統治技術が巧みであり、これにあらがうことが難しかったこと、また議会主義が定着した時点において政党が否定的に評価されがちであり、これに対して、個人を出発点と

42　同上、223頁。
43　同上、224頁。
44　同上、225頁。
45　高田篤「民主制における政党と『結社』」法学教室226号（1999年）85頁。
46　同上、82頁。

した議論を展開することで政党を正当化する必要があったことがある[47]。しかしながら、繰り返しにはなるが、高田が述べるように、個人の断片化が進み、政党による集約力が失われるにつれ、民主制との関連において政党を位置づけなおす必要が生じてくる[48]。民主制の基礎には政治的コミュニケーションの存在が必要であるが[49]、断片化した社会の中で、このコミュニケーションを可能にするには政党の役割が求められるからである[50]。ここで、社会や個人が断片化したことに対応し、政党もまた、かつての一枚岩なイメージを超え、内部に異質性を含むようにならなければならない[51]。具体的には、政党は党内の少数派を認めなければならず、政党において外部との開放的な交流が活発に行われることが、政治的コミュニケーションの活性化に繋がるよう、その内部の事項に関する透明性を高めなければならない[52]。政党外に対する公開性や政党状況の流動性といったこともまた、求められることになる[53]。政党に所属する者の数が今日ますます少なくなっている現実に鑑みれば、政党が国民意思を全て網羅的に把握し、媒介していると考えるのではなく、政党とその外部の関係性、浸透性についても目を向ける必要がある[54]。もっとも、政党に対して過大な負担を押し付けることで、その議会における国家意思形成における役割を阻害することは望ましくなく、その観点を踏まえれば、例えば、政党に対して討議民主主義の中で生まれてきた考えを伝え、政党に応答を促すというメカニズムを想定することも考えられ得る[55]。

　以上のように、日本においては政党内民主主義に関する議論を促す問題提

47　同上、82-83頁。
48　同上、85-86頁。
49　政治的コミュニケーションが公開のうえで、活発に行われ、政治的選択肢が作り出され、これに基づいた暫定的な決定が行われれば、その暫定決定の結論には賛成できない者もその決定を自らの決定と感じることができる（高田篤「民主制の展開から見た会派」ジュリスト1177号（2000年）61頁。）。
50　高田・前掲注(45) 86頁。
51　同上。
52　同上。
53　同上。
54　毛利透「政党と討議民主主義」法律時報82巻7号（2010年）84頁。
55　同上、85-86頁。

起はされるものの、その内実については踏み込んだ検討はなされておらず、これを法的に強制することに否定的な考えと、その必要性を一定程度認める見解との間での対立に終始している印象がある。

第3款　小　括

　日本国憲法の下での政党内民主主義をめぐる議論は、上記のような問題状況を背景として、政党内民主主義の意義を積極的に評価するか、あくまで政党の自律に委ねるものと捉えるのかという二項対立を軸に展開されてきたと言える。しかし、政党内民主主義の意義を積極的に評価する学説も、これを法的に規律することに対してはある程度慎重であり、また他方で政党の自律に委ねるとする学説も、政党内民主主義におよそ意義がないとまで述べるわけではない。したがって、議論の相違点は、「法的に」政党内民主主義の樹立を求められるかという点に終始しており、実際に政党内部に誰を受け入れ、誰をとどめ、そして政党内部でどのような組織構造、意思形成プロセスを作るべきかという、政党内民主主義の実質部分については、網羅的、体系的な考察がなされていない。実際、判例、学説ともに、政党内民主主義の問題をめぐる焦点があてられているのは、あくまで構成員の除名や、候補者擁立といった、いわば「目を惹く」場面が主である。
　もちろん、筆者としても、構成員の除名や選挙における候補者擁立といった側面が意義を持たないと考えるわけではない。
　しかし、そうであるとしても、除名の側面、あるいは候補者擁立の側面に限ってのみ、政党内の決定プロセスに民主化を要求できるのかを検討することは十分ではない。政党内部において行われる意思形成は除名や候補者擁立以外の場面においても存在するのであり、これらの側面を度外視することは、政党内における意思形成プロセスの一部だけに目を向けることに繋がりかねないほか、政党内部に異論を取り込むという筆者の問題関心からしても適切ではない。
　したがって、従来の日本の先行研究における政党内民主主義をめぐる議論状況から一歩踏み込み、政党内部における様々な意思形成、決定発見プロセ

スの全体を見た場合に、全国民の代表の要請を実質化するという本書の主眼を踏まえ、何をどこまで政党に求めることができるのかを論じることが必要であると考えられる。

第2節　ドイツでの政党内民主主義をめぐる議論

　それでは、ドイツにおいては、政党内民主主義はどのようなものとして理解されてきたか。ドイツにおいては基本法上、政党内民主主義を要求する明示的な条文があるが、それにもかかわらず、何が政党内民主主義であるかについての確定的な答えは存在しない。ヘレンキームゼー会議において、政党内民主主義について議論がなされた背景には、全体主義的な政党が基本法の下で作られることを防ぐという趣旨が存在した[56]。会議の構成員たちは、当時、NSDAPやソ連占領地域における出来事、また、共産主義政党が東ドイツのSED（Sozialistische Einheitspartei Deutschlands）における独占的な体制をまねようとした状況を見ていた[57]のであり、これに対抗する必要性を感じていたのである。

　政党内民主主義の内実を明らかにするにあたり、以下では第1款において、政党内民主主義にもまつわる古典ともいえるロベルト・ミヘルスの研究を概観したのち、第2款において政党内民主主義とはどのようなものであり、何が要求されると考えられてきたかを見ることとする。そのうえで、第3款では、第2款までの検討において明らかになった、政党内民主主義に対抗する要素についてまとめを行う。

第1款　古典的議論

I．ミヘルスの寡占理論

　政党内民主主義を語るにあたって、古典として必ずと言ってよいほど参照

---

[56] *Andreas Gonitzke*, „Innerparteiliche Demokratie" in Deutschland Das kritische Konzept und die Parteien im 20. Jahrhundert, 2004, S. 79.
[57] Ebd.

第2節　ドイツでの政党内民主主義をめぐる議論　229

されるのが、ロベルト・ミヘルスによる「寡占理論」である。ミヘルスによれば、組織なくして民主主義は考えられ得ず、同じ立場にある者が結集することが不可欠である[58]。しかし、この組織という原理の中には危険もまた存在する。それは「寡頭制への傾向」「根深い少数者支配への傾向」である[59]。ミヘルスは、政党内での寡頭制の出現について、心理的要因と知的要因に分けて説明する。まず、心理的要因として、一度代表者となった者は、自らが引き続きその座にとどまることを当然視し、これが拒否された場合にはライバルに対して報復措置をとることができる[60]。さらに、政治的権利を享受している市民の多くは、公共の事項について大した関心を持っておらず、民主主義的な権利の行使を自発的に放棄することが通常であり、その結果、政党内の決定に対してはほんの少数者しかかかわらないことも多い[61]。大衆の代弁者として活動してきた指導者たちは、大衆のために尽くす代わりに、大衆に謝意を要求する、つまり、大衆に対して、彼らの全権を継続的に認めるよう要求するようになる[62]。他方、知的要因としては、政党が成立してしばらく経過したのち、組織の内外で起こる問題を処理するためには、固定的な職業的専門家としての政治家が必要となるということが挙げられる[63]。組織が大きくなればなるほど、直接的決定は難しくなり、重要な問題は間接選挙の枠組みの中で暗室においてなされるようになる[64]。このような状況の中で、強固な指導者層が生まれるとともに、一般の人々は指導部の複雑に分化した行動を監督できなくなる[65]。党員数が少なく、主要な課題も基本的な理念を教えることに限られているのであれば、職業指導者が出現する可能性は低いが、政党が成長を遂げるにつれ、その内外の組織の要請を満た

58　*Robert Michels*, Zur Soziologie des Parteiwesens in der modernen Demokratie : Untersuchungen über die oligarchischen Tendenzen des Gruppenlebens, 2. Auflage, 1925, S. 31. ロベルト・ミヘルス（森博・樋口晟子訳）『現代民主主義における政党の社会学1』（木鐸社、1973年）27頁。
59　Ebd., S. 33. 同上、28頁。
60　Ebd., S. 54. 同上、43-44頁。
61　Ebd., S. 59 ff. 同上、47-49頁。
62　Ebd., S. 72 ff. 同上、56-57頁。
63　Ebd., S. 98 f. 同上、75頁。
64　Ebd. 同上。
65　Ebd., S. 99 ff. 同上、76-77頁。

すために、職業政治家が生じるのである[66]。

　組織というものは、固定した構造を持つ限り、おのずから分化するものであることから、組織の構成員や資金が増えれば増えるほど、組織内の全ての構成員が意思決定にかかわることはなくなり、委員会が暗室の中で決定することについての全権を担うようになる[67]。本来、民主主義においてはリーダーが入れ替わることが重要であるところ、安定性が求められる中で、指導者を選ぶにあたっては過去の経験が重視され、その者が既にリーダーであるから再度リーダーに選ばれるべきだとの議論がされる[68]。勿論、民主主義に基づいて指導者の任期は一定の期間に限られるが、その場合は今度は、彼らはその短い期間内に最大限権力を利用とし、責任のない行動をとることがあり得るという問題もまた生じてくる[69]。

II. 基本法制定時の議論

　それでは、ミヘルスの「寡占」の議論が政党内民主主義の基底をなすものであるとしても、それではなぜ、基本法の下で、明文をもって政党内民主主義が求められることになったのだろうか。

　基本法制定時、ヘレンキームゼー草案段階においては、草案47条3項において、「政党の法的関係と政治的意思形成への関与の方法については、連邦法律により詳細が規定される。連邦法律においては、ある政党が選挙に対して提示する提案について、〔当該政党の〕構成員の中から事前の選挙を経て決議されなければならないという旨を規定できる」との案が提示されていた。このように、ヘレンキームゼー草案段階においては、政党の法的関係について連邦の立法者に委ねるとされたほか、選挙の候補者擁立の際、党員による予備選挙を経て決定すべきと立法者が定められるといった定めが置かれていた。この点をとらえ、基本法制定段階では、政党内民主主義を徹底させる方向で議論がされていたとも評価される[70]。

66　Ebd., S. 98 f. 同上、75頁。
67　Ebd., S. 99. 同上。
68　Ebd., S. 122 ff. 同上、92-94頁。
69　Ebd., S. 128 f. 同上、99頁。

第 2 節　ドイツでの政党内民主主義をめぐる議論　231

　議会評議会において、政党内民主主義の規定を置く必要性を提示したのは、ドイツ党の Seebohm であった。ドイツ党の憲法草案87条を提案するにあたり、「政党は与党であれ、野党であれ、有権者の擁護者として、自身の政党政治的な問題に全体の福祉を優先させなければならない。政党は、民主主義の原則に従って作られなければならない。とりわけ、政党首脳部の選挙と、公的組織についての候補者選択は民主主義的原則に従って行われなければならない。あらゆる国家市民は、ある政党について知り、そこに加入する権利を持つ。…政党からの脱退はいつでも可能であ」るとされていた[71]。

　政党内民主主義の要請については、学説上、まずは国民の意思形成に関与するという政党に与えられた任務を果たすための必要な補足的要素としての性質を持つとされる[72]。基本法20条1項、2項によって、国民の意思形成は民主的に決定されるとされているが、政党の内部秩序においてこれに対応する民主的な意思形成がない場合には、矛盾が生じることとなる[73]。政党の中心的な機能は市民の持つ政治的なイメージを政治的な意思形成プロセスへと統合したうえで国家の決定へと変形することであり、そこでは、住民の持つ利害や知見を集約、構造化し、公開性の中でそれを精緻化することが求められるのである[74]。加えて、政党は選挙に対する候補者を擁立することで、国家による支配に間接的にかかわる[75]。言い換えれば、政党がドイツにおいて、政治的な意思決定に対する強い地位を占めていることに鑑みると、全ての政党内部において民主的な手続きがなされるよう主張できることが重要であるように思われるのである[76]。政党内民主主義が保たれることによって初

70　制定の経緯について、*Werner Matz*, Die Vorschriften des Grundgesetzes über die politischen Parteien in den Verhandlungen des Parlamentarischen Rates, in: *Ernst Forsthoff* [et al], Die politischen Parteien im Verfassungsrecht, 1950, S. 41 ff. 参照。彼谷環「ドイツ政党法制と政党内民主制」広島法学18巻 3 号（1995年）106-107頁参照。
71　*Seebohm*（DP）, Dritte Sitzung des Plenums, 9 September 1948, *Kurt Georg Wernicke* (Hrsg.), Der Parlamentarische Rat 1948-1949 Akten und Protokolle, Bd 9, S. 123.
72　*Jörn Ipsen*, Artikel 21, in: *Michael Sachs* (Hrsg.), Grundgesetz Kommentar, 7. Auflage, 2014, S. 895, Rdnr. 53.
73　Ebd.
74　*Martin Morlok, Heike Merten*, Parteienrecht, 2018, S. 121.
75　Ebd.
76　*Gonitzke*, a.a.O.（Anm. 56）, S. 26.

めて政党が個々の指導者の政治的な傭兵部隊になることが防がれ、それによって政党が、社会にとって重要な問題について把握することができるようになる[77]。市民による共同決定は、選挙の場面において政党によって、市民にとって利益になるか、あるいは市民が批判するような綱領が提供されてはじめて成立するのであるが、そのような綱領は政党内部であらゆる利益が考慮されて初めて成立可能になるのである[78]。政党内部においても地位や綱領の決定をめぐる争いは繰り広げられており、そこではできるだけ多くの解釈が民主的な競争によって決定される議論へとあらわれることが重要である[79]。政党内部において、何が正しい道のりか、をめぐる競争がなされない場合、その政党は非民主的なものとなる[80]。政党内民主主義の要請は憲法からのみ与えられるものではなく、拘束的な政治的決定に対して市民の影響力を増すための不可欠な要素であり、政党はこれによって、市民の関心事をその構成員を通じて受け取ることができるとともに、様々な政治的目標や方向性のイメージに対して開かれていることが可能になるのである[81]。

第2款　政党内民主主義の内実とは何か

このように基本法上盛り込まれた「政党内民主主義」であるが、その内実は何であろうか。ここで注意すべきは、「政党内民主主義」が何を意味し、何を政党に要求するかについて、明確な見解の一致は、実は存在しないということである。

Ⅰ．「民主主義」の意味するところ

基本法21条1項3文においては、政党内民主主義が求められるとされてい

77　End., S. 26.
78　Ebd., S. 27.
79　*Martin Morlok*, Parteienrecht als Wettbewerbsrecht, in: *Peter Häberle, Martin Morlok, Vassilios Skouris* (Hrsg.), FS Dimitris Th. Tsatsos zum 70. Geburtstag am 5. Mai 2003, 2003, S. 429.
80　Ebd.
81　Ebd.

るが、ここで求められる「民主主義」とは何なのか、つまり、政党内の組織について、国家の組織に対して基本法から求められるような「民主主義」の構造原理はどの程度妥当すべきか、についてはまだ何も述べられていない[82]。「民主主義」という概念自体、不明確であり、かつ、基本法上これを政党にどう適用するかについての特定はされていない[83]。もっとも、基本法21条1項3文の「民主主義」解釈にあたり、国家における国民が、その各々の持つ傾向という点において限りなく多様であることと比べて、政党についてはその傾向は一定程度制限されることから、「民主主義」理解も異なったものとなり得るということが指摘される[84]。

政党内民主主義のあり方を形成するにあたり、政党法を制定するに際して立法者に対して残されている決定の余地は、二つの方向から限定される。第一に、政党法の規定によって、機能的な政党内部の秩序が守られるようにしなければならない[85]。第二に、これとは反対に、政党の憲法上の地位が国家機関ではないことからして、政党内のあり方についてあらゆる点において詳細に規定することについては避けられるべきである[86]。例えば、Morlok によれば、基本法21条1項3文に従った「民主主義」の内容は、国家における民主主義とは異なり、傾向組織としての性格を持つ、自由意思からなる政党に合う形で妥当されなければならない。政党は、他の政党との競争関係の中で自らを守らなければならず、そこにおいては、行動可能性、貫徹力、そして外部に対して確かな団結力があることが不可欠である[87]。つまり、政党は、他の政党との競争関係の中で、自らを守ることができなければならず、

---

[82] *Rüdiger Wolfrum*, Die innerparteiliche demokratische Ordnung nach dem Parteiengesetz, 1974, S. 25.

[83] *Friedrich Grawert*, Parteiausschluß und innerparteiliche Demokratie, 1987, S, 57 f; *Helmut Trautmann*, Innerparteiliche Demokratie im Parteienstaat, 1975, S. S. 146.

[84] *Hans Hugo Klein*, Artikel 21, in: *Maunz, Herzog, Scholz*（Hrsg.）, Grundgesetz Kommentar, 2012, S. 154, Rdnr. 335.

[85] *Wolfrum*, a.a.O.（Anm. 82）, S. 80.

[86] Ebd., S. 80 f. この点における政党や政党条項の特性について、Rechtliche Ordnung des Parteiwesens, Bericht der vom Bundesminister des Innern eingesetzten Parteienrechtskommission, 2 Auflage, 1958, S. 116 ff.

[87] *Martin Morlok*, Artikel 21, in: *Horst Dreier*（Hrsg.）Grundgesetz Kommentar, Band II, 3. Auflage, 2015, S. 400, Rdnr. 125.

政党の内部での一般市民の関与のあり方というのは、国家におけるそれとは異なる性質を持つべきである[88]。

連邦憲法裁判所においてもまた、基本法21条1項3文が政党の内部秩序に何を要請するかについては具体的にはあまり語られていない。NSDAPの後継組織の合憲性が問題となった際、連邦憲法裁判所は政党内民主主義の具体化について（当時まだ作られていなかった）政党法に委ねられるとしたものの、同時に、政党が下から上へと構築されること、つまり、構成員が意思形成から締め出されないこと、全ての構成員に対する基本的な等しい評価がなされること、政党からの離脱や加入の自由があるということ、といった基本的要素を基本法21条1項3文から直接引き出した[89]。

II. 学説上の最低限の一致－「下から上への意思形成」

このように政党内民主主義の内容は、その比較対象であるところの国家の民主主義もまた不確定な概念であるが故に、確定がしづらいものである。もっとも、学説上挙げられることとして、政党内の意思形成や決定発見について、開かれたものであり、かつ自由なものであるようにするということが挙げられる[90]。そして、「民主的な」政党内の意思形成のあり方について頻繁に参照されることとして、「下から上への意思形成」ということが挙げられる[91]。つまり、政党内での意思形成プロセス、そして、政党内で始まり国家にまで至る決定発見においては、政党構成員を基礎とした民主主義的原則の考慮の要請が置かれるのである[92]。実際、政党内民主主義をめぐっては、1957年の政党法委員会報告（Bericht der Parteirechtskommission）において既に、政党内での「下から上への」基礎民主的な意思形成、ということが定式化された[93]。

---

88 Ebd.
89 BVerfGE 2, 1 (40).
90 *Grawert*, a.a.O. (Anm. 83), S. 62.
91 Ebd.
92 Ebd.
93 *Bettina Kähler*, Innerparteiliche Wahlen und repräsentative Demokratie, 2000, S. 93; Bericht der Parteirechskommission, a.a.O. (Anm. 86), S. 157.

第 2 節　ドイツでの政党内民主主義をめぐる議論　235

　Forsthoff の言うところによれば、ここではまず、狭い意味においては、NSDAP のような指導者政党が締めだされる[94]。しかし、それだけではなく、あらゆる種類の権威主義的な政党が拒絶されるという側面もある[95]。それゆえ、政党内の構成員が政党内の職務に就くことができること、そして、決定においては多数決が用いられることによって、政党の下位の構成員からの正統性が確保されることが重視される[96]。とはいえ、「下から上への意思形成」とは、全ての重要な政党内の決定が構成員の全員によってなされるべきであるとか、命令的委任が厳格に適用されるべきだということを指すわけではない[97]。実際のところ、政党内部においても代表の仕組みは不可避的である[98]。

　さらに、多数決原理（政党法15条1項[99]）を設けるというだけでは、政党内の意思形成の公開性と民主政を確保するために十分ではない[100]。前提として、政党内において様々な解釈を展開できるような可能性があり、実際に多数をめぐる争いが展開される可能性があってはじめて、政党内の民主制は確保される[101]。

　政党内民主主義にとって決定的なのは、政党構成員が政党の意思形成にできる限り大きな影響力を持つことである[102]。憲法と憲法現実において代表制的な要素が強まれば強まるほど、政党内の領域において、政党構成員ととりわけその基盤的な部分に属する人々の可能性（直接民主主義の要素）を強化す

94　*Ernst Forsthoff*, Zur verfassungsrechtlichen Stellung und inneren Ordnung der Parteien, Deutsche Rechts-Zeitschrift, Heft 14, 1950, S. 316.
　　Forsthoff は、そこで、政党の指導部が党内からの同意に支えられていれば民主的正統性を持つと捉えられることが考慮されるべきであるということを付言する。
95　Ebd.
96　Forsthoff も、政党内民主主義の二つ目の考え方として、政党構成員が最大限の影響力と恒常的な効果的決定の可能性を与えられているということ、つまり指導者政党を排除することを超え、権威主義的な政党のタイプは全て締め出されるということを挙げる（Ebd., S. 316.）。
97　*Klein*, a.a.O.（Anm. 84）, S. 155, Rdnr. 338.
98　Ebd.
99　15条
　　1項「諸機関はその決議について単純な票の過半数で決定する。法律や規約によって加重された票の多数が規定されていない限りで。」
　　3項「提案の権利は、民主的な意思形成が守られたままであるような形で形成されるべきである。とりわけ、少数派もまた、自身の提案について十分に提示し得ることが求められる。」
100　*Grawert*, a.a.O.（Anm. 83）, S. 63.

るという意味において、政党内民主主義の発展が遂げられることが制度上必然となる[103]。これによって、市民と政党の間の距離の広がりというものも埋められるのである（→政党内部における直接民主制的な手続きの問題については後述）[104]。

Ⅲ．「下から上への意思形成」という形での政党内民主主義理解への批判

とはいえ、この「下から上へ」という政党内民主主義の考え方については、現代の政党の実情に鑑み、疑問も呈されることがある。右か左かという明確な利益対立が薄れつつある現代において、政党内民主主義にとって主たる問題となるのは、政党内の寡占というよりも、政党が扱うべき問題の複雑さに代わってきている[105]。加えて、下から上への意思形成ということは、かつての多くの政党構成員が属するような大きな国民政党においては妥当したかもしれない[106]。しかしながら、例えば比較的新しく設立された緑の党は、このような手続きによって迅速で効果的な決定が妨げられていると考え、これとは異なる組織のあり方を模索するようになっている[107]。したがって、現在では政党がいかに複雑な問題に対処できるか、という観点、つまり、政党

101　Ebd.
　　政党内民主主義の最低限の内容としては、政党内の意思形成が一般党員に参加可能なものとなっており、党員間の平等が確保されていること、党幹部から一般党員への命令や依存関係がないことに加え、党内部において、政党特有の権力装置（コミュニケーション手段、財政、専門的知識、教育）などへのアクセスがもっぱら政党指導部の意のままにならないよう、それを分散させる機会が一般党員の側に確保されていなければならないということが挙げられることもある（彼谷・前掲注(70) 128-129頁。*Hans-Peter Schneider*, Die Institution der politischen Partei in der Bundesrepublik Deutschland, in; *Dimitris Th. Tsatsos, Dian Schefold, Hans-Peter Schneider*, Parteienrecht im Europäischen Vergleich, 1990, S. 195 f.）。
102　*Kähler*, a.a.O.（Anm. 93), S. 93.
　　政党内の民主主義は国家における民主主義とは同一ではない。その一般的な意味は、政党内部で自由な政治的意見構築が保障され、構成員の影響力と常に効果的な決定が最大限守られることである（*Wilhelm Henke*, Das Recht der Politischen Parteien, 1964, S. 28.）。
103　*Kähler*, a.a.O.（Anm. 93), S. 93. *Dimitris Th. Tsatsos, Martin Morlok*, Parteienrecht, 1982, S. 41. では、国家組織が基本的に代表制的性格を示すのに対し、政党はその期待された対重機能について、政党の中枢部をその基盤へと（国の指導者と国民の間における場合よりも）強く結びつけることで達成し得るという点で異なるとされる。
104　*Kähler*, a.a.O.（Anm. 93), S. 93.
105　Ebd., S. 103.
106　Ebd., S 105.
107　Ebd., S. 105 f.

内の決定の透明性や効率性、政党構造の構成員への魅力といった点についても考慮がされるべきとも主張される[108]。

さらに、「下から上」という一方方向の意思形成のあり方を重視することによって、政党指導部と下位の構成員の間の相互作用が軽視されているという批判もある。実際、「下から上への意思形成」に限られない政党内民主主義の役割が示されることもある[109]。ここでは、例えば、「下から上への意思形成」というコンセプトを、政党内でのグループ間競争のコンセプトによって取り替えることが提案される。このような政党内のグループ間競争のコンセプトの本質的な諸要素をなすのは、党内での意思表明の自由、集会の自由、組織の自由、基本的な加入請求権、そして、他団体への同時加入ができないことである[110]。このような提案が、政党内民主主義の中に「下から上への意思形成」というコンセプトによっては上手く説明し切れない要素が含まれていることを示しているかは定かではないが、実際の政党内における民主的意思形成を見た場合も、これは下から上へと一方通行的に進んでいくのみならず、逆方向からの多様な衝撃と活動も含むのであるとの指摘も見られる[111]。

Ⅳ. 基本法21条1項3文をめぐる形成の余地

以上のように、政党内民主主義をめぐる解釈については、「下から上へ」の意思形成という像が、（それに賛成するかどうかはさておき）議論の基本線をなしている。学説においては、何が基本法の求める政党内民主主義の核心かという議論と並行して、基本法21条1項3文の内容を確定しようという議論の蓄積がある[112]。具体的には、基本法21条1項3文における「民主主義」とは

108　Ebd., S. 106.
109　政党内の意思形成が下から上へと起こるとしても、これは、全ての重要な政党の決定がその構成員全員からされなければならず、その機関が憲法故に命令的委任に服するということは意味しない。政党内民主主義だからと言って指導部から発案がされてはならないわけではない。というのも、指導部こそが時間を政党の事務について費やしているからである。(*Klein*, a.a.O. (Anm. 83), S. 155, Rdnr. 337 f.)。
110　*Volker Neumann*, Volkswille, 2020, S. 276.
111　Ebd., S. 276 f.
112　*Kähler*, a.a.O. (Anm. 93), S. 10.

何たるかについては、形成の余地があるところ、そのあり方について立法者が詳細に規定すると考えるのか、政党の裁量にゆだねられる幅が大きいと考えるかという議論の対立があるのである。仮に立法者が政党内民主主義のあり方を詳細に決定するとすれば、全ての政党について規範的に平等な出発点が与えられるだろう。他方で、内的秩序の具体化が政党自体に委ねられるとすれば、各政党が何を民主的と見るか、どの程度民主的になるかについて、自由に決められることになり、各政党が共通の出発点として共有するところは少なくなることとなる。

　第一の考え方であるところの、立法者が詳細を決定する、つまり政党内民主主義は、政党の裁量に委ねられないような要求を形成するものであるという考えについて、まず紹介する[113]。これは、上記のような「下から上への」構築をとりわけ重視するものである[114]。ここでは、規約や綱領の制定、解散やその他の政党との合併といった基本的決定について、政党の構成員会議あるいは代理人会議で決定すること、最上級の政党機関としての構成員会議あるいは代理人会議の地位、政党の首脳部その他についての構成員会議や代理会議による定期的な選挙を通した選挙や、彼らの解任可能性、候補者擁立への政党構成員の同意、全ての構成員の等しい権限、自律性の確保のための政党内部の領域的な区分け、といったことが、政党法によって定められるべき内容に含まれる[115]。反対に、首脳部の任期や、政党の職務と議員職の兼職の可否といった点については政党が自ら規約において規定することが許され、その限りにおいては政党がそれぞれ異なる民主主義モデルを自らのイデオロギーに従って追求することは許される[116]。さらに、これに加え、政党内民主主義の最低限の要請を超えて、基本法21条1項3文の更なる内容を確定しようとの見解もある[117]。ここで重要なのは、少数派にも多数派になるチャンスがあるということであり、少数派に対して、このチャンスを事実上も認める手続きが政党内で実施されることが必要とされる[118]。しかし、この見解に対

113　これらの整理について、Ebd., S. 11.
114　Ebd.
115　Ebd., S. 11 f.
116　Ebd., S. 12.
117　Ebd., S. 13.

しては、政党内での派閥や傾向ごとのまとまりが通常流動的であり、各集団の後ろにどのような者がいるのかということが確定しづらいという問題点が指摘される[119]。批判の中核をなすのは、政党内民主主義はあらゆる政党に対して義務付けられるのであって、その内容は過剰になるべきではなく、全ての政党に妥当する最低限の内容とされるべきという点である[120]。

反対に、後者の考え、つまり、政党内民主主義の概念を立法者が定めるのは最低限であるべきという考えの論拠としては、「民主主義」概念が基本法28条1項においても見出され、そこでは、名宛人である州が原則の内容について個別に具体化する権限も有するということが挙げられる。つまり、この28条1項とパラレルに21条1項3文についても理解するならば、政党が「民主主義」の内容の具体化について権限を持ち得ると考えられるのである[121]。また、そもそも、ある政党がどのような政党内部での民主的構造や手続きをとりたいかということは、その政党の政治的アイデンティティーと不可避的に結びついている[122]。法律においては、政党内民主主義の確保のために必要なことのみが書かれなければならず、それ以上の規制を置くことは、基本法21条1項3文によって守られる政党の組織の自由に対する、許容されない介入となる[123]。しかし、この見解に対しては、政党法上規定が少ないことにより、結果として、政党間の不平等が生まれ、政党の機会の平等との関係が問題になり得るという点が批判として指摘される[124]。

以上のような見解の対立の背景には、政党についてその内部構造の形成のあり方がアイデンティティー形成と不可避であり、それゆえ、最低限の規制しか置いてはならないと考えるか、あるいは、政党内部のあるべき姿につい

---

118 Ebd., S. 14. 少数派保護の作用は自由委任の原則から展開される。というのも、これは議員に対して、政党委員会の多数決から制裁なくして逸脱することを可能にするからである。これが、政党法15条3項2文によって政党内部にも拡大されている。それゆえ、選挙や投票において他の機関の議決に縛られることは許されない（*Schneider*, a.a.O. (Anm. 101), S. 200.）。
119 *Kähler*, a.a.O. (Anm. 93), S. 15.
120 最低限であるべきという方向性として、*Ipsen*, a.a.O. (Anm. 72), S. 895, Rdnr. 55.
121 *Trautmann*, a.a.O. (Anm. 83), S. 171. しかし、28条1項の場合と比べて、21条2項の場合、3項の規定に起因して、連邦の立法者が詳細を規定することができる。
122 *Morlok, Merten*, a.a.O. (Anm. 74), S. 124.
123 Ebd.
124 *Trautmann*, a.a.O. (Anm. 83), S. 171.

て詳細に規律を設け、これによって政党内部において一般の党員の意向も十分に反映される、場合によっては少数派も尊重される形で、意思形成がされることを求めるべきと考えるか、という見解の対立がみられる。実際のところ、政党法の規定を見れば、連邦の立法者は、政党法においては、「できる」という規定を多く置き、政党の内部秩序の設計について、広範に政党自身の判断に委ねたともいわれる[125]。これに対しては批判もあるところである。例えば、Günther Willms は、政党内民主主義の不足について指摘をしている[126]。彼によれば、人的決定も事柄的決定も多くが指導部の手元にあるのであり、一般構成員には喝采をすることしか残されていない[127]。

第3款　政党内民主主義に対抗する要素

　ここまで見てきたことも踏まえれば、一義的には決まらない政党内民主主義の設計にあたって問題となる要素として、政党内民主主義に対抗する要素は何かということを検討する必要がある。日本の先行研究においては、政党内民主主義を政党に求めることができるかどうかを論じるに際し、政党の私的結社としての性質が強調されている。しかし、ドイツにおける議論ではさらに踏み込んで、政党に特に当てはまる特殊な性質ということが論じられる。

　それは、政党が特定の傾向、イデオロギー、性質を持った存在として統一性を維持するという要素である。政党について競争組織としてのその性質を強調する Morlok は、政党が成功するためには、確かな程度、決定・行動可能性、団結性が必要であるとする。それゆえ、政党が一枚岩ではないという状況によって、持続的にその公的な立場が毀損されることは避けられるべきなのである[128]。実際のところ、政党間競争は集権化した政党を求めるもので

---

[125] Ebd., S. 174. 他方、部分的には政党内民主主義について詳細な規定を政党法が設けており、その領域については政党が規約で独自の規定を定める余地が少ないとの評価として、*Schneider*, a.a.O.（Anm. 101), S. 188.

[126] 政党指導部に権限が集中しがちであることについて、*Günther Willms*, Aufgabe und Verantwortung der politischen Parteien, 1958, S. 17.

[127] Ebd.

あり、したがって、政党内民主主義が貫徹された場合、政党エリートがライバルと効果的に戦えなくなる危険性がある[129]。さらに、繰り返し指摘されるように、政党が自身の内部構造をいかに形成するかは、政党自身の傾向のあり方を体現する要素ともなり得る。

そして、政党には、自身が考える政治的方向性について、投票可能なモデルを提示し、議会において政策を発展し、これに関連して選挙に候補者を擁立することが義務付けられる。これによってはじめて、有権者は提示されたモデルについて投票し、民主的正統性を持つ形で選ばれたモデルについて国家の行動へと変換するのである[130]。したがって、全ての政党が同じようにあらゆる意見を包摂し、同じように共通の福祉を定義するということは、各政党の一枚岩性を害するとともに、国民から選択可能性を失わせることにも繋がる。それゆえ、政党内民主主義の要請があるとしても、全ての政党に同じように、あらゆる意見を包摂し、あらゆる意見を意思決定過程において同じく重みづけるところまでを求めることは適切ではない。

以上のことから、政党が有意義に活動するためには、その政治的な目標イメージと候補者を、公衆を前にして提示し、その支持を募るということが必要になるのであって[131]、ここから、政党構成員の最低限の同質性を確保することについて、政党の正当な利益が引き出される。ここでの政党の傾向の自由は、対外的のみならず、対内的方向にも向いている[132]。国家においては異なる目標設定、目標追及が広く認められていることとは異なり、政党は自身の目標や価値について共同の視点を必然的に持つのであるから、その開放性は必然的に狭いものとなり得る。つまり、政党構成員は自由意思で加入する傾向組織であり、その統一性をもって他の政党と競合するという点で国家とは異なっている[133]。したがって、政党内では国家とは異なり、特定の確信に

---

128 *Morlok*, a.a.O. (Anm. 79), S. 426.
129 Samuel Bagg, Udit Bhatia, *Intra-party Democracy: A Functionalist Account*, Volume 30, Number 3, JOURNAL OF POLICAL PHILOSOPHY 347, 347 (2022).
130 *Dominik Schnieder*, Politische Freiheit und Verfassungsschutz Am Beispiel der Beobachtung politischer Parteien und Abgeordneter, 2018, S. 40.
131 *Sebastian Roßner*, Parteiausschluss, Parteiordnungsmaßnahmen und innerparteiliche Demokratie, Zu Voraussetzungen, Verfahren, Grenzen und Rechtsschutz, 2014, S. 38.
132 政党間競争の観点からこの点を説明するものとして、*Morlok*, a.a.O. (Anm. 79), S. 426.

ついて優先的に取り上げることが許される[134]。政党内の組織について、全て国家組織における民主主義のあり方に対応して形成する必要はない。そこでは単に最低限の原則が問題となっているに過ぎない[135]。また、例えば、政党から異なる意見を持つものが遠ざけられたり、他方、強い基礎民主主義の思想に基づいて性別の点でのクオータ制が導入されていたり、といったその独自の色合いを出すことによって、その統一性が確保されるということがあり得る[136]。

　しかし、このような政党内部の多元性の縮減に対して、ある時点に達した場合に、政党内民主主義が対抗することとなる。基本法21条1項3文は、一方では政党の組織内部において政党の指導部を統制することにより、政党の基礎となる構成員を守り、他方で政党の外部に対しては、政党内の力ある人物による意思形成プロセスが空洞化されることを防ぐことで、結果として、国民の政治的意思形成プロセスを守るのである。

　以上のように、政党内民主主義のドイツにおける実際の形成をめぐっては、大枠においては、政党が一定の傾向やイデオロギーを持った組織として他の政党との競争関係に立っており、その限りであらゆる多様な民意を同じように汲み上げるよう強制することはできないことが政党内民主主義の設計にあたって直面する課題であることが明らかになった。これは、本書の考えるところである、政党が異論を取り込み、その異論を議員を交えて党内でやり取りを重ねるという政党内民主主義の構想にも決定的にかかわることである。仮に政党に対し、自身の傾向とは全く異なる者をも受け入れ、その者に党内で発言権を強く保障したならば、当該政党の傾向を持った組織として他の政党と競争関係に入るという役割が果たされないことになるだろう。

　しかし、これだけでは、政党内民主主義の具体的な設計にあたって留意す

133　*Roßner*, a.a.O.（Anm. 131）, S. 66 f.
134　Ebd., S. 69.
135　*Roman Kaiser*, Mitgliedervotum: Zum Unterschied zwischen parlamentarischer und innerparteilicher Repräsentation, ZRP, 51, 2018, S. 153. ここで Kaiser は「最低限の原則」の意味するところについて、「下から上への意思形成」としている。
136　*Florian Kuhlmann*, Der Abgeordnete im digitalen Zeitalter, in: *Utz Schliesky*［et al］（Hrsg.）, Demokratie im digitalen Zeitalter, 2016, S. 72.

べき事項はいまだ完全に明らかになったとは言えない。政党内民主主義が全体としてあいまいで、定義しづらいものであるならば、それが問題となる個別の局面を順に見る必要があるだろう。

第5章　政党内民主主義
―― 個別の場面ごとの検討 ――

　第4章においては、日独における政党内民主主義全般にかかわる先行研究を概観した。そこで明らかになったのは、日本の先行研究においては政党内民主主義を求めることが認められるかどうかという次元で議論が終始しており、政党内民主主義の内実についての議論が十分になされていないこと、またドイツにおいても基本法上、政党内民主主義を求める条文があるからと言って、その内実について争いがおよそ存在しないわけではないことであった。もっとも、ドイツにおいては、最低限明確なこととして、結局のところ、政党が一定の傾向やイデオロギーをもって他の政党と競争関係に入る組織であり、その観点からすれば政党が自身の内部構造についてそのイデオロギーに従って構築することもまた認められるべきなのではないかという要素が、政党内民主主義の構築に対して立ちはだかるということが明らかになったのである。
　ここからは、政党内民主主義において問題となる個別の論点について、ドイツにおける先行研究をより詳細に見ていくこととする。
　具体的には、本書の問題関心に沿って、以下のような順序で考察を行う。第一に、「全国民の代表」の要請の持つ、事実上の民意の反映の側面、すなわち、多様で曖昧模糊とした民意をどのように政党の中にすくい上げ、政党内でこの民意同士がやり取りを重ねるかという仕組みについて考察する（第1節）。ここで主に問題となるのは、誰が政党構成員となるのか（第1款）、政党内の意思形成機関の仕組みはどのようになっているか（第2款）ということである。また、政党内の意思決定の一つの重要な表れである、規約や綱領についても、政党内の意思決定のあり方を形作るものであるとともに、政党の内外に対して当該政党の方針を示し、もって政党外の潜在的な加入希望者や政党内の党員に対するシグナルとなるものとして、ここで取り上げる（第3款）。

これに引き続いて、第2節においては、このような政党内の意思形成のあり方に対する政党所属の議員の関与のあり方について取り上げる。議員が政党内における多様な民意のやり取りに関与することは、事実上の民意の反映の意味における「全国民の代表」の要請の実質化という点において意義があるとともに、議員が自ら党内の意思決定にかかわり、最終的にその意思決定に拘束されるという意味において命令的委任の禁止の要請の実現にも資するものだからである。

以上の考察を踏まえ、最後に第3節において、ドイツにおける政党内民主主義の個別の場面ごとの設計を踏まえ、本書での考察に対して何が引き出されるかを検討することとする。

第1節　事実上の民意の反映の側面の実質化
―多様な意見の受け入れ

ここからはまず、事実上の民意の反映の側面における「全国民の代表」の要請の実質化という観点から、政党内にどのように、そしてどこまで多様な民意を取り込んでいくのかということを考察する。

第1款　誰が構成員になるのか

第一に問題になるのは、政党内にどこまで多様な民意、言い換えれば異質な意見を取り込むのかということである。ここでは、政党の中に誰が取り込まれ、誰が取り込まれないのか、という観点から、誰が政党構成員になるのか（なることができるのか）、が問題となる。ここで論じられるべきは、政党への加入の権利と脱退、そして除名の問題である。

Ⅰ．政党への受け入れ
1．総　論
政党への加入に関し、当然の前提として、市民は政党構成員となるよう強制されることはないけれども、反面、誰もが政党に加入することができるは

第 1 節　事実上の民意の反映の側面の実質化　247

ずということが言える[1]。市民は政党に入ることにより、選挙に対してのみ参加する場合よりも、より強く国家権力に参加することができるという利益を得られるのである[2]。市民にとって選挙権が保障されていることは、政党へのアクセスがなければもはや空疎なものとなっている[3]。したがって、政党への加入を希望する者がある政党に加入できるかどうかということは、その人にとって重要な意義がある。

　それでは、政党に加入したいという希望を持つ者があらわれた場合、政党の側はこの加入希望者について、受け入れるかどうかをどのように判断するのか。政党法 6 条 2 項 2 号と 4 号においては、政党が規約において、その構成員の受け入れと除名についての規定を定めなければならないとされている[4]。そして、加入を認めるかに関しては、政党法10条 1 項において、政党内の権限ある機関が「自由」に判断をすることができるとされている[5]。

　確かに、加入希望者を加入させるかどうかということは、実際のところ、それほど大きな論点とはなりづらい。というのも、政党は、基本的には構成員を受け入れることについて利益を有するからである。構成員が増えれば増えるほど、構成員から集められる党費が増え、それに伴って国家から獲得できる収入も多くなるほか、構成員を介した形での当該政党についての宣伝活動もまた増大し、政党の組織力や選挙における強さも強まる[6]。反対に、政党が自身の主たる機能を果たすためにも政党へのアクセスが広く開かれてい

1　*Helmut Trautmann*, Innerparteiliche Demokratie im Parteienstaat, 1975, S. 153.
2　Ebd.
3　Ebd., S. 197; *Franz Knöpfle*, Der Zugang zu den politischen Parteien, Der Staat, 3/1970, S. 335.
4　6 条 2 項「規約は以下についての規定を持たなければならない。
　　2 号　構成員の受け入れと脱退
　　4 号　構成員に対する許容される秩序措置とその除名…」
5　10条 1 項「政党の権限ある機関は、規約による詳細な規定に従い、自由に構成員の受け入れについて決定する。受け入れの依頼を拒絶することについて理由付けは不要である。一般的な受け入れの拒絶は、期限付きのものであれ、許容されない。」このうち、「一般的な受け入れの拒否」について禁じられている趣旨は、政党があらゆる加入希望者の加入申請を個別に判断しなければならないということを意味している（*Hans Hugo Klein*, Artikel 21, in: *Maunz, Herzog, Scholz*（Hrsg.）, Grundgesetz Kommentar, 2012, S. 169, Rdnr. 375.）。
6　*Martin Morlok*, Der Anspruch auf Zugang zu den politischen Parteien, in: *Detlef Merten, Reiner Schmidt, Rupert Stettner*（Hrsg.）Der Verwaltungsstaat im Wandel, FS Franz Knöpfle zum 70. Geburtstag, 1996, S. 237 f.

ることは利益になる[7]。政党が社会に対して開かれていてはじめて、社会の中の利益や価値観を受け止め、統合を図るという政党の任務もまた果たされるからである[8]。

　しかし、他方で、ある政党内にやみくもにあらゆる加入希望者を受け入れるということは、時に当該政党にとって有害に作用し得る。政党構成員の中であまりに不一致が大きい場合には、政党内の摩擦が強まり、政党にとって必要な「我々」という感覚が阻害され、政党内で必要となる構成員の同一性が損なわれるという危険が存在するからである[9]。政党は競争組織であって、他の政党との関係において、自身の核心からあまりに離れる応募者を退けることは当然である[10]。政党の公的な評判が重要であるという点からは、その構成員があまりにもよくない評判を持っているということは望ましくないため、このような者が加入を希望してきた場合に、これを拒絶することはあり得る[11]。また、政党の内部に既に加入している構成員も、新たな構成員を受け入れるかどうかをめぐって独自の利益を持つ。彼らは部分的に、政党自身と同じく、政党内の同質性の確保という利益を持っている[12]。しかし、彼らはこれに加えて、新しい政党構成員を受け入れることにより、政党内で競争の可能性が生じるということも懸念する[13]。というのも、新しく加入する者の数が多い場合にはとりわけ、政党内の様々な党派の重みが変わる可能性があるからである[14]。

　以上のことから、政党がどこまで異論を受け入れるかに関して、政党がいかなる場合に加入希望者の希望を退けられるのか、反対に政党が加入希望者の受け入れを拒んではならないという考え方はあり得るか、ということが問題となる。

---

 7 Ebd., S. 241.
 8 Ebd.
 9 Ebd., S. 239.
 10 Ebd.
 11 Ebd.
 12 Ebd., S. 240.
 13 Ebd.
 14 Ebd., S. 241.

2. 政党へ加入することについての権利は認められないという見解

既に述べたように、政党法上は、各政党の中で権限ある機関が加入希望者の加入を許すかどうかを「自由に」決定できるとされている。しかし、この政党法の条文があるとしても、この政党法の条文を問題視したうえで、ある者が政党に加入したいと考えた場合、この者の加入が無制限に認められるべきと考えるのか、あるいはこの条文通り、政党が加入を拒むことができると考えるのか、ということは論点となり得る[15]。以下では、ある政党に対して加入をしたいとの応募をした者に関して、受け入れを要求する権利が認められるのかどうかという学説の議論状況を取り上げる。

政党の前段階の問題として、私法上の団体への受け入れに関しては、誰であってもそのような団体に対して、自身を受け入れるよう法的に強制することはできないとされている。というのも、私法上の契約締結の自由と、基本法9条1項から保障される結社の自由によって保障されるところの、共同で集まりたいと望む者からのみ共同で結社を作るという自由が存在するからである[16]。もっとも、判例によれば、ある団体が独占的な地位や圧倒的な権力的地位を持っており、この団体の構成員となることについて、応募者の本質的あるいは基礎的な関心がある場合は別である[17]。判例は、とりわけ、個人の職業の自由の行使等にあたって不可欠であるような職業身分的な団体について、団体側に受け入れを強制することを認めた[18]。ある団体が受け入れの強制に服するとなる場合、次の段階として応募者に受け入れを要求するにあたっての前提があるかどうかが調査される[19]。このように、一般的な団体法では、特定の例外事例において団体に対する受け入れの要求ということが認められるけれども、政党についてもこれが妥当し得るか[20]、さらに進んで、政党の場合には特別な、加入に関する要求が認められ得る余地がないか、が

---

15 一つの考え方として、政党が本来、加入希望者を広く受け入れるべきという要請が憲法上引き出されるのであれば、政党法の「自由に」という条文は違憲となり得る。
16 *Andreas Ortmann*, Verfassungsrechtliche Probleme von Parteizugang und Parteiausschluß, 2001, S 16 f.
17 Ebd., S. 17 f. BGH Z 93, 151（152）, 101, 193（200）, 140, 74（77）.
18 Ebd., S. 18.
19 Ebd.
20 Ebd.

問題となり得る。

　政党への加入の要求が認められるかについて、判例[21]や学説の一部は、政党法10条1項1文、2文を基礎として拒絶する立場にある[22]。政党に加入したい市民の利益に対しては、政党側、つまり、既存の政党構成員の持つ、傾向の自由に関する利益が対置される[23]。政党内に既に加入している構成員にとっても、彼らと異なる考えを持つものが新たに大量に流れ込むことは、その政党が乗っ取られるというリスクを孕むものである[24]。言い換えれば、政党加入希望者を拒むにあたっての政党側の利益についても、精査される必要があるのである。政党が政党間競争の中で成功するためには、対外的には団結した姿を提示し、対内的には高い程度の同質性を持つ必要がある。このためには、政党内での政治的解釈の幅をある程度、制限する必要も生じる[25]。政党には設立の自由が認められるが、そこにおいては政党が一定の傾向を持つ傾向活動であるということが重要であり、それ故に政党の自由は傾向の自由としても機能する[26]。この傾向としての性質に基づき、政党はその意思形成プロセスから非構成員を遠ざけることが許される[27]。

　そして、政党法10条1項1文において政党に関しては加入希望者の加入を許すかどうかについて「自由に」決定できるとの明示的な規定が置かれているが故に、団体法に関する「団体が独占的地位を占めている場合にはその団体への受け入れが強制されるべき」という原則は政党には転用されえない[28]。政党内民主主義の観点からは、政党が新たな構成員による刺激に開

21　連邦最高裁判所によれば、政党法10条1項1文の規定故に、政党加入について、政党内の権限ある機関は、規約の詳細な規定に従って「自由に」決めることができるのであり、そこでは、独占的、権力的地位にある団体に関する判例法理は考慮の外にある（*Ortmann*, a.a.O. (Anm. 16), S. 23.）。BGH Z 101, 193 (201 f) も参照。

22　ここからの議論に関し、参考になるものとして、*Rüdiger Wolfrum*, Die innerparteiliche demokratische Ordnung nach dem Parteiengesetz, 1974, S. 156 ff.

23　*Sebastian Roßner*, Parteiausschluss, Parteiordnungsmaßnahmen und innerparteiliche Demokratie. Zu Voraussetzungen, Verfahren, Grenzen und Rechtsschutz, 2014, S. 78.

24　Ebd.

25　*Morlok*, a.a.O. (Anm. 6), S. 238 f.

26　Ebd., S. 256. *Martin Morlok*, Couleurzwang für Rechtsanwälte?- Zum Recht der politischen Parteien auf tendenzreine Willensbildung, NJW 1991, S. 1162.

27　Ebd.

28　*Jörn Ipsen*, Parteiengesetz, 2. Auflage, 2018, Art. 10, S. 69, Rdnr. 3. BGH Z 101, 193 (202).

かれていなければならないということしか引き出され得ず、これに対しては、10条1項3文、つまり、政党加入について個別に判断がされなければならないということ[29]のみで十分である[30]。また、受け入れを認めるかを自由に決定できることによって、政党が国家（裁判所）の側から、自身にとって好ましくない者が押し付けられることを回避できることになる[31]。

政党法10条1項1文における、政党による加入希望者に対する「自由な」判断を支持する見解は、政党が加入希望者について理由付けなく拒むことができるとする同条項が基本法21条1項3文から求められる政党内民主主義の要請に矛盾しないのか、について、以下のように説明する。すなわち、政党への加入の権利というものはないとする見解は、「政党内秩序」で問題となることは差し当たっては政党の内部領域の問題のみであって、政党の外部にいる第三者であるところの加入希望者との関係では、基本法21条1項3文からは何も引き出され得ないと応答するのである[32]。このような、政党への受け入れの拒絶を広く認めるべきとする見解は、政治的な意思形成プロセスの公開性は、個々の政党によってではなく、憲法上、複数政党制が守られているということによって確保されているとの立場をとる[33]。確かに、現在では政党樹立が事実上難しく、また法的にも5パーセント条項や国家の政党財政といった面において、新しく設立された政党が政治プロセスに参入することに対する高いハードルがあるといった点は否めない。しかし、70年代までの三政党制に比べるならば、現在では政党の数も増えており、新たな政党を作ることがおよそ不可能であるとまでは言い切れない[34]。したがって、ある政党に対して加入を拒まれたとしても、他の政党への加入の可能性が残る限りで、加入希望者の政治活動の自由は守られると考えられ得る。確かに、政党

29　その意味するところについて、*Klein*, a.a.O.（Anm. 5）, S. 169, Rdnr. 375.
30　*Ipsen*, a.a.O.（Anm. 28）, Art. 10, S. 70, Rdnr. 7.
31　*Markus Heintzen*, Die politischen Parteien, in: *Stern, Sodan, Möstl*, Das Staatsrecht der Bundesrepublik Deutschland im europäischen Staatenverbund Band 2, 2 Auflage, 2022, II, S. 95, Rdnr. 51.
32　*Ortmann*, a.a.O.（Anm. 16）, S. 35.
33　Ebd., S. 39. 勿論、現在では国民政党が綱領的に接近しているという問題はある。
34　Ebd., S. 40. 現状、政党の樹立が難しく、国民政党が独占的な地位を持っている点について、*Trautmann*, a.a.O.（Anm. 1）, S. 196.

に加入するということは政党の国民への公開性と、国民の下にある政治的な意思決定が国家機関へ媒介される可能性に直接かかわるものである[35]。しかし、社会の様々な声を吸い上げ、精緻化するという機能は、個別政党によってなされるというよりもむしろ、複数政党間の競争が行われることにより実現されるべきであるとこの見解は述べる[36]。

このような背景から、政党への受け入れの拒絶が「恣意的」になる場合について、政党法10条4項における政党除名の場合とパラレルに考えること、つまり、政党加入を拒むにあたっても政党除名と同じ高い要件を要求することについてもまた拒絶される。というのも、政党に既に加入している政党構成員と、政党との関係性構築をしようとしている加入希望者の地位は異なるからであり、また、政党への加入希望者が今後どのような行動をとるだろうかということは予測がつかないからである[37]。したがって、この見解に基づけば、ある加入希望者の行っている政治的活動を理由として受け入れが拒絶される場合については、加入が認められることによって政党内の重みが変わる場合や、政党内での綱領上の方向性が変わることを避けるというケースであっても適切であると捉えられる[38]。この背景にあるのは、やはり、新しい政治的な考えを持ち込むことは、(複数政党制を前提にすれば)新しい政党や他の政党を通しても可能であるはずではないかという発想がある[39]。この場合、国家が政党に対して、政党内の方向性を変えるような構成員を受け入れるよう強制することは、必要性を欠くという程度にとどまるのみならず、政党の国家からの自由に照らして憲法違反でもあると評価される[40]。

また、ある者が他の政党の構成員、協力者、候補者である場合には、憲法上政党について前提とされる競争という観点、また、参加のチャンスが二倍になるということが民主的な平等に反するということから、この者の政党への受け入れは拒絶され得ると考えられる[41]。他方で、他の政党を去ったうえ

35　*Klein*, a.a.O. (Anm. 5), S. 168, Rdnr. 372.
36　Ebd., S. 168 f, Rdnr. 372.
37　*Ortmann*, a.a.O. (Anm. 16), S. 47.
38　Ebd., S. 48.
39　Ebd.
40　Ebd.

で新たに別の政党への合流を望む者については、他の政党に属していたということのみによっては、受け入れは拒絶され得ない[42]。これは、ある政党を去ったのち、再び加入を求める者についても同様であるが、しかし、些細な理由で政党から脱退し、短期間で再び加入を望んだ者については、政党を脱退した特定の時点から当該政党に対して協力する準備が欠けていることが証明されることが拒絶の理由となり得る[43]。

実際の政党の規約においては、政党への受け入れについては、政党ごとに年齢要件や、自身の政党の綱領、目標、規約との一致、他の政党に属していないことや、ドイツ国籍保持などを求めている[44]。しかし、規約で明示的に示されていない理由に基づくとしても、政党は構成員の受け入れを拒絶できると考えられている[45]。

3．政党への受け入れを応募者が要求できるという見解

他方、一部の学説は、市民の政治的な積極的参加が政党の関与なくして不可能であるということから、政党への受け入れを応募者の側が要求できるということを基礎付けている[46]。ここでは、基本法21条1項3文による政党内

41　Trautmann, a.a.O. (Anm. 1), S. 203.
42　Ebd.
43　Ebd., S. 204.
　　反対に除名をされた者が再び加入を求めた場合は、政党除名が、将来永久的に受け入れを拒絶するような持続的な構成要件ではないことが注意されるべきである。もっとも、排除を正当化した前提がまだ実際にあるかどうかが受け入れの際には審査されるべきである。
44　Morlok, a.a.O. (Anm. 6), S. 232 f.
45　Knöpfle, a.a.O. (Anm. 3), S. 324.
46　市民が政党への加入を求めるにあたって、何らかの基本権を引用することができないかは問題となり得る。ここでは、自由な意見表明（5条1項1文）、政党樹立の自由（21条1項2文と9条1項）、選挙権（38条）、職業の自由（12条1項）、公職への等しいアクセスの権利（33条2項）、そして、基本法2条1項からの一般的行為自由と一般的平等原則（3条1項）といったものが問題となり得る。しかし、基本法条5項1文などは、国家の介入行動からの保護であって、そこから一定のサークルに個人が属することについての権利は引き出されえない。それゆえ、これらの権利から、特定政党への受け入れへの基本権的な要求を引き出すことはできない（Ortmann, a.a.O. (Anm. 16), S. 20.）。また、基本法5条、8条、9条、2条1項、38条といった市民の積極的な地位を保障する基本法の諸規定から、政党による受け入れについての基本権を引き出すという試みがされているが、しかしこの「権利」の理論的な輪郭は不明確であり、これを第三者に対して向けるのは適切ではないとされる（Ebd., S. 21.）。
　　Morlok, a.a.O. (Anm. 6), S. 251も参照。

民主主義から、受け入れへの権利が基礎づけられ得る[47]。政党内の民主的意思形成は当該政党の構成員によってのみなされ得るのであり、政党内民主主義の確保の意義は、不当な拒絶に対して対抗する構成員としての性質の保護を図る点にあるのである[48]。

確かに、政党への受け入れについて、これを拒絶された者は、独自に政党を作り（基本法21条1項2文）、これによって国民の政治的意思形成過程に対し、政党としての特権的地位をもってかかわることはできるだろう[49]。しかし、ドイツのように数少ない大きな国民政党が主たる地位を占めている国においては、新しい政党が広く国民に受け入れられるということは想定されづらいということを踏まえるならば、これは「純粋に法学的な」見せかけの議論である[50]。ある人がある既存の政党の枠内に入り、その中で共同の作用に従事するという任務から生じる負荷と、独自の政党を樹立するために同じ考えを持った人を捜し求めるという実現不可能とも思われる任務の負荷は、コストの点において全く次元が異なるものである[51]。故に、誰もが独自に新たな政党を作ることができるということは、政党への受け入れの代替案とはならない[52]。確かに、政党の側にもその統一性を守るという利益はあるが、政党はまずもって多様な意見や考えを統合すべきなのである[53]。

この見解をとる代表的な人物として Franz Knöpfle は、特定政党への受け入れの要求ができない仕組みとなっている政党法の規定に対し、批判を加えた。政党は、国民と国家機関との間の結合としてのその機能を果たさなけれ

---

47 *Morlok*, a.a.O.（Anm. 6), S. 252. 政党の内部秩序については規定があるが、政党の国民への外部秩序については法的な規定が欠けているということが問題になる。それゆえ、民主的な基本法の構想から、この外部関係についての書かれていない法原則が生じることがないのか、そして、政党法と政党規約における目下の受け入れに関する規定が合憲かが問題になる（*Knöpfle*, a.a.O.（Anm. 3), S. 332 f.)。
48 *Morlok*, a.a.O.（Anm. 6), S. 253.
49 *Trautmann*, a.a.O.（Anm. 1), S. 195 f. *Walter Luthman*, Rechtsstellung der Mitglieder von politischen Parteien, DVBl 1962, S. 169 も参照。
50 Ebd., S. 195 f; *Knöpfle*, a.a.O.（Anm. 3), S. 336 参照。
51 *Trautmann*, a.a.O.（Anm. 1), S. 196.
52 Ebd.
53 *Ortmann*, a.a.O.（Anm. 16), S. 41.
　国民政党との関係で統合機能の重要性について指摘するものとして、*Trautmann*, a.a.O.（Anm. 1), S. 202.

ばならないが、この機能は、政党が国民に対して開かれていることが法秩序によって保障されるときに初めて保障される[54]。Knöpfle によれば、政党法10条1項3文（政党は受け入れの希望について個別に判断しなければならないという旨の規定）が政党側の受け入れ拒絶の制限として設けられていることだけでは不十分である。というのも、この規定が妥当しない場合には、政党の外部にいる者にとっては統制が難しいような数多くの個別の拒絶理由によって、政党は構成員の受け入れを拒み、その結果、市民の民主的な基礎を狭めることができるからである。国民に対して政党が開かれているということは、本質的な、政党から操作されない統制メカニズムを提示するものであり、他方で、これはまさに政党にとって、永続的に（その内部において）精神的な刷新が図られ得るという重要な要素のために意義があるのである[55]。

それゆえ、Knöpfle によれば、政党に加入したい者が、単に「恣意的ではない決定」に対する要求を持つというだけでは不十分である。というのも、恣意を禁じたとしても、政党機関が依然として行使できる裁量の余地が大きいからであり、およそ政党へのアクセスの権利を引き出すことで初めて市民に対して十分な保護が与えられるからである[56]。今日、市民が政治的意思形成に参加するにあたっては、市民が政党から提示された候補者擁立について同意するか否定するかについての要求のみを持っているというのでは不十分なのである[57]。Knöpfle は、政治的な行動の自由についても保障する基本法2条1項に依拠して議論を展開する。彼によれば、政党に対して加入希望者の加入を強制することによっても政党の自律性は毀損され得ない。というのも、政党は、初めから他の団体とは異なり、憲法上の制限に服しているからである[58]。

特に問題となるのは、加入を希望する者の行動や信念が、政党の本質的原理や目標に対立する場合に、加入を要求する権利がなくなるのかどうかとい

54　*Knöpfle*, a.a.O.（Anm. 3）, S. 334.
55　Ebd., S. 335.
56　Ebd., S. 336.
57　Ebd., S. 337.
58　Ebd. 彼もまた、外国人の加入や、選挙権年齢より下の年齢の者の加入について制限をすることについては認める（Ebd., S. 340）。

うことである[59]。ここでも Knöpfle は、政党が基本的に開かれており、その機能や傾向において国民に受け入れられているということを出発点として提示する。各政党が世界観や意見という点において多様な人々を受け入れることについて準備ができており、人々が自らの独自の考えをその中で表出できるということは、とりわけ、政党の数が阻止条項の下で減少している現状においては、重要である[60]。国民の開かれた民主的な意思形成プロセスは、政党がもともと自身の綱領において定められた構成員のみを受け入れる場合には確保され得ない[61]。加入希望者の受け入れの要求の権利が否定されるのは、この者を受け入れることによって政党の価値がかなり毀損される危険があるとき、例えば、希望者が政治的なライバルとともに政党に対する損害を共謀しているなどといった場合に限られる[62]。いずれにせよ、このような見解をとるならば、受け入れを拒否できるのは狭い範囲に限られるべきであり、その拒絶については理由付けがなされ、合理的な調査がなされるようにされるべきである[63]。

以上のように、Knöpfle は、実際には市民が選べる政党の選択肢が狭められており、新たな政党を樹立することもまた困難であること、政党内部においても競争が行われるべきであることを挙げ、政党が加入希望者の加入を拒絶できる場合について、政党の価値がそのものを受け入れることによって大きく毀損される場合などに限定して考える。この Knöpfle のように、政党への受け入れという段階において政党の利益を毀損するかどうか、という効果に照準を合わせる場合には、政党への受け入れという場面においても政党からの除名に関する政党法10条4項の規定を参照することに繋がる[64]。もっと

59　Ebd., S. 342.
60　Ebd.
61　Ebd.
62　Ebd., S. 343. 他にも、政党が有権者に対して魅力的に見えるよう、そのイメージを保つという観点から、ある者を受け入れることからかなりの票を政党が失うと考えられる場合も変慮される（Ebd., S. 344.）。
63　Ebd., S. 346は、政党が自由に、応募者を受け入れるかを決められる政党法の規定については、その一義的な文言と内容故に憲法適合的解釈ができないので違憲であり無効とすべきであるとの立場をとる。
64　Ebd., S. 345.

第 1 節　事実上の民意の反映の側面の実質化　257

も、政党法10条4項に規定された理由がなければ政党への受け入れを拒絶することは恣意的である、とするこのような立場に対しては、その要求は過剰ではないか、との批判がなされる[65]。というのも、政党除名の場合と異なり、政党の受け入れの段階では、政党側はその者の将来的な活動についてせいぜい予想できるだけだからである[66]。

　また、加入希望者に政党に受け入れてもらうことについて要求する権利を与えるというこのような見解に対しては、政党に対して新しい構成員が加わることによって、その内部での同質性が損なわれる危険を見落としているとの批判がされ得る。しかし、これに対しては、新しい構成員が政党内に加わることによって生じるのは、せいぜい政党内の特定の方向性が強まることではないかと反論がされる[67]。この再反論によれば、政党内において新しい構成員の加入により、力関係が変わることは、少数派が多数派になるチャンスがあるという意味において、完全に正当なことである[68]。政党、とりわけ、国民政党は、国家の中の様々な利益を政治的権力に参加させ、その中で多元的な社会の利益対象を決着させるという任務を持つため、この構成員としての性質は、閉鎖的なものではなく、誰に対しても開かれているべきである[69]。

　このように政党が幅広く党員を受け入れるべきという見解はとりわけ国民政党に当てはまる。ドイツにおいては、もはや国民政党は、その団結が外の部外者から守られるべきような、政治的に同じ考えを持つ人の友達の輪では

65　*Ortmann*, a.a.O. (Anm. 16), S. 47.
66　Ebd.
67　*Trautmann*, a.a.O. (Anm. 1), S. 201.
68　Ebd.
69　Ebd., S. 201 f. *Hans Peter Bull*, Demokratie- nur im geheim?, ZRP, 1971, S. 198も参照。
　　もっとも、さらにいうならば、政党が国家によって多元的な構成員を持つよう「急き立てられる」のはいかがなものかとの批判がある。というのも、政党内部の寡占的な傾向に対抗すべきはまさに政党構成員自身であると考えられるからである。この考えによれば、「民主主義の諸原則」から引き出されるのは政党が新しい構成員に対して開かれ、新しい刺激を受けられるということだけである (*Jörn Ipsen*, Artikel 21, in: *Michael Sachs* (Hrsg.), Grundgesetz Kommentar, 7. Auflage, 2014, S. 901, Rdnr. 85.)。
　　国民政党の構成員となる可能性は、個人の属性にかかわらず、全ての政治的共同体の構成員に対して開かれており、その目的は全ての市民の「良い生活」の促進といった程度で十分である。二つの国民政党が存在するとき、それがいずれも広く構成員を受け入れており、目標設定においても差異がないとすれば、単独政党を置くことで十分ではないかという指摘として、*Heinz Laufer*, Die demokratische Ordnung Eine Einführung, 1966, S. 156.

ないとされている。その背景には、国民政党が重要な統合機能を持つとの位置付けがある[70]。

4．折衷的な見解

ここまで、政党が加入希望者を受け入れなければならないと考えるか、受け入れの有無を自由に判断できると考えるかについて、見解の対立を明らかにしてきた。こうした対立の中で、政党法10条1項1文における「自由に」決定できるとの文言がもつ「自由」の度合いがどの程度かという問題提起をする見解もある[71]。しかし、政党法10条1項1文においては、すでに受け入れに関して、「規約の詳細な規定によって」「政党の権限ある機関が」決定をしなければならないという制限がかけられている[72]。それゆえ、この規定を超えて、政党に対して禁じられる恣意性とは何かは不明確である。政党が規約において加入の実体的な前提についての詳細な規定を置いている場合、個別事例において政党は基本的に、その規約以上の制約を受けることなく、自身の裁量に従って決定できると考えるのが、条文の読み方として素直なはずである[73]。

これとはまた別の見解として、政党の位置づけ、つまり、その政党が果たしている役割の大きさなどを考慮し、加入希望者の受け入れを強制することが認められるかを考えるというアプローチもある。つまり、政党の中で特に重要な役割を果たしている政党については、相対的に加入希望者の受け入れをするようより強く求められるという考え方である。しかし、このアプローチをとった場合、できるだけ多くの国民を囲い込む国民政党が事実上全ての人を受け入れるよう強制され、自身のプロフィールの特性を失う一方で、狭い政策をとる政党はその狭い基盤を維持することが許される可能性が残るというリスクが指摘される[74]。

70　*Trautmann*, a.a.O. (Anm. 1), S. 202.
71　*Ortmann*, a.a.O. (Anm. 16), S. 44.
72　Ebd.
73　Ebd., S. 45.
74　Ebd., S. 42 f. 国民政党の特別な地位を表すものとして、*Trautmann*, a.a.O. (Anm. 1), S. 201 f.

5．小　括

　以上のように、政党が加入希望者の希望を「自由に」拒めるかどうかについては、政党法上の規定が存在するにもかかわらず、意見の対立があるところである。その背景には大きく分ければ、「ある」政党に加入ができないとしても他の政党を設立したり、他の政党に加入したりすることが理論的に可能であることを重視し、政党が党としての統一性を保つことに重きを置くか、反対に事実上他の政党への加入可能性が限定されていることを強調するかという対立がある。本書の問題関心であるところの、事実上の民意の反映の要請を実質化するために政党内にどこまで異論を包摂するかという観点から見た場合、政党は党としての対外的、対内的統一性を守る必要があるのであって、そのために党としての傾向を阻害する者の加入を拒む必要があるということが、異論の包摂を限界付ける要素として浮かび上がるだろう。他方、例えば、政党内の構成員の持つ利益として党内の均衡が崩れることを防ぐといったことがあるのであるから、その均衡が崩れそうな場合には党員の受け入れを拒絶できるという見解については、本書の問題関心からすれば、その均衡の崩れる度合いが政党自体の存続を脅かすようなものでない限り、受け入れを拒む十分な理由にはならない。複数政党間で選択の余地があるということについても同様に、本書の問題関心からすれば、決定的な要素とはならない。本書が取り上げるのは、まさに「その」政党内にどこまで異論を包摂するか、ぎりぎりのラインを探すことなのであり、「その」政党には加入できないとしても他の政党には加入できるのではないか、という議論は、幅広く政党加入希望者を拒絶するための理由になるものではなく、「その」政党の傾向におよそなじまない者の加入を拒絶する場合の正当化理由になる程度にとどまる。

II．除　名

　続いて、政党構成員としての性質が失われるという場合について考えてみる。ここでまず問題となるのは、政党の党員が自らの意思でその党から脱退するという場合である。基本法21条1項3文の政党内民主主義の原理においては、構成員が政党から脱退する自由が保障されている。これに対応して、

政党法10条2項3文もまた、構成員がいつでも、そして即時に政党から脱退することを認めている[75]。政党に加入するかどうかが個人の自由である以上、政党に属することは強制されない[76]のであって、それゆえ政党からの脱退については大きな問題は通常起こらない。

他方で、ひとたびある者が政党に対して構成員として受け入れられた場合には、当該構成員はその政党に残ることについて利益を持つ[77]。自発的な脱退ではなく、政党から除名をされるという場合、政党構成員は既に有していた構成員としての地位を失うという意味で、受け入れを拒絶された場合よりもさらに重大な損害を受けることが予想される。除名を受けたということは、当該構成員に対するスティグマとなり、他の政党への受け入れ拒絶に繋がる恐れも存在する[78]。このことから、政党除名は単に当該政党の構成員としての性質を失わせるという意味のみならず、およそ他の政党を介して国政にかかわるチャンスを失わせ得るという重大な帰結を持ち得るのである。

そもそも、政党からの除名については頻繁に、政党内部での意見の不一致において、一部の声を黙らせるための脅迫の手段として使われるというリスクも内在する[79]。政党からの除名は、その本質からして、政党内の議論を終わらせるか、あるいはそのような議論をそもそも生じさせないための苛烈な手段となり得るものであり、このような形で政党除名が用いられた場合、政党内の意思形成の可能性が決定的に麻痺する恐れがある[80]。このような危険を避けるため、政党除名に関しては、政党法によって三つの要件が設けられている[81]。

政党法10条4項によれば、政党からの除名は「規約に対する違反」か、政

---

75 10条2項3文「構成員はいつでも政党からの即時の脱退をできる。」
76 *Trautmann*, a.a.O. (Anm. 1), S. 208.
77 *Martin Morlok, Heike Merten*, Parteienrecht, 2018, S. 129.
78 Ebd., S. 130.
79 *Trautmann*, a.a.O. (Anm. 1), S. 208.
80 *Friedrich Grawert*, Parteiausschluß und innerparteiliche Demokratie, 1987, S. 68.
81 4項「ある構成員は、意図的に規約に対して違反した場合、あるいはかなりの程度政党の原則や秩序を侵害した場合、そしてそれに伴って、政党に重大な侵害を与えた場合にはじめて、政党から除名され得る。」詳細な邦語文献として、今枝昌浩「ドイツにおける政党内反対派とその権利——政党除名との関わりを中心に」小山剛ほか編『立憲国家の制度と展開——網中政機先生喜寿記念』(尚学社、2021年) 124頁以下。

党の秩序や原則に対する違反」の帰結であり、かつそれによって政党に「重大な損害が生じたとき」「はじめて」許される例外事例として考えられている[82]。したがって、単に政党内で他の構成員と意見が割れたというだけでは政党除名はできず、上記の要件を構成員を充足して初めて除名は可能となる[83]。この政党法10条4項の規定については、「切れ味が足りず」、これらについてより先鋭化させるべきだ、つまり、除名が政党内の不一致を解消するための武器として作り替えられるべきだ、との提案が政党法公布後間もなくなされた[84]。つまり、政党構成員が意図的に規約違反を侵すか、あるいは政党の規約や原則に反した場合には、それによって「重大な損害」がなかったとしても除名され得るとして、除名のために必要になる要件を緩和するという提案であった[85]。しかし、この提案は実現されることはなく、依然として、除名についての理由付けは、政党法10条4項において、厳格かつ完結的に規定されると考えられている[86]。

以下では、除名に関する各要件について順番に目を向けることとする。

1．何に対する違反か

まず論じるべきは、「規約」「原則」「秩序」という、挙げられた三つの違反の対象となるものである。

（1）「規約」違反

第一に「規約」について取り上げることとする。ここでは、まず、ある政党が持つ様々な取り決めや文書のうち、どこまでが「規約」としてカウントされ得るかが問題となる。形式的に考えるならば、政党の「規約」となるものについては、政党法6条、政党法9条3項に従って規約として捉えられたものだけが妥当するはずである。反対に、規約について実体的に、政党の内的秩序にかかわる全ての規定を包摂するものであるとしてとらえれば、そこに調停や選挙についてのルールも含める見解もあり得る[87]。前者の形式的な

82　*Grawert*, a.a.O.（Anm. 80), S. 69.
83　Ebd.
84　*Trautmann*, a.a.O.（Anm. 1), S. 208.
85　Ebd.
86　Ebd., S. 208 f.

規約概念によれば、ある規定が「規約」とされるかどうかは、形式的基準に従って決定されるため、文書による、党大会によって議決された、他の決定とは区別された文書のみが問題となる[88]。

反対に、規約概念を広くとる論者は、政党法10条4項の枠内で「規約」を理解すべきである、つまり、政党法9条3項に従い、党大会からなされるべき政党内の規定も規約に含まれると論じる[89]。ここで何が規約にあたるかどうかの確定について決定的なのは、政党法10条4項の意図である。つまり、政党法10条4項は、政党が機能するために不可欠な政党内部の規範の核となる部分を守ろうとしていると考えられるべきであり、そこから規約の内容についても確定されるべきである[90]。その中には、たとえば、政党組織にとって本質的な党費支払いについてのルールがカウントされる[91]。つまり、構成員の党費支払いの義務は、単に政党の経済基盤の保持に資するのみならず、党費に関する報告といったことともかかわっているのであって[92]、故にこれらについても規約としてカウントがされ得る。

政党法上、除名に当たって要求される、意図的な規約違反とは、政党構成員が、その規約について知ったうえでこれに違反したことを指す[93]。規約の制定は政党に対して義務付けられており（政党法6条）、この規約によって規律された政党内秩序に従って政治的な活動が起こり、紛争に決着がつけられる[94]。意図的な規約違反は、政党内の意思形成と秩序からその基礎を奪い去

87　*Roßner*, a.a.O. (Anm. 23), S. 152.
　　規約概念が拡大されるということは、政党法の体系と6条における規約概念の明確な限界づけに直面して相容れず、規約はあくまで形式的に捉えられるべきとの指摘として、*Hinnerk Wißmann*, Rechte der Mitglieder, in: *Jens Kersten, Stephan Rixen* (Hrsg.), Parteiengesetz und Europäisches Parteienrecht, 2009, S. 234, Rdnr. 32
　　「副次的な規定」については、政党法9条3項に基づく党大会から議決をされていない場合は規約には当たらないとの指摘として、*Johannes Risse*, Der Parteiausschluß Voraussetzungen, Verfahren und gerichtliche Überprüfung des Ausschlusses von Mitgliedern aus politischen Parteien, 1985, S. 73.
88　*Ortmann*, a.a.O. (Anm. 16), S. 66. 類似の見解として、*Grawert*, a.a.O. (Anm. 80), S. 96.
89　*Roßner*, a.a.O. (Anm. 23), S. 152.
90　Ebd., S. 152 f.
91　Ebd., S. 153.
92　Ebd.
93　*Trautmann*, a.a.O. (Anm. 1), S. 209.
94　Ebd.

第 1 節　事実上の民意の反映の側面の実質化　263

るに等しいものである[95]。政党の共同作用について、合意された最低限の内容を破るということは、この構成員が政党内での有益な共同作用を真剣に考慮していないということを基礎付け得る[96]。もっとも、政党構成員が、政党内で予定された手続きにのっとって、既存の規約を改正しようとしたことについては、意図的な規約違反とはされるべきではない[97]。

（2）「原則」違反

　更なる除名の構成要件として、政党の原則に対するかなりの違反ということが挙げられる。原則違反についても、規約の場合と同様、何を政党の原則として捉えるか、ということが問題となる[98]。政党の「原則」について、綱領的な性質を含むものが含まれるという点には一致があるが、その詳細については、学説においては対立がある[99]。政党指導部が一方的に、任意の決議を「原則」に引き上げることで政党内の反対派を弾圧することがないよう、ここでの原則については、党大会によって民主的に議決されたものに限られるべきとも指摘されるところである[100]。

　また、「原則」とは何かを考えるにあたっては、誰がその原則を確定するのかという問題もある。この確定権者の設定方法によっては、現実的には、政党内の多数派集団が自らと異なる解釈を持つ少数派について、政党除名の方法で抑圧することを可能にするというリスクが生まれるからである[101]。さらに、「原則」について基本的な事柄であるとして確定した後でも、個別事例において何が原則違反になるのかという原則に対する解釈の問題が生じる[102]。このような不確実さ故に、「原則」違反については、できるだけ明確で簡単に把握可能な意義が与えられるべきである[103]。

　「原則」の解釈にあたって重要なのは、政党内の政治的な意思形成プロセ

95　Ebd.
96　*Grawert*, a.a.O. (Anm. 80), S. 97.
97　*Trautmann*, a.a.O. (Anm. 1), S. 209.
98　*Grawert*, a.a.O. (Anm. 80), S. 97 f.
99　争いがあることについて、*Ortmann*, a.a.O. (Anm. 16), S. 66 f.
100　*Risse*, a.a.O. (Anm. 87), S. 78.
101　*Grawert*, a.a.O. (Anm. 80), S. 99.
102　Ebd.
103　Ebd., S. 100.

スが守られること、言い換えれば、政党内において政治的な代替案を提示し、これについて自由に議論できるという環境が確保されていることである[104]。対外的にも、政党の原則は、ある政党に対して共感する者や支持する者の方向付けを助け、政党のプロフィールを形成するものとなる[105]。原則にとって重要なのは、政党内民主主義の観点から、原則が上から押し付けられるのではなく、党大会に可決されたものであるということである[106]。つまり、原則を構成するような綱領の制定には政党構成員が誰でもかかわることができるべきである[107]。

このような観点から考えるに、政党法10条4項における「原則」について、政党指導部の決議も含まれるかは疑わしい。というのも、政党指導部が政党の「原則」について確定できるとすれば、政党首脳部が自身の規約に基づいた決定の権利について、政党内の紛争解決の手段として濫用する恐れがある。この場合、政党首脳部が、政党内での制裁を伴うようなその時々のアドホックな裁量を持つことによって、自身の政策を「上から下へ」と貫徹し、結果として政党内の民主的な意思形成が抹殺される恐れがある[108]。そのほか、「スローガン」のような、政党組織の綱領的ではない議決もまた、政党の「原則」には含まれない。このスローガンに対して政党内の公的な議論において政党構成員が批判的な立場を示すことは、政党内の意見の多様性を示すことであり、問題はないはずである[109]。政党内部において透明性を持つ意思形成がなされてはじめて、包括的な国民意思形成が可能になる[110]。政党構成員が政党を傷つけていると考えられるのは、政党の内外の秩序の状態を危険にさらすような多数派の決議に対する態度表明がなされた場合のみである[111]。

---

104 Ebd.
105 Ebd., S. 102.
106 Ebd., S. 103. その意味において、政党法9条の意味における党大会から原則がその民主的な形で可決をされることが重要である。
107 Ebd.
108 *Gert Peter Strunk*, Meinungsfreiheit und Parteidisziplin, JZ, 1978, S. 90.
109 Ebd., S. 91.
110 Ebd.
111 Ebd.

第 1 節　事実上の民意の反映の側面の実質化　265

　原則に対する違反に関しては、要件としてさらに、その違反が「相当な」ものである必要がある。ここで「相当な」違反が要求される背景には、政党内での議論や活動の領域において、政党市民が政党内での承認された原則について批判したり、これを排除したりする余地を持つべきだからである[112]。「相当の」違反であるかどうかは、具体的には、違反を犯した構成員が政党内でどのような地位にあり、どの程度公衆に知られているか、によって左右されるほか、違反の方法、つまり、違反が一度きりだったのか、複数回繰り返されていたものだったのか、どのような発言の方法だったのか、といったことに左右される[113]。国民政党の場合、その綱領的、政治的な主張の幅は広く、時に曖昧性を包含するため、「相当な」違反が認定される場合は稀である[114]。

　なお、規約違反の場合とは異なり、法律の文言上、原則違反が意図的であることは要求されない[115]。ここでも意図的な違反であることを求めるという解釈もあり得るが、この解釈は、この規定の文言上の形態にそぐわないと批判されるほか、そもそも政党の利益に照らした場合、適切ではないとされる[116]。

　先に述べたことと重なるが、「原則」違反が問題となり得る具体的な事例として、除名に至るためには、政党内の議論において、ある構成員が内容的な観点において単に政党の方針から逸脱したというだけでは足りないと考えられる[117]。ある構成員が政党内で根本的に異なる解釈を示し、これに対応するような公衆内での議論が政党内の外観を大いに侵害しうる場合のみ、原則

112　*Trautmann*, a.a.O. (Anm. 1), S. 210.
113　その人がどのような地位を政党内で占めていたのか、公衆にどれほど知られていたのかも問題となる（*Grawert*, a.a.O. (Anm. 80), S. 104 f ; *Trautmann*, a.a.O. (Anm. 1), S. 210.）。
114　*Trautmann*, a.a.O. (Anm. 1), S. 210.
115　*Grawert*, a.a.O. (Anm. 80), S. 106.
116　Ebd.
　　「意図的であるという要求は、責任原理の現れである。この原理は、ここで代表される政党法10条 4 項の理解には対応しない。…政党法は、10条 4 項において、刑法的な規定を規範化しなかった。政党除名は、責任ある人間の自らの義務付けられた社会的な義務についての違反に関する制裁ではない。政党法10条 4 項はもっぱら、政党の機能可能性についての法益であり、これは政党の利益を構成員の利益に対してバランシングするものである。」
117　*Ipsen*, a.a.O. (Anm. 28), Art. 10, S. 77, Rdnr. 30.

違反は問題となり得るのである[118]。政党は、不可避的に自身の組織存続の核となるようなアイデンティティーを持っており、政党構成員は、企業構成員とは異なり、そのアイデンティティーとの一致に依拠して政党へと従うはずである[119]。故に、これを受け入れない者は政党構成員とはなり得ないというようなレベルを持つような、政党の綱領のうち一定の部分についての違反は、「原則違反」として、政党除名の理由となり得る。他方、特定の領域において個別に政党構成員間で考えの違いがあることについては、政党の存続に対して決定的ではなく、故に政党除名を正当化し得ない[120]。したがって、ある原則に関する異論が政党内でなされ、その異論が日々の政治的問題を超えるような、原則的な問題に関する発言に関連していたというだけでは、政党除名は正当化されえないのである[121]。

(3) 「秩序」違反

最後に、政党の「秩序」に対する相当の違反ということが、除名理由として挙げられる。

「秩序」の意味するところについては、通説によれば、政党が自らの目標を達し得るのに不可欠な構成員の行動についての規定が含まれるべきであり、そこには明文があろうとなかろうと、規約概念から包摂されないような政党の秩序が含まれてくる[122]。一般的に政党構成員が自身の行動について、所属政党に対して親和的なものとするということがここでは求められる[123]。秩序には、政党の組織としての成功と存続のために本質的な、政党構成員相互の、あるいは政党に対しての本質的な行動の義務もまた包摂される[124]。

「秩序」違反についても、「規約」「原則」違反と同様、その概念を広くとらえすぎた場合、政党内部の少数派への抑圧の手段となる恐れがある[125]。したがって、「秩序」の外延がどこまでを指すのか、ある程度画しておくこと

118　Ebd., S. 77, Rdnr. 31.
119　*Grawert*, a.a.O. (Anm. 80), S. 78 f.
120　Ebd., S. 79.
121　*Ipsen*, a.a.O. (Anm. 28), Art. 10, S. 78, Rdnr. 32.
122　*Ortmann*, a.a.O. (Anm. 16), S. 68.
123　*Roßner*, a.a.O. (Anm. 23), S. 118.
124　Ebd. S. 126.
125　*Grawert*, a.a.O. (Anm. 80), S. 108.

が重要である。政党は、組織として一連の手続規定を定めて初めて機能し得るが、そこには規約のみならず、議事規則その他さらなる文書も含まれるのであり、これらの内的なルールの核心領域については少なくとも「秩序」概念に含まれ得る[126]。構成員としての義務違反は政党除名を基礎づけるが、その中で、政党への党費支払いの義務の不履行は規約違反をも構成し得る一方、政党の資金に関する着服、横領、その他金銭的な犯罪行為は、「秩序」違反となり得る[127]。政党構成員間での単なる意見の食い違いに対しては、秩序違反は問題とはならないが、他の政党構成員が議論において傷つけられたり、侮辱をされたりと感じるようなことは許されない[128]。また、「秩序」違反について、それを行った者の属性ということで見た場合、政党の上層部は政党の基盤部分の人々と比較した場合、より甘受すべきであり、また、自身がかつて行った発言が苛烈なものであれば、自身も苛烈な発言にさらされてもやむを得ないと考えられる[129]。最後に、対外的な関係において、政党は競争のある状態に置かれているので、ある政党構成員が同時に他の政党構成員でもあることや他の政党から支えられているということは、規約上明示がされていなかったとしても、秩序違反として除名理由となる[130]。さらに、政党は自身の目的について議会の場で追求しなければならないところ、議員となった政党構成員が、会派から脱退したり、会派に加入しなかったりすることは、規約に明示されていない場合、政党秩序を傷つけるものとして理解されている[131]。これは一方では政党の目標追及の利益という点から基礎付けられ、他方で、政党構成員の動機という点から基礎付けられる。政党構成員が選挙戦で候補者のために戦い、党費を払ったにもかかわらず、その政党から

126　Ebd., S. 112.
127　Ebd., S. 113.
128　政党内の議論では、政党間の議論におけるよりもより高い謙抑性が求められるとの指摘として、Ebd.
129　Ebd.
130　Ebd., S. 115. 但し、他の政党等に加入したということは、それだけで自動的に構成員がその性質を失うことに繋がらず、そのような規定を規約上置くことも違法とする見解として、*Sophie-Charlotte Lenski*, Parteiengesetz und Recht der Kandidatenaufstellung Handkommentar, 2011, Artikel 10, S. 114, Rdnr. 17.
131　*Grawert*, a.a.O.（Anm. 80）, S. 115.

擁立された候補者が議員になった際に自党会派に所属しないとなれば、そのような動機が損なわれるのである[132]。具体的な事例として、例えば、1986年6月7日のCSU州調停裁判所の決定では、他の政党の市議会議員候補者に投票をしたCSUの3人の政党構成員らについて秩序違反があると結論付けられた[133]。政党の目標は、できるだけ近い同じような考え方を持つ市民をまとめあげる点にあるのみならず、構成員を共同の行動へとまとめる点にもあり、これによって、市民が初めて政治的な目標を現実において持ち出すことができるようになるはずである[134]。政党構成員は自身が政党の目標と政治的に単に一致していることを述べるだけでは足りず、規約に従ってなされた政党機関の決議をともに担い、実現する準備ができていなければならない[135]。民主的に構築された政党内部の秩序について、少なくとも重要な点において服する準備ができていない者については、政党構成員として受け入れられ、他の構成員と団結をすることは期待できない[136]。また、CSUの州調停裁判所は、市議会に属する政党構成員が、CSU会派と対立する会派を作った事例についてもこのように述べた。政党は単に意見を近しくするものが偶然集まったものではなく、政党はその本質からして一定の組織である[137]。政治的作用は組織を持つことによってのみ可能であって、故に政党に所属する者は、自らの政治的行動において確かな自己抑制に服する[138]。

さらに対外的な関係において問題となり得る事例として、政党構成員が自身の政党やその中の他の構成員の立場について、不適切な形で公に批判するということがどのように評価され得るか、という点がある。ここでの保護法益は公衆の中での対外的な政党のイメージの現れ方であり、当該発言が適切であるかどうかは、個別事例において、発言の公表のあり方や文脈、どの程度その構成員が目を惹く存在かどうか、に依存する[139]。また、選挙において

132　Ebd.
133　*Roßner*, a.a.O.（Anm. 23), S. 119.
134　Ebd.
135　Ebd.
136　Ebd.
137　Ebd., S. 119 f.
138　Ebd., S. 120.
139　Ebd., S. 123.

第1節　事実上の民意の反映の側面の実質化　269

も「秩序」違反は、政党に属する候補者が選挙戦において約束を破り、同じ党の他の候補者を犠牲にしてまで自身の利益を得ようとする場合に肯定され得る[140]。

　政党の秩序違反による除名に際しても、違反が相当のものであることが求められるが、違反が意図的であることは求められない[141]。

2．「損害」概念

　これら三つのメルクマールの上に、さらに加えて、具体的な侵害において、政党への重大な侵害があったということが必要となる。

　ここでの損害概念は、私法上（BGB249条以下）の通常の損害概念とは同じではない。ここでの「損害」は、政党の利益のあらゆる毀損を包摂し得る[142]。政党の持つ利益というものは非常に様々であり、政党が活動する広範な活動領域に広がるものである[143]。除名において念頭に置かれる政党に対する損害に関しては、政党の外観や信頼が傷つくことのみならず、政党内部での共同作用を妨げることも含まれる[144]。「損害」の多寡については、例えば有権者の票が実際にどの程度失われたかが証拠とされるものではなく、通例ほとんど法学的には基礎付けられ得ない[145]。

　以上のような政党除名に関する厳格な要件が設けられていることは、基本的に、政党内の多数派と少数派の対立に関し、除名の決定が中立的であるべきであり、政党の存続、機能や行動可能性という観点がまずもって政党除名を正当化し得るということを表す[146]。政治的な信条における内容的な考え方の違いは、それが政党自身の特別な利益にかかわる場合に初めて、除名に関する意義を獲得し得る[147]。

140　*Ipsen*, a.a.O.（Anm. 28), Artikel 10, S. 77, Rdnr. 29.
141　*Grawert*, a.a.O.（Anm. 80), S. 116.
142　Ebd., S. 90; *Trautmann*, a.a.O.（Anm. 1), S. 211.
143　*Grawert*, a.a.O.（Anm. 80), S. 90
144　*Lenski*, a.a.O.（Anm. 130), Artikel 10, S. 128, Rdnr. 64.
145　*Strunk*, a.a.O.（Anm. 108), S. 87.
　　Bull, a.a.O.（Anm. 69), S. 197においても、政党にとっての損害には、信頼性、外観、選挙のチャンスが失われたことが含まれるとされる。
146　*Grawert*, a.a.O.（Anm. 80), S. 71 f.

270　第5章　政党内民主主義

3．除名が問題となる実際の例

　既に幾つか、実際に除名が可能となるかどうかが問題となる事例については、検討をしてきたが、ここではさらに、上記のメルクマールであるところの「規約」「秩序」「原則」違反にまたがり得る事例について、除名が許されるかどうか、判断が難しい事例について取り上げる。

　問題となり得る事例の第一は、構成員が政党への党費支払いの義務を怠ることである。これについては、その義務が通常規約に書き込まれている場合には、規約違反として除名が可能かどうかの判断がされ得る[148]。これに関して、政党によってはある構成員が党費支払いの義務を果たさなかった場合について、規約上、ただちに除名を規定するのではなく、その者が催告を受けたにもかかわらず、一定期間党費支払いをしなかった場合には自動的に構成員としての性質を終わらせるものとするとの規定を置く場合もある[149]。このような規定については、疑問も提起されている[150]。確かに、ある政党において構成員が党費支払いの義務を果たさない、つまり、自身の構成員としての性質に無頓着である場合、その者が明示的な脱退の意思表示をしないまま党員としての地位について放置をする、つまり脱退の宣言をしないまま党費を払わないことによって事実上脱退することも事例としては多く存在する。その観点から考えれば、構成員が党費支払いの義務を一定期間、催告を受けても果たさないことを、脱退の意思表示と読み替える推定もまた、適切であるとも評価されそうである[151]。しかし、政党法が個別に除名について、10条4項と5項で規定したことに鑑みれば、このような安易な想定はなされるべきではないとの批判がなされ得る[152]。他方、除名や脱退の擬制まで至らずとも、構成員が党費支払いの義務を果たすまで構成員としてのその表決権を与えないとすることも、幾つかの政党規約上なされている。この場合は、党費支払いさえ済ませればいつでも表決権が回復され得ること、また政党内の寡

147　Ebd., S. 72.
148　Ebd., S. 80.
149　Ebd., S. 117.
150　Ebd.
151　Ebd., S. 117 f.
152　Ebd., S. 118.

占的傾向を促進しないことから、基本法1条1項3文に抵触する懸念はない[153]。

第二に、刑事罰に値するような行為を政党構成員が行った場合が問題となる。この場合もこれだけでは除名は正当化されず、この行為が政党との関連を有する時に初めて、除名が検討の俎上に上がる。ここでは、ある政党構成員の行動によって、直接政党の存続の利益が毀損されたか、あるいはその行動と、何らか他の方法で間接的に守られるべき政党の存続に関する利益の間の明確に把握可能な関連性があることが必要である[154]。

第三に、政党は他の政党との間で常に競争関係にあるため、政党構成員が別の政党を支持すること、具体的には、ライバル政党の候補者になったり、選挙戦に向けてライバル政党に党費を支払ったりすることについては、除名の理由となり得る[155]。このライバル関係の中で政党は公衆に自らを訴えかける必要があるため、政党構成員が自身の政党やその代表その他に対して、公的に批判をすることについても、一定の場合、政党除名の理由となり得る[156]。政党が競争組織として考えられることから、ある政党の構成員となることが他の政党の構成員となることを禁じるということは理屈が通る。というのも、競争の自由は「対立の自由」に含まれるからである[157]。もちろん、政党内の議論において、少数派が多数を獲得する試みとして、公衆に自身の見解を訴えかけることは許されるべきであり、単に政党内部で指導部に対して批判がされただけでは除名をするには不十分である[158]。例えば、批判がされた状況、具体的には問題となる事項について国民の中でも意見が分かれているといった事情が加味されるならば、政党内での異論の余地も一定程度認

---

153 *Ipsen*, a.a.O. (Anm. 28), Art. 10, S. 71, Rdnr. 11.
　政党構成員に与えられた権利に対しては、政党の団体生活を守るために必要な政党の確かな義務が対置される（*Wolfrum*, a.a.O. (Anm. 22), S. 125.)。
154 *Grawert*, a.a.O. (Anm. 80), S. 80.
155 Ebd., S. 82.
156 Ebd.
157 *Martin Morlok*, Parteienrecht als Wettbewerbsrecht in; *Peter Häberle, Martin Morlok, Vassilios Skouris* (Hrsg.), FS Dimitris Th. Tsatsos zum 70. Geburtstag am 5. Mai 2003, 2003, S. 427.
158 *Grawert*, a.a.O. (Anm. 80), S. 82 f.

められやすくなる[159]。

　ここで問題となる政党「内部」の意見表明の自由の程度は広くとらえられることは注意が必要である。つまり、政党構成員の輪を超えて自覚的に公衆に投げかけられた見解のみが「公的」なものとして考えられるのであり、それ以外のものはあくまで「内部的な」意見表明として取り扱われる。したがって、ある政党構成員の、政党内部の構成員会議や代理人会議等での発言は、プレスがそこに出席していたとしても、あくまで内部的なものである[160]。そして、政党内部において、とりわけ指導部への批判がされることは当然許されてしかるべきものである[161]。したがって、政党の団結性の原則に違反するような政党内部の批判が除名に繋がり得る場合は、それが専ら個人的な理由によって動機づけられていたり、政党の利益について考慮しないか、誤解しているということが明らかであったりする場合に限られる[162]。

　他方、政党の外部に対する発言については、政党の有権者に対する外観を脅かすおそれが存在するという点が、政党内部の意見表明との違いとして存在する[163]。政党の多元的な性格からして、異なる意見が存在するということは自明のことであり、政党内部において意見が異なることが外に見えること自体では政党を破壊することはない[164]。しかし、政党構成員は、外的な発言に際しては、常に政党の利益を考慮しなければならず、政党構成員は選挙戦においては候補者となった同輩に配慮する行動をとるべきである[165]。

　しかし、政党の機能可能性の観点からして、政党構成員があらゆる個別の綱領の観点において「固定されている」ことまでは求められない[166]。綱領はその都度「真正」なものではなく、これを基礎として暫定的に政党の多数派が一致するような政治的な妥協であり、これを議論において覆すことは差し支えない[167]。但し、一度党大会において異論の余地のある綱領上の問題につ

159　Ebd., S. 83.
160　*Strunk*, a.a.O. (Anm. 108), S. 88.
161　Ebd.
162　Ebd.
163　Ebd., S. 89.
164　Ebd.
165　Ebd.
166　Ebd., S. 89 f.

いて決定がされたとすれば、少数派もいったんはこれに拘束される。したがって、有権者を前にして、政党綱領を原則的に拒絶し、自身が政党内で共同で活動していることは単に戦略的理由によると示すような者は、政党を害して振舞っていると言える[168]。

最後に、政党の同僚への発言が政党毀損的であるかどうかが問題となる。ここでの人に対する批判は、全てが政党毀損的と捉えられるのではなく、政党構成員の表現の自由、批判や政治的議論が可能となるような限界を超えるような場合のみ許されないものとなる[169]。

4．小　括

除名に関しては、以上のようにドイツの政党法においては厳格な要件設定がなされており、その要件を解釈するにあたっても恣意的な運用がなされないよう、注意が払われている。その背景にあるのは、政党除名が政党構成員への最も強いサンクションとしての効果を発揮し、当該政党構成員に対するスティグマとなるだけではなく、他の政党構成員に対しても党内での意見表明に対する萎縮効果をもたらすという点があると考えられる。それゆえ、政党除名の要件について、党内の上層部や多数派の意思のみによって左右させられるものではなく、できるかぎり中立的に、政党の存続を脅かしたかどうかという観点から検討されなければならない。言い換えれば、単に党内において、上層部や多数派に対する異論や批判が出されたとしても、それだけで除名に直結させることがあってはならない。

翻って、政党除名が認められやすい場合としては、当該政党構成員がおよそその政党に所属した真摯な活動を行う姿勢を見せず、政党の統一性を害することに対してむしろ積極的な場合である。例えば、ほかの政党に所属したり、他の政党の候補者を後押ししたりする場合はそうであろうし、政党内の議論と政党外に対する発言で区別がつけられていることもその表れとして理解できる。したがって、ここでも政党加入の場合同様、政党の党としての統

167　Ebd., S. 90.
168　Ebd.
169　Ebd., S. 91.

一性といったものを保持するという利益が、政党構成員の除名されない利益、言い換えれば政党内に異論をとどめ続ける利益に対して対置されるのである。

　もっとも、傾向組織としての政党の対外的団結、対内的安定性の保持という対抗利益は加入の場合と除名の場合で同じであるとしても、上記のように政党除名が、政党構成員が党内で異論を表明できるかどうかに対して強い作用をもたらすものであることに鑑みれば、除名にあたっての基準はできるだけ明確なものである必要がある。もちろん、何が政党の対外的団結、対内的安定性を害するかは網羅的に列記することが難しいものであり、ドイツにおいても「規約」「原則」「秩序」といった基準は設けられているものの、これらに何がどこまで含まれるかは解釈の余地が残ってしまうところである。しかしながら、そのように一定の解釈の余地は残るとしても、できる限り明示的な文書の形において、何に違反すれば除名のおそれがあるかということを示す試みがなされることは少なくとも必要であると言える。

第2款　政党内の意思形成機関の仕組み

　第1款においては、政党がどこまで多様な民意を受け入れるかということについて、政党への加入と除名という観点から明らかにした。ここからは、そうして取り込まれた民意がどのように政党内部において処理されるように設計されているか、政党内の意思形成機関の仕組みについて概観することとする。

Ⅰ．領域団体―区分けの必要性と区分けのあり方

　第一の問題として挙げられるのは、政党内部の区分けのあり方である。ここで着目すべきことしては、ドイツの政党がその構造上持つ特徴的な側面として連邦制的構造を反映していることが挙げられるという点がある[170]。政党

170　*Sebastian Bukow, Thomas Poguntke*, Innerparteiliche Organisation und Willensbildung, in: *Oskar Niedermayer* (Hrsg.), Handbuch Parteienforschung, 2013, S. 181.

法7条においては、政党が少なくとも領域団体に分けられることが原則とされる[171]。そのような区分けが求められる目的は、個々の構成員が政党の意思形成に適切に参加できるようにする点にある（政党法7条1項3文）[172]。領域的な区分けによって、それぞれの次元において部分的な独立性が確保される結果、政党は全体として集権化や寡占に陥りにくくなる[173]。さらに、政党法7条1項2文によれば、領域団体の大きさと範囲については、政党の規約によって確定されるべきである[174]。というのも、規約がなければ、政党の指導部が各領域団体の大きさや範囲について確定する際に、ゲリマンダリングを行う危険があるからである[175]。他方、領域的な区分けについて、各領域団体が自律的にその範囲を拡大することもまた、ある構成員が隣接する領域団体と二重に所属するようになる危険があることから許されない[176]。というのも、ある者が二つのルートを使って政党の意思形成にかかわることができるとなった場合には、政党構成員が意思形成に等しく関与する可能性という民主主義原則に対応する要請が、果たされないことになるだろうからである[177]。したがって、領域団体のラインを変更することは、上位の団体によって、あるいは関連する領域団体全ての合意を通した決定によってのみ成され得る[178]。なお、政党法制定時の議論においては、政党が領域的な区分けを作る際に、政党内の垂直的な構造と領域団体の境界について、連邦—州—ゲマインデという連邦行政上の構造に合わせて作るよう強制すべきではないと述べられた[179]。このような境界線は、経済的、交通上の必要性に矛盾することが多く、政党自身が個々に独自の線引きをする余地が残されるべきであ

---

171 1項「政党は領域団体に分かれる。領域団体の大きさと範囲は規約から確定される。領域の区分けは、政党の意思形成に対して個々の構成員が適切に関与できるような広さで構築されるべきである。…」
172 *Trautmann*, a.a.O. (Anm. 1), S. 231.
173 Ebd., S. 233 f.
174 *Ursula Heinz*, Organisation innerparteilicher Willensbildung Satzungen und innerparteiliche Demokratie, 1987, S. 32 f.
175 Ebd., S. 33.
176 Ebd., S. 34.
177 Ebd.
178 Ebd.
179 *Günther Rabus*, Die innere Ordnung der politischen Parteien in gegenwärtigen deutschen Staatsrecht, AöR, Vol. 78 (N.F. 39), No. 2 (1952/1953) S. 166.

る[180]。実際のところ、政党の区分けは、連邦―州―ゲマインデを意識した3段階のみならず、4，5段階に分けられることも多い[181]。

　政党については、このような垂直的な区分けに加え、政党内部でテーマ領域ごとに区分けを分けるという水平的な区分けがなされる[182]。これにより、各地域の中でさらに水平方向の細分化が行われ、適切な形での構成員の参加がより可能になる[183]。もっとも、このような特別組織は政党の一部にとどまるものであり、それゆえ、全体としての政党の組織内において相対的な自律性を持つのみである[184]。政党内で参加の可能性を各構成員に与えるという政党内民主主義の憲法上の要請は、政党構成員が効果的に政党内の意思形成に参加することを可能とするところの、このような特別な組織を設置することを要請する[185]。もっとも、政党の意思形成は、その意思形成に権限を持つ、領域的な区分けの次元にのみあるのであり、このような水平方向の特別組織は、政党の意思形成を準備するような、政党内の特殊な意思を形成するものにすぎないという点には注意が必要である[186]。なお、このような特別組織においても後で述べる領域団体における場合と同じく、社会構造的に定義された政党の区分けが問題となっているので、その解散については、政党法16条の領域団体解散についての規定が類推適用される[187]。

　上記のように、政党内部には領域ごとの区分けと、テーマごとの区分けの両方が存在する。しかし、既に暗示されているように、重要なのは領域ごとの区分けの方である。政党の構成員は、全体として数が多く、また、その居住地域もさまざまで空間的な広がりがあるが故に、彼らが全体としての意思形成を全員で一斉に行うことは不可能である。したがって、政党内部がいく

180　Ebd.
181　*Hans-Peter Schneider*, Die Institution der politischen Partei in der Bundesrepublik Deutschlan, in; *Dimitris Th. Tsatsos, Dian Schefold, Hans-Peter Schneider*, Parteienrecht im europäischen Vergleich, 1990, S. 190.
182　*Trautmann*, a.a.O.（Anm. 1), S. 239.
183　Ebd.
184　Ebd., S. 241.
185　Ebd., S. 243.
186　Ebd.
187　Ebd., S. 245.

第 1 節　事実上の民意の反映の側面の実質化　277

つかの段階に分けられ、その内部において構成員が意思形成に効果的に関与できることによってはじめて、意思の統合がなされる[188]。政党について、地域以外の区分けの方法によって分割するということ、例えば、職業、年齢、収入といったもので分けるということも理論的には考えられ得る。しかし、このようなメルクマールによって分けられた団体によってまとめあげられるのは、十分な時間とお金をつぎ込んで、遠方の会議に参加し得る者のみになるだろう[189]。また、政党が多様な意見や利害を持つその全構成員を最終的に統一的な方向性へとまとめ上げるためには、利益における統一性がもともと存在しない領域的な区分けの方法が適切である[190]。加えて、領域的な区分けが求められることによって、政党の指導部が個別の構成員を自由に下位団体に割り当てることで自身に有利な派閥を作るということができなくなるという点も挙げられる[191]。このような理由から、地域をベースとした政党内の区分けが重視されるのである。

　ドイツの政党において、このように連邦制的な内部構造が作られていることは、州レベルの政党がかなりの組織的自律性を持つ状況を生み出している。それによって、ミヘルスに由来するような寡占の傾向は、ドイツの政党においてはそれほど顕著には見えないことに繋がっている[192]。もちろん、これらの部分組織内部においてヒエラルヒー的な構造が作られることはあるが、しかし、全体としての政党は、これらの部分組織とその内部でのエリートが持続的な妥協をできるかどうかに依存せざるを得ない[193]。

　最後に、領域団体がその意思に反してでも解散されるのは、政党法16条1項[194]に基づく場合のみである[195]。領域団体の解散については、首脳部の決議はより上の次元の機関によって確認されるべきであり、次の党大会において

188　*Heinz*, a.a.O.（Anm. 174）, S. 26.
189　Ebd., S. 28.
190　Ebd., S. 29.
191　Ebd., S. 29 f.
192　*Bukow, Punguntke*, a.a.O.（Anm. 170）, S. 184.
193　Ebd.
194　1項「一つ下の段階の領域団体の解散や除名…は、政党の原則或いは秩序への重大な違反においてのみ可能である。…。」
195　*Lenski*, a.a.O.（Anm. 130）, Artikel 7, S. 88, Rdnr. 12.

解散について是認がされなかった場合、これについては無効となる（16条3項）。

Ⅱ．構成員会議と代理人会議

それでは、政党の構成員は政党内でどのように意思決定にかかわるのか。政党内民主主義という思想を厳格に捉えるならば、政党の構成員は党内のあらゆる意思決定に自ら直接かかわることが出来なければならないとも考えられそうである。しかし、実際のところ、このような意味における政党内民主主義の重要性は否定できないとしても、あらゆる政党内決議について政党構成員全員の直接の参加が必要であり、さもなければ決議は無効になるというような厳格なプレビシット的な解釈は不適切であると考えられている[196]。ここで問題となっているのは、可能な限り多くの政党市民ができるだけ多くの政党の問題について決定できるようにすべきということである[197]。このような意識から、政党法8条1項1文により、全ての政党とその地域のレベルでの下位団体について、構成員会議と首脳部という組織を設定しなければならないとされている[198]。但し、2文に従って、規約により、より上位の団体の構成員会議を代理人会議によって代替することは可能である。構成員会議については、それが持つ空間的な広がりに鑑み、250人以上の構成員がいる場合については代理人会議で代替されるとされている（政党法8条1項4文）。以下では、政党内における意思形成にかかわる諸機関とその構成員について、またこれらの機関内での意思形成の仕組みについて概観することとする。

1．構成員会議

構成員会議、あるいは代理人会議は、政党法9条1項1文によれば、各領

---

[196] *Trautmann*, a.a.O.（Anm. 1）, S. 248.
[197] Ebd., S. 248 f.
[198] 8条1項「構成員会議と首脳部は政党と領域団体の必置機関である。規約によって、局地を超えるような団体においては構成員会議の代わりに代理人会議が開かれると規定され得る。その代理人会議の構成員は、最大で2年に一度、一つ下（nachgeordnete）の団体の構成員あるいは代理人会議から選ばれる。領域団体なき州政党（7条1項4文）は、250人以上の構成員がいる場合、構成員会議について代理人会議で代替し得る。…」

第1節　事実上の民意の反映の側面の実質化　279

域団体の最上級の機関である[199]。構成員会議は、政党法9条1項1文によれば、政党の最も下の段階の領域団体においては「主要会議」として、そしてそれよりも上の団体からは「党大会」として呼ばれるとされている[200]。

　構成員会議の権限については、政党法9条3項から5項において列記されている。これらの権限について、条文で規定された内容を実際には認めないとすることは許されないが、規約で補充をすることは可能である[201]。反面、列記されていない権限に関しても、どの機関が意思決定を行うかの詳細は規約に委ねられる余地が残っている[202]。

　一定の例外的場合を除き（政党法6条2項11号による直接投票など）、全ての政党構成員が具体的事項について議論をしたうえで決定をする可能性は、政党法9条1項3文に従い、少なくとも2年ごとに行われる最も下の次元の組織での構成員会議において設けられている。ここで会合のタイミングについて指定がされていることは、BGB36条に従って他の団体が規約によって、いつ構成員会議あるいは代理人会議を開催するかを自由に決定できるのとは対照的である[203]。すなわち、政党においては全ての政党構成員が党内の意思形成に自らかかわる可能性が確保されていると言える。

　構成員会議の実情については以下のとおりである。上位の構成員会議である党大会は序列上、最高の会議であり、メディアの関心も大きいが、その日

199　*Morlok, Merten*, a.a.O.（Anm. 77）, S. 137.
　　9条1項「構成員会議あるいは代理人会議（党大会、主要会議）は、それぞれの領域団体の最上級の機関である。これは、より上位の段階の領域団体においては、「党大会」とされ、一番下の段階の領域団体においては、「主要会議」と呼ばれる。党大会についての規定は主要会議についても妥当する。党大会は少なくとも暦年2年に一度会合を開く。」
　　3項「党大会は、政党内部の領域団体の権限の範囲内において、政党綱領、規約、党費支払いのルール、調停裁判に関するルール、解散や他の政党との合併について決定する。」
　　4項「党大会は、領域団体の議長、その代理人、そして首脳部のその他の構成員や、関連する他の機関の構成員、より上位の領域団体の機関への代理人を選ぶ。この法律において他の形で許容されていない限りにおいて。」
　　5項　党大会は少なくとも、2年に一度、首脳部の活動報告を提示され、それについて決議をする。報告の財政的な部分は、党大会から選ばれた会計監査人による報告提出を前に調査されるべきである。」
200　注199参照。
201　*Ipsen*, a.a.O.（Anm. 28）, Artikel 9, S. 66, Rdnr. 13.
202　Ebd., Artikel 8, S. 58, Rdnr. 2
203　*Heinz*, a.a.O.（Anm. 174）, S. 111.

程が短く、また2年に一度のみという開催のタイミングも相まって、その実際上の意義は大きくはない。そこでは、政党首脳部を党大会が持続的に統制する可能性はなく、また、決定の実施についても党大会が関与する部分は小さい。したがって、党大会は党内の日々の政治的決定を行うというよりも、党の基本的な方針を決定したり、党員を動員したりという機能を担う程度である[204]。党大会に限らず、政党内における政党構成員がかかわる会議はいずれのものであっても、政党内の政治プロセスを継続的に決定、統制することは難しい。決定発見のプロセスが複雑で時間を要する以上、政党内で多くの構成員がかかわる会議体は一時的にのみ政治的な意思形成に関与し得る程度である。これは、当該政党がとりわけ与党である場合に顕著である。というのも、与党である政党内部で政党構成員の意思が都度都度尊重されなければならないとなれば、与党内の意思形成と政府の決定の間で齟齬が生じやすくなるが、これは最終的に政党の基礎レベルの党員のいらだちに繋がり、政権自体を揺らがせることに繋がり得る[205]。通常、実際に政党の構成員会議で問題となるのはたいていの場合、自治体レベルの問題である。ここに参加する人々は、多くの場合、自治体レベルのみの関心を有しており、それ以上の上位の次元にかかわる関心を持つわけではない。したがって、これよりも上の段階の会議においては、直接全ての構成員が参加するのではなく、代理人が選ばれたうえで、代理人による会議が行われることが通例である（政党法13条）[206]。理論的には政党内のある者の意見は、このような代理のメカニズムを用いて、最上級の連邦の「党大会」にまで至る可能性があると言える[207]。もっとも、現実的には、基礎的な領域団体から、代理人会議を通してより上位へと働きかけるということは殆どなされていない[208]。

---

204 *Schneider*, a.a.O. (Anm. 181), S. 191.
205 Ebd., S. 192.
206 *Trautmann*, a.a.O. (Anm. 1), S. 249.
 13条「代理人会議の構成…は規約において確定されるべきである。領域団体の代理人の数はまずもって、代理されるべき構成員の数に従って計測されるべきである。規約において、法的な代理人の数が、最大で全体の数の半数について、領域団体の範囲内で過去の連邦議会選挙において領域団体へ投じられた票の関係に従って決定することができる。表決権の行使は領域団体の党費支払いの義務の履行に依存させられ得る。」
207 *Trautmann*, a.a.O. (Anm. 1), S. 249 f.

第1節　事実上の民意の反映の側面の実質化　281

　上で述べたように、実際、あらゆる問題について、連邦レベルの党大会において議論し、決定することは時間的に難しい[209]ことから、党大会においては委員会レベル（Kommission）での活動が重要になっている[210]。この委員会の仕事を党大会のレベルから統制することは、処理すべき事案の多さに起因してほぼ不可能である[211]。この委員会の任務については、それが極めて重要な役割を果たすことに鑑み、類似の提案をまとめるであるとか、独自の評価を加えることなく、代替案を並べる程度に制限されるべきとも主張される[212]。

2．代理人会議

　既に述べたように、全ての政党の決定について政党構成員全員を参加させたうえで決定をすることは難しい。その観点において、政党法8条1項2文に基づき、上位の次元の領域団体について、あるいは領域団体を持たない州団体について、一定の要件の下で代理人会議を設置することが認められることが重要となる[213]。代理人会議に派遣される代理人は、2項2文に従い、各々一つ下の段階の領域団体の構成員会議あるいは代理人会議から選ばれることとなる[214]。

　もっとも、代理人会議が招集された場合には、政党内の最も下の次元の団体においては、個々の政党構成員の権利は最終的には代理人会議の構成員を選挙することにかかわるという点に限られてしまうとの課題もあるため、代理人会議を設置することについては、政党内部の政治的な意思形成への参加可能性が削減されるとの批判も向けられている[215]。

　代理人会議の構成に際して、どこから何人の代理人を出すかという算出の方法に関しては、二つの方法が政党法上予定されている。第一の方法は、

208　Ebd., S. 256.
209　Ebd., S. 256 f.
210　Ebd., S 257.
211　Ebd.
212　Ebd., S. 258.
213　注198参照。
214　*Lenski*, a.a.O. (Anm. 130), Artikel 8, S. 94, Rdnr. 10.
215　*Ipsen*, a.a.O. (Anm. 28), Artikel 8, S. 59, Rdnr. 8.

「代理される構成員の数」を基準とした算出方法である（政党法13条2文）。これは、代理人会議による選挙と投票が、その一つ下のレベルの団体の構成員によってほぼ等しいサイズで民主的に正統化されることを確保する[216]。これは、議会における鏡像原則の考え方を政党内に持ち込んだものであり、代表される者の人数に比例する形で代表する者を送り込むという観点から政党内民主主義の要請に沿うものである[217]。第二の算出方法として、代理人会議の構成員の半数に至るまでについては、これまでの議会選挙において投じられた有権者の票数を考慮して割り当てるということが認められている（同3文）。これによれば、より多くの有権者の票を得た下位の領域団体はそれに伴って、相対的に高い数の代理人を派遣できることとなる[218]。もっとも、この条文に対しては、基本法21条1項3文の要請との関係で批判もなされるところである[219]。すなわち、選挙結果という政党の外の事情を考慮して代理人の数を割り振ることは、政党内民主主義の要請の観点からして疑義を呈され得るのである[220]。この点は、政党構成員という形以外での政党内への関与をどこまで認めるかという後で検討する問題にも繋がるものである。もっとも、この割り当て方法については、政党に与えられた国民と議会の間の媒介という機能が考慮されているとの形で擁護がされ得る[221]。

　代理人の任期について、政党法では2年と定められている。これは任期4年の連邦議会議員の任期などに比して短いが、その背景にはドイツ連邦議会が恒常的に存在する機関であり、またそうであるべき一方で、代理人会議は時間的、財政的な理由からして、ある程度の間隔で、わずかな日程においてのみ会合を開き得ることがある[222]。

　代理人会議において、代理人は投票をする際に、派遣元からの依頼や指示に拘束されるのか、ということが一つの問題となり得る。これについては、

216　Ebd., S. 60, Rdnr. 12. 注206も参照。
217　*Lenski*, a.a.O. (Anm. 130), Artikel 13, S. 147, Rdnr. 3.
218　*Ipsen*, a.a.O. (Anm. 28), Artikel 13, S. 93 f, Rdnr. 3.
219　Ebd., S. 94, Rdnr. 4.
220　*Lenski*, a.a.O. (Anm. 130), Artikel 13, S. 149, Rdnr. 11.
221　Ebd. S. 149, Rdnr. 12.
222　*Heinz*, a.a.O. (Anm. 174), S. 83.

第 1 節　事実上の民意の反映の側面の実質化　283

　政党内部で政党構成員から選ばれた代理人は、決議において彼らを派遣した機関の多数派の意思に縛られるべきということが必要であるように見える。というのも、そうすることではじめて、この方法で成立した多数決としての全体の政党としての意思が、政党構成員に対応する意思であるように見えるからである[223]。そして、州政党が領域団体を持たず、250人以上の構成員を持つ場合は、代理人会議で構成員会議を代替してもよいという政党法 8 条 1 項 3 文の規定は、構成員の直接会議を代理人会議に代替するという意味において、命令的委任に親和的であるように見える。命令的委任があることによって初めて、代理人会議をもってしても、構成員会議と等しい参加の性質が確保されるとも思えるからである[224]。

　しかし、政党内の領域においても、異質な意思を政党内の共通の意思へと変換することが必要であり、そのためには調整を行えるよう、会議体において指示に拘束されない形で議論がされる必要がある[225]。また、当初は判明していなかったような、つまり、より高い次元での議論においてはじめて意識されるような事実や論拠が存在するということはあり得る[226]。代理人会議については、それゆえ、命令的委任は排除せざるを得ないのであり、これは規約によっても導入され得ない[227]。したがって、派遣された代理人は、派遣元の領域団体に属する全ての政党構成員の全体を代理するのであり、そこでは「自由委任」、つまり、代理人について派遣元の団体決議によって内容的に拘束することが許されないということが帰結される[228]。実際、政党法においても、15条 3 項 3 文では、選挙や投票において他の機関の決議に拘束されることが許容されないとされており、そして15条 2 項において、もっとも重要な選挙については秘密で行われるとされている[229]。

223　Ebd., S. 80.
224　このように述べるものとして、*Trautmann*, a.a.O. (Anm. 1), S. 251.
225　*Wolfrum*, a.a.O. (Anm. 22), S. 75.
226　*Heinz*, a.a.O. (Anm. 174), S. 80 f.
227　*Ipsen*, a.a.O. (Anm. 28), Artikel 8, S. 59, Rdnr. 9.
228　*Lenski*, a.a.O. (Anm. 130), Artikel 8, S. 94 f. Rdnr. 10. 代理人会議や党大会の構成員は派遣元だけではなく、多数決で代表を決定する政党構成員全体を代表するとの記述として、*Ipsen*, a.a.O. (Anm. 28), Artikel 8, S. 60, Rdnr. 11

III. 首脳部

　繰り返し述べているように、政党内においてあらゆる決定に全ての構成員がかかわるということは現実的には難しい。それゆえ、構成員会議に代わって代理人会議が設置されることについても述べたが、これに加えて、より機動的な活動を可能とするために、さらに機関を置くこともまた、必要となる。

　まず、ここは政党の首脳部を取り上げる。首脳部には、政党法11条3項1文によって、まず議事進行等の役割が与えられる。故に、これが執政機関であるということが明らかになる[230]。加えて、首脳部は政党法11条3項にしたがって、領域団体を率い、議事進行を行い、領域団体を外部に向けて代表する役割を果たす[231]。さらに、首脳部は特に構成員会議や代理人会議の決議がない限りで、独自の責任において実際的な政治的問題について意見表明をすることもできる[232]。政党の首脳部は、継続的に会合を開くため、定期的にのみ開かれる党大会に対して、党大会を準備する役割を担い、それによって、首脳部が実際のところは、自身の政治的な目標を実現し得るという状況が生じる[233]。首脳部のこのような重要性に鑑みれば、政党内での政治的意思形成は「下から上へ」というその理想像とは裏腹に、実際には首脳部の方から基礎部分に対して、つまり、「上から下へ」と流れているとも言われる[234]。つまり、ある人物を首脳部に党大会において選ぶということは、今後の具体的事項に関する決定をも先取りすることに繋がる[235]。

229　*Heinz*, a.a.O. (Anm. 174), S. 82.
　　15条3項3文「選挙と投票において、他の機関の決議に拘束されることは許容されない。」
　　15条2項「首脳部構成員の選挙と、代理人会議への代理人の選挙、そしてより高い領域団体への代理人の選挙については、秘密で行われる。他の選挙においては、異議がなければ公開で行われ得る」。
230　*Ipsen*, a.a.O. (Anm. 28), Artikel 11, S. 86, Rdnr. 22.
　　11条1項「首脳部は少なくとも暦年の2年に一度選ばれる。これは少なくとも3人の構成員から成るべきである。」
231　*Lenski*, a.a.O. (Anm. 130), Artikel 8, S. 93, Rdnr. 4.
232　*Ipsen*, a.a.O. (Anm. 28), Artikel 11, S. 86, Rdnr. 23.
233　*Trautmann*, a.a.O. (Anm. 1), S. 259.
234　Ebd., S. 260. CDUの連邦議長団が規約で指定されている以上のことを実際には行っているとされることについて、*Ute Müller*, Die demokratische Willensbildung in den politischen Parteien, 1967, S. 77.

第 1 節　事実上の民意の反映の側面の実質化　　285

　首脳部の構成については以下のとおりである。首脳部は、政党法 9 条 4 項に従って党大会によって選ばれる[236]。首脳部は、政党法11条 1 項 2 文に従って、少なくとも 3 人から成らなければならない。首脳部を複数人から構成させることを求めるこの規定の目的は、非民主的な「一人の人による支配」を避けることにあるとともに、複数の人から首脳部を構成することによって、政党内の様々な見解や傾向が統合され得るということにある[237]。政党法 9 条 4 項は、首脳部ポストの割り当てについて、党大会が直接決定するということを要求している[238]。これ以外の首脳部の構成に関する問題については、政党法 6 条 2 項 7 号により、規約によって規定されなければならない[239]。具体的には、規約においては首脳部構成員の全体の数と、彼らの機関内部における地位について規定しなければならない[240]。

　首脳部の党大会に対する責任という観点において、首脳部は、党大会を前にして活動報告の形で 2 年ごとの報告をしなければならない（政党法 9 条 5 項）。また、政党法11条 1 項 1 文においては、政党や領域団体の首脳部が少なくとも 2 年に一度選挙を経る旨、規定がされているが、これは首脳部の任期が 2 年を超えないように設計すべきであるとの形で理解されるべきである[241]。

　さらに、政党法11条 4 項[242]は、首脳部の中から幹部会（Präsidium）を作り、首脳部の決議や実施中の案件、とりわけ急ぎの案件について処理を委ねる可能性を認める[243]。幹部会は、首脳部の機関としての行動可能性を維持するためのものであり、首脳部の決議の実施や、実施中の、特に緊急の議長団の仕事の処理を委ねられ得る[244]。幹部会の権限は首脳部から引き出されるた

235　*Trautmann*, a.a.O. (Anm. 1), S. 260.
236　*Lenski*, a.a.O. (Anm. 130), Artikel 8, S. 93, Rdnr. 4.
237　*Wolfrum*, a.a.O. (Anm. 22), S. 112.
238　*Heinz*, a.a.O. (Anm. 174), S. 128.
239　 6 条 2 項 7 文「規約は以下のことを規定する。…その他の機関と首脳部の構成と権限。」
240　*Lenski*, a.a.O. (Anm. 130), Artikel 11, S. 134. Rdnr. 2.
241　*Ipsen*, a.a.O. (Anm. 28), Art. 11, S. 80 f, Rdnr. 2.
242　11条 4 項「首脳部の決議の実施と、現在進行形の、そして特に緊急の首脳部の議事を処理するために、首脳部の中から議事を行う幹部会が作られ得る。この構成員は、首脳部から選ばれるかあるいは規約によって決定される。」
243　*Ipsen*, a.a.O. (Anm. 28), S. 87, Rdnr. 27

め、その構成員は、首脳部の構成員でなければならない[245]。加えて、幹部会についても4項2文において複数形が用いられていることから、(首脳部同様) 複数の構成員を持たなければならないとされる。これは、指導機関が多元的な構造を保つためのものである[246]。

　幹部会の具体的な構成の方法の可能性は3つある。幹部会構成員が構成員会議あるいは代理人会議の決議により指名されるか (4項1文)、あるいは、首脳部自身から選ばれるか (4項2文)、あるいは規約上規定があるか (4項2文) である[247]。もっとも、幹部会限りでは本質的、最終的な決定をすることはできないことには注意が必要である[248]。

Ⅳ．政党委員会

　これらの機関に加えて、政党法8条2項により、政党内で諮問的に設置される意思形成機関として、政党委員会が存在する[249]。政党法12条により設置される一般政党委員会は、政党法8条2項の意味において唯一政党法上詳細に規定された諮問的な機関である[250]。この委員会は特定の政治的問題を処理するものではなく、構成員会議よりもより頻繁に集まったり審議したりすることができる一方で、首脳部よりもより広い基盤の上に決定発見をすることを可能にする、「小さな党大会」としての性質を持つ[251]。

　一般的な政党委員会の権限は、政党法6条2項7号に従い、規約によって規定される[252]が、政党法12条によれば、一般政党委員会の権限は、純粋な審議機能から、全ての政治的、組織的な問いについてまで、党大会に留保がされない限りで多岐に及ぶ[253]。そこにおいては、民主的な原則に従った構成が

244　*Lenski*, a.a.O. (Anm. 130), Artikel 11, S. 142, Rdnr. 28.
245　Ebd., S. 142, Rdnr. 29.
246　Ebd., S. 142, Rdnr. 30.
247　Ebd., S. 142 f, Rdnr. 31.
248　Ebd., S. 143, Rdnr. 32.
249　*Heinz*, a.a.O. (Anm. 174), S. 170.
250　*Lenski*, a.a.O. (Anm. 130), Artikel 12, S. 144, Rdnr. 1.
251　Ebd.
252　Ebd., S. 144, Rdnr. 3.
253　*Ipsen*, a.a.O. (Anm. 28), Art. 12, S. 90, Rdnr. 2.

第 1 節　事実上の民意の反映の側面の実質化　287

されることが求められる[254]。実際、12条 1 項においては、「一般政党委員会や類似の機関の構成員は、……一つ下の領域団体からも選ばれ得る」と規定されている。ここで、下位の団体から選ばれる委任者の数の算出については、さしあたって代理人会議における代理人の数の割り当てに関する政党法13条が考慮されるべきとされる[255]。

実際のところ「党大会」において全ての問題が扱われ得るわけではないので、全ての政党が「小さな党大会」を規約において予定しており、これは通例、年に何回か開かれる[256]。この「小さな党大会」では政党にとって根本的な問題については変更は加えられないけれども、その他の問題については、首脳部の非公式な操縦の力が大きく作用するとされる[257]。

V. 意思決定のあり方

このようにおかれた各機関内において、実際に意思形成はどのように行われるか。各機関内の意思形成のあり方については、政党法15条 1 項 1 文においては多数決原理が定められている[258]。ここでの単純多数決への義務付けは、各政党の自由意思によって書き換えられないような、民主的な最低限の要請を示すものである[259]。

続いて、政党法15条 2 項においては、選挙と投票について秘密で行うかどうかが規定されている[260]。ここでは、規定の文言上、首脳部に誰を選ぶか、代理人会議に誰を代理人に派遣するか、そして、より上の領域団体へと誰を代理人として派遣するかの際の選挙については秘密でなされるべきとされて

254　*Heinz*, a.a.O. (Anm. 174), S. 172.
　　13条は代理人会議あるいは党大会だけではなく、他の機関についても関連すると考えられる（Ebd.）
255　Ebd., S. 172 f.
256　*Bukow, Punguntke*, a.a.O. (Anm. 170), S. 182.
257　Ebd.
258　15条 1 項「機関は、その決議を投票の単純多数で行う。法律や規約においてこれより高い基準が規定されない限りにおいて。」
259　*Lenski*, a.a.O. (Anm. 130), Artikel 15, S. 161, Rdnr. 4.
260　15条 2 項「首脳部構成員の選挙と、代理人会議への代理人の選挙、そしてより上の領域団体の機関への代理人の選挙は秘密である。その他の選挙については、異議が申し立てられない限り、公開で投票がされ得る。」

いる。ここでは、政党内の選挙において秘密が守られることが、選挙結果の民主的正統性の不可欠な前提となるということと[261]、他方では、政党内部における選挙は国家におけるものとは異なり、開かれたものでなければならないということの間の緊張関係が考慮されている[262]。

続いて、政党法15条3項においては、政党構成員の提案権について規定されている。15条3項において規定されている、政党内部において提案をする権利は政党内少数派が多数派になるチャンスを与えるものである[263]。政党法上明示的な規定はないものの、この権利と分かちがたく結びついているものとして、何らかの提案をしたことに対して提案者が理由付けを行うことが認められるべきであるということがある[264]。提案権について、15条3項2文は、下位の領域団体の代理人の提案の権利を認めており、これは少なくとも一つ下と二つ下の段階の領域団体の代理人に認められるべきとされている[265]。「一つ下」と「二つ下」との規定からわかるように、この規定は、少なくとも二つ下に団体が存在するときに妥当する[266]。政党法15条3項1文において、「提案の権利について、とりわけ少数派にも十分提案権が認められるように、民主的な意思形成を保障した形になるよう形作られなければならない」とされることから問題視され得るのは、一定の提案をするにあたって定足数を設けるということである。しかし、党大会が時間制限の中で過剰な提案を受けることから負担をかけられないようにすべきであるという観点を踏まえるならば、提案をするにあたって一定の定足をクリアするよう求めることもまた認められる。政党法15条3項1文において問題となるのは、提案が議論に提示され、それによって多数を得る可能性があるということであ

261　さもなければ、「下から上へ」の意思形成は真の形では達成されえない（*Ipsen*, a.a.O.（Anm. 28）, Art. 15, S. 109, Rdnr. 15.）。
262　*Lenski*, a.a.O.（Anm. 130）, Artikel 15, S. 164, Rdnr. 15.
263　Ebd., S. 164, Rdnr. 17.
264　Ebd., S. 166, Rdnr. 25. 勿論、どの程度議論が許されるかについては、会議の機能可能性という点から制限され得るが、事実上もはや議論ができないようにされることは許されない（Ebd., S. 167, Rdnr. 25.）。
265　15条3項2文・3文「より上位の領域団体の会議においては少なくとも一つ下と二つ下の段階の領域団体の代表に発案権が認められるべきである。他の機関の決議に選挙や投票で拘束されることは許容されない。」
266　*Ipsen*, a.a.O.（Anm. 28）, Art. 16, S. 110, Rdnr. 21.

り、このためには、単なる個人の意見ではないと認識される程度の定足が置かれることで十分であるべきである[267]。

ここでは、政党内の反対派が、党の意思形成にどのようにかかわるかということもまた問題となる。政党内反対派は、勿論、政党の内部においても意思形成に働きかけるが、しかし、これに加えて自覚的に政党の外部に対して働きかけるということがある[268]。その場合、政党内の反対派は、政党の持つ公衆に働きかけるイメージを形成するという点において、政党内多数派と競争関係に立つ[269]。もっとも、政党内の反対派、少数派の保護については、基本法21条1項3文からの更なる要請として引き出されるとしても、それが国家における少数派とは異なる状況にあるということ故に弱められた形でのみ妥当するということはあり得る。つまり、政党構成員は任意で成る者であり、故に政党が義務としての政治的な基本的方向性を作ることによって、少数派保護を弱めるということも考えられ得るのである[270]。

最後に、政党内部の会議の公開性について、政党内部のみで問題となるような政党機関の決議がどの程度公開されなければならないかについて、法律は規定をしていない[271]。政党の側では、戦略上、自らの決議について広く秘密にしておくことに利益を持つだろう[272]。これに対する対応としては、政党幹部が行き過ぎた秘密主義を徹底した場合には、公衆、また政党の一般構成員から批判されるということがあり得るのみである[273]。実際、基本法21条1項3文の要請からも政党法15条からも、政党機関内部の交渉のあり方が公開されることについては予定されていない[274]。

267　Ebd., S. 110, Rdnr. 20. とはいえ、厳密な決定は難しい。
268　*Dimitris Th. Tsatsos*, Ein Recht auf innerparteiliche Opposition? Ein Beitrag zur Auslegung der Art. 20 Abs. 2 und 21 GG, in: *R. Bernhardt* [et al] (Hrsg.), Völkerrecht als Rechtsordnung/Internationale Gerichtsbarkeit Menschenrechte, FS H. Mosler, 1983, S. 1006.
269　Ebd.
270　*Christoph Hambusch*, Kandidatenaufstellung und „Primaries" im Lichte des Verfassungsrechts, 2016, S. 56. この意味での国との違いとして、政党の場合は基本的な合意が作られる場所であり、また脱退も可能であるという指摘がある（*Philip Kunig*, Artikel 21, *Ingo von Münch, Philip Kunig*, Grundgesetz-Kommentar, Band I, 6. Auflage, 2012, Art. 21, S. 1513, Rdnr. 56.）。
271　*Klein*, a.a.O.（Anm. 5）, S. 152, Rdnr. 329.
272　Ebd.
273　Ebd.

VI. 新たな試み——直接民主制的手続きと外部からの関与の可能性

ドイツにおいては、近年政党の細分化の傾向に対して、国民政党が主に、政党内での直接民主制的な手続きの導入、政党内参加のデジタル化、構成員と非構成員の違いを流動化することで対抗しようとしてきた[275]。このうち、プレビシット的な手続き、つまり全ての政党構成員が参加する形で決定をさせるということは、政党指導部の力を強める恐れがあるとされる。というのも、ここではすでに政党内の指導的な人物から成る小グループによって案が作成され、これに対して党員は同意するかしないかだけを求められるからである[276]。そして、最後に問題となるのは、政党に加入していない国民が党の意思形成にどの程度かかわり得るか、ということである。現在、政治において政党がかかわらない形での意思形成はなく、政党は政治的に組織されていない全ての国民についても、これを支持者として確保するために、その共感を得るよう努力している[277]。このことから考えれば、政党外の国民の意思をどれだけ政党内部に反映させるかということもまた問題となり得る。

市民の参加という活動との関連における政党の統合機能ということから考えた場合、政党は一方では外からの過剰な影響力に対して自らを守らなければならず、他方で、国民の組織化されていない、あるいは組織化がそもそもできない利益を自身の内部に透過させることができなければならない[278]。外からの政党への作用というのは、直接的に請願などの形で起こるというよりも、政党の中の人やグループを介して行われることが多い[279]。したがって、誰が、どのような道のりで何を語ろうとしているかが、全ての意思形成に参加する者にとって明確にされ、透明性が確保される必要がある[280]。このよう

---

274 *Lenski*, a.a.O.（Anm. 130）, Artikel 15, S. 168, Rdnr. 31.
275 *Anna-Bettina Kaiser*, Die Organisation politischer Willensbildung: Parteien, in: VVDStRL 81, 2022, S. 124 f.
276 *Thomas Poguntke*, Digitalisierung, Parteitage und innerparteiliche Demokratie, Zeitschrift für Parteienwissenschaften – Sonderausgabe "Parteitage" in Kooperation mit Verfassungsblog und Stiftung Wissenschaft & Demokratie, Nr. 2, 2022, S. 139 f. なお、実証的にはこのような傾向は自明ではない（Ebd., S. 140.）。
277 *Trautmann*, a.a.O.（Anm. 1）, S. 47.
278 Ebd., S. 52.
279 Ebd., S. 53.
280 Ebd.

な意味において、政党内民主主義が機能していることは、開かれた、自由な形での国民の意思形成を可能にするのである[281]。

　もっとも、政党が社会からの衝動に対して開かれていることにも限界があり、政党を介した参加については、政党構成員によって作られた明確なルールが必要となる[282]。というのも、政党はまずは政党構成員の利益に依拠しなければならず、過剰な政党外からの参加を強調することは政党構成員の利益確保という観点に矛盾するからである[283]。構成員ではない者に対して政党内への関与可能性を開くことは、党員にとってなぜ政党に入る必要があるのかという疑問を生じさせることである[284]。政党内での具体的な決定に際して、当該決定によって有権者の票を獲得できるのか、できないのかということはよくある議論であるが、これを隠れ蓑として、政党内の特定の集団が自らの利益を貫徹することがあり得ることに注意が必要である[285]。

　言い換えれば、政党がその構成員よりも有権者を意識するということは、政党内エリートの地位を強めることになる[286]。というのも、政党エリートは、有権者の短期的利益に応じてより柔軟に対応できるとともに、有権者に対する人的イメージが重要になる中で、メディアを通して自らの姿をアピールできるからである[287]。

　そもそも、政党に対して外部から作用しようとする個人や団体は、政党に対して互いに有益なパートナーの関係に立ち、外部の個人や組織から政党に対しては一方方向的にではなく、相互に作用しあう関係性が存在する。しかし、どのような意見が最終的に政党内で貫徹されるか、は政党内の問題である[288]。加えて、政党の外部団体の構成員が「専門家」として政党内でふるま

281　Ebd.
282　Ebd., S. 219.
283　Ebd., S. 220.
284　*Poguntke*, a.a.O.（Anm. 276）, S. 141.
285　*Trautmann*, a.a.O.（Anm. 1）, S. 220.
286　*Henrik Gast, Uwe Kranenpohl*, Erosion der innerparteilichen Demokratie ? Zur Entwicklung der Kontrollpotenziale in Deutschland, Österreich und der Schweiz, in: *Sebastian Bukow, Uwe Jun, Oskar Niedermayer*（Hrsg.）, Parteien in Staat und Gesellschaft, 2016, S. 150.
287　Ebd., S. 150 f.
288　*Trautmann*, a.a.O.（Anm. 1）, S. 221.

うということもあり得るが、このような政党外のグループにかかわっている者の意見を取り込むかどうかは、政党構成員がその決定においてその者を取り込むことを甘受した限りにおいてのみ認められる。世間の反応がおそらくこうであるということは、政党内の意思形成において正統な動機にはなるが、それに政党内の表決権者の多数が賛成していることが必要である[289]。

　より具体的な局面として問題となってきたのは、政党の構成員でない者が党内の候補者擁立手続きについてかかわることか許されるかどうか、ということである。本書では、あくまで政党内にどのような「意見」を取り込むかを問題としているため、候補者擁立のような人に関する側面は取り上げないとしているが、この点、簡単にのみ述べることとする。政党外の人間が党内の候補者擁立プロセスにかかわる典型例は、アメリカにおける大統領選挙候補者擁立における予備選挙モデルである。このような予備選挙モデルについては、基本法制定以来ドイツにおいてもその導入の可否が繰り返し論じられてきたことであり[290]、また、ローカルなレベルでの候補者選択において試されてきたことがある[291]。もっとも、ドイツにおいてはアメリカにおける場合のように、政党内の候補者擁立について、非構成員への参加の可能性を大きく開くということはされていない[292]。候補者擁立プロセスについて包括的に解放するということは、政党の構成員がその政党に属することで、自らの意見が他の有権者よりも重く受け止められたいと考えていることを踏まえれば、難点を持つものである[293]。外部から政党にかかわる者は、いかなる義務も持たず、長期的に信頼できるパートナーでもないほか、彼らは政党政治の方向性を誤らせ得る可能性も持つのである[294]。アメリカにおける候補者の予備選挙のようなことについては、完全に異なる政党の文化を持つドイツには

289　Ebd., S. 222.
290　*Sven T. Siefken*, Vorwahlen in Deutschland? Folgen der Kandidatenauswahl nach U.S.-Vorbild, Zparl, Heft 3, 2002, S. 533 f.
291　*Bukow, Punguntke*, a.a.O.（Anm. 170）, S. 200.
292　Ebd.
293　Ebd. 政党構成員の加入の動機について、*Annika Laux*, Was wünschen sich die Mitglieder von ihren Parteien? in: *Tim Spier* [et al]（Hrsg.) Parteimitglieder in Deutschland, 2011, S. 157.
294　*Hans Peter Bull*, Die Krise der politischen Parteien, 2020, S. 78.

第 1 節　事実上の民意の反映の側面の実質化　293

直接輸入しづらい。政党が自身の人的政治的なプロフィールについて単独で決定しえない場合、政党はどのようにその独自の人的政治的なプロフィールを発展させるだろうか、ということが問われ得るからである[295]。さらに、アメリカと異なり、議院内閣制がとられているドイツにおいては、議会内部において政党単位での結束が維持されていることが重要であるが、予備選挙は、候補者の政党への依存性を弱めるという点で、政党の結束性を弱体化させる恐れがある[296]。仮にある政党において直接民主制的な手続きが基本的にとられるとすれば、政党エリートは党員ではなく直接有権者を顧みるようになり、したがって、政党のあり方はアメリカ型に接近し得る[297]。

Ⅶ. 小　括

ここまで見てきたことから明らかになるのは、政党内に取り込まれた、あるいは政党内にとどめられた異論を党内の意思形成プロセスに流れ込ませる際の制度設計の可能性とその難点である。まず、ドイツの政党内意思形成の仕組みに特徴的なのは、領域ごとの区分けを重視し、それによって政党構成員の声を幅広く吸い上げようという仕組みである。ここでテーマ設定や年齢といったほかのファクターにではなく、あくまで領域という要素に着目がされるのは、そうした区分けを作る際の恣意性、不平等さをできる限り避けるという意図があると考えられている。これに対して、政党内のあらゆる意思決定を全て政党構成員全員がかかわる形で行うというのは現実的ではない。ここで登場するのが、政党内の意思決定の効率性、機動性という要素である。構成員会議に代わるものとして、代理人会議の設置が許容されているのもこの観点から説明できよう。しかし、代理人会議の仕組みがあまりに幅広く用いられるようになれば、個々の政党構成員が行うことができるのはただ代理人を選ぶことだけになり、自身の見解を党内に流れ込ませることができなくなるのではないかという懸念も存在するところである。政党内の意思形

295　Ebd.
296　*Siefken*, a.a.O.（Anm. 290), S. 540, 546 f.
297　*Thomas Poguntke*, Innerparteiliche Demokratie: Varianten und Entwicklung, in: *Julian Krüper* [et al]（Hrsg.) Die Organisation des Verfassungsstaats, 2019, S. 357 f.

成の仕組みにおいても、代理人会議に派遣された代理人に対し、命令的委任による拘束をかけることは難しく、代理人は自らの裁量の下、動くことになる。このことからも、代理人会議の仕組みを広く用いることが、結局党内に入り込んだ異論を黙殺することに繋がらないか、注意が必要である。

効率性、機動性の観点からもう一つ上げられるのが、首脳部の設置である。このような少人数の機関を置くことで、政党は日々の問題に対してより迅速に対応することができる。ここでは、首脳部やそこから構成される幹部会の構成員を複数人にすることや、その任期を短く設定することで、彼らが政党構成員の意思から離れ、恣意的にふるまうことがないよう歯止めがされている。しかし、ドイツにおいても党内の意思決定の実情は「上から下へ」行われているといわれるように、こうした機関の独立した動きを本当の意味で統制するのは実際のところ難しい。

そして、政党内の意思決定の仕組みに関して指摘されるべきは、少数派保護の可能性をどこまで認めるかである。政党内で異論が表出される機会を設けるという本書の問題関心からすれば、党内少数派に提案権が与えられていることは重要である。しかし、国家における場合と比べ、政党においては少数派の保護が弱められる余地がある。そして、本書が目的とするのはあくまで異論が表出されるにとどまることから、この異論が実際に政策形成にあたって採用されるかまでは担保する必要はなく、またすべきでもないという点からしてもこの考えは適切である。

最後に、政党に対する外部からの関与の可能性は、異論に対して開かれた政党という意味において本書の問題関心の観点からも望ましいものであるようにも思われる。しかし、こうした外部からの関与の可能性を高めることは、政党に加入する必要性自体を低減させるものであり、その結果として、政党自体の存続を揺るがしかねないことには注意が必要である。

第3款　規約と綱領―政党の方針の対内的、対外的な態度表明

ここまで、政党に誰が構成員として加わり、政党内の意思決定の仕組みはどのようになっているか、を取り上げることで、政党内部にどこまで、どの

ように多様な民意が吸い上げられ、党内でそのような民意同士、やり取りがなされるかを明らかにしてきた。ここからの第3款では、政党内外に対する党としての方針の表れとしての役割を果たす、規約と綱領について検討することとする。というのも、規約や綱領は政党の基本的な方針や党内の制度設計のあり方について、政党の内外に公示する役割を果たすものである。これは、政党外に対しては、潜在的な政党加入希望者にとって当該政党に加入するかどうかを決定する一助になるとともに、政党内に対しては、既に構成員となっている者が当該政党の方向性について確認しつつ、自らの民意が組み上げられる仕組みを確保するために重要な意義を持つ。もっとも、規約と綱領のあり方についてはすでに政党除名について扱った際にある程度記述をしたことから、ここでは除名の部分で触れなかった内容に限って取り上げることとする。

I．規　約

まず、問題となるのは規約である。基礎的なこととして、政党がその構造や内部手続き、構成員の権利義務について規約の形で確定し、それが誰にとってもアクセス可能であるということが求められる。故に、政党法6条1項[298]においては、全ての政党について（その中でも下位の領域次元についても）規約は義務的な文書として制定するよう求められている[299]。政党規約は政党法6条2項に従い、一定の内容を持つこと、また、その明確性と確定性のために文書で規定されることが求められる（6条1項1文）。6条2項においては、規約について必要な事項が挙げられている。まず、2項1号は、政党の活動にとっての考えられるうえで必要な前提として、政党の名前を定めることを求める。また、規約において規定されるべきものとして、領域団体に対する許容された秩序措置が何かを規定することも含まれる（2項5号）。3項1文によれば、政党の規約、綱領、首脳部構成員の名前と州の団体の首脳部について、その機能を含めて、また、政党の解散や州の団体の解散について、連邦選挙管理者に伝達されなければならない。これについては、誰に対してもアクセス可能なものとされている（3項3文）。これによって、ある政党に関心のある市民が、その政党の指導者や代表者、内的な構造、組織、綱

領について、関連する政党から独立して情報を得ることができることが保障されている[300]。

規約が文章で書かれることは、党内に対しても意義を持つ。というのも、政党内の個々の構成員が規約を手段として、政党指導部の行動について監視し、自らに与えられた政党内の意思形成への関与可能性を守ることができるようになるからである[301]。

政党の規約に構成員が従うことは、対外的、対内的に政党の行動を基礎づける不可欠な前提である[302]。規約は党大会によって議決される[303]。政党構成員は規約について、他の全ての構成員がこれを考慮することを期待し得るのであり、それ故に構成員間の信頼に依拠した持続的な共同作用ができるようになる[304]。その意味において、政党の規約は、政党の行動可能性の道具とし

298　6条1項「政党は、文書での規約と文書での綱領を持たなければならない。領域団体は、その事務について独自の規約によって規定する。それぞれ一つ上の領域団体の規約がこれについて何も規定を置かない限りで。」
　　2項「規約は、以下のことについての規定を含まなければならない。
　　1．名前と、もしあるならば、略称。政党の場所と活動領域
　　2．構成員の受け入れと除名
　　3．構成員の権利と義務
　　4．構成員に対する許容される秩序措置とその除名（10条3項から5項）
　　5．許容される領域団体に対する秩序措置
　　6．政党の一般的な区分け
　　7．首脳部の構成と権限と、その他の機関の構成と権限
　　8．9条に従って留保された事務についての構成員会議あるいは代理人会議による決議
　　9．構成員会議と代理人会議の招集の前提、形式、時期、決議の登録
　　10．法律上規定がない限りで、議会への選挙についての選挙の提案をする（署名する）ことについて権限のある領域団体や機関
　　11．党大会が9条3項に従って他の政党との合併あるいは領域団体や政党の解散について決定した場合の構成員の直接投票と手続き。この決議は、直接投票の結果として、確認され、変更され、廃止されるものとされる。
　　12．この法律の第5節を充足するような形での財政秩序の形態と内容」
　　3項「首脳部は連邦選挙管理人に、
　　1．政党の規約と綱領
　　2．政党と州団体の首脳部について、その機能を添えての名前の提出
　　3．政党あるいは州団体の解散
　　を伝達しなければならない。」
299　*Morlok, Merten*, a.a.O.（Anm. 77）, S. 125.
300　*Ipsen*, a.a.O.（Anm. 28）, Artikel 6, S. 49, Rdnr. 16.
301　*Wolfrum*, a.a.O.（Anm. 22）, S. 83.
302　*Grawert*, a.a.O.（Anm. 80）, S. 94.
303　Ebd., S. 95.

第 1 節　事実上の民意の反映の側面の実質化　297

て役に立つ[305]。

II. 綱　領

　さらに、政党は文書による規約に加えて、文書による綱領を持たなければならない[306]。政党が綱領を提示することにより、各政党が国家機関でどのような政策を提示するか、事前にイメージが提供されることになる[307]。

　「綱領」のもとには、政党が依拠するような、決定的な政治的内容的な合意が理解されるべきである[308]。政党法上、綱領の内容についての規定は存在せず、最低限何が必要かといったことについての縛りはない[309]。綱領においては、ある政党がどのような目標設定をもって政党間競争に入るのか、そしてその政党が選挙によって有効に政治プロセスに影響を行使し得るようになった時、何をしようとしているのか、が認識されていれば十分である[310]。綱領の機能としては、以下の四つが挙げられる。つまり、①政党は、綱領を通して、選挙において自身に投じられる票を最大化しようとする、②政党が綱領を通して、できるだけ多くのポストを持つ政権への参加を求める、③政党が、綱領を通して、そのイデオロギーに従って特定の政治を実現しようとする、④政党が、綱領を通して、政党内民主主義を実施しようとする[311]ということである。

　綱領については、いくつかの種類に分けられる。具体的には、長期的な綱領としての原則綱領[312]、選挙綱領、また、テーマごとの綱領といったものがある[313]。原則綱領は、政党のイデオロギー的な出自と、実務の方向を向いた

304　Ebd.
305　*Morlok*, a.a.O.（Anm. 157）, S. 426.
306　*Ipsen*, a.a.O.（Anm. 69）, S. 896, Rdnr. 62.
307　こうした機能について述べるものとして、*Trautmann*, a.a.O.（Anm. 1）, S. 160.
308　*Lenski*, a.a.O.（Anm. 130）, Artikel 6, S. 74, Rdnr. 7.
309　Ebd., S. 74, Rdnr. 8.
310　*Ipsen*, a.a.O.（Anm. 28）, Art. 6, S. 46. Rdnr. 3.
311　*Nicolas Merz, Sven Regel*, Die Programmatik der Parteien, in: *Niedermayer*（Hrsg.）, a.a.O.（Anm. 170）, S. 213.
312　代表的なものとして、階級政党から誰もを巻き込む政党への変化を基礎づけた、SPDのゴーデスベルグ綱領がある。
313　*Bukow, Pungunkte*, a.a.O.（Anm. 170）, S. 188 f.

政治との間の結びつきを提示するのであり、政党の集団的なアイデンティティーへと決定的に貢献する[314]。これは長期的に妥当するものである。原則綱領は、本質的に統合的な機能を持ち、これは政党の指導者層を正統化する一方、彼らの行動に枠をはめるという機能を持つ[315]。他方で、選挙綱領や行動綱領は有権者を動員するためのものであり、具体的な事柄の問題について、選挙戦における政党の活動の論拠ともなるものである[316]。いずれにせよ、政党の綱領は外部的に作用するべきものであって、これは政党法6条3項1号の公表の義務において現れている[317]。綱領についても文書によって配布することが義務付けられていることは、これが構成員に対しても統合の基盤となり、また、公衆に対しても情報源となるという意味において意義がある[318]。

　繰り返しになるが、政党の綱領については、内容上の規律は存在しない。というのも、傾向の自由によって政党には多少極端な目標設定も許されるからである[319]。もっとも、綱領が政党の「傾向」を形作ることを考えれば、その制定の手続きについては党員の関与の余地が必要といえよう。

Ⅲ. 小　括

　第3款において取り上げた、政党の規約や綱領といった要素は、政党内部に対しても、政党外部に対しても、その政党がどのようなルールや方針をとるかを公示するという意味において重要なものである。本書の問題関心であるところの、異論を包摂するという点から見れば、こうした規約や綱領が文書の形で公開されていることは間接的にではあるが、その包摂性を高め得るものである。というのも、こうした規約や綱領が文書で明示されていることで、政党内外の者はその政党に加わるかどうか、加わってどのような活動を

314　*Merz, Regel*, a.a.O.（Anm. 311）, S. 215.
315　*Roßner*, a.a.O.（Anm. 23）, S. 100.
316　Ebd., S. 100.
317　Ebd.
318　*Lenski*, a.a.O.（Anm. 130）, Art 6, S. 74, Rdnr. 9.
319　*Dominik Schnieder*, Politische Freiheit und Verfassungsschutz Am Beispiel der Beobachtung politischer Parteien und Abgeordneter, 2018, S. 71.

するかについてのビジョンを描くことができるからである。また、規約や綱領が除名にもつながるような政党の「傾向」を作るものである以上、これらが指導部だけではなく、党員が関与する形で作られることが必要となろう。

第2節　議員によるかかわり──職務による（Ex-officio な）構成員

　第1節においては、政党内にどのような民意がどのような形で取り込まれるか、について明らかにすることで、事実上の民意の反映の観点からの「全国民の代表」の要請の実現について考えてきた。第2節においては、政党所属の議員がこのような党内の意思形成の仕組みにどのようにかかわるか、について明らかにする。これによって、議員が多様な民意のぶつかり合いの中からあるべき民意を見出し、また自ら政党の意思決定にかかわることで、最終的にその意思決定に縛られるとしてもその独立性を失わない、という意味において、事実上の民意の反映と命令的委任の禁止の両要請が充足され得るからである。

　ここで重要になるのが、政党内の各意思決定機関に対する「ex-officio」（職務による）な構成員というものである。この構成員は、政党内各会議体に対して一定の数に至るまで、原則的なルートとは異なる形で、規約の規定に基づき所属することができるというものであり、その中には議員もまた含まれる。以下では会議体別にこの「職務による構成員」がどのように構築されているかを見ていこう。

　まず、代理人会議についてである。政党法9条2項によって[320]、規約に規定されることで、首脳部の構成員や、領域団体の他の機関の構成員、議員その他について、代理人会議の全ての構成員の5分の1に至るまでであれば、職務による構成員として、表決権をもって代理人会議に所属するということが許されるとされている。なお、そこでの最大5分の1までという人数制限においては、政党法9条2項によれば、表決権を持たない形で審議のみにか

320　9条2項「首脳部構成員、他の領域団体の機関の構成員、11条2項において挙げられた人的なサークルの所属者は、規約故に代理人会議に属し得るが、しかし、この場合、代理人会議構成員の全体の規約に従った数の5分の1に至る場合のみ表決権を与えられ得る。」

かわる者については、制限の対象外である[321]。

このような代理人会議の代理人選出のプロセスにのっていない者が、代理人会議に派遣されるということは、民主主義原則と相容れるのだろうか[322]。このうち、議会での議席を持っている者に関しては、政党内民主的な正統性の問題では憂慮すべき点はない。むしろ、この場合、議員が最上位の政党の意思形成機関に属することにより、国家と社会の恒常的な媒介者としての政党の機能が強められることも考えられ得る[323]。他方、それ以外の選挙というプロセスを介していない職務による構成員についても参加が認められる背景には、実際上の必要性の考慮がある。つまり、この規定によって首脳部や政党のその他の指導的機関の構成員が規約によって代理人会議に派遣されることで、協調的で統一的な政党の働きが確保される[324]。指導機関が抜け落ちている場合、代理人会議は機能し得ないであろうし、民主主義へのリスクについては表決権を持つ者の人数が限られていることによって対応されていると言われるのである[325]。もっとも、首脳部構成員が代理人会議に属することに対しては、批判もある。代理人会議は、首脳部の会計報告について受け取り、これについて決議をするという首脳部への統制機能も持つのであるから、代理人会議に首脳部が属することは、首脳部が自らを監査するということに繋がり、監査の実効性の点で疑義が生じる。これに加えて、首脳部構成員や他の機関に所属する者について表決権を与えることは協調的な政党任務にとって必要なのか、審議の権利を認めるのみで十分ではないのか、ということについては、異論の余地があり得る[326]。

続いて、首脳部についても、政党法11条2項1文は規約において「議員や

---

321 *Ipsen*, a.a.O. (Anm. 28), Artikel 9, S. 64, Rdnr. 5.
322 *Heinz*, a.a.O. (Anm. 174), S. 60.
323 Ebd., S. 64. 同じく問題ないと指摘する者として、議員が政党と国家を繋ぐ役割を果たす点からこの点を強調する旨として、*Wolfrum*, a.a.O. (Anm. 22), S. 104.
324 *Ipsen*, a.a.O. (Anm. 28), Artikel 9, S. 64, Rdnr. 6.
325 Ebd., S. 64, Rdnr. 6.
326 Ebd., S. 65, Rdnr. 8.
　　表決権を与えず、審議のみを許すという形態についても、密接な人間関係が想定される場においては、審議を通した全体への影響力行使の可能性という点を軽視すべきではないとの批判がされる（*Lenski*, a.a.O. (Anm. 130), Artikel 11, S. 140, Rdnr. 22.）。

他の政党所属の人」が全体の5分の1に至るまでであれば、首脳部に属することを認めている[327]。ここでは、この「議員や他の政党所属の人」が、それぞれの公職や議席について、選挙の結果として受け取ったものであるということが前提となる。この背景にあるのもまた、実際的な必要性である[328]。まず、政党の構成員から構築されたプロセスを通して民主的に正統化され、そして、その公職や議員職に基づいて政党内、そして政党と国家の意思形成の間の結びつきを保つことができる人物が問題となっている限りで、政党の首脳部に彼らを取り込むことは問題ない[329]。他方で、党大会に対して職務による構成員がいることとは対照的に、首脳部に対して下位の団体が自動的に所属することは意味があるように見える。というのも、こうすることで、あらゆる団体の意思が継続的に、より上位の首脳部へと流れ込むことが可能になるからである[330]。しかし、ここでも人数制限が問題となり得る。首脳部の行動可能性を確保するという観点に鑑みると、その人数があまりにも多いものになることは許されない。他方、党大会による選出プロセスを経ていない首脳部構成員の数が多くともその全体の5分の1までとされていることに鑑みると、下位の団体の首脳部構成員が全てより上の次元の首脳部構成員に含まれ得ることもまた、人数の観点からして難しい[331]。

幹部会の構築についても同様の点が問題となる。幹部会構成員においても公職故に構成員となる者の数は、首脳部の場合の規定の類推適用において幹部会の全体の数の5分の1を超えてはならないと解されている[332]。確かに、そこでは首脳部による選挙があることによって、ある程度の民主的正統性は確保されているが、構成員会議や代理人会議からの直接の正統性が欠けていることについては補われえないからである[333]。

---

327 11条2項「首脳部には、規約の力を借りて議員や他の政党からの人物が属することができる。彼らがその公職、あるいは委任について、選挙から受け取った場合。9条4項に従って選ばれていない構成員の数は、首脳部構成員の全体の数の5分の1を超えてはならない。…」
328 *Ipsen*, a.a.O. (Anm. 28), Artikel 11, S. 82, Rdnr. 6.
329 *Heinz*, a.a.O. (Anm. 174), S. 132.
330 Ebd.
331 Ebd., S. 133.
332 *Ipsen*, a.a.O. (Anm. 28), Artikel 11, S. 88, Rdnr. 31.
333 Ebd.

最後に、政党法12条は、さらに政党委員会についても選挙されていない構成員の存在を認める。その数については、全体の構成員の数のうち3分の1にまで至ることが許されるとして、人数制限の上限が緩和されている。また、そのような更なる構成員をめぐっては、全体の構成員の数の半分に至るまで、審議する票を持つ形がとられる[334]。このように職務による構成員の数が政党委員会についてはより多く認められることについては、党大会と党大会の間になされる決定がこの委員会のみに委ねられているわけではなく、重要な問題については政党委員会以外でも意見が取りこまれていることがある[335]。

　ここまで、政党内の各機関に、「職務による」構成員が一定の割合までであれば参加することが認められること、そして、その「職務による」構成員には議員もまた含まれる場合があることについて参照してきた。議員が政党内の意思形成プロセスにかかわることは、本書の問題関心からすれば、議員が多様な民意が吸い上げられ、練り上げられるプロセスに関与することで何が反映されるべき民意かを見出すことができるという意味において「事実上の民意の反映」の要請の実質化に資するとともに、議員が自ら党内の意思決定に関与する機会を持つという意味において「命令的委任の禁止」の要請にも資するものである。したがって、ドイツの制度設計において、議員がオフィシャルに政党内の意思決定にかかわる道が確保されていることは参照に値する。

　ドイツにおいて、「職務による」構成員として議員が政党内の意思形成にかかわることについては、議員が持つ民主的正統性故に疑問視されない傾向にある。しかしながら、ここで注意すべきと考えられるのは、たとえ議員が政党内の意思形成にかかわるとしても、議員が政党内の意思形成を支配してはならないということである。さもなければ、党内で多様な民意が吸い上げられ、練り上げられるということはおよそ想定できなくなる。ドイツにおいては「職務による」構成員の表決権に制限をかけるという制度設計がなされ

334　*Heinz*, a.a.O.（Anm. 174）, S. 173.
335　Ebd. S. 174.

ているが、このような形で、政党内部の意思決定が議員らによって独占、支配されないようにするということは示唆的であるといえよう[336]。

第3節　総　括

　ここまで見てきたように、ドイツにおける政党内民主主義のあり方については、政党法、また各政党の規約において定められているところではあるが、実際に政党内民主主義がその設計の意図通りの形で機能しているのかについては疑わしい側面も存在する。例えば、政党内において実際には「上から下へ」と意思形成が起こるプロセスが生じていることは上で指摘したとおりである。また、学説においても、政党内民主主義が機能不全に陥っているとも指摘される[337]。政党の内部秩序は実際のところ、ドイツでも「非民主的」であり、その背後には、政党の自律権と政党内民主主義の間の相克が見られるとも指摘されるところである。そしてこれは、一般党員の中からより直接民主制的な動きを利用しようという動きが始まることに繋がっている[338]。このような政党内民主主義の理想と現実の乖離も踏まえつつ、ここまでの研究について、若干の総括を試みることとする。

　ドイツにおいて、全国民の代表の要請と政党内民主主義の間には一定の関係性が存在すると考えられている。もっとも、ここでは、議員が最終的に独立して判断を下すからこそ、政党内で議論をしたうえで合意形成をする必要がある、という説明がされる程度であり、それ以上に踏み込んだ説明はなされていない。そして、政党内民主主義に関する議論状況を踏まえたとしても、本書の考えるような「全国民の代表」の要請を確保するとの観点から、政党内民主主義をより具体的に位置づけるということはなされていない。

　もっとも、本書の着眼点は、政党内民主主義を通して政党内部に曖昧模糊

336　ここで筆者が述べたいのは、ドイツにおける表決権の制限という制度設計を本書の文脈に引き付けて読めばどうなるかということであり、ドイツの制度設計がそのような意図を有しているという趣旨ではない。
337　*Hans-Peter Vierhaus*, Die Identifizierung von Staat und Parteien – eine moderne Form der Parteidiktatur?, ZRP, Heft 12, 1991, S. 475.
338　彼谷環「ドイツ政党法制と政党内民主制」広島法学18巻3号（1995年）104-105頁。

としたそれ自体判然としない多様な民意が流れ込み、その民意同士がやり取りを重ね、そのやりとりの中に議員も入り込むことによって、議員が「より良く」民意をくみ上げ、反映することができる点にあり、その主眼である「多様な民意を取り込む」という側面は、ドイツの政党内民主主義に関する議論にも表れている。政党内民主主義についての古典的な定義である「下から上への意思形成」ということはまさに、一般党員レベルの意思を吸い上げるという意味において、多様な民意を政党内に取り込むことを目的としている。また、多様な民意をくみ込むことは、個別の局面に関する考察においても現れる。まず、政党に誰を受け入れ、政党から誰を排除するかという側面においては、直接的には政党に加入したい、残りたい者の利益が問題となっているものの、これを裏側から見るならば、政党内にどこまで多様な意見や利害を組み込み、残存させるのかという問題に繋がっている。すなわち、政党ができるだけ開かれたものであるべきと考えるのか、あるいは、政党が政党としての統一性、団結性を保持するために、党の方針やアイデンティティーにそぐわない、政党内を撹乱する人物については排除すべきと考えるか、という対立が反映されているのである。もっとも、政党への受け入れが認められるかどうかの局面においては、あくまで政党に加入したいものの観点から議論が展開されているため、他に加入できる政党の（実質的な）選択肢があるかどうかという議論の対立も見られるところであるが、これは政党内に多様な意見を流れ込ませるという筆者の問題意識とはいささかずれるものである。

　政党内に多様な意見を流れ込ませ、この民意同士がやり取りをする機会を設けるという本書の問題意識からしてもっとも参照すべきは、政党内の意思形成プロセス、機関の形成の側面であろう。そこでは、領域団体の設置、一定の事項について政党内の上層部だけで決定することができないように定められていること、首脳部が複数人から成るとされていることなどから、政党内部においてできる限り、少数の上層部による決定ではなく、一般党員による意見表明も可能な形で決定がなされ得るように制度設計がされている。政党内の区分けは、それが恣意的なものとなされないよう、領域単位でなされ、そのそれぞれにおいて構成員会議と首脳部が必置の機関とされているこ

と、そして、代理人会議を通じて理論上はもっとも下の次元から党員の意見がくみ上げられ得る体制が整っていることも、多様な民意をいかに政党の意思決定に取り込んでいくかを考えるうえで示唆的である。加えて、政党が文書の形で、規約や綱領といった一定のルールや方針を示すことは、政党の内外に対して、当該政党の方向性を示すとともに、党内プロセスが恣意的にゆがめられないようにするうえで意義を有している。そして、この規約や綱領がまさに政党の「傾向」を作るのであるから、これが民主的な手続きによって作られることが重要となろう。実際、除名に関して「原則」が何か問題となる局面においても、「原則」をなす綱領は政党のプロフィールを形成するものであり、これについては政党構成員が誰でも自由な議論においてかかわれなければならないとされている。

　そして、こうして行われる党内の意思形成に対して、議員が職務による構成員として、政党内の意思決定の場に参画することが可能になっていることは、議員がこの多様な民意同士のやり取りに自らかかわり、当該政党の意思形成を自ら行うことを可能としているのである。

　以上のようなドイツにおける議論が、本書の視点からしてどのように組み直され得るかについての検証は終章に譲ることとする。もっとも、ドイツの先行研究への参照を締めくくりにあたり、この段階において述べておくべきこととして、政党内民主主義の問題を考えるにあたってはそれが問題となる各側面ごとに分けて考察する必要があるということがある。本章においては、誰が政党の中で構成員となるのか（加入、脱退、除名）、政党内ではどのような機関を介して、どのような仕組みで決定がされるのか、政党が対外的、対内的に自身の方針やルールを示す文書はどのようなものか、といった側面から、政党内民主主義の具体的な設計のあり方を考察してきた。ドイツにおける政党内民主主義の実際の実現のあり方は、大部分が政党法や各政党の規約に依っており、その全体を貫く理念を見出すことは容易ではない。既にみたように、学説上においても「政党内民主主義」の最低限の内容が何か、については完全な見解の一致が見られるものではない。そこでは、一般的には「下から上への意思形成プロセス」が政党内で確保されることが求められ、さらに政党内少数派にいかなる権利を認めるかといった問題が政党内

民主主義の定義の外縁をめぐる議論として存在している。しかし、「下から上への意思形成プロセス」という最低限の内容すら常に妥当するものではないことはそこで指摘されたとおりであり、何が政党内民主主義の核心をなすのか、という問いに答えることは難しい。

　もっとも、ここまでの考察において、政党内民主主義全体、またそれが問題となる各局面について見てきた結果、何が政党内民主主義の実現に対抗する要素なのか、という観点から見れば、政党内民主主義の内実を解明することは一定程度可能である。まず、政党内民主主義全体で見た場合、それに対抗する利益となり得るのは、政党が外部的には統一したイメージをもつこと、そして内部的には一定の同質性、統一性を保つことである。これによって政党は政党として自らを保持することができ、そして他の政党との競争関係に入ることができるのである。このような特徴において、政党内「民主主義」の概念は国家における「民主主義」のそれとは決定的に異なる。もっとも、この外部的な統一性、内部的な同質性という要素も、政党内民主主義の局面ごとに分けて見た場合には、それが前面に出る場合と、後ろに後退する場面とで、違いが存在する。

　本章で取り上げた各局面について目を向けると、まず、誰が政党の構成員になるのか、という加入と除名をめぐる問題においては、先ほど述べたような、政党の外部に対する統一的イメージの保持と、政党内部において力関係を過度に揺らがせることなく、安定性を保つという政党内民主主義全体に対抗する利益が最も如実にあらわれることとなる。つまり、ここでは、政党内部に新しい勢力を巻き込むか、あるいは政党内部で異端分子となり得る存在を排除しないことによって、対内的には攪乱が生じ、また対外的には政党の統一的なイメージが害されることが、政党内民主主義に対する対抗要素となり得るのである。反面、政党内民主主義を促進する観点からは、このような異質な人物を政党内に取り込み続けるということは、政党内の競争を促進し、その寡占化、硬直化を防ぐという意味において重要である。つまり、ここでは、政党の内的安定性と外的な統一的イメージを害さない限りにおいて、広く加入が認められ、他方除名は狭く介されるべきである。もっとも、この政党の内的安定性と外的な統一的イメージを「害さない」というライン

がどこにひかれるのか、という点に関しては、複数政党制に対してどのような評価を与えるのか、つまり、ある政党に加入する（し続ける）ことができない場合、他の政党に加入したり、新しい政党を作ったりということがどれほど可能かということに関する評価と相まって、争いがあるところは上で述べたとおりである。そして、加入と除名を比較した場合、ドイツにおいては除名が党内の少数派を黙らせる道具として濫用される恐れに鑑み、除名については単なる政党内の多数派少数派関係に基づいてなされるわけではなく、政党の存続を脅かしたかどうかによって判断されるとの建付けの下、政党法上厳格な規定が置かれていた。

　第二に、政党内における意思形成機関の作り方が問題となった。ここでは、例えば領域団体の設置が求められることによって、政党の内部で各構成員が上層部からの恣意的な区分けの影響を受けることなく、等しく参加する権利を確保できるということが考えられていた。構成員会議や代理人会議の構成のあり方、またそこに留保された最低限の権限、首脳部が複数人から構成されることも同様である。他方で、全ての議事に対して全ての構成員が等しくかかわるということは、政党の内部での決定発見の効率性を害し、政党を機能不全に陥らせるものである。したがって、例えば代理人会議を用いることで全ての構成員が一同に会する必要性がなくなったり、あるいは、首脳部のような小規模な会議体、またこれよりは大きいものの「小さな党大会」にあたるような一般政党委員会を置くことで迅速な活動が可能になったりといった措置がとられている。また、（主に議員の関与という側面で扱った内容ではあるが）代理人会議や首脳部等に、「職務による」構成員を加入させることも、効率性確保の視点の現れである。これらの構成員が加わることで、より統一的、かつ専門的知識に基づいた決定が可能となるからである。つまり、ここでは、構成員の参加という要素と、政党の決定の効率性、統一性の確保という要素が対置されていると言える。また、ここでも政党内民主主義全体を貫く、政党としての対外的イメージの確保、対内的団結性の確保という要素も、効率性の要素と並んで存在している。というのも、政党がその内部でどのような意思形成構造をとるかということは、その政党自身のアイデンティティーのあり方と結びついているからである。

もっとも、ドイツにおいても政党の内部構造の設計のあり方については、それが適切に政党構成員による政策についての提案や議論を喚起しているのかは疑問が残るところである。実際のところ、例えばアデナウアーの下でのCDUは有権者がいかなる願望を持っているかということを意識するあまり、綱領に関する議論を諦めていた、であるとか、CSUの党大会は議論や投票の場というよりも観閲式のような場であったといった評価がなされている[339]。

　最後に、政党の対内的、対外的な姿勢の表明手段である規約や綱領については、これらの内容を文書で、誰からもアクセスできる状態で置くことが求められる一方で、その内容自体については、政党の傾向の自由から幅広い自由が認められていた。ここでも、政党の傾向の自由、統一性の維持という対抗利益が見られるが、その利益の実現は、政党のルールや方針について政党内外から関係者がアクセス可能であることと、という点において間接的な形ではかられている。

　そしてこうして形作られた政党内の意思形成のあり方に議員が「職務による」構成員として関与することができることで、議員が自ら多様な民意を踏まえて党内の意思形成に関与し、その限りで議員が政党の意思形成に拘束されるとしてもそれは自らの決定に拘束されているだけであるとの説明がつくようになる。もっとも、ここで問題となるのは、こうした「職務による」構成員をどの範囲まで政党内の意思形成にかかわらせるか、である。議員が政党内の意思形成にかかわることについては十分な民主的正統性が存在するが、しかし、仮にこうした「職務による」構成員が無制限に政党内の意思形成にかかわり、それをいわば独占するようになった場合には、政党の一番下の部分から幅広く民意をくみ上げる仕組みが成立しなくなる。ドイツにおいて、「職務による」構成員が表決権をもってこうした党内の意思形成にかかわることについて、人数制限が設けられているのはこうした意識からも捉え

339　*Joachim Jens Hesse, Thomas Ellwein*, Das Regierungssystem der Bundesrepublik Deutschland 10., vollständig neu bearbeitete Auflage, 2012, S. 296. SPDにおいては比較的党内の議論が機能しているが、これが政党内での派閥争いに繋がり、有権者の票を失うことにつながっているとされる（Ebd.）。

直すことができよう。他方、こうした「職務による」構成員が審議権のみを有している場合は、人数制限なく党内の意思形成にかかわることができるのは、議員をはじめこうした主体が、審議に加わるという限りでは党内の意思決定に多くかかわるとしても問題ないとの判断があるとも理解できる。

　以上のように、政党内民主主義の内実は、それが問題となる局面ごとに、それに対峙される利益との関係において、重心を変えつつ定義がされ得るものといえる。したがって、政党内民主主義の具体的な設計を考えるにあたっても、単に漠然と私的結社としての政党の自律性という点を対抗利益として考慮するのではなく、全体として政党の対外的イメージの確立と対内的な団結性、統一性の保持という利益があることを考慮したうえで、これに加えてさらに具体的に何が各局面において対置されているのか、を考察する必要があると言える。

終　章　日本法への応用可能性

　ここまで、ドイツにおける政党内民主主義の個別の論点について概観してきた。ここからは、上記の議論が日本法の下でどこまで応用可能であるかを検討する。

第1節　日本法の下での「全国民の代表」と政党内民主主義

第1款　本書における考察のまとめ

　ここで、本書のここまでの考察をまとめることとする。

Ｉ．代表制の意義と「全国民の代表」の要請
　代表制は繰り返し危機の時代に直面しているとされてきた。現在もまた、代表制は、代表制それ自体の意義を否定され得るという、ある種の危機に瀕している。
　しかし、筆者は代表制については依然として意義があるものと考える。その意義とは、社会が多元的であるということを前提に、代表者が国民に対して問いかけ、主導をすることで民意が形成、把握され、統一的な政策形成が実現されるということ、そして代表者が国民からの監視を受け、最終的に決定に対して責任を負う存在であるということである。
　このような意味において代表制の意義を捉えた場合、日本国憲法の下で、議員が「全国民の代表」であるとされることは重要である。「全国民の代表」とは、伝統的には命令的委任の禁止、すなわち議員がその選出母体から独立して判断を下すことが考えられてきた。しかし、選挙権の拡大によって、現実の民意もまた無視し得ないものとなったことにより、議員が現実の国民の

意思を反映しているかどうかということもまた、「全国民の代表」の意味するところと考えられるようになっている。これらの両要請は上記代表制の趣旨を発揮させるために不可欠なものである。仮に議員が何らかの外部の意思に盲目的に服従するのであれば、議員は自ら統一的かつ一貫した政策形成を国民への問いかけを通して行い、その決定に対して責任を負うということができなくなるのであり、その意味において代表制の持つ責任という要素が失われる。他方、議員が現実の民意をおよそ無視し、自らが考えるところの民意だけを追求するならば、曖昧模糊とはしているものの、現実に存在している民意から乖離した決定がなされることになり、これもまた代表制の前提を覆すことになる。したがって、代表制の意義を発揮させるためには、この「全国民の代表」の要請の持つ二つの意義を共にバランスよく発揮させることが必要となる。

　もっとも、現実においては、全国民の代表の要請は、命令的委任の禁止の側面においても、事実上の民意の反映の側面においても適切に機能を発揮しているか疑わしい。

　まず、命令的委任の禁止の側面との関係では、とりわけ政党との関係では、議員の独立性が発揮される場面は少なくなりつつある。議員は実際には自信が所属する政党からの党議拘束に縛られ、自身で完全に独立した判断を下すことは難しくなっている。この背景には、そもそも命令的委任の禁止の要請と事実上の民意の反映の要請が本来相反するものを内包する緊張関係にあるということが言えよう。言い換えれば、事実上の民意の反映の要請との関係において、命令的委任の禁止の要請は後退を迫られているのである。しかし、そうであるとしても、現在、議員に対する種々の影響力行使を全て断ち切り、再びかつてのように「独立した良識ある議員」の議論によってはじめて民意が生まれると捉えることも適切ではない。かつての制限選挙の下での時代とは異なり、既に存在する現実の民意をなきものとして扱うことは今日不可能であり、また適切でもない。その意味においては、古典的代表制の下で生まれた「議員の独立性」の要素について、これとは文脈の異なる現代における代表制の下で、再びそれをどのように確保するかが考察されなければならない。したがって、国民の間に漠然と存在する民意を、代表者からの

第 1 節　日本法の下での「全国民の代表」と政党内民主主義　313

問いかけと代表者の手元における統合の作用を通して形成し、それを改めて国民の側へとフィードバックすることで、絶え間なく修正がされるというプロセスを現実化する方法を考える必要がある。

　他方、命令的委任の禁止の要請にかわって前面に出たはずの事実上の民意の反映の要請についても必ずしも適切に機能しているとは言えない。ここでは、民意が複雑に個人化、多元化し、伝統的な形での政党によってはもはや代表され得ない民意がある中で、新たに出現したポピュリズムにおいてもはや多様な民意という代表制の前提が否定され、民意は単一であると考えられていること、また、日本における政党が国民の幅広い民意を必ずしも吸い上げられていないことを取り上げた。確かに、「民意が適切に反映されていない」という声が上がること自体は、何が民意であるかという代表制に常に付きまとう問いを体現したものであり、その限りで代表制の機能不全を表すものではない。しかし、そうであるからといって、代表者たる議員がそれ自体捉えがたい曖昧模糊とした、しかし現実に存在する民意から何をどのようにすくい上げるかについて、何らの制度的な担保もないことは適切とは言えない。憲法学において、議員の下に流れ込む多様な影響力については「事実上」のものとしてまとめて処理されてきたが、この「事実上」の影響力の内実、流れ込み方について、どのようなものであるべきか、考察されるべきなのである。

　このように、命令的委任の禁止の要請と事実上の民意の反映の要請、いずれもその意義を必ずしも発揮できていない背景には、政党の存在と行動様式がある。政党は議員の独立性を後退させるという意味において命令的委任の禁止の要請と関連し、また政党が必ずしも適切に民意を反映できていないという意味において、事実上の民意の反映と関連する。したがって、本書では、この政党という側面に着目し、政党のあり方を変えることによって「全国民の代表」の要請が実現されえないかを考察することとする。

　以上のような問題意識から参照される日本における先行研究は、命令的委任の禁止の要請の側面からは手島孝によるもの、また事実上の民意の反映の側面からは高橋和之によるものが挙げられる。まず、命令的委任の禁止の要請の側面において、手島は、政党が「全国民の利益」に資するものになれ

ば、たとえそれに拘束されるとしても議員は「全国民の代表」であるとする。この手島の見解は、政党に事実上拘束された議員にそれでもなお「全国民の代表」の要請を確保するという意味において示唆的なものである。政党が介在することで議員が生身の民意にさらされ、引きずられることが防がれるという点でもこの指摘は議員の独立性を確保する上で示唆的であろう。しかし、そこでは、仮に政党が「全国民の利益」に資する存在であっても、政党の決定に議員が一方的に拘束されるのであれば、依然として議員の独立性という意味における命令的委任の禁止の要請に反する状態は続くのではないか、また、政党がいかにして「全国民の利益」に資する存在になるのかという考察が必要であるように思われる。

他方、事実上の民意の反映の側面において、高橋和之は、多元的な社会において曖昧模糊とした民意の中から一般意思を見出すにあたって、議会の側でも市民の間でも討論や対話がなされることの重要性を指摘する。ここで高橋は政党に対して、重要な役割を与えている。政党が大きく2ブロック化し、政府・与党とこれに対峙する野党という形で議会において討論・対話のプロセスを経ることが強調されるのである。高橋の議論において指摘されるところの、一般意思を多元性の中から見出す困難さ、またそこにおいて政党が果たす役割の示唆は、本書の関心に沿うものである。しかし、本書の問題意識との関係においては、政党がいかにして国民内部の曖昧模糊とした民意を集約し、これを議会における議員相互の審議に引き上げるのか、その過程についての考察が必要であると思われる。仮に、政党がそのような役割を果たす方途が見いだされたとすれば、それは手島の言うところの「全国民の利益に資する政党」をいかにして確保するかという問いにも答えを提供するものとなろう。

Ⅱ．政党内民主主義という着眼点

以上のように、政党を軸として、「全国民の代表」の要請を実質化するとの問題意識から、筆者が着目したのが、基本法上、「全国民の代表」に関する規定と政党に関する規定を併存させるドイツの議論である。そこでは、「全国民の代表」とは何か、政党を前提としたうえで議論が展開され、ま

第 1 節　日本法の下での「全国民の代表」と政党内民主主義　315

た、「全国民の代表」と政党の関係についてどのように整合的に説明を加えるか、試行錯誤がなされてきた。

　まず、ドイツの「全国民の代表」論において特徴的なのは、「全国民の代表」が議会全体なのか、議員個人なのか、争いがあるところである。本書ではこの対立について、それぞれの論拠を確認したのち、本書の問題関心からすれば、究極的には議員個人が依然として「全国民の代表」である余地を持つべきであるとの結論を導いた。

　そのうえで、ドイツにおいて、「全国民の代表」の要請と政党条項の関係性についてどのように説明されてきたかを概観した。ここで注目に値するのが、Leibholz による見解であった。彼によれば、現在、国民意思は政党を媒介として初めて明らかにされるのであって、多数派政党の意思がすなわち一般意思なのである。Leibholz の議論においては、「全国民の代表」の要請は彼の言うところの政党国家現象の極めて極端な帰結を避けるという意義を持つに過ぎない。

　しかし、本書の考えるところの、曖昧模糊としたそれ自体判然としない民意から代表者が問いかけや主導をもって一般意思成る民意へと洗練をし、その結果について有権者の側から責任追及をされるという代表制の考え方に基づけば、Leibholz の見解は適切ではない。Leibholz の見解によった場合、議会はただ事前に各政党ごとに色分けされた「民意」を登録するだけの場所となってしまうからである。Leibholz の政党国家現象に関する指摘自体は妥当なものであるとしても、彼の言うように「全国民の代表」の要請をおよそ骨抜きにしてしまうことは適切ではない。

　そこで、「全国民の代表」の要請を、政党を活用することでむしろ促進するという本書の関心に沿うものとして、ドイツにおいてどのような議論があるか、問題となる。ここで筆者が着目したのが政党内民主主義の概念である。ドイツにおいては、政党内民主主義が確保されることと全国民の代表の要請の促進を連関させて考える見解が存在する。その見解によれば、議員が最終的に独立しているからこそ、議員を議会内で束ねることに関心を持つ会派・政党は事前に議員の意向に耳を傾ける、という意味で、全国民の代表の要請と政党内民主主義を関連させることが可能になるとされている。これは

翻って、議員が政党内の意思形成において耳を傾けられるからこそ、最終的に議員が政党の意思決定に拘束されるとしても、議員の独立性は害されることにならないという議論に繋がり得る。

このような意味において、政党内民主主義の確保ということは、命令的委任の禁止の要請との関連において意義を有し得るものである。他方、事実上の民意の反映の側面についても、政党内民主主義の確保によって、議会内に様々な意見が入りやすくなるという散発的な言及はあるものの、これについて詳細な分析はドイツにおいても存在しない。また、仮に政党内民主主義が「全国民の代表」の要請に資するものであるとして、「全国民の代表」の要請に資するという意味における政党内民主主義とはどのようなものであり、どのように設計されることが望まれるのかについては、議論がなされていない。ドイツにおける議論は、あくまで基本法上、「全国民の代表」に関する規定と政党内民主主義に関する規定が併存していることをどのように扱うかという点に終始しているのであり、政党内民主主義が「全国民の代表」の要請の実質化にどのように資するのか、踏み込んだ議論がないことはもちろん、政党内民主主義をどのように設計すれば、「全国民の代表」の要請が確保されるのかという点についても言及がない。

そこで、筆者は、この理論的な間隙を埋めるために、ユルゲン・ハーバーマスによる2トラック民主政の議論にまず、着目した。ハーバーマスの2トラック民主政論においては、議会のようなフォーマルな決定の場においては、ルーティーン的に、時間制限のある中で責任をもって決定がなされるのに対し、インフォーマルな公共圏においては各自が自由に、あらゆる意見を責任なく発言することができ、これらの意見の間で討論がなされることになる。公共圏においては様々な意見が発見されたうえで、フィルタリング、洗練され、これが公論となって「水門」を突破すれば、フォーマルな意思決定の場に流れ込むことになる。このようなハーバーマスの2トラック民主政理解は、曖昧模糊として多様な民意の中からいかにして共通の福祉を見出すかという本書の問題監視に沿うものである。しかし、ハーバーマスのこのような2トラック民主政論においては、政党の位置づけは消極的なものにとどまる。そこでは、政党が既に自立化、国家化しているという政党の現状に対す

第1節　日本法の下での「全国民の代表」と政党内民主主義　317

る諦念があると思われる。

　しかし、筆者はハーバーマスの2トラック民主政論を政党と接続することは可能であり、またその必要性があると考えている。ハーバーマスの議論においては上記のように、公共圏で討論を重ねる中で力を得た公論が「水門」を突破した際に、初めてルーティーン的な決定を行うフォーマルな場に流れ込むと考えられている。しかし、そのようなうねりを作り出すような公論には至らない、より小さな、組織化されていない声であっても継続的にフォーマルな意思決定の場に届く可能性を残すべきではないだろうか。確かに、ハーバーマスによれば、そのような小さな声もまた公共圏の中で討論を重ね、公論としてのうねりを得る可能性がある。そして、フォーマルな意思決定の場に小さな声までもが届くということはルーティーン的に多数の事務を処理するそのような場にふさわしくないとも考えられよう。しかしながら、小さな声が生身で議会の場に全て届くとなれば、ハーバーマスの懸念も妥当するであろうが、そうではなく、他の意見とやり取りする場を設けられたうえで、最終的に場合によっては議員の下に届く、そのような可能性を制度的に担保する必要性は依然として残ると考えられる。そして、このような要請を政党が果たすためには、ハーバーマス自身が『公共性の構造転換』の初版において述べたように、政党の内部構造を民主化することが必要となる。もっとも、ここでの政党の内部構造の民主化という構想は、共通の紐帯を持つ政党構成員同士がいかに党内でやり取りをする可能性を持つか、という点に焦点があてられたものである。

　このような政党に異論を取り込む必要性については、集団内部の意思決定に関する研究からも裏付けられる。これは、集団浅慮や集団極化といわれる問題である。集団内部で意思決定をする際、一定の条件が揃えば、集団は全体として特定の見解に流れやすい。ここでは集団内部で批判や異論が呈される可能性が低減するのである。そして、政党は常にではないが、その本来的な同質性の高さからして、集団浅慮、集団極化を起こしやすい集団である。そこで、政党に対して、真摯な異論を取り込み続けることが重要となるのである。

　このような考察の可能性があることは、政党の日独における位置づけから

も補強される。確かに、政党は私的結社であるかどうかというところから政党の位置づけに関する議論が始まっている日本とは異なり、ドイツにおいては政党が基本法上その位置づけを得ているということがあり、この限りにおいて日独の政党概念をやみくもに同視することは適切ではない。しかしながら、本書の文脈においては、ドイツにおいても政党はそれ単独で国民内部の「共通の福祉」を全てカバーするものとしては捉えられていないことが重要である。言い換えれば、政党はあくまで自身が考えるところの「共通の福祉」を追求するのである。そして、そのような政党を他の結社一般から分かつのは、主として、政党が選挙を通して公職の担い手を送り出すということ、そしてそれと関連して、副次的に、政党が単一の問題のみを扱うのではなく、選挙で戦うにあたって様々な政策について統一的な方針を示すという点である。このような意味、とりわけ政党が選挙に候補者をたてる意味における政党の「特別性」については、少なくとも選挙制度改革以降の日本の政党についても当てはまる。したがって、現行の選挙法制を前提にすれば、日本においても、政党に対して、国民内部の意見を小さなものでもすくいあげ、他の意見とのやりとりにおいてフィルタリングし、これを議会の場に届ける可能性を付与するという、ハーバーマス的な２トラックを繋ぐ役割を付与することはあり得ることである。

　以上の考察から、「全国民の代表」の要請の現実化と政党内民主主義の確保という要素の間の連関が見出された。つまり、ドイツの先行研究において主に論じられている、議員の独立性、命令的委任の禁止の側面においてのみならず、半代表、多様な民意の反映という側面においても、政党を介して幅広い民意が吸い上げられ、その民意同士が議員も交えてやり取りを重ねることで、議員が反映されるべき民意を見出すことができるという論理構造において、政党内民主主義が役に立つのである。しかし、政党の内部を民主化すると言っても、そこで焦点を当てられる事柄やその強度は様々である。本書との関係で重要なのは、政党があくまで自身とは異なる異論に触れ続け、その異論を内部に取り込み、内部で表出させる必要があるということである。しかし、政党があくまで、自身の考えるところの「全国民の利益」を追求する主体である以上、個々の政党に対して、国民内部のあらゆる意見をバラン

第1節 日本法の下での「全国民の代表」と政党内民主主義 319

スよく取り入れ、国民全体の共通の福祉の実現に資するよう求めることは適切ではない。したがって、政党に求められる「内部民主化」とは、常に政党が自身とは（やや）異なる異論を取り込み、その異論を自身の内部で他の見解とやり取りさせ、議員にそのやり取りにかかわらせるというその程度のことなのである。

　以上のような考察を踏まえ、筆者は、政党内民主主義を活用することで「全国民の代表」の要請を実質化するという構想と提起する。確かに、全国民の代表の要請との関係において、政党は伝統的にはむしろ異物であるととらえられてきた。しかし、「全国民の代表」の要請には、議員が独立性を保ちつつも、多様な民意を反映するという、時に相反するような極めて難しい任務が課されているのであって、これについて議員が何らの担保もなく、自身で適切なバランスを保ち、実質化を図るということは期待できない。かつてのように議員が生まれながらにして「優れた」人物であるわけでもなく、また国民内部の多様性が一目見ただけではわからないほど複雑化している今日では、とりわけ議員が、いかにして「全国民の代表」の要請を担い続けられるか、制度的な後ろ盾が必要になるはずである。その後ろ盾の役割を政党が果たすことができるような制度設計として、異論を取り込むという意味での政党内民主主義が有益である。繰り返しになるが、政党内民主主義は、命令的委任の禁止の側面においては、議員が最終的には独立性を有するからこそ政党内で議員自身の意見が聴取される、そうして行われた政党の意思決定に議員が拘束されるという限りにおいて、議員の独立性の要素がぎりぎり保ち得るものである。また、事実上の民意の反映との関係においても、政党に対して社会の中の様々な利害や意見が流れ込み、これらの意見同士が政党内部でやり取りを重ね、そのやり取りに議員もまたかかわるということがあれば、議員が曖昧模糊とした掴みがたい民意から反映されるべき民意を見出すことが後押しされよう[1]。

---

[1] もっとも、筆者としては、憲法43条1項の「全国民の代表」の要請を現実化する一つの手段として政党内民主主義を促進するという制度設計があり得ると述べるのみであり、政党に所属しない議員の存在や、その他の手段によって議員が独立性を確保する可能性、また、議員の下に政党以外の形で流れ込む様々な利害や意見といったものを否定する趣旨ではない。

このような問題意識に立脚した場合、本書で求められる「政党内民主主義」とは、政党内部に異論が取り込まれ、その異論が他の意見とともに政党内でやり取りされ、そのやり取りに議員がかかわる可能性が残るという意味におけるものである。それでは、そのような意味における政党内民主主義とはどのように設計されるべきだろうか。この問いに答えるため、本書ではドイツにおける政党内民主主義の内実をめぐる議論、またその個別の設計のあり方について考察を行った。なお、ここで問題となる「政党内民主主義」とはあくまで政党内に異論という「意見」を取り込む可能性を意味することから、候補者の擁立や政党内の公職者の選出といった「人」に関する側面については本書では取り上げなかった。

Ⅲ. ドイツにおける政党内民主主義に関する考察から引き出され得る結論

ドイツにおける政党内民主主義に関する運用を見た場合、明らかになったのは、ドイツにおいても、「民主主義」概念がそもそも持つ不確定さに由来して、政党内民主主義が何を意味するものか、ということについては争いがあり、その設計の方法についての議論は一義的ではないということであった。もっとも、そのような議論状況の中で浮かび上がった、政党内民主主義の実現に対抗する利益は、傾向を持った組織としての政党の統一性の維持ということであった。政党が他の政党との競争関係において、国家権力の獲得を目指すものである以上、政党は自身のプロフィールというものを外部に対して明確に持たなければならない。それゆえ、そのプロフィールを毀損する可能性のある内部での紛争については、本来許容がされづらいものとなる。また、政党がその内部において統一性を保ち得なくなった場合には、政党自体が瓦解する可能性もあることから、政党は内部的にも一定の同質性を持つ必要がある。このように、政党内民主主義をどの程度まで認めるかについては、大きく見た場合、政党に異論を少なからず取り込むという本書の関心からすれば、異なる意見を持つ者であっても既存政党に受け入れる必要性があることと、他方で政党側として自身の目的を達成するためには一定の統一性を保持する必要があるということの間で、衡量がなされていると言える。

しかし、より詳細に見るならば、政党内民主主義をめぐって問題となり得

第1節　日本法の下での「全国民の代表」と政党内民主主義　321

る要素は、その局面ごとに異なるものである。ここで筆者は、まず政党内に多様な民意を取り込み、その民意同士のやり取りを可能にするという事実上の民意の反映の要請の側面から、政党に誰を構成員として受け入れ、誰を排除するかという受け入れと除名の側面、政党内でどのように意思決定にかかわる機関、ルールが設定されているかという意思決定プロセスの問題、そして、政党の姿勢を内外に示す規約や綱領といった文書の問題を取り上げた。

　ここでは、第一に、政党に誰を加入させ、また政党から誰を排除するかをめぐっては、一方では、政党内部に多様な人々を包摂することで国民の国政への関与を可能にするという視点、他方では、政党が一定の異質な人々を受け入れない（あるいは排除する）ことによって、政党内部の攪乱を避け、また外部的にも団結して競争に挑むことができるとの要素が対立していた。ドイツにおいて、政党がどこまで異質性を包摂すべきかをめぐるこの争いでしばしば決定的な要素として登場していたのは、他の政党への加入、結成の可能性が残るかどうかということである。すなわち、そこでは、複数政党制が前提とされている以上、他の政党に加入する可能性があるならば、「その」政党が必ずしも異物を飲み込む必要はないという議論が存在したのである。もっとも、このようなほかの加入できる政党があるかどうかという論点は、本書における、政党に異論を取り込むという観点からは重視されないことはのちに述べる。

　つづいて、政党内部での組織構造や意思形成プロセスをめぐっては、政党の統一的イメージや団結性の保持の問題に加え、各個人ができるだけ政党内の意思形成にかかわることができるよう、「参加」を可能にするシステムを構築するという利益と、政党内の意思形成を迅速かつ効率的に行っていくという観点から、全ての議題に全ての構成員を等しく関与させることは難しく、時には民主的な決定プロセスを犠牲にしなければならないという効率性の観点からの対立もまた生じてくる。そこでドイツにおいて構想されていたのは、一方では、例えば領域ごとの区分けを活用することで、恣意的な区分けをされることなく、全ての党員が党内の一番基礎部分においては発言権を実質的にも持ち得ること、首脳部などの組織を複数人からなるようにし、その構成員も定期的に交代するように求めることで、各党員からの異論が党内

に流れ込む道が政党上層部によって抹殺されないようにするということ、他方で、代理人会議や小規模な会議体を導入すること、「職務による構成員」の仕組みを取り入れ、党内の異なる会議体同士をいわば繋ぐ方途を確保することで、政党内の意思形成の効率化、機動性をもまた図るということであった。

最後に、政党の対内的、対外的な姿勢の表明である規約や綱領などについては、これが明確に誰からもわかるものであるよう、文書で規定することが求められていた。他方、その内容自体については最低限の要請はあるものの、政党の方向性自体を決するような内容面上の制約はドイツにおいても存在しない。ここでは政党の内外に対して、当該政党のルールや方針を明確にするということが求められている一方で、それによって政党の傾向の自由が害されることがないようにとの配慮もなされていると言える。また、これらの規約や綱領といった文書が政党の傾向を形作るものであることを考えると、その制定や改正には指導部だけではなく、一般の党員が関与する余地が必要となる。

第二に、政党内部のそのような多様な民意のやり取りに議員が自ら関与し、そして政党内の意思形成に議員がかかわる可能性を担保するという点において、政党内の各会議体への「職務による構成員」の制度について取り上げた。この「職務による構成員」として議員が政党内の各会議体にかかわることは、政党内部レベルでの意思決定を国家レベルの意思決定へと切り替えるために重要な役割を果たすとも指摘されるが、これは本書の問題関心であるところの、議員が「全国民の代表」として、多様な民意を意識しつつも最終的には独立して、自らの決定として判断を下すというあり方を確保するためにあり得る制度設計のあり方といえよう。もっとも、ここで配慮がなされているのが、「職務による構成員」の表決権数を一定程度に制限するということである。確かに、議員が政党内の多様な意思のやり取りに自らかかわり、そこから政党内の意思決定を自ら行うことは、事実上の民意の反映の要請の意味においても命令的委任の禁止の意味においても「全国民の代表」の要請を実質化することに繋がるだろう。しかし、だからと言って、政党内の意思決定が全て議員によって独占されるとなれば、これは政党内部における

多様な民意のすくい上げとやり取りということ自体を阻害することになる。ドイツの政党法上、こうした「職務による」構成員について、審議権を持つ構成員の数は制限されないものの、表決権においては制限されるというのは、本書の関心にひきつければ、こうした独占を防ぐ方法とも読み取り得る。ドイツにおける、「職務による構成員」の表決権数の制限というあり方が適切なものであるかどうかはさておき、議員を政党内の意思形成プロセスに関与させることと、議員が政党内の意思形成プロセスを独占、支配しないようにすることの間の均衡が求められるのである。

　以上のように、政党内民主主義に対して対抗する要素が局面ごとに異なることに鑑みれば、政党内民主主義全体に通底する要素を一つのみに絞り切ることは困難であるように思われる。そして、実際、そのような政党内民主主義全体を貫く要素を無理に挙げることは、適切ではないように思われる。ドイツにおいてしばしば、そのような政党内民主主義全体を貫く要素として挙げられる「下から上への意思形成」という要素についても、政党によっては「下から上」「上から下」相互の意思形成が行き来していることを軽視するものだと批判される。政党内民主主義全体に対する批判として、政党内部の意思形成プロセス、組織構造の作り方はまさにその政党のアイデンティティーとかかわるものであり、これに対して一つのあり方を強制することは政党の自律性を脅かすものだとの指摘がされることも多いが、このような指摘を回避するためにも、問題となる局面ごとにどのような利益が政党内民主主義に対して対置されるのか、きめ細やかに判断すべきである。

第2款　日本において政党内民主主義の何をどこまで求められるのか—理論的可能性

　それでは、以上のような、政党内民主主義の考え方について、日本法の下に何をどこまで応用できるだろうか。

Ⅰ．政党内民主主義を日本国憲法の下で求められるのか

　日本国憲法の下で政党内民主主義を求められるかについては、日本の先行

研究においては、政党の「公的」性質や「私的」性質といった政党の地位に関する議論から論じられる傾向にあった。確かに、政党以外の結社にもあまねく内部の民主政を求めるということは結社としての活動を困難にするものである以上、なぜ政党にのみ内部構造の民主化が求められるのか、という問いに答える必要がある。しかし、この点については、政党の地位について抽象的に論じるのではなく、むしろ政党が法的な制度設計を基礎に、実際の政治において占める地位という観点から考えられるべきである。ドイツにおいては政党が選挙における候補者の擁立に当たって不可欠な地位を占めていることが主として他の結社との重大な相違点として挙げられていた。したがって、日本においても選挙法、議会法の設計上、政党にこのような地位が与えられているとするならば、政党の「公的」「私的」地位について抽象的に論ずるまでもなく、日本の政党に関してもその内部構造に民主性を求めることができると言えるのではないかと思われる。

したがって、本書は「全国民の代表」の要請から政党に対し、異論と触れ合い、異論を包摂するという意味における「内部民主化」を求めることとしたが、これは憲法43条1項の要請のみからストレートに引き出されるものではない。そこにはあくまで、現行の選挙法制上の政党の特権的位置づけという媒介項が挟まっているのであり、仮に選挙法上、政党を前提としない選挙制度が構築された場合には、本書の結論は変わり得る。

II. 何をどこまで求められるか

しかし、実際に日本国憲法の下で、政党内民主主義のあり方を設計するにあたっては、上記のようにドイツにおいても、政党内民主主義が問題となる局面ごとに異なる対立利益があることを考慮すべきである。すなわち、単に漠然と私的結社としての政党の自由や自律性ということと、政党内民主主義の促進が対置されるべきではなく、個別の局面ごとに、政党内民主主義に対置される利益が何であるかについて、注意が払われるべきである。加えて、日本法の下では、政党内民主主義について直接規定した条文がなく、本書のアプローチにおいてもそれはあくまで「全国民の代表」の要請という憲法43条1項の要請から引き出されるということからも、ドイツの議論との相

違が存在するであろう。

　まず、前提として、ここで問題となる「政党」の定義については、議会選挙に候補者を擁立する団体ということになろう。上記のように、日本の政党に対しても政党内民主主義の要請を及ぼし得る決定的なメルクマールは、これが議員を生み出す可能性のある組織であるということである。他方、ドイツにおいてしばしば挙げられる、政党と他の結社との違いとして、単一の利害を追求するか、幅広い政策パッケージを提示するかという点もまた存在する。しかし、この点に関しては、サンスティーンの議論によれば、団結してはじめて声を届けられる少数派も存在することを考えると、包括性を欠くワンイシュー政党や地域政党をそれだけで排除することにはならない。そして、およそワンイシューを追求する政党であっても、選挙において持続的に勝利を重ねるためには幅広い政策パッケージを提示するように自然と転換する可能性も存在する。したがって、本書の構想においてはそうしたワンイシュー政党や地域政党が異論に開かれている必要はあるとしても、スタート地点において包摂性が欠けること自体は問題視しない。

　そして、本書の考える「異論に触れ続け、異論を内部に取り込み、異論と他の意見とのやり取りを議員も含む形で行う」という意味における政党内民主主義を実現するためには、以下のような設計のあり方が考えられ得る。

1．加入と除名

　まず、政党内部に異論が取り込まれる段階においては、政党に誰を受け入れるのか、また政党から誰をどのようなときに排除するのかという、受け入れと除名の問題が現れる。ここでは、極論まで異論を受け入れるべきと考えるのであれば、政党はあらゆる加入希望者を無条件に受け入れなければならず、他方誰であっても除名をしてはならないということになりそうである。しかし、政党が誰を構成員とするかという問題に対置される利益として、すでに述べたように、政党の内的な安定性、外的な統一性の保持というものがあり、これが極端に害された場合には、政党が政党として活動すること自体難しくなる。政党は傾向を持った組織として他の政党と競争関係に入る存在なのであり、それ故あらゆる政党が誰でも無条件に受け入れなければ

ならないというのは、政党のそのような性質を害し得るものである。そこで、一定の場合には政党が加入希望者の受け入れを拒むことができる、他方、除名をすることができると考えるべきである。

　まず、加入希望者の受け入れについては、ドイツにおける議論を踏まえた場合、日本の選挙法や議会法上、複数政党制や新しい政党を樹立する可能性がどの程度あるかによって左右されることになるとも考えられそうである。つまり、ある政党に受け入れを拒まれたとしても、他の政党への加入という選択肢や、新しい政党を作るという選択肢が残されている場合には、異論が他の政党のチャンネルを通して他の議員の下に届く可能性は残されており、その点において、受け入れを拒むことが正当化され得る可能性がある。しかし、政党が常に異論に触れ続け、議員のもとに多様な意見が流れ込むようにするという本書の問題意識からすれば、他の政党に加入できる、他の政党を樹立できるというだけで、加入希望者の希望を直ちに政党が退けてよいということにはならない。さもなければ、およそ異論に触れることを拒絶する個別政党が乱立するだけの状況を生むだろう。したがって、「その」政党にできる限り異論が取り込まれるべき、となるのであって、受け入れを拒むことができるかどうかは、加入希望者を受け入れることによってその政党自体の統一性が脅かされるかどうかという点において判断されるべきである。したがって、例えば単に政党内部で批判的な発言をしそうであるとか、新しい加入者によって党内の均衡が変わるといった程度で、加入を拒むことは許されないことになる。その場合、政党の内部において異論が表出されるとしても、政党自体の存続は脅かされないからである。他方、加入希望者が最初から政党の利益を一顧だにしない場合やむしろ政党を攪乱しようとする場合、例えば、ある政党に加入したにもかかわらず、競合する他の政党の候補者となったり、候補者を支援したり、対外的に政党の方針について、党の存続を脅かすに至るような非難を加えたりといった場合については、加入を拒絶することで政党の統一性、安定性を守ることが考えられる。

　続いて、加入の問題とは異なり、除名については、これが単に政党内で好ましくないものを外部に放り出すという手段として機能するのではなく、政党内にとどまった者に対しても、異論を述べることで除名がされるかもしれ

第1節　日本法の下での「全国民の代表」と政党内民主主義　327

ないという萎縮効果をもたらすものであることからさらに厳密な考慮が必要である。除名は政党構成員に対する最も強い制裁であり、これがあまりにも容易に用いられることは、政党内部に仮に異論が取り込まれても、この異論が封じられるということに繋がり得る。したがって、政党構成員の除名が許される場合については、単に政党内でそのものが少数派の立場にあるというだけでは足りず、その者の存在が現実に政党に内的安定性、外的統一性を決定的に害するという論証がなされることが必要である。この際、加入の場合とは異なり、除名については政党構成員に対して、異論を示すにあたっての萎縮効果をもたらす危険を孕むものであることから、何をすれば除名の要件に該当するかについては、事前に文書の形で出来る限り明確に示される必要がある。

2．党内の意思形成の仕組み

続いて、政党内部で実際に取り込まれた異論が表出される可能性についてである。ここでは、政党内の組織構造の作り方、また、意思決定プロセスの作り方が問題となる。ここにおいては、極論を述べるならば、政党内のあらゆる決定について全ての構成員が平等に発言権、表決権を持って参加するということがあり得る。しかしながら、そのような制度設計に対抗するのは、政党の意思形成過程の設計のあり方が党としての傾向を示すものだという要素に加えて、とりわけ政党内の意思形成の効率性確保という要素である。

したがって、政党構成員が異論を表明できる可能性と、政党内の意思形成過程を効率化する必要性の間で均衡をとるにあたっては、まずは前者の観点から、最低限政党内の意思形成過程に全ての構成員が関与する可能性がどこかで保持される必要がある。ドイツにおいて、政党が領域団体に分けられるとされていたことからは、政党内をできるだけ恣意性のない形で切り分け、その内部において政党構成員の発言の機会を与えるという意図が読み取れる。一部の重要な決定については、政党構成員が代理人を派遣するという間接的な形であれ、決定権を保持することとされていることについても、同様の趣旨と理解できる。

反面、ドイツにおいては効率性を確保する観点から、全ての構成員が参加

する構成員会議のみならず、代理人が派遣される形で構成される代理人会議、またより機動的に活動ができる小規模な政党委員会、政党の事務処理を率いる首脳部やその中から構成される幹部会等の機関が置かれており、それぞれが行うことができる事柄について、一定の範囲においては法律で、一定の範囲においては各政党の規約で規定される形が採られていた。ここでも、政党が効率性の観点に過度に傾くことがないよう、例えば首脳部や幹部会は複数人から成り、比較的短いスパンで交代させられること、政党委員会でできる事務については限定がされていることといった歯止めが設けられていた。

　もちろん、ドイツにおいても現実には政党内部で寡占が進んでいると指摘されるところであり、ドイツにおける政党内の組織構造、意思形成プロセスを日本にそのまま持ち込むべきとの主張は不適切である。しかし、政党内で異論が表出される可能性を担保するという観点においては、単に政党内において各構成員に平等な発言権が保障されるというだけではなく、政党内部において構成員の意見が吸い上げられる仕組みが作られるべきという問題意識自体は参照に値するだろう。もっとも、ここで効率性の要請については、団体はおよそ寡占化するという政党内民主主義の基底にある考えに基づけば、あまり考慮する必要はないかもしれない。すなわち、政党は自然とその意思形成過程を効率化するのであって、筆者の問題意識であるところの、全国民の代表の要請の観点から政党内に多様な異論を包摂するという観点から、問題となるべきはどの点においては効率化されてはならないのか、という点のみであり、その限りで何を一般の政党構成員の手に残すのかという点を中心に検討がされるべきである。

　最後に、規約や綱領といった政党の対内的、対外的な方針の表明についても、そこで記載すべき一定の内容、また記載を文書の形とし、公開を求めることは、政党の内部にどの程度、いかにして異論が取り込まれ得るかを明示するという意味で意味があると言える。もっともここでは、やはり政党の傾向の自由という要素からして、規約や綱領で記載されるべき実体的な内容についてまで幅広く法的に規制するというのは適切ではなく、その制定手続きが民主的なものでなければならないというのである。

3．議員が政党内の意思形成プロセスにかかわる可能性

そして、「全国民の代表」の要請からすれば、これらの政党内の意見のやり取りの場に議員がかかわる可能性が付与されているということもまた重要である。ドイツにおいて議員が「職務に基づく構成員」として党内の様々な意思決定の場に参加できることは、党内の意見調整と議会での動きを事前にすり合わせるという効率性の側面に基づくものであったようであるが、本書の問題関心からすれば、このようなやり取りが可能となっていることは、まさに議員が国民内部の多様な意見とそのやり取りに自らがかかわり、何が国民意思であるかを見出すためにも有益であると言える。しかし、そこでは議員があくまで政党内の多様な民意のやり取りに「関与」することが重要なのであり、これを超えて議員がそのようなプロセスを支配、統制することまでは許されない。そのような場合、およそ政党内部に取り込まれた多様な民意がやり取りされる可能性が失われることになるであろう。ドイツにおける「職務による構成員」の表決権の制限というあり方は、実際の設計方法として適切であるかどうかはさておき、そのような相克に対処しようとするものとしても捉えられるという点で示唆的である。

反面、ドイツにおける議論では明示的に表れてはいないが、議員が政党構成員から持ち上げられてきた民意に拘束されないようにすることもまた重要である。議員が政党構成員の意思に拘束されるとなった場合、これは直截的に命令的委任の禁止の要請に反するとともに、政党全体が現在の党員の主張とは異なる異論を受け入れにくい、硬直化した組織になることに繋がり得る[2]。したがって、重要なのは議員が政党内の意思形成過程に参加し、そこで行われる生の民意同士の継続的なやり取りに「かかわる」ことなのであり、こうした民意に議員が「拘束」されることは避けられるべきである。繰り返しになるが、本書において述べるところの「政党内民主主義」とは、一般の党員のレベルから機械的にくみ上げられた民意に議員ががっちりと拘束されるということではなく、政党内に緩やかに異論が入り込み、その異論が

2　日本において、かつて社会党が硬直化した原因について、このような問題があったことを述べるものとして、第1章注139を参照。

他の民意とやり取りを重ねる過程に議員が関与するという次元のものにとどまるのである。

4．結

以上のような設計を梃として、政党が異論に触れ、異論を取り込み、党内で異論同士のやり取りを議員も交えて行うという、「全国民の代表」の要請を促進する意味における政党内民主主義の実質化が可能となると思われる。しかし、筆者が政党に対して求めるのは、異論を取り込み、それを党内に流し込むという点だけであり、それを超えて例えば政党が、党内のあらゆる少数派の声にも重みをつけて意思決定をしなければならないというわけではない。加えて、各政党が、自身の政党としての傾向が脅かされる次元に至るまで、あらゆる異論を幅広く自身の中に包摂することまでも求めるわけでもない。ここで問題となっているのは、あくまで政党が常に自身に近いところにある異論に開かれている、その可能性が残されているということなのである。

第2節　日本の現状との接合可能性と残る課題

第1款　日本の現状との接合可能性

上記のように、理論的には、「全国民の代表」の要請から、法律上の現行の政党の位置づけを介して、政党内民主主義の要請を日本国憲法のもとにおいても一定の形で求められるのではないかということが明らかになった。しかし、最後にそのような構想が日独における政党の位置づけ、役割をめぐる現実の相違を踏まえたうえでどのように妥当するのか、検討する必要がある。

Ⅰ．国民意思の反映のチャンネルとしての政党の位置づけの違い

第一に問題となるのが、国民意思をくみ上げるチャンネルとしての政党の

位置づけという点である。ドイツにおいては少なくとも伝統的には、いわゆる国民政党がそれぞれの角度から幅広く民意を包摂していると考えられてきた。ドイツにおいては、例えばアメリカにおけるのとは異なり、政党は選挙における候補者の提案に主にコミットするだけのものではなく、自身の目的を達成するとともに、多数派を形成するために、綱領を提示し、活動し、支持者を募るものと考えられている[3]。この意味において、ドイツの大政党は、可能な限り多様なスペクトルをまとめることを求められてきた[4]。ドイツの政党内民主主義をめぐる議論もこうしたドイツの「政治文化」を反映していると考えられるのであり、日本においてそのような政治文化があるかどうかを棚上げしたうえでドイツの議論を参照することは問題であるとも考えられ得る。

確かに、ドイツにおいては、少なくとも伝統的にはCDU（＋CSU）とSPDの両政党が幅広く党員を獲得し、「国民政党[5]」としての地位を樹立してきたと考えられる[6]。SPDが1969年のFDPとの連立による政権獲得、またブラントの建設的不信任を経て、自らが示す新しい政治的なテーマの方向性について人々を動員することができ、新たな構成員を獲得したのに対し、CDUもまた、SPD、FDP政権への対抗軸という観点から政党の改革を進め、自党の輪郭を明示するとともに、新たな構成員を幅広く受け入れようとした[7]。このようにCDU/CSUとSPDは誰に対しても開かれており、国民政党という名の下で、政党内の意思決定プロセスに対して多様な人々が参加するチャンスを保障した[8]。両大政党はそれぞれ特定の社会階層や利益団体に重心を置いていたが、それでも一般的にその綱領をもって全国民にアプロー

---

3 *Peter Haungs*, Parteiendemokratie in der Bundesrepublik Deutschland, 1980, S. 17.
4 Ebd.
5 国民政党としてのドイツの両大政党の位置づけとして、Ebd., S. 63 ff; *Karlheinz Niclauß*, Das Parteiensystem der Bundesrepublik Deutschland, 1995, S. 24 ff.
6 *Joachim Jens Hesse, Thomas Ellwein*, Das Regierungssystem der Bundesrepublik Deutschland 10. vollständig neu bearbeitete Auflage, 2012, S. 320.
7 *Oskar Niedermayer*, Die Entwicklung der Parteimitgliedschaften in der Bundesrepublik, in: *Ulrich von Alemann, Martin Morlok, Tim Spier*（Hrsg.）, Parteien ohne Mitglieder？2013, S. 23 f.
8 *Hesse, Ellwein*, a.a.O.（Anm. 6）, S. 296.

チを試みていた[9]。

　もっとも、ドイツにおいても伝統的に政党が国民意思を幅広く包摂してきたというとしても、その党員数については、1983年においても約200万人（有権者の4.1％）程度であり、さらにこれは2016年には120万人（1.9％）にまで減少している[10]。政党構成員が必ずしも全員活動的というわけではないことを考えれば、政党が社会の「根っこ」部分から離れつつあるとも言える[11]。政党党員の中に国民の多様性がバランスよく包摂されているかというとそれもまた必ずしも正しくはない。政党の党員構造は、男性、高齢者、学識経験者や公職者といった層が過剰代表されており[12]、政党が必ずしも幅広く全ての国民を党員として組み込んでいるわけではなかった。加えて、ドイツにおいても近年は、既存政党によって包摂されない代表制の穴を埋めるとの観点から新たな政党が登場するという、断片化の傾向がみられてきており、かつては緑の党、そして現在ではAfD（ドイツのための選択肢）といった新興政党が現れてきている[13]。こうした政党の細分化によって、従来幅広く様々な利益を統合してきた伝統的な政党のあり方とは対照的に、その綱領が極端な自身の有権者の方を向いている小政党の意義が増大した[14]。加えて、政党の断片化は政党の分極化もまた生じさせ、それゆえ連立の可能性が限られる状況となっている[15]。少なくとも緑の党に関してはその先鋭性が弱まり、政権担

9　*Eckhard Jesse*, Parteien in Deutschland. Ein Abriß der historischen Entwicklung, in: *Alf Mintzel, Heinrich Oberreuter*（Hrsg.）, Parteien in der Bundesrepublik Deutschland, 1992, S. 78.
10　*Frank Decker*, Parteiendemokratie im Wandel, in: *Frank Decker, Viola Neu*（Hrsg.）Handbuch der deutschen Parteien, 3., erweiterte und aktualisierte Auflage, 2018, S. 28. 政党が構成員を失った背景には、社会の個人化や政党以外の政治的参画のチャンネル、非政治的な娯楽の出現などが挙げられる（*Niedermayer*, a.a.O.（Anm. 7）, S. 18, 25 f.）。加えて、そもそも政党構成員の60-85％が政党政治的に受動的であり、活動的な構成員も政党での構成員会議にそれほど意味を見出していないという指摘として、*Hesse, Ellwein*, a.a.O.（Anm. 6）, S. 300.
11　*Helmuth Schulze-Fielitz*, Die Integrationskraft politischer Parteien im Wandel, in: *Julian Krüper*［et al］（Hrsg.）, Parteienwissenschaften, 2015, S. 110 f.
12　*Uwe Volkmann*, Die Bedeutung der Parteimitgliedschaft in der repräsentativen Demokratie des Grundgesetzes, in: *Alemann, Morlok, Spier*（Hrsg.）, a.a.O.（Anm. 7）, S. 153.
13　このような変容を受けて、従来の政党内民主主義をめぐる議論がそのまま妥当するのかという疑問も当然生じよう。実際、第4章で述べたように、緑の党の出現は従来の政党内民主主義の構想に対して異議を唱えるものであった。
14　*Jens Kersten*, Parlamentarisches Regierungssystem, in: *Matthias Herdegen*［et al］（Hrsg.）, Handbuch des Verfassungsrechts, 2021, S. 733, Rdnr. 13.

当能力を持つ政党へと変化を遂げてはいるものの[16]、ドイツにおいても政党が完全にあらゆる民意を幅広く党員という形で包摂する特殊な政治文化があったとまでは断定できない。ドイツにおいても政党のイデオロギー的なプロフィールが弱まり、真の意味において構成員の利害を伝達するというよりも有権者の投票を最大化するという観点から有権者の願望やイメージといったことによって政党の方向性が決せられるようになっている[17]。言い換えれば、政党構成員が自身の利益を精緻化し、伝達するために政党を利用できるのではなく、政党が他の政党との競争に勝利するために構成員を利用しているという構図があるのである[18]。その限りにおいて、ドイツにおける政党もまた完璧に国民意思をカバーしているというわけではなく、その議論をその不十分さや機能不全の側面も含め、他国に応用することは可能であるといえよう。

　もっとも、ドイツにおける政党内民主主義をめぐる議論のベースにある考えが（今後は現状の分極化を踏まえ、修正される可能性があるとしても）、比較的包括的な二大国民政党を念頭に置いて伝統的には形成されてきたものであることは否めない。翻って日本においては第1章第2款Ⅰ.3においてみたように、伝統的には自民党がイデオロギー色の薄い包括政党として機能し、他方野党はマージナルな集団に追いやられていた。また、日本においては自民党、民主党が議員政党としての位置づけを長く持ち、一般党員を中心とした地方組織については十分に確立されていない[19]。そして近年では長期政権を強いてきた自民党においても、利益誘導政治の解体が一因となり、党員数が減少しているほか、後援会もまた弱体化しており[20]、国民内部の多様な利益を幅広く、先入観なしに包摂することができているのか、疑問である[21]。他

15　Ebd., S. 733, Rdnr. 13. AfDが連立オプションから外れていることのほか、CDU/CSU、緑の党、FDPによるジャマイカ連立樹立の挫折が例として挙げられている。
16　少なくとも当初の緑の党は、強いイデオロギー的要素を持っており、競合する諸利益を統合しようとはせず、原理の忠実さを重視したという点について、Jesse, a.a.O. (Anm. 9), S. 78.
17　*Volkmann*, a.a.O. (Anm. 12), S. 151 f.
18　Ebd., S. 153.
19　待鳥聡史『政党システムと政党組織』（東京大学出版会、2015年）165頁。社会党に関しては国会議員の自律性が認められないという特徴があったことについて、同、158頁。
20　中北浩爾『現代日本の政党デモクラシー』（岩波書店、2012年）119-121頁。

方、二大政党の他極を形成しようとした民主党の側は、理念のレベルでのすりあわせよりもとにかく政権交代をすることを目指す、国会議員の政党として位置づけられた[22]。そして、2000年代に生じたのが、国会議員中心の選挙至上政党が、無党派層の票を、マニフェストを掲げて奪い合うという構図であったが、そのマニフェストは二大政党内部での凝集性の不足故に、トップダウンで、党内の異論を封じる形で作成された[23]。そして、二大政党いずれも党員や後援会などを通じてではなく、マスメディアを通じて直接有権者に接触するようになった以上、イメージ戦略に終始するようになった[24]。こうしたイメージ戦略の中で、マニフェストは一貫性のある理念ではなく、有権者に分かりやすくアピールするためのいわばその限りのキャッチコピーとなった[25]。

　本書が着目したような、政党内に多様な意見や選好を取り込み、それを党としての政策や方針の決定へと反映させていくという見地からすれば、本来であればこのようなイメージ戦略ではなく、マニフェストの作成、政策的な方向性の決定についても何らかの形でボトムアップの形態で練り上げられる段階が必要であったと思われるところであるが、現状そのような状況には至っていない。さらにより特徴的であるのは、そもそも党内の理念を整除し

---

[21] そうであるとしても、県議が中心となって要望を吸い上げる経路が自民党においては弱まりつつも現在でも残っているとの指摘として、笹部真理子『「自民党型政治」の形成・確立・展開―分権的組織と県連の多様性―』（木鐸社、2017年）43頁。

[22] 中北・前掲注(20) 82-83頁。待鳥・前掲注(19) 159頁も参照。

[23] 中北・前掲注(20) 127、129頁。2017年に結成された立憲民主党は、ボトムアップ型の政治を目指してパートナーズ制度を導入したが、党員やサポーターの広がりは顕著には見られない（中北浩爾「変化する日本の政党組織スキャロウの『多段階メンバーシップ政党』論を手掛かりに」立教法学110号（2023年）237、234頁。）。

[24] 中北・前掲注(20) 123、135頁。日本のマスメディアの特徴として、テレビで人気を博した政治家に対して新聞が痛烈な批評を加えることがなく、基本的に横並び体質で視聴者に媚びる態度があるとの指摘として、大嶽秀夫『日本型ポピュリズム　政治への期待と幻滅』（中央公論新社、2023年）236-238頁。もっとも、現状政治家はテレビを介さずともSNSを介した形で国民と直接、かつターゲットとなる国民を一種隔離した状態に置く形でやり取りができることを考えると、国民内部に幅広くポジティブなイメージを浸透させることすら不要になっているかもしれない。

[25] 中北・前掲注(20) 136頁。しかし、自民党は近年党員数の回復に努めている。この背景には党員を軸として党内の異なる次元の議員を束ねること、党員を基軸に安定した堅固な組織を作るという意識がある（中北・前掲注(23) 243頁。）。

たことをまず前提としたうえでその理念が許す限りで多様な民意を包摂するということがなされていない以上、政党内民主主義の要請に対抗する要素であるところの政党の党としての「傾向」自体が必ずしも明確とは言えない、あるいは明確ではない故に政党の指導部次第で極端に振れる可能性があるのではないかということである[26]。

　この点において重要となるのは、党内において如何にして「異論」同士のやり取りをさせるかという、党内の意思形成プロセスであろう。政党の「傾向」を形作る、あるいは修正するのは政党内の議論によるべきであるところ、政党内の意思形成においてあまりに効率性を重視したプロセスが作られるとすればようやく入り込んだ「異論」までも握りつぶされ、党執行部によって「上から」決定がされることとなる。もちろん、政党内においては「下から」だけではなく「上から」のやり取りもなされる必要があるが、しかし、日本においてはとりわけ政党が国会議員を中心としたものとして成り立っており、イメージ戦略にも走りやすいという現状、またドイツの政党において「下から上へ」の意思形成を可能とするような意思形成の仕組みが採られていても、結局は「上から下へ」と政党指導部が主導的になりがちであることを考えると、意思形成の効率性の側面については一定程度犠牲にしたうえで、政党内の重要な決定については党員が「下から」関与する余地が確実に残される必要があると考えられる[27]。これはとりわけ、規約や綱領といった政党の「傾向」を決するものを策定する際に妥当するだろう。

　そして、政党の持つ「傾向」の輪郭が不明確であったり、極端に揺れやすかったりすることを考えると、構成員の受け入れや排除においても「傾向」の自由が安易に持ち出されてはならない。したがって、加入の希望が拒絶される、あるいは除名が許されるのは、当該構成員によって当該政党が明らかに攪乱されており、党としての存続が難しくなるといった例外的な事情に限

26　政党内の「傾向」が揺れること自体が問題ではないが、しかし、その揺れが政党のリーダーの独断によって行われるべきではないということである。

27　もっとも、これは政党内の意思形成が「下から上へ」の一方向だけで進むべきということは意味しない。そのような一方向だけの意思形成の場合、党員の持つ意見に政党指導部や議員が盲目的に追従する状況が生まれ得る。そうではなく、政党内で確実に議論が行われる環境が整備されることが重要なのである。

られることになるだろう。政党が自身の傾向や色を明確にするのは党内における議論を通してなされるべきであり、政党上層部がそのような議論を経ないまま突如自身の党としての傾向や色を提示し、それに合わない人間を一方的に排除することは、異論を包摂するという本書における政党内民主主義のあり方に反する。政党としての傾向や色というものが他党との関係も意識しつつ政党内での議論を通じて形成されたのちに、その傾向や色に反する党員の存在が問題となるのであり、現状そのような傾向や色が日本の政党において定まっていないのであれば、そのような薄く曖昧な傾向や色合いを理由に政党から党員を排除することはできる限り避けられるべきであり、政党に異論を受け入れるかどうか、異論を排除するかどうかは、純粋にその異論が政党の存続を脅かすかどうかという点で判断されるべきである。

最後に、現状政党が国会議員の政党としての色合いを強く持つことを考えると、党内での意思形成プロセスを議員が主導する程度については一定程度制限がかけられるべきである。勿論、議員が政党内の意思形成にかかわることは議員が政党によってなされた決定に自らかかわるという意味で「命令的委任の禁止」の要請にそぐうものであると本書においては位置づけているが、しかし、議員が政党内の意思形成プロセスを支配してしまったのでは、民意のくみあげという要請もまた機能しなくなるのであり、議員が党内での意思決定の場にかかわる程度について（ドイツのような表決権制限という形も一つの可能性であるが）制限することも考えられるだろう。

II. 中央―地方関係における政党の役割の違い

加えて、日独の政党をめぐる状況の違いとしては、連邦制の存在ということも挙げられる。政党の内部構造を見た場合、ドイツにおける大政党の内部は、連邦制的な構造に支えられる形で多様性を保っているといわれる[28]。他方、日本における中央――地方間の政党内組織のあり方をどのように分析し得るかは様々な見解があり得るところであるが[29]、少なくとも連邦制に起因する制度的な構造上の裏付けは日本においては存在しない。その意味におい

---

28 *Niclauß*, a.a.O. (Anm. 5), S. 29.

て、政党内の意思決定の仕組みについてはドイツにおける場合よりもより、効率性を後退させ、地域単位での民意の確実なくみ上げを制度として求める必要があるかもしれない。

　加えて、ドイツにおいて特徴的なのは、政党間競争の側面において州が持つ位置づけが重要であることである。政党間競争の問題は本書における考察の限界を超えるものであるが、本書における政党内民主主義に関する考察はあくまで複数の政党が競争する状態にあることを前提としたものであり、その前提である政党間競争のあり方の違いについても一言付言しておく必要があろう。

　ドイツにおいては、連邦制が採られており、州ごとに州議会議員選挙が行われ、州政府が形成される。そこでは、連邦次元では野党である政党が州では与党となり、政権を担うということもあり得る。そして、この政党は州内において政府として活動する実績を積むとともに、州政府構成員が派遣される連邦参議院を通じて、連邦においても独自の存在感を発揮する[30]。このような意味において、ドイツでは州レベルと連邦レベルそれぞれで（たとえ実際には連動する部分があるとしても）政党が国民意思をすくい上げる、あるいはその試みをすることになる。

　反面、日本においても確かに、革新自治体の存在や地域をベースとした新たな政党樹立の動きといったものは見られ[31]、その意味においては地域を

---

[29] 自民党に照準を絞った場合、笹部の分析によれば、鳩山から佐藤政権までの第1期においては地方は中央の意思を伝達する機関と位置付けられたが、田中から細川政権までの第2期においては、保守系の地方議員が地域との密接なパイプを築き、要望をきめ細かく吸い上げるようになった。その後、1993年以降の第3期においては、中央が地方に対して統制をかけるようになるとともに、小選挙区制の下で国会議員と地方議員の系列が緩み、中央と地方の対立が時に見られるようになった（笹部・前掲注(21) 60、65、70-72、217-222頁。）。また、都道府県連合会（県連）は選挙制度改革以降、「政党執行部の意思を実現する末端の出先機関としての側面と、地方の意思を集約する代表機関」としての側面を持つようになったとの分析として、砂原庸介「もうひとつの政界再編　政党における中央地方関係の変化とその帰結」御厨貴編『変貌する日本政治　90年代以後「変革の時代」を読みとく』（勁草書房、2009年）112-114頁。

[30] 連邦参議院における州政府与党（連邦議会野党）の活躍の可能性については、拙稿「地域代表としての第二院設計の可能性と限界(3)-(5)」法学論叢191巻5号（2022年）48頁以下、同193巻1号（2023年）53頁以下、同193巻4号（2023年）20頁以下を参照。

[31] 直近の地方政党樹立は、国会議員の影響力の下で展開されたものというよりも、既存政党への不満を吸収する形で、新たに地方で政党が樹立される形がとられているとの指摘として、砂原庸介「政党システムの分析における地方と新党」選挙研究27巻1号（2011年）43-44頁。

ベースに国政での（政党間）競争に影響が生じることはあり得る。また、地方レベルの選挙における与野党相乗り、すなわち国レベルとは異なる協力関係の発生といったことも頻繁に行われている[32]。しかし、まさに地方において、とりわけ知事選において相乗り候補や無党派候補が知事となりがちであることは、政党のラベルが有用ではないものとなることを示しているとの分析もあることである[33]。このように中央──地方関係に着目してみた場合、日本においては政党が地方レベルにおいて、国政におけるのと同じ統一的なラベルの下で民意を取り込む実践を積み、国政へと進出する足掛かりを作る制度的な裏付けは少ないといえる。

第2款　残る課題

最後に、本書の構想の課題となる問題について簡単にあげることとする。

まず問題となるのは、本書の構想をどのように現実に移すかということである。この点に関しては、理念として政党が一定程度異論に開かれ、異論を包摂するべきであると言えるとしても、そのような状況を実際にもたらす方法は複数あり得る。何らかの強制力やサンクションを持った手段まで至らずとも、選挙制度改革の延長線上において、選挙法の改革という方向性をとる可能性もあれば、これとは別に、政党の内部の意思決定の仕組みや加入、除名の仕組みなどについて一定の文書の形で公表し、これに対する有権者からの監督という点から政党内民主主義を促進する方向性もあり得る。また、そもそも政党が幅広く支持者を得たいと考えるならば、自然と包摂性を獲得するはずであるのであるから、政党が幅広く支持者を得ることについて後押しをするという可能性も考えられる。もっとも、この問題が政党「内」の問題だけではなく、政党「間」の競争のあり方、政党を介して媒介された民意が議会の場でどう扱われるべきかという議会手続きの問題、ひいては中央──

---

[32] 地方選挙における与野党相乗りについて、国会議員と地方議員の間の系列が衰退する中で知事の存在意義が高まり、1990年代以降、知事との友好関係を保つために地方では相乗りが増えたとの指摘として、砂原・前掲注(29) 109-110頁。

[33] 小川寛貴「マルチレベルの政治アリーナと有権者─政党の重要性の分析─」選挙研究36巻1号（2020年）19頁。

地方関係のあり方など統治にかかわる複合的な問題を念頭に置いて論じられなければならないことを考えると、本書においてこの点についての具体的な方向性を示すことは適切ではない。

今述べた点とも重なることとして、本書においては国民の民意が政党に流れ込み、そこで議員も交えたやり取りにおいて形成されるという点に着目したが、「その後」、つまり、政党と政党に属する議員が議会においてどうふるまうかということはとりわけ重要な問題となる。ここで重要なのは連立の存在である。ドイツにおいては連立の形で政権が担われるのが通例であるが、連立が組まれることによって、各政党内部においてくみ上げられた民意がどのように扱われるのかということが問題になり得るのである[34]。

例えば、ドイツにおいても1960年代以降、FDPがCDU、CSUかSPDのいずれかに対する「小さな連立パートナー」として、政治的な均衡をなしていた[35]際には、結局、有権者の投票のうち10パーセント程度しか集めていないFDPという小政党によって、国民意思がどのように扱われるかが左右されると批判されていたところである[36]。現在では、政党の多元化に起因して、政権樹立もまた容易ではなくなり、3党以上での連立や少数与党内閣の可能性もまた出現しており[37]、既に州レベルではAfD以外の全ての政党が政権に入る可能性のあるものとして扱われている[38]ことを考えると、各政党内で行われた民意のくみ上げを連立を組む際にどう扱うかということはますます重大な問題となるだろう。実際、連立政権が作られる場合、有権者が投票をする際には各政党の綱領が考慮されているにもかかわらず、選挙が終わった瞬間に各政党は連立を組むためにこの綱領にこだわらなくなるとの指摘もあるところである[39]。

---

34 連立政権と政党内、会派内民主主義との関係について論じるものとして、岩切紀史『連立政権の憲法的研究―ドイツ連邦共和国の実例を中心に―』（信山社、2024年）305頁以下参照。
35 Kersten, a.a.O. (Anm. 14), S. 733, Rdnr. 13.
36 Charles Lees, *The Pradoxical Effects of Decline Assessing Party System Change and the Role of the Catch-All Parties in Germany Following the 2009 Federal Election*, 18(4) PARTY POLITICS 545, 551 (2011).
37 *Anna-Bettina Kaiser*, Die Organisation politischer Willensbildung: Parteien, in: VVDStRL 81, 2022, S. 123.
38 Ebd., S. 124.

最後に、本書の考察に関しては、当然のことながら、多様で曖昧模糊とした民意をすくい上げるという観点で問題となるのは、政党内民主主義のみではなく、例えば政治資金やロビイングの問題についても扱うべきという批判が考えられるところである。もっとも、本書の構想それ自体との関係で最大の課題となり得るのは、政党はそもそも、自発的に出入りがなされる組織であるということである。当然ながら、誰も政党を結成したり、政党に加入したり、政党にとどまったりすることを強制されることは許されない。そもそもある人が政党に加入したい、政党に残留したいと考えるかどうかは、構成員が政党に加入したい、政党に残留したい場合、政党側がこれを排除できるかという問題とは次元が異なるのである。したがって、政党内部に異論を取り込む可能性というとしても、その異論はあくまで政党にアプローチをしようとする異論に限られるという点が課題となる。

　これは、結社一般と民主主義との複雑な関係という点にも表れる。自発的な結社は本来自由に退出ができる場である以上、意見が異なる者、つまり異論を持つ者はいつでも退出することができる[40]。その結果結社内部では同じような意見を持つ者だけで議論がされるようになる。これは一見スムーズな民主的意思決定を可能としているようにも思えるが、他方で、異なる意見を持つ者同士の自発的な議論は行われえなくなる[41]。

　政党側が異論を強制的にくみ込むことはできない以上、政党が異論に触れ続ける可能性ということを真の意味において実現するためには、例えば政党を単位として政党外の、政党に入りたいと考えていないアクターにも意見を聴取するという可能性はあり得る。しかし、このような政党外に対するアクセスは、そもそも政党への加入のインセンティブを下げるとともに、政党内において多様な意見同士がもみ合うというプロセスを経るものではない。この意味において、政党に異論を取り込み続けることの難しさが最終的には残ることとなる。

39　Uwe Volkmann, Parteien zwischen verfassungsrechtlichem Anspruch und politischer Wirklichkeit, *Jörn Ipsen* (Hrsg.), 40 Jahre Parteiengesetz, 2009, S. 90.
40　早川誠「結社と民主政治―アソシエーションから政治は生まれるのか―」年報政治学2008-I『国家を総合と連帯の政治学』(2008年) 72頁。
41　同上。

事項索引

あ行

赤坂正浩……………………18-19、91-92
芦部信喜……57-58、62、70、78、219
東浩紀………………………………………2
アッカーマン……………………………28
阿部照哉………………………………222
一般意志2.0……………………………2-3
今枝昌浩…………………………223-224
井上達夫…………………………156-157
植松健一………………………………183
液状民主主義…………………………33-
圓藤真一………………………………222
遠藤比呂通……………………………223

か行

海賊党…………………………………33-
会派……13、77、110、112、122、128、
　　138、174、185、200-
加藤一彦………………………………220
上脇博之………71、178-179、220-221
国民政党……254、257-258、290、331-

さ行

坂野達郎…………………………………31
佐藤幸治…………………………………89
サンスティーン……141、146、168-、
　　212、325
ジャニス…………………………166-167、173
集団浅慮 13、166-167、173、212、317

た行

熟議の日……………………28-29、31
純粋代表制……20、60、64、81、91、
　　142
杉原泰雄…………………………………91
芹沢斉…………………………………220

た行

高田篤……179-180、182-183、209、
　　225-226
高橋和之……8-9、93-、104、313-314
高見勝利………………66、71、90-92
2トラック民主政………12-13、141、
　　145-、211、316-318
手島孝……8、73-、102、105、313-314
党議拘束………………………67-、312
討論型世論調査……………28-29、31
トリーペル……………………………178

な行

中北浩爾…………………………88、101
ナシオン主権………………………93-95
成田悠輔…………………………………2
西原博史………………………………223
日本型多元主義………………………83

は行

ハーシュマン……………………………88
長谷川正安……………………………176
ハーバーマス……12-13、141、145-、
　　211-213、316-318

林知更・・・・・・・・・・・・・180-181、219-220
フィシュキン・・・・・・・・・・・・・・・・・28-29
プープル主権・・・・・・・・・・・・・・・・・94-95
ポピュリズム・・・・1、7、79-、101-102、313

ま行

待鳥聡史・・・・・・・・・・・・・・・・・・・・・・・165
マニフェスト・・・・・・・・・・・・・85-88、334
丸山健・・・・・・・・・・・・・・・・・・・・・・・・・176
緑の党・・・・・・・・・・・・・・・・・・・236、332
美濃部達吉・・・・・・・・・・・・・・・・・・・56-57
ミヘルス・・・・・・・・・・・・・・・・・・228-、277
宮澤俊義・・・・・・・・・・・・・56-58、59注20
無意識民主主義・・・・・・・・・・・・・・・・・・・2
毛利透・・・・・・・・・・・・・・・・・・・・・・・・・204
本秀紀・・・・・・・・・・・・・・・・・180-182、224
森英樹・・・・・・・・・・・・・177-178、203-204

ら行

ラートブルフ・・・・・・・・・・・・・・・・・・・・73
利益団体・・・・・・・・29、82、177、192-
ルソー・・・・・・・・・・・・・・・・・・・・・・・42、44

ABC

Abendroth・・・・・・・・・・・・・・・・・159-160
Abmeier・・・・・・・・・・・・・・・・・・・・・・・111
Achterberg・・・・・・・・・・・・・・・・・128-129
AfD・・・・・・・・・・・・・・・・・・・23、332、339
Baynes・・・・・・・・・・・・・・・・・・・・・・・・150
Badura・・・・・・・・・・・・・・・・・・・・・・・・134
Böckenförde・・・・・・・・41-、53、198-199
Demmler・・・・・・・・・・・・・46、109、111
Dreier・・・・・・・・・・・・・・・・・・・・・113-114
Forsthoff・・・・・・・・・・・・・126-127、234
Fraenkel・・・・・・・・・・・・・・・・・・・・・・40-
Grimm・・・・・・・・・・・・・・・・・・・・・・・・133
Hesse・・・・・・・・・・・・・・・・・・・・128、134
Kähler・・・・・・・・・・・・・・・・・ウムラウト・・・・・・・・・・・・・・・・・・・・・・・・・・・・・186
Kevenhörster・・・・・・・・・・・・・・・・・・115
Klein・・・・・・・・・・・・・・・・・・・・・・・・・133
Knöpfle・・・・・・・・・・・・・・・・・・・・・254-
Leibholz・・・・・・・・・・10-11、120-、131、137-139、186、213-214、315
Martens・・・・・・・・・・・・・・・・・・・・・・・195
Meyer・・・・・・・・・・・・・・・・・・・・・・・・・110
Morlok・・・・・・・・・・・・・・114、233、240
Muller・・・・・・・・・・・・・・・・・・・・・・・・140
Müller・・・・・・・・・・・・・・・・・・・・・・・・114
Nawiasky・・・・・・・・・・・・・・・・・・・・・・40
Neumann・・・・・・・・・・・・・・・・・・・・・・39
Ramm・・・・・・・・・・・・・・・・・・・・・195-196
Scholz・・・・・・・・・・・・・・・・・・・・・197-198
Schmidt・・・・・・・・・・・・・・・・・・196、199
Sheuner・・・・・・・・・・・・・・・・・・・41、48-
Stein・・・・・・・・・・・・・・・・・・・・・・・・・196
Stolleis・・・・・・・・・・・・・・・・・・・・・・・134
Stuby・・・・・・・・・・・・・・・・・・・・・・・・・134
Teorell・・・・・・・・・・・・・・・・・・・・160-161
Volkmann・・・・・・・・・・・・・・・・・・・・・139
Willms・・・・・・・・・・・・・・・・・・・・・・・・240
Wolkenstein・・・・・・・・・・・162-166、212

著者略歴

石原 佳代子（いしはら かよこ）

1993年　兵庫県に生まれる
2016年　京都大学法学部卒業
2021年　京都大学大学院法学研究科博士後期課程修了
　　　　博士（法学）
現　在　京都大学大学院法学研究科講師

代表制論の現代的展開──政党内民主主義の観点から

2025年3月20日　初版第1刷発行

| 著　者 | 石　原　佳代子 |
| 発行者 | 阿　部　成　一 |

〒169-0051　東京都新宿区西早稲田1-9-38
発行所　株式会社　成文堂
電話03(3203)9201(代)　FAX03(3203)9206
https://www.seibundoh.co.jp

製版・印刷　藤原印刷　　製本　弘伸製本　　　　検印省略
© 2025 K. Ishihara　Printed in Japan
ISBN978-4-7923-0742-4 C3032

定価（本体7000円＋税）